未成年人法律制度研究丛书

# 未成年人刑事案件诉讼程序研究综述

WEICHENGNIANREN XINGSHI ANJIAN
SUSONG CHENGXU YANJIUZONGSHU

宋英辉　何　挺　主　编

中国检察出版社

**图书在版编目（CIP）数据**

未成年人刑事案件诉讼程序研究综述／宋英辉，何挺主编．—北京：
中国检察出版社，2019.7
ISBN 978 - 7 - 5102 - 1136 - 2

Ⅰ.①未… Ⅱ.①宋… ②何… Ⅲ.①青少年犯罪 - 刑事诉讼 -
诉讼程序 - 研究 - 中国 Ⅳ.①D925.218.04

中国版本图书馆 CIP 数据核字（2019）第 088559 号

## 未成年人刑事案件诉讼程序研究综述

宋英辉 何 挺 主编

| | | |
|---|---|---|
| 出版发行： | 中国检察出版社 | |
| 社　　址： | 北京市石景山区香山南路 109 号 （100144） | |
| 网　　址： | 中国检察出版社（www. zgjccbs.com） | |
| 编辑电话： | (010)86423704 | |
| 发行电话： | (010)86423726　86423727　86423728 | |
| | (010)86423730　68650016 | |
| 经　　销： | 新华书店 | |
| 印　　刷： | 北京中石油彩色印刷有限责任公司 | |
| 开　　本： | 710mm×960mm　16 开 | |
| 印　　张： | 28.25 | |
| 字　　数： | 473 千字 | |
| 版　　次： | 2019 年 7 月第一版　　2019 年 7 月第一次印刷 | |
| 书　　号： | ISBN 978 - 7 - 5102 - 1136 - 2 | |
| 定　　价： | 78.00 元 | |

# 关于建立中国少年司法制度的思考[*]

## （代序）

孙 谦[**]

少年司法制度，是规定少年不良行为和保护处分以及对少年的违法犯罪行为所进行的刑事诉讼及其教育改造方法的总称。[①] 与成人司法相比，少年司法同时强调以保护未成年人的健康成长为目的，司法机关在处理未成年人刑事、民事和行政案件时，针对未成年人生理、心理的特点，从实体和程序两个方面对涉案未成年人予以特殊保护。改革开放以来，以 1980 年代上海市长宁区人民法院、人民检察院先后成立专门的未成年人刑事案件办案组织为起点，我国少年司法工作经过 30 多年的实践发展，取得了重大成就，探索了社会调查、附条件不起诉、圆桌审判、犯罪记录封存等一系列适合未成年人的司法工作机制。但是，我们也应该看到，我国少年司法制度尚未定型，仍然处于初始阶段，在理论研究、立法规范和组织体系建设等方面还有很长的路要走，建立中国特色的少年司法制度还需要我们积极的探索，付出艰苦的努力。

## 一、 少年司法制度产生和发展的内在动力

从世界范围看，解决未成年人违法犯罪问题，加强社会治理，

---

　＊　本文原载于《国家检察官学院学报》2017 年第 4 期。

＊＊　孙谦，最高人民检察院党组成员、副检察长、二级大检察官。

　①　孙谦、黄河：《少年司法制度论》，载《法制与社会发展》1998 年第 4 期。

是建立少年司法制度的最初和最直接的动力。1899 年 7 月 1 日，美国成立了世界上第一个少年法院，其时代背景是，美国正处于工业化、城市化的进程中，大量未成年人进入城市，带来一系列社会问题亟待解决。"自其伊始，少年法院就力图同化、整合、美国化和控制这些涌进东部和西北部工业化中心城市的儿童。"① "通过少年犯罪的治理来重建适应转型社会的新的社会控制机制，通过对少年的规训来强化对游离出传统社会控制机制人群的控制，是许多国家在现代化加速期社会治理的一个共同特点，也是许多国家在社会转型时期维护社会秩序与稳定的成功经验。这也可以在一定程度上解释少年法院运动何以会在 20 世纪初期迅速发展成为世界性运动的重要原因。"②

与此同时，随着新派刑法和实证主义犯罪学等理论的发展，人们对"未成年人"及其犯罪有了新的认识，为建立少年司法制度提供了理论支持。不同于刑事古典学派传统的"报应刑主义"，刑事实证学派的目的刑主义强调刑罚的作用在于犯罪预防，主张不按罪行轻重而按犯罪人的类型和犯罪趋势进行审判。实证犯罪学派兴起后，许多专家学者从社会学、心理学、生理学、教育学等各个方面研究少年犯罪的原因，认为未成年人是脆弱、无辜、被动和需要帮助的，在身心上与成年人有明显的区别，不是"小大人"；未成年人犯罪是恶劣的环境所导致的，一方面更容易矫正，另一方面也更容易受刑事追诉的不良影响而更加恶化。因此，未成年人不应当和成年人一样适用相同的惩罚，应有专门的立法和法庭来处理。③ 在此理论指导下，逐渐形成了治理青少年犯罪的一些基本思想和有别于成年人的司法制度，如少年司法的目的应

---

① ［美］巴里·C. 菲尔德：《少年司法制度》（第二版），高维俭等译，中国人民公安大学出版社 2011 年版，第 3 页。

② 姚建龙：《对少年司法改革之应有认识》，载《青少年犯罪问题》2010 年第 5 期。

③ 施琦、康树华：《再论少年司法制度的发展及其对我国的启示》，载《青少年犯罪问题》2013 年第 3 期。

当是矫治康复而不是惩罚；对少年犯应分隔于成年人案件进行审理，应采取非正式、非公开、非污名化的诉讼程序；强调非刑事化，注重个别化矫治和康复；等等。

在强化社会治理的功利主义目的之外，少年司法也有自身的独立价值基础，并随着儿童权利观念的发展不断凸显。少年司法制度成立之初，即践行着"国家亲权"这一核心指导理念，强调国家承担对未成年人的保护和教育责任。"不是以太多的惩罚作为改造的手段，不是诋毁而是鼓励，不是打压而是发展，不是将他作为一个罪犯而是作为一个有价值的公民"，① 在此基础上又衍生出"儿童利益最大化"原则，并成为少年司法制度的另一个核心指导理念。在这一理念下，未成年人成为权利主体而非客体。最大限度地保护未成年人，促进未成年人全面发展被认为是人类的义务。② 1924 年通过的《日内瓦儿童权利宣言》第一次在国际社会提出儿童权利的概念，宣称所有国家都应承认人类负有向儿童提供最好的东西之义务。1959 年通过的《联合国儿童权利宣言》再次肯定："人类有责任给儿童以必需给予的最好的待遇"，并提出儿童应当受到特殊保护，以实现其全面发展。1990 年生效的《联合国儿童权利公约》则更加明确地规定了儿童利益最大化原则："关于儿童的一切行动，不论是由公私社会福利机构、法院、行政当局或立法机构执行，均应以儿童的最大利益为一种首要考虑"。而在此前后通过的联合国《少年司法最低限度标准规则》《预防少年犯罪准则》《保护被剥夺自由少年准则》等准则要求，少年司法应关注少年的幸福，诉讼程序应按照最有利于少年的方式和在谅解的气氛下进行；要建立处理未成年人案件的专门机构；应允许少年参与诉讼程序，并且自由地表达自己的意见；强调犯罪预防和非监禁、非刑罚，同时也规定了犯罪记录封存、社会调

---

① J. W. Mack, The Juvenile Court, Harvard Law Review, no. 2 (1909)：pp107.

② 张鸿巍：《少年司法语境下的"国家亲权"法则浅析》，载《青少年犯罪问题研究》2014 年第 2 期。

查等一些适合未成年人身心特点的具体司法制度，这成为少年司法的国际法渊源。

社会治理的功利需要与未成年人保护的道义责任是对立统一的辩证关系，并且共同推动着少年司法的产生和发展变化。从长远和根本看，二者是统一的。因为在任何国家，未成年人都是最为宝贵的财富，保护未成年人就是保护国家的希望和未来。而保护未成年人，有效预防未成年人犯罪也是消除社会问题的重要内容。少年司法制度的诞生即是二者共同推动的结果。但在具体实践中，在一定历史阶段，二者又是对立的、此消彼长的。很多西方国家少年司法制度的发展历程证明了这一点。在19世纪末20世纪前期，美国形成了福利型少年司法制度。但到了70年代后期，由于社会环境的改变，未成年人罪错尤其是未成年人实施暴力犯罪形势的恶化，社会对福利型少年司法应对少年严重犯罪、暴力犯罪和累犯过于宽容不满，推动少年司法呈现出走向"严罚"的明显趋势。① 近年来，研究证明惩罚性的法律并不能有效降低犯罪率，反而提高了未成年人成为累犯的可能性，也给社会带来巨大的成本。关于人脑研究的成果也表明未成年人和成年人在认知能力上有显著差别。因此，人们认识到基于矫治的少年司法比惩罚性的、成人化的或者准成人化的制裁更有效、更符合人道主义精神，从而又认可了最初少年司法原则所蕴含的智慧和政策效应。现在美国一些州的法律已朝着轻缓的方向做了修改。② 又如属于大陆法系的法国，其少年司法制度最初建立时，采用的是保护主义模式，禁止在强制基础上对未成年犯采用教育手段，把对未成年人的保护置于社会秩序之上。而上世纪90年代以来，面对未成年人犯罪日趋严重的情况，法国少年司法制度逐步形成了混合模式。在这一模式下，少年司法在保持自我特性的同时，表现出对公共

① 姚建龙：《超越刑事司法——美国少年司法史纲》，法律出版社2009年版，第177－178页。

② 张文娟：《中美少年司法制度探索比较研究》，法律出版社2010年版，第10－13页。

秩序的更多关注。对少年犯的教育并不排除法律约束，其刑事责任尽管被减轻，但依然是存在的。①

通过以上对少年司法制度的发展规律和内在动力的分析，可以对建立我国少年司法制度的必要性产生更为深刻的认识。社会治理和未成年人保护这一对立统一关系在转型时期的我国同样存在，并且有更强的现实意义。因为，我国少年司法制度也一直存在"本身难题"，即如何处理保护未成年人利益和社会利益的矛盾。②

我们认为，创设中国少年司法制度，是全面推进依法治国、实现司法文明的重要内容。当前，世界发达国家都有独立的少年司法制度，少年司法的发展水平，已经成为衡量一国法治水平和司法文明发展程度的重要指标。我国是联合国《儿童权利公约》的缔约国，也是《联合国少年司法最低限度标准规则》的签署国，建设独立的少年司法制度，既是履行国际义务，也是彰显我国法治文明的重要窗口。同时，建立中国少年司法制度是强化社会治理，促进社会和谐稳定的现实需要。党的十八大以来，党中央对推进国家治理体系和治理能力现代化，推进多层次多领域依法治理，提高社会治理法治化、现代化水平提出了明确要求。立足当下，由于我国经济社会正处于迅速发展转型时期，受各种社会矛盾和问题的影响，未成年人违法犯罪和侵害未成年人权益的问题突出。一方面，未成年人犯罪虽然整体数量下降，但呈现多元化趋势，一些过去只有成年人才实施的犯罪，如贩毒、绑架，甚至暴力恐怖犯罪、邪教犯罪，也出现未成年人的身影。故意伤害（重伤）、抢劫等恶性犯罪增多，且犯罪手段残忍、不计后果。另一方面，性侵害、拐卖、虐待、遗弃等侵害未成年人的刑事案件也不断发生。尤其是，我国的未成年人中有很多处于留守或者流

---

① ［法］多米尼克·尤夫：《未成年人司法的发展》，方颂华译，载《司法》2013年第8辑。

② 储槐植：《刑事一体化与关系刑法论》，北京大学出版社1997年版，第53页。

动状态，这个群体中涉嫌违法、犯罪和受到不法侵害的比例都相对较高。因此，建设少年司法制度，对涉罪未成年人及时开展有效的早期干预，切断其犯罪人格的发展进程，不但有利于未成年人健康茁壮成长，从源头上预防和减少大量犯罪，还有利于解决未成年人问题背后的深层次社会问题，化解社会矛盾，消除不安定因素。着眼长远，"少年强，则国强"，民族复兴、国家富强的目标需要由一代代的少年来接力完成。建设少年司法制度，最大限度地预防和减少未成年人违法犯罪，最大限度地预防和减少未成年人遭受犯罪侵害，才能最大限度地实现"中国梦"。

## 二、 少年司法制度的基本要素

有学者认为，司法制度包括概念系统、组织系统、规则系统和设备系统。① 笔者认为，作为一项司法制度，至少应当包含三个基本要素：一是功能要素，也即司法制度所要实现的特有的功能，这是该制度独立存在的意义所在；二是规则要素，也就是实现制度功能所依据的相关法律和制度。司法是依照法定的职权和程序处理案件的行为，规则是司法制度的基石；三是主体要素，也就是把规则付诸实际，实现制度功能的机构和个人。一切司法都是人的活动，主体是司法制度的核心。少年司法制度要成为独立的司法制度，就应当具有独立于成年人司法的功能，为此还要具备独立于成年人司法的规则和主体。《联合国少年司法最低限度标准规则》第2.3条规定："应努力在每个国家司法管辖权范围内制订一套专门适用于少年犯的法律、规则和规定，并建立授权实施少年司法的机构和机关，其目的是：（a）满足少年犯的不同需要，同时保护他们的基本权利；（b）满足社会的需要；（c）彻底和平地执行下述规则。"这一条款就明确规定了少年司法制度的基本要

---

① 姚建龙：《少年司法制度概念论》，载《当代青年研究》2002 年第 5 期。

素：在功能要素上，少年司法要满足少年犯和社会的需要，维护少年犯的利益；在规则要素上，要制订一套专门适用于少年犯的法律、规则和规定；在主体要素上，要建立授权实施少年司法的机构和机关。① 纵观各国的少年司法制度，虽然具体模式不同，无不具备上述三个要素。此外，与成年人司法相比，少年司法制度更需要有一个成熟的社会支持体系。

## （一）少年司法制度的功能要素

少年司法制度总的功能，应当是在最大限度保护未成年人权益的同时，促进加强社会治理。在此总的功能之下，具体包括对未成年人权益的保护，对处于不良环境或者危险状态未成年人的干预，对触法未成年人的教育、矫治。也有学者称之为保护、干预、转化。② 这与成年人司法定纷止争、准确定罪量刑的功能是不同的。

功能的不同，决定了二者有着不同的运行规律和特征。少年司法不仅要像成年人司法那样关注证据和已经发生的、与定罪量刑有关的案件事实，更要关注未成年人本身，因此要以案件事实为切入点，探究未成年人问题产生的原因，采取必要的干预手段，改善未成年人的心理状况、家庭教养和社会环境，帮助陷入困境的未成年人重回正常轨道，呵护其健康成长。③ 在一定条件下，可能发生犯罪的迹象也属于少年司法管辖和干预的范围。相对于成年人司法强调的中立、保守、被动，少年司法有更多的主动、扩张、干预色彩，这种差别直观地表现在职能管辖上。

在世界范围内，从受案事项看，少年司法可以分为宽幅和窄幅两大类，其区别主要在于是否将可能违法犯罪的未成年人的不

---

① 这里需要明确的是，从《北京规则》及其他联合国文件整体来看，少年司法所保护的应当是所有少年的权益，而并非局限于该条所称的少年犯。

② 张文娟：《中美少年司法制度探索比较研究》，法律出版社 2010 年版，第 363 页

③ 孙谦：《切实加强未成年人检察工作》，载《检察日报》2016 年 1 月 18 日。

良行为列入少年司法管辖范围。

宽幅的代表国家和地区是日本、美国和我国台湾地区。日本《少年法》规定交付家庭裁判所（家庭法院）的未满二十周岁的"非行少年"，包括犯罪少年（14 岁以上 20 岁以下的实施刑法所规定犯罪行为的少年）、触法少年（未满 14 岁的触犯刑罚法令的少年）与虞犯少年（从品行或环境来看，被认为将来有可能犯罪或触犯法令的少年）三类，而且侵害未成年人的成年人犯罪案件也归家庭裁判所管辖。① 我国台湾地区的少年法院主管的少年事件包括有"少年保护事件"及"少年刑事案件"，前者就是指日本所称"非行少年"中的触法少年和虞犯少年，后者就是指犯罪少年。美国各州少年司法受理的案件类型基本上包括三种，即少年越轨、少年身份犯和少年保护（亦可称"少年扶助"或者"儿童保护"）案件，前两者对应日本所称的"非行少年"，少年保护案件则是指因父母虐待、疏于照管等使未成年人陷于危困需要司法干预以及政府扶助的少年案件。②

窄幅的代表国家包括德国、意大利等国，即少年司法机关只受理少年违法犯罪案件，而不受理涉虞犯少年（从品行或环境来看，被认为将来有可能犯罪或触犯法令的少年）。如德国《少年法院法》就明确规定，德国少年法院审理的少年刑事案件是指年满 18 岁以下的少年犯罪案件。③

不论少年司法制度管辖范围的宽窄，其管辖范围都大于成年人刑事司法。如果二者管辖范围相同，只在对象年龄上有差别，则减损了少年司法独立存在的价值。进一步说，少年司法本质上

---

① 张美英：《论现代少年司法制度——以中、德、日少年司法为视角》，载《青少年犯罪问题》2006 年第 5 期。

② 高维俭：《美国少年审判机构现状概览——兼谈我国当前少年审判机构改革及其相关问题》，载《青少年犯罪问题》2010 年第 2 期。

③ 张美英：《论现代少年司法制度——以中、德、日少年司法为视角》，载《青少年犯罪问题》2006 年第 5 期。

是保护性、预防性、教育性的，而不是惩治性的，扩大管辖范围并不等同于扩大打击面，而且只有扩大管辖范围才能体现其预防作用和保护职能。① 当然，毕竟司法在保护未成年人方面是最后的防线，少年司法管辖的范围也应当限制在一定范围内，即社会力量能够解决的，就不需要司法干涉。

### （二）少年司法制度的规则要素

一个国家的少年法体系，主要包括少年福利法和少年司法法，前者规定的是未成年人所享有的各种权利及保障，而后者是处理各种少年案件的办法。世界上很多国家和地区，比如美国、英国、法国、德国和日本等，都有独立的少年司法法，有的是法典，有的是单行法律（法令）。

少年司法法多是综合性法律，集程序法、实体法和组织法为一体，涵盖办理刑事、民事和行政案件方面的内容，还规定了一系列适合于未成年人身心特点的诉讼程序和实体处置措施。比如，在刑事方面主要包括以下内容：

一是与成年人不同的刑事政策。现代国家普遍采取未成年人比成年人轻缓的刑事政策取向，强调保护优于惩罚。

二是特殊的调查制度。建立了社会调查、心理评估等制度，要求不仅要查明案件事实，还要查明未成年人的家庭社会背景、成长经历，进行人格甄别，了解犯罪原因等，为下一步处置提供依据。

三是更多的权益保护措施，如法律援助、心理干预、不公开审理、犯罪记录封存等。

四是更为严格的审前羁押条件，尽量减少羁押给未成年人带来的不良影响。如法国《少年犯罪法令》对未成年犯罪嫌疑人规定了多种非羁押诉讼保障措施，同时分年龄阶段规定了非常详细

---

① 孙谦、黄河：《少年司法制度论》，载《法制与社会发展》1998 年第 4 期。

的先行拘押条件,只有在其他非羁押措施不能保障诉讼时才能先行拘押,还要特别说明理由。①

五是设置阶梯式的多种实体处遇措施,供法官针对涉案未成年人具体情况采用,以实现矫治的个别化和有效性。如德国《少年法院法》规定了教育处分、惩戒措施和少年刑罚三大类刑事处分,并确立了它们的优先等级。它们又可以分为指示和教育帮助,训诫、义务和少年拘禁,缓处、缓刑、假释等多种具体措施。②

制定专门的少年司法法,是建立少年司法制度的基础,这是由少年司法法调整的社会关系所决定的。未成年人成长过程中出现问题的原因不仅在未成年人自身,更主要的是各种不良因素、社会管理机制缺陷和恶劣环境交互作用的结果。未成年人问题的背后往往隐藏着诸多儿童福利问题。要保护未成年人权益,教育矫治违法犯罪未成年人,仅在处罚的轻重上做文章是不够的,还要改善他所处的社会环境,这就要对其家庭、学校、社区等进行干涉。而为了同样保护社会秩序,还需要对严重违法犯罪的未成年人进行必要的惩治。因此,少年司法法调整的是司法主体、涉案少年和其所处环境三方的关系,也就是有学者所称的少年法律关系。这与刑事诉讼法、民事诉讼法等其他任何一个法律的调整对象都不同,这也就决定了少年司法法要成为独立的部门法。③

同时,制定专门的少年司法法也是立法技术和司法实践所要求的。比如前述未成年人刑事诉讼制度,如果比较详细全面地规定,条文会很多,篇幅很长。法国《少年犯罪法令》并不是法典,主要是刑事实体和程序方面的内容,却已经有5章70条左右。④ 如

---

① 《法兰西共和国少年犯罪法令》,宋浂沙译,载《国家检察官学院学报》2011年第6期。

② 刘昶:《德国少年刑事司法体系评介》,载《青少年犯罪问题》2016年第6期。

③ 高维俭:《论少年法的基本原理》,载《预防青少年犯罪研究》2014年第2期。

④ 《法兰西共和国少年犯罪法令》,宋浂沙译,载《国家检察官学院学报》2011年第6期。

果上述内容规定到刑事诉讼法或者刑法中，立法技术上不好把握。如果规定的过少或者过于原则，又失去了意义。如果少年司法法的相关内容分散到不同部门法中，既有可能会发生矛盾和抵触，也会给司法人员操作带来困难。

### （三）少年司法制度的主体要素

少年司法是一项专业的工作，需要专门机构和专业人员负责。在任何国家，司法资源总是有限的。少年案件和成年人案件都由一个部门来办理，面对数量更多的成年人案件，少年司法就会处于成年人司法的从属性地位，其目的和任务难以实现。少年司法要求的涉及刑事、民事、行政、儿童福利的综合保护，在分工已经比较精细的成年人司法部门中也难以实现。建立专门机构负责少年司法工作是法治国家普遍的做法，如德国的少年司法机构主要有警察、检察院、少年法院、少年监狱组织机构等；日本的少年司法机构主要有警察、检察厅、家庭裁判所、少年鉴别所、少年监狱等；① 美国 50 个州和哥伦比亚特区都颁布了少年法院组织法，确认全国 2700 个法院可以受理少年案件。② 国外少年司法机构主要有以下特点：

一是机构设置法治化。法律对少年司法专门机构做了详细的规定，包括机构设置、职能、人员组成等等。

二是机构设置体系化。比如在审判组织方面，设立了独任少年法官、少年审判庭、少年法院等多种组织形式，分别办理轻重不同的案件，而且设立了一、二审的审判组织。不仅要求有专门的少年审判机构，而且要求有专门的少年警察、检察和监狱、矫

---

① 张美英：《论现代少年司法制度——以中、德、日少年司法为视角》，载《青少年犯罪问题》2006 年第 5 期。

② 李贤华：《国外少年司法制度的发展趋势》，载《人民法院报》2012 年 6 月 1 日。

正机构。我国台湾地区和日本有专门的少年警察等机构。① 美国一些地方也设有专门的少年检察部门。②

三是人员组成专业化。我国台湾地区要求少年法院院长、庭长、法官应由具有少年保护之学识、经验及热忱者任之。③ 美国挑选少年检察官的原则"乃基于候选人之少年法知识、对青少年事业之兴趣、教育程度及经验。"④ 瑞典法律则要求"少年嫌疑犯、少年犯所接触到的所有人员（警察、社会服务工作者、检察官、法官、陪审团等等）都应该有兴趣与年轻人打交道，并且具有一定的知识。"⑤

四是实行职权一体化。比如在法国刑事诉讼制度中，为避免先入为主，预审法官和审判法官必须相互独立。但少年法官、少年法庭是预（审）、审（判）分离原则的例外。少年法官在办理同一起未成年人案件时，可以同时行使预审法官、审判法官和刑罚执行法官的职责。⑥ 这样的制度设计仍然是少年司法的功能所决定的，因为一体化模式避免了办案人员频繁更迭，有利于同一办案人员更有效地对涉案未成年人进行感化教育和保护救助。

## （四）少年司法制度的社会支持体系

与成年人司法制度相比，少年司法更具有开放性，它与社会的互动更为积极，对社会支持更为依赖。"没有社会支持体系就不

---

① 陈慈幸：《台湾日本警察处理少年事件过程之探究》，载《山东警察学院学报》2012 年第 4 期。

② 张鸿巍：《美国未成年人检察制度》，载《国家检察官学院学报》2011 年第 3 期。

③ 张知博：《从"教罚并重"到"保护优先"——论台湾地区少年司法理念的转变》，载《山西师大学报（社会科学版）》2016 年第 4 期。

④ 张鸿巍：《美国未成年人检察制度》，载《国家检察官学院学报》2011 年第 3 期。

⑤ ［瑞典］戈德贝克·洛·卡米拉：《瑞典少年司法制度概述（上）》，张紫千译，载《青少年犯罪问题》2012 年第 1 期。

⑥ ［法］贝尔纳·布洛克：《法国刑事诉讼法》，罗结珍译，中国政法大学 2009 年版，第 282 页。

会有少年司法，因为少年司法关注的是行为人而不是行为，关注的是行为人的回归而不是对行为的惩罚，离开社会支持体系就不可能有少年司法。"① 为了推动涉案未成年人回归社会，需要对其提供一系列的帮助和服务。但或者受人力不足的限制，或者受缺乏专业知识的局限，或者就是为了不让涉案未成年人与社会隔离，有些需要转介给社会专业力量来承担。有学者把这类需要转介的措施和服务概括为六个方面：完成未成年人刑事诉讼活动所必须的非司法机关力量的介入，主要包括社会调查、心理测试、合适成年人参与、人民陪审员参审等；未成年人的考察帮教需求，主要包括采取非羁押性强制措施期间的考察帮教、附条件不起诉期间的考察帮教、社区矫正期间的考察帮教等；未成年人的身心康复需求，主要包括心理辅导需求和医疗需求；未成年人的就学需求，即为未成年人提供教育支持；未成年人的就业需求，即为未成年人提供就业服务；未成年人的生活需求。②

上述社会支持，也被称之为儿童福利，可以来自政府部门、专业研究机构、社会组织、社工乃至志愿者，一些国家的少年法对此有比较具体的规定。比如在挪威，有专门的社会服务委员会根据法院的判决裁定对涉案未成年人进行康复矫治。③ 在德国，有一种少年法院帮助制度，即由少年福利局和少年帮助协会共同完成对少年犯的帮教。这些机构的少年帮助代表参与到诉讼中，向少年法院提供有关教育的、社会的和帮助的建议，供少年法院参考。④ 美国建立了多元化的社会矫正机构，可以分为机构式和社区式两种。目前，全美28%的少年罪错者被安置在各类矫正机构接

---

① 宋英辉：《从六个方面着手推进少年司法社会支持体系》，载《检察日报》2015年6月27日。

② 姚建龙：《少年司法的转介：一个初步的探讨》，载《未成年人检察》（第一辑），中国检察出版社2016年版，第16页。

③ ［瑞典］戈德贝克·洛·卡米拉：《瑞典少年司法制度概述（上）》，张紫千译，载《青少年犯罪问题》2012年第1期。

④ 樊荣庆：《德国少年司法制度研究》，载《青少年犯罪问题》2007年第3期。

受教育、治疗与改造。①

### 三、 中国少年司法工作的成绩与不足

经过多年的发展，我国少年司法工作取得了长足的进步，应予以充分肯定：

一是相关法律和司法解释日臻完善。近年来，《刑法修正案（八）》通过免除未成年人前科报告义务、排除未成年累犯等修改，加大了对未成年人犯罪的宽缓处分力度。《刑法修正案（九）》通过废止嫖宿幼女罪，增设虐待被监护人、看护人罪等，严密了对未成年人保护的法网。《刑事诉讼法》于 2012 年设立了未成年人刑事案件特别程序专章，确立一系列特殊制度。2017 年通过的《民法总则》则完善了监护制度。《未成年人保护法》、《预防未成年人犯罪预防法》、《反家庭暴力法》等也得到了完善或者制定。最高司法机关和有关部委先后制定了《关于依法惩治性侵害未成年人犯罪的意见》、《关于依法处理监护人侵害未成年人权益行为若干问题的意见》、《人民检察院办理未成年人刑事案件的规定》、《未成年人刑事检察工作指引（试行）》等相关司法解释和规范性文件。

二是组织体系日益健全，专业队伍不断壮大。截至 2016 年 11 月，全国共有 1963 个检察院建立了未检专门机构，占检察院总数的半数以上。最高人民检察院于 2015 年设立了未成年人检察工作办公室，初步形成贯穿四级检察院的未检工作体系。截至 2014 年，全国法院共设少年法庭 2253 个，合议庭 1246 个。② 北京海淀、广西钦州、江苏淮安、上海等地公安机关成立了专门办理未成年人案件的部门或者办案组。刑罚执行方面，除专门的未成年犯管

① 刘用军：《少年司法制度比较与启示》，载《公民与法（法学版）》2011 年第 7 期。
② 骆惠华：《为了孩子幸福为了国家未来——人民法院少年法庭工作辉煌 30 年回顾》，载《人民法院报》2014 年 11 月 25 日。

教所外，有的地方还成立了专门的未成年人社区矫正机构。① 2010年，中央综治委等六部委共同制定下发《关于进一步建立和完善办理未成年人刑事案件配套工作体系的若干意见》，强化各政法机关和有关部门在办理未成年人刑事案件中的配套衔接。各地政法机关也根据实际需要，进一步推动完善配合衔接机制，形成工作合力。② 经过长期的实践，我国锻炼和培养了一支专业的少年司法队伍，他们为强化未成年人司法保护，探索、创新和完善我国少年司法工作做出了积极贡献。

三是工作机制体制日趋规范和完善。经过长期实践，未成年人检察逐步形成了有别于成年人的捕、诉、监、防一体化工作模式，并将侵害未成年人权益的犯罪案件纳入受案范围，日益朝着全面保护、综合保护的方向发展。法院系统从 2006 年开始启动涵盖刑事、民事、行政审判职能的少年综合审判庭试点工作，截至 2014 年已有少年综合审判庭 598 个，少年法庭呈现出多元化审判机构模式的发展格局。③ 此外，各地政法机关在法律援助、心理干预、一站式取证、法庭教育等方面也进行了积极的探索和实践。

四是社会支持体系不断完善。一些地方政法机关依托"政府购买服务"，或者与共青团、妇联、关工委、高等院校、公益组织、爱心企业、志愿者等合作，在少年司法工作中引入政府和社会力量，取得了很好的效果。④ 2016 年，民政部成立未成年人（留守儿童）保护处，有利于推动实现未成年人家庭保护、学校保护、社会保护和司法保护的有序衔接，建立完善未成年人保护工作机

---

① 周立武、王真瑱：《江苏省未成年人社区矫正工作调研报告》，载《未成年人检察》（第二辑），中国检察出版社 2016 年版，第 22 页。

② 刘雅清：《跨部门合作中的未成年人刑事检察工作》，载《人民检察》2011 年第 16 期。

③ 骆惠华：《为了孩子幸福为了国家未来——人民法院少年法庭工作辉煌 30 年回顾》，载《人民法院报》2014 年 11 月 25 日。

④ 吴燕：《刑事诉讼程序中未成年人司法保护转介机制的构建——以上海未成年人司法保护实践为视角》，载《青少年犯罪问题》2016 年第 3 期。

制和服务体系。①

不可否认的是，虽然我国少年司法工作已经初具规模，但要实现质的飞跃——建立真正意义上的少年司法制度，还要解决一系列问题：

一是少年司法的独立价值、功能尚未获得广泛认同和充分体现。有的地方实务部门以成年人司法的标准来评价少年司法，甚至单纯看案件数量，忽视少年司法的特殊性和专业性，认为没有必要设立独立的少年司法专门机构，一些地方甚至把已有的机构并入其他部门。社会、理论界和实务部门都有声音批评对未成年人依法从轻处理是"小恶不惩纵容大恶"，要求对涉罪未成年人严厉打击，导致未成年人特殊制度和程序未能有效贯彻，就案办案问题突出，影响少年司法的成效和可持续发展。

二是尚没有专门的少年司法法。涉及少年司法的相关条文散见于多部法律法规和司法解释、规范性文件中，缺乏系统性，甚至存在冲突。刑事实体法方面，仍然停留在比照成人标准从宽处罚的"小儿酌减"思路，②缺乏专门的处置措施。刑事诉讼法方面，未成年人刑事案件特别程序采用的是对成年人诉讼程序"打补丁""加外挂"的方式，而且比较原则，操作性不强。关于少年司法机构设置的法律规定非常原则，缺乏约束力。社会支持体系则基本没有专门规定。

三是少年司法处遇措施单一、不完备。例如，对不满刑事责任年龄涉罪少年和虞犯少年的司法处理缺乏保护处分制度的支持，司法机关在"一判了之"和"一放了之"的两个极端之间左右为

---

① 《民政部设立未成年人（留守儿童）保护处》，载《中国政府网》，http：//www. gov. cn/xinwen/2016－02/27/content_ 5046905. htm，最后访问日期：2017 年 3 月 25 日。

② 代秋影：《司法改革背景下未成年人审判理论与实务专家论证会综述》，载《预防青少年犯罪研究》2016 年第 1 期。

难，陷入学者所称的"养猪困局"。① 这一群体在危害社会后难以得到有效的处置，导致社会公众不满情绪持续发酵，降低刑事责任年龄的呼声日益高涨。②

四是专业化、体系化建设还比较薄弱。一方面是各地不平衡，东部沿海经济发达地区的少年司法发展水平要远高于中西部地区，不少未成年人人口和案件较多的地方都还没有成立专门的少年司法机构。另一方面是各政法机关发展的不平衡。公安机关只有零星的地方设立少年警务机构和配备专门人员，未成年人社区矫正的专业化更是有待加强。③ 政法机关之间在司法理念、体制机制、考核评价、法律适用等方面均存在较大的差异，少年司法职业共同体远未形成，配合衔接存在诸多障碍。

五是少年司法与社会力量对接缺乏法律依据和长效机制。不少地方还是停留在少年司法人员自行寻求社会力量支持的层面，社会服务转介机构基本空白，社会支持体系薄弱。④

## 四、 创设中国少年司法制度的基本思路和路径

创设中国少年司法制度，要把握少年司法的精神内核和基本规律，并立足我国实际。首先，要做到立足国情和适度借鉴相结合。充分考虑我国政治体制、法律制度、文化传统、社情民意等实际情况，吸纳我国成功经验，适当借鉴国际和域外先进做法。不能削足适履，生搬硬套某一种模式。其次，要做到问题导向和目标导向相结合。从当前面临的问题出发，以提高未成年人司法

---

① 姚建龙：《在美留学生凌虐案：中国究竟应当借鉴什么?》，载《文汇报》2016年1月29日。

② 张鸿巍：《未成年人刑事责任年龄调整之检视》，载《预防青少年犯罪研究》2016年第3期。

③ 周立武、王真瑱：《江苏省未成年人社区矫正工作调研报告》，载《未成年人检察》（第二辑），中国检察出版社2016年版，第22页。

④ 宋志军：《论未成年人刑事司法的社会支持体系》，载《法律科学》2016年第5期。

保护水平和犯罪预防效果为目标，以制定少年司法法和专业化建设为重点，确保制度设计的针对性和可行性。再次，要做到司法克制与司法能动相结合。少年司法并非解决少年问题的唯一手段和最佳手段，① 要把握好司法干预的面和度，并注重综合治理。对于其他干预可以解决问题的，少年司法就不要轻易介入；其他干预无效或者不适合的，少年司法责无旁贷，应积极作为。

按照上述思路，我们应当重点研究和改进以下几个方面：

## （一）适度拓展我国少年司法制度的管辖范围

我国少年司法一直采用的是"社会·司法"模式。② 在这一模式下，司法机关仅受理未成年人犯罪和侵害未成年人犯罪等案件，司法干预手段也主要是不起诉、附条件不起诉和判处刑罚等措施，大多数问题少年都是由家庭、学校、社区、共青团、妇联、村（居）委会等社会力量以及行政机关进行非司法干预。这种模式能够最大限度减少司法强力干预可能带来的负面影响，有利于发挥社会支持体系的正面作用，减少回归社会的障碍，但也存在非正式干预力度不够、刚性不足、作用有限甚至出现空档等问题，而且由于缺乏正当司法程序支撑，还可能造成"合法伤害"干预对象、社会支持体系缺失时干预手段难以落实或效果不彰等问题。

因此，构建中国少年司法制度，要在继续发挥传统"社会·司法"模式优势的基础上，克服这一模式的弊端，将"大社会·小司法"的模式改造为"社会·司法"并重的模式，适度扩大司法机关对少年案件的管辖范围，从原有的刑事、民事、行政诉讼的未成年当事人，扩展到严重不良行为未成年人（一般不良行为还是坚持非司法手段干预为宜）、严重违法未成年人、不满刑事责任年龄的涉罪未成年人等。另一方面，要把工读学校、收容教养等在一定程度上限制未成年人人身自由的处遇措施交由司法机关决定，

---

① 姚建龙：《少年司法制度基本原则论》，载《青年探索》2003 年第 1 期。
② 孙谦、黄河：《少年司法制度论》，载《法制与社会发展》1998 年第 4 期。

建立司法干预的正当程序，既保证未成年人的合法权利，又提升干预的力度和效果。此外，还应考虑将负有监护责任的家长的强制性亲职教育案件纳入少年司法管辖，由司法机关审查决定。①

### （二）制定我国专门的少年司法法

可以将散见于刑法、刑诉法、治安管理处罚法、社区矫正法、预防未成年人犯罪法等相关法律中的专门条款加以归拢、细化和完善，制定一部集组织法、实体法和程序法于一体的少年司法法。少年司法法不必规定所有的实体和程序内容，只需要对专门针对未成年人的特殊内容进行规定即可。其他无区分必要的内容，例如大多数犯罪的构成要件、刑事诉讼一般流程等等，可以参照刑法、刑诉法的相关规定。

根据我国实际，少年司法法应当确定以下原则：

一是全面保护、综合保护原则。注重综合运用惩治、预防、监督、教育等方式，将司法保护的触角延伸到刑事、民事、行政等各个领域，最大限度维护未成年人合法权益。同时注重吸纳家庭、学校、社会、政府力量参与少年司法，提供支持。

二是双向保护、平等保护原则。既重视保护违法犯罪未成年人的合法权益，也注重保护社会秩序，尤其是要加强对未成年被害人的保护救助，努力实现各方利益的平衡和协调。

三是特殊保护、教育为主原则。要将"教育、感化、挽救"方针、"教育为主、惩罚为辅"原则贯穿于少年司法法的始终，做好对违法犯罪未成年人的教育和矫治工作，助其顺利回归社会。

四是宽严相济、注重效果的原则。要强化分流转处机制，构建阶梯式的未成年人处遇措施，在尽量减少刑事诉讼对未成年人负面影响的同时，对性质和情节恶劣、手段残忍、后果严重的犯罪案件依法惩处。

---

① 高健：《亲职教育应强制问责失职监护人》，载《北京日报》2014 年 9 月 3 日。

为此，少年司法法要重点健全完善以下制度：

一是健全违法犯罪未成年人的司法处遇制度。应当重点完善健全非刑罚化、非监禁措施，增加少年司法干预手段，提升干预措施的刚性和干预程序的规范性。一方面，要针对不满刑事责任年龄的触法少年、实施严重不良行为的虞犯少年和依照特殊刑事政策不予刑事处罚的涉罪未成年人，健全完善保护处分制度，为司法机关"宽容而不纵容"提供手段和程序支持，填补判处刑罚和释放不处理之间的空白。① 主要是，进一步完善和落实刑法规定的训诫、责令具结悔过、责令赔礼道歉、责令家长管教、禁止令等非刑罚处置措施，健全完善社会观护帮教制度、专门学校制度和收容教养制度，实现上述措施适用的司法化，既维护未成年人的权利，又增强措施的刚性。另一方面，要完善未成年人刑罚制度，提高刑罚针对性和矫治个别化程度，减少监禁刑的适用，强化刑罚的教育挽救功能。要对未成年人取消适用财产刑和剥夺政治权利等不必要的附加刑，增设社区服务令等非监禁刑种类。完善少年刑罚裁量制度，严格把握判处刑罚的必要性，建立刑罚缓科等制度，并逐步将犯罪记录封存制度改革为犯罪记录消灭制度。深化少年刑罚执行机制，适当限定实际执行刑罚的上限，明确减刑、假释和收监执行的从宽标准，完善刑罚执行期间的特殊处遇措施。

二是完善未成年人刑事强制措施和羁押制度，最大限度减少交叉感染和标签效应，为涉罪未成年人社会化帮教和回归社会创造条件。完善未成年人逮捕制度，建立不同于成年犯罪嫌疑人的逮捕标准，明确对未成年人不适用迳行逮捕和附条件逮捕措施；完善未成年人羁押制度，切实落实分押分管，在交通便利的地方建立集中羁押未成年人的看守所，改善食宿待遇和社会化帮教条

---

① 姚建龙：《犯罪后的第三种法律后果：保护处分》，载《法学论坛》2006 年第 1 期。

件；① 建立检察机关依职权对在押未成年人羁押必要性定期复审制度，及时变更强制措施；增设指定保证人制度，② 建立专门的未成年人取保候审援助机构，为流动未成年人平等保护创造条件。

三是建立贯穿刑事诉讼全程的分流转处制度，为涉罪未成年人及时退出刑事诉讼转向保护处分和社会帮教创造机会，落实非犯罪化、非刑罚化。公安环节，对于情节轻微，可能不需要判处刑罚的未成年人，可以暂缓移送审查起诉，经过一定时期考察表现良好的，撤销案件，不再移送起诉。检察环节，要完善附条件不起诉制度，取消罪名限制，将刑罚条件提高到可能判处三年有期徒刑以下刑罚。审判环节，对于因认罪态度变化、达成刑事和解等原因，认定未成年被告人无需判处刑罚的，可以由法院进行一段时间考察后作出终结审理决定。

四是健全监护干预制度，消除未成年人触法涉罪的家庭教育诱因，实现国家监护的替代功能，预防再犯。深化责令家长管教制度和强制性亲职教育制度，对监护疏失较为严重或监护能力存在重大缺陷的罪错未成年人家长，应当责令其加强管教，必要时要求其接受指定时间、地点和内容的亲职教育。建立严重监护疏失家长监护权转移机制，可以由法院根据检察机关或者其他利害关系人的申请，决定将其监护权临时转移给其他相关人员或专门的国家教养机构。必要时，可以撤销其监护权。

五是建立未成年被害人保护制度，注重预防"二次伤害"，加大司法保护救助力度。建立一站式取证制度，尽量一次性完成询问等取证活动，确保法定代理人或合适成年人、心理专家等到

① 韩哲、边志伟：《看守所未成年犯分管分押制度的改进》，载《预防青少年犯罪研究》2012年第10期。

② 林中明、孙启亮：《上海试行合适保证人制度——50余名涉罪未成年人无一妨碍诉讼或重新犯罪》，载《检察日报》2016年3月22日。

场。[①] 建立出庭保护制度，一般不通知未成年被害人出庭，必须出庭的，也要做好技术保护措施和对不当询问的纠正机制。进一步完善未成年被害人法律援助、心理评估干预、司法救助等制度。

### （三）加强我国少年司法组织体系和专业队伍建设

健全少年司法组织体系，应当推动各政法机关专门机构和体制机制的协调发展。少年司法是涉及多个部门的综合性工作，只有协调一致才能发挥出最大效能。因此，要大力推动少年警务、少年刑罚执行尤其是社区矫正的专业化建设，并开展未成年人保护处分执行机构专业化的探索。

在少年司法机构体系的构建方面，要注意因地制宜，构建符合实际、形式多样的少年司法机构体系。中央和省级政法机关承担着较大区域内少年司法工作的领导或者指导职责，有必要设立专门的少年司法机构。地市级政法机关负有上传下达之责，有一定工作量支撑，以设立专门机构为宜。县级政法机关的机构编制、案件规模差距悬殊，要根据实际情况决定是设立专门机构还是指定专人负责，但要避免单纯考察案件数量，应充分考虑未成年人案件特别程序和帮教救助、犯罪预防等额外工作量。在少年案件较多、少年司法工作较为发达、交通便利的地方，可以考虑建立少年检察院、少年法院，对未成年人案件实行跨行政区划集中管辖，实现职能集中整合、案件集中管辖、人员集中管理的目标，解决因案件分布不均衡、受理案件数量过少所导致的一系列问题。[②]

在少年司法人员专业化建设方面，要考虑保持队伍相对稳定，

---

① 顾斯佳：《上海开展未成年受害人"一站式"取证工作》，载《东方城乡报》2016 年 10 月 13 日。

② 蒲晓磊：《设立少年家事法院和少年检察院》，载《法制日报》2017 年 2 月 14 日；苗生明、张宁宇：《创设少年检察院：未检制度发展新愿景》，载《检察日报》2016 年 12 月 29 日。

在司法改革中提供相对清晰的职业发展路线图，并在时机成熟时设置必要的准入门槛。要开展专业化培训，特别是以司法保护能力为核心①的岗位基本素能的培养，鼓励少年司法人员参加心理咨询师、社会工作师等培训和资格考试。同时，一定要建立专业化的少年司法评价标准，对少年司法工作人员的具体司法行为起到正向、专业的导向作用，改变以成年人司法标准甚至单纯以案件数量评价少年司法工作的做法，建立以办案质量和司法保护效果为核心，涵盖帮扶教育、感化挽救、落实特殊制度、开展犯罪预防等内容的专业化评价标准和机制。

### （四）构筑我国少年司法制度的社会支持体系

我国的少年司法社会支持体系至少应当包括以下内容：

一是未成年人不良行为早期干预社会支持系统。对存在一定不良行为、尚无司法干预必要的未成年人，应当建立早期干预体系，由家庭、学校、社区和行政机关进行干预，既起到过滤作用，减轻司法负担，又避免司法过早干预的弊端，例如轻微校园欺凌事件处理、轻微不良行为学生校内转化等机制。

二是涉案未成年人诉讼需求社会支持系统。未成年当事人的法定诉讼权利，如果脱离社会支持，往往落空。例如合适成年人到场，要有专门的合适成年人队伍予以支撑。又如少捕慎诉，要有社会观护体系提供必要的取保候审和帮教条件作为基础。

三是涉案未成年人教育矫治和保护救助需求社会支持系统。少年司法人员能力、精力、资源有限，不可能、也没有必要搞"全能司法"，应当将教育矫治和保护救助需求交给社会力量来完成。例如未成年人的心理干预，就应当交由社会化的专业机构和人员来开展。

四是未成年人罪错和被害预防社会支持系统。少年司法机关

---

① 姚建龙、尤丽娜：《对办理未成年人案件检察官群体的初步研究》，载《预防青少年犯罪研究》2012 年第 1 期。

在办案中发现未成年人罪错或被害案件背后存在的社会治理问题，并不能越俎代庖，只能向相关政府职能部门提出完善社会治理的建议，需要有相关机制来确保落实。例如针对娱乐场所招揽未成年人入内引发的罪错或被害案件，只有依托政府综治体系，才能形成治理合力和长效机制，创新社会治理。

要构筑我国少年司法的社会支持体系，可以从以下几个方面着手：

一是明确政府责任，指定具体牵头部门（例如预防青少年违法犯罪专项组或者民政部门），授予必要的协调和监督职权，整合调配政府官方资源、人民团体等半官方资源和社会组织等非官方资源，搭建少年司法社会支持体系。

二是培养社会组织，发挥群团组织作用，打造自主管理运营、市场化运作的专业组织，通过纳入政府购买服务范围、建立少年司法社会服务转介机构、建立服务质量第三方评估机制等方式，形成长效机制，规范运作方式。①

三是建立对少年司法社会支持力量的激励机制，制定简化审批手续、降低审批条件、税收减免、荣誉表彰等政策，鼓励各种社会力量支持少年司法工作。

四是完善少年司法社会支持体系的顶层设计。可以先由最高司法机关牵头，与相关的中央政府职能部门、群团组织或社会组织共同制定规范性文件，继而推动地方立法机关在立法权限内制定相关的地方性法规，再适时推动在国家少年司法法中设置社会支持体系专章，或者采用制定单行法或者在预防未成年人犯罪法、未成年人保护法、儿童福利法等立法中专章规定的方式，实现顶层设计。

---

① 吴燕：《刑事诉讼程序中未成年人司法保护转介机制的构建——以上海未成年人司法保护实践为视角》，载《青少年犯罪问题》2016 年第 3 期。

# 前　言

　　长期以来，我国未成年人法学理论研究一直处于较不活跃状态，未成年人法学只是法学领域的"小众学科"。虽然在一些专家学者的努力下，我国关于未成年人法学的理论研究取得了一定成果，但这些成果较为零散，且大部分没有打破学科壁垒，未以多元化的视角看待本应具有独立性的未成年人法学这门学科。同时，理论研究对于推动相关立法完善、体制建设和改进司法的作用未能充分发挥。应当说，我国未成年人法学研究，与我国整个法学界其他法学学科研究的繁荣景象是极不相称的。

　　2012 年 3 月，第十一届全国人民代表大会第五次会议表决通过了《关于修改〈中华人民共和国刑事诉讼法〉的决定》，增设了"未成年人刑事案件诉讼程序"专章，确立了"教育、感化、挽救"方针，明确了"教育为主、惩罚为辅"原则，初步构建了我国未成年人刑事诉讼程序的基本框架，令未成年人司法制度长期处于边缘化的现象得以改变。专章规定的未成年人司法制度对司法实践发挥了极大的推动和引领作用，许多实务部门在法律原则和立法框架下作出了富有地方特色的探索与改革，各地对未成年人司法的重视程度亦逐年提升。同时，学术界围绕未成年人刑事案件诉讼程序的法律规定和实践探索进行了诸多研究，出版、发表了许多理论成果，丰富了我国未成年人法学理论。2018 年 10 月 26 日第十三届全国人民代表大会常务委员会第六次会议通过《关于修改〈中华人民共和国刑事诉讼法〉的决定》，对于 2012 年修改时设立的"未成年人刑事案件诉讼程序"整章保留。

　　毋庸置疑，未成年人司法制度的发展有赖于理论研究的不断深入。梳理已有文献，有助于从宏观上把握我国未成年人法学的研究现状，了解现阶段理论研究取得的成果和存在的不足，以明确需要继续深入研究的问题，进而推动未成年人法学研究的不断发展，为未成年人司法制度的完善与健全提供丰富的理论支持。

　　本书对我国已有的文献进行梳理归纳，结合国外的相关理论与制度，以综述的方式对零散的研究成果加以整合，力求系统地展现我国学术界关于未成年人刑事案件诉讼程序的研究成果，为从事未成年人法学研究或者对该领域感兴趣的人士提供参考。

　　本书撰写分工如下：

　　第一章：苑宁宁（法学博士，中国政法大学法学院讲师）；

　　第二章、第十章：宋志军（法学博士，西北政法大学刑事法学院教授）；

　　第三章：李瑾（法学博士，西北师范大学法学院讲师）；

　　第四章：王贞会（法学博士，中国政法大学诉讼法学研究院副教授）、王菲（中国政法大学刑事司法学院硕士研究生）；

　　第五章：何挺（法学博士，北京师范大学刑事法律科学研究院教授）、马钰莹（北京师范大学刑事法律科学研究院法律硕士研究生）；

　　第六章：何挺（法学博士，北京师范大学刑事法律科学研究院教授）、阿不都米吉提·吾买尔（法学博士，新疆师范大学法学院讲师）；

　　第七章：杨雯清（北京师范大学刑事法律科学研究院博士研究生）；

　　第八章：马丽亚（法学博士，北京师范大学法学院专职辅导员）；

　　第九章：尹泠然（北京师范大学刑事法律科学研究院博士研究生）。

　　本书由宋英辉、杨雯清统一修改定稿，北京师范大学刑事法律科学研究院博士研究生林家红、硕士研究生王瑞剑参与了本书资料核对工作。由于时间和能力所限，书中难免有疏漏之处；同时，由于作者写作风格不同，相关内容在表述风格上或许也有较大差异。望读者海涵，并恳请不吝赐教。

　　本书的出版，得到中国检察出版社的大力支持，在此致以诚挚的谢意。

2018 年 12 月 30 日

# 目 录

# 第一章 未成年人司法机构专门化

## 一、未成年人司法机构专门化概述

未成年人司法机构专门化，是联合国《儿童权利公约》倡导的一项基本原则，即"规定或建立适用于被指称、指控或确认为触犯刑法的儿童的当局和机构"①。从现有文献来看，在整体上论述未成年人司法机构专门化问题的较少，绝大多数主要是分别研究未成年人警务机构、未成年人检察机构、未成年人法庭、未成年人教育矫治机构相关问题，现综述如下。

### （一）概念

何为未成年人司法机构专门化？学者的认识基本一致，但使用的具体表述和阐述的角度略有差异。

有学者使用了"办案机构或人员的专门化"，是指由专门的机构或者专门的办案人员来负责办理未成年人刑事案件的侦查、起诉、审判和执行等诉讼活动，从而在各个诉讼阶段有针对性地对未成年人进行教育帮助和矫治。②

有学者使用了"少年司法机构"，主要是指少年司法机关，还包括具有司法职能的少年司法性质组织和专门办理少年案件的少年司法专门人员。③

有学者使用了"少年司法组织"，是指处理少年犯罪案件的各类组织、

---

① 联合国《儿童权利公约》第40条。

② 宋英辉、何挺、王贞会等：《未成年人刑事司法改革研究》，北京大学出版社2013年版，第53页。

③ 姚建龙：《长大成人：少年司法制度的建构》，中国人民公安大学出版社2003年版，第83页。

组织间的关系、职能、人员素质、设施所构成的系统。①

有学者使用了"少年司法体制",是处理涉及少年诉讼案件和非诉讼案件的组织保障。②

还有学者提出了"未成年人司法专门化"这一上位概念,认为未成年人司法专门化是指公安司法机关设立专门的机构或组织,或者指定特定人员,遵照特定理念、依照特定程序专门办理涉及未成年人的案件,包括办案主体的专门化、办案范围的专门化、办案机制的专门化、办案程序的专门化、办案理念的专门化。其中,未成年人司法机构专门化是未成年人司法专门化的一个重要内容。③

### (二)重要性

学界已经就未成年人司法机构专门化的重要意义取得共识。

有学者从作用的角度指出,办案机构或人员的专门化,对于实现对未成年犯罪嫌疑人、被告人的权利保护、教育矫治、预防再犯,以及帮助其重新回归社会具有重要意义。④

有学者从少年体系的高度指出了机构专门化的重要性,认为组织系统是少年司法制度构造体系的核心。具备专门的少年司法机构是少年司法制度独立形成的重要标志,也是少年司法制度独立性与独立程度的主要体现。少年司法制度要成其为一种制度,要发挥其存在和发展的价值,建立健全必要的组织机构是根本保证。⑤

还有学者从历史的角度分析了未成年人司法机构专门化的地位,指出自美国 1899 年开创独立的未成年人司法制度以来,专门化已经成为未成年人司法的最重要特征之一。其中,未成年人司法机构和队伍的专门化是前提和基础,有了相应的机构、组织或专门人员,才能保障未成年人司法的理念、

---

① 李伟主编:《少年司法制度》,北京大学出版社 2017 年版,第 222 页。
② 狄小华:《中国特色少年司法制度研究》,北京大学出版社 2017 年版,第 189 页。
③ 苑宁宁:《未成年人司法专门化》,载《中国社会科学报》2018 年 5 月 23 日第 5 版。
④ 宋英辉、何挺、王贞会等:《未成年人刑事司法改革研究》,北京大学出版社 2013 年版,第 53 页。
⑤ 姚建龙:《长大成人:少年司法制度的建构》,中国人民公安大学出版社 2003 年版,第 83 页。

程序、机制切实落地。有了未成年人司法的专门化，才能进一步谈专业化、规范化问题。另外，还从三个层面分析了未成年人司法专业化的重要意义，是未成年人司法规律的必然要求，是未成年人司法工作的现实需要，是探索中国特色未成年人司法的最佳选择。①

**（三）法律依据**

从联合国刑事司法准则和我国以及其他国家的法律规定来看，都强调办理未成年人案件的机构或人员专门化。对此，许多学者对这些依据进行了列举与论证，综合起来主要分为两个方面：②

1. 国际法渊源

早在 1847 年，布鲁塞尔会议就首次提出对少年犯应特设监狱。1878 年的斯多拉克荷姆会议，通过决议规定，凡宣告不判处刑罚及具有不良行为的少年，皆应由公立或私立设施监督到 18 岁为止。1950 年海牙国际监狱会议决议各国均应遵守以下原则："未成年犯罪人之处置，无论为法律方面、教育方面及医学方面，均应属于由各科专家构成之机关工作，如不能由专门机关处理时，则在宣告判决之前，应就医学及教育事项，听取专家之意见。"1985 年《北京规则》对于少年司法机构作了更为明确、具体的规定，如第 1.6 条规定："应逐步地建立和协调少年司法机关，以便提高和保持这些机关工作人员的能力"；第 2.3 条规定："应努力在每个国家司法管辖权范围内制定一套专门适用于少年犯的法律、规则和规定，并建立授权实施少年司法的机构和机关"；第 6.3 条规定："行使处理权的人应具有特别资历或经过特别训练，能够根据自己的职责和权限明智地行使这种处理权"；第 22.1 条规定："应利用专业教育、在职培训、进修课程以及其他各种适宜的授课方式，使所有处理少年案件的人员具备并保持必要的专业能力"。1990 年《儿童权利公约》第 40 条第 3 款规定："缔约国应致力于促进规定或建立专门适用于被指称、指控或确认为触犯刑法的儿童的法律、程序、当局和机构。"1991

---

① 苑宁宁：《未成年人司法专门化》，载《中国社会科学报》2018 年 5 月 23 日第 5 版。

② 康树华、郭翔主编：《青少年法学概论》，中国政法大学出版社 1988 年版，第 272 页；宋英辉、何挺、王贞会等：《未成年人刑事司法改革研究》，北京大学出版社 2013 年版，第 53 页；姚建龙：《长大成人：少年司法制度的建构》，中国人民公安大学出版社 2003 年版，第 84 – 85 页。

年《利雅得准则》第57条规定："应考虑设立一个监察处或类似的独立机关，确保维护青少年的地位、权利和利益并适当指引他们得到应有的服务。"

2. 国内法规定

在我国，法律、司法解释和有关的规范性文件中都规定了办理未成年人刑事案件的机构或人员专门化的内容。《未成年人保护法》第55条规定："公安机关、人民检察院、人民法院办理未成年人犯罪案件和涉及未成年人权益保护案件，应当照顾未成年人身心发展特点，尊重他们的人格尊严，保障他们的合法权益，并根据需要设立专门机构或者指定专人办理。"《刑事诉讼法》第277条第2款规定："人民法院、人民检察院和公安机关办理未成年人刑事案件，应当保障未成年人行使其诉讼权利，保障未成年人得到法律帮助，并由熟悉未成年人身心特点的审判人员、检察人员、侦查人员承办。"最高人民法院《关于适用〈中华人民共和国刑事诉讼法〉的解释》第461条和第462条、《人民检察院刑事诉讼规则（试行）》第484条、最高人民检察院《关于进一步加强未成年人刑事检察工作的决定》第7条、《公安机关办理刑事案件程序规定》第308条等，对机构与人员专门化及具体做法进行了进一步明确。另外，"六部委"出台的《关于进一步建立和完善办理未成年人刑事案件配套工作体系的若干意见》专门规定了进一步建立、巩固和完善办理未成年人刑事案件专门机构，要求各级公安机关、人民检察院、人民法院、司法行政机关应当充分重视，加强办理未成年人刑事案件专门机构和专门队伍建设。

### （四）主要分类

根据不同标准，未成年人司法机构可以有不同分类。根据人员是否属于司法机构，可以分为司法组织和非司法组织。司法组织，是指处理未成年人刑事或违法案件的公检法司等司法机构或人员。非司法组织，是指那些不属于司法机构但依据法律参与案件处理，在未成年人司法中发挥特殊作用的社会组织机构、民间团体或人员，如工读学校、共青团、妇联等。① 通常来说，未成年人司法机构指的是第一类，即司法组织。

---

① 李伟主编：《少年司法制度》，北京大学出版社2017年版，第222页。

### （五）存在的问题

中国现行少年司法体制存在的问题有：机构设置方面，依附而缺乏独立性；人员配备方面，兼职而缺乏专业性；法律规定方面，分散而缺乏系统性。具体来说，从机构设置、人员安排的状况看出，目前我国的少年司法体制具有三个方面的不足：（1）发展不平衡。一方面是公安司法机关内部发展不平衡。不论是少年法庭、少年检察还是少年警察，在同一个系统内部的不同地区的公安司法机关，专门人员配备或组织的发展存在很大差距。另一方面是公安司法机关之间发展不平衡。相对于少年法庭的发展，少年检察的发展要差一些，而少年警察机构的建设就更落后了。（2）机构不独立。（3）体制不完善。少年司法体制应当是一个上下对应、前后衔接的组织系统，但是我国目前的少年司法体制不仅上下不对应，而且前后不衔接。①

## 二、 未成年人警务建设

### （一）概念

类似表述主要有"未成年人警务""少年警务""儿童警务"。对于这些表述的解释，主要分为广义与狭义两种，其中主流观点是广义。

就广义而言，是指公安机关作为办案主体，以少年这一类特殊群体为处理及保护对象，依照有关法律、法规来处理少年案件的活动及有关组织形式的统称。在我国司法实践中，按照少年警察办理案件的不同，少年警察可以分为办理少年刑事案件中的警察、办理"少保刑案"中的警察、办理少年治安案件中的警察。广义的理解涵盖了上述三类少年案件。② 大多数学者都是从广义的角度来进行定义的。比如，少年警察是指专门负责处理少年案件的警察，包括设在警察部门内的专门处理少年事务的分支机构和一般警察机关中负责处理少年事务的警察人员。③ 又如，少年警察制度主要是指涉及少年

① 狄小华：《中国特色少年司法制度研究》，北京大学出版社 2017 年版，第 190 – 195 页。

② 李垠：《少年警察制度研究》，西南政法大学 2012 年硕士学位论文。

③ 刘东根：《试论我国少年警察制度的建立》，载《北京科技大学学报（社会科学版）》2008 年第 4 期。

权益保护与少年违法犯罪问题预防、管辖、处置的功能与职责、机构与组织、标准与规范、程序与措施等少年警务制度。①

就狭义而言，主要限于处理少年罪错行为，是指公安机关应用法律处理少年刑事案件、少年虞犯案件、少年其他违法案件，以实现保护和教育少年健康成长、预防少年违法犯罪为目标的专门司法制度。少年警察制度是指少年警察根据罪错少年的身心特点，以保护少年健康成长为出发点，以预防少年再违法、犯罪为目的的，采取针对性的处遇方式，以完全不同于成年人犯罪的实体法和程序法进行处理的特殊警察制度。②

### （二）必要性

在必要性方面，国内文献主要从以下四个方面进行了论证：

1. 保障未成年人健康成长的需要

对于绝大多数违法犯罪的未成年人来说，公安机关是与他们打交道的第一个司法机关，警察所采取的各种措施，对他们的生活都将产生重大影响，有些影响将伴随他们一生。有学者指出，无论是在未成年人刑事案件的立案、侦查、强制措施，还是在未成年人违法案件中治安管理处罚，以及对闲散青少年、有不良行为或严重不良行为的青少年、流浪乞讨青少年、服刑在教人员未成年子女、农村留守儿童等重点青少年群体的管理和帮教，公安机关都发挥着不可替代的作用。③

2. 完善未成年人保护机构的需要

要使我国的未成年人保护工作更有实效，就必须进一步完善未成年保护机构，其中的核心措施就是加强警察机关在未成年人保护工作中的作用，使其成为未成年人保护工作的中心机构。因为，第一，预防和惩治未成年人违法犯罪是警察机关的重要职责，警察在未成年人保护工作中的作用也在其他国家和地区得到了证实。第二，警察机关有广泛的执法权限，对少年违法犯罪案件、少年触法案件、少年不良行为、侵害少年合法权益的行为、影响少年健康成长的行为都可以调查处理，而其他机关与团体要么没有执法权，要

---

① 柯良栋、王大为、孙宏斌：《两岸四地少年警察制度初探》，载《青少年犯罪问题》2010 年第 5 期。

② 李垠：《少年警察制度研究》，西南政法大学 2012 年硕士学位论文。

③ 牛凯：《论未成年人警务制度建设》，载《预防青少年犯罪研究》2012 年第 11 期。

么仅有非常有限的执法权。第三，警察机关与社会有着更广泛的联系，可以利用的社会资源十分丰富，警察可以及时全面地掌握当地少年违法犯罪、少年权益受侵害等事实，可以充分利用和动员社区、学校、其他机关、团体等资源。[①]

3. 完善少年司法机构体系的需要

有学者指出，完善的少年司法制度包括侦查、起诉、审判、执行四个方面的制度。少年司法制度的进一步发展需要形成相互协调、配套的公检法司的工作机制，但长期以来，相比法院、检察院，作为少年司法制度第一系统的少年刑事侦查制度在公安机关没有得到应有的重视，以至于阻碍了我国少年司法制度的进一步发展与完善，因此，迫切需要建立少年警察制度。[②]

4. 联合国少年司法准则的明确要求

1955 年，联合国第一届犯罪预防与罪犯处遇大会通过的《防止青少年犯罪决议》指出："防止少年犯罪，是警察机关的重要职责之一，应重点加强这一工作。国家应积极促使在普通警察机构中，设立少年科，并加强对少年警察的训练和少年犯罪侦查的特殊训练和研究，以帮助他们提高解决少年犯罪问题的能力。"《联合国少年司法最低限度标准规则》（北京规则）也明确规定了警察内部的专业化，强调了设立少年警察的必要性，该规则第 12.1 条规定，"为了圆满地履行其职责，经常或专门同少年打交道的警官或主要从事防止少年犯罪的警官应接受专门指导和训练。在大城市里，应为此目的设立特种警察小组。"对该规则的说明指出，必须对从事少年司法的所有执法人员提供专门训练。由于警察是与少年司法制度发生接触的第一步，因此，他们的行为必须有充分认识而且恰当，这一点极为重要。特种警察小组对改善少年犯罪的预防、控制和少年犯罪的处理是不可缺少的。[③]

---

① 刘东根：《试论我国少年警察制度的建立》，载《北京科技大学学报（社会科学版）》2008 年第 4 期。

② 刘东根：《试论我国少年警察制度的建立》，载《北京科技大学学报（社会科学版）》2008 年第 4 期。

③ 刘东根：《试论我国少年警察制度的建立》，载《北京科技大学学报（社会科学版）》2008 年第 4 期。

### （三）可行性

在可行性方面，国内文献主要从以下几个方面进行了论证：①

1. 我国法律法规的认可与强调，为少年警务制度提供了法律依据

1995 年《公安机关办理未成年人违法犯罪案件的规定》第 6 条规定："公安机关应当设置专门机构或者专职人员承办未成年人违法犯罪案件。办理未成年人违法犯罪案件的人员应当具有心理学、犯罪学、教育学等专业基本知识和有关法律知识，并具有一定的办案经验。"2010 年，中央综治委预防青少年违法犯罪工作领导小组、最高人民法院、最高人民检察院、公安部、司法部、共青团中央颁布了《关于进一步建立和完善办理未成年人刑事案件配套工作体系的若干意见》，第 1 条明确规定："公安部、省级和地市级公安机关应当指定相应机构负责指导办理未成年人刑事案件。区县级公安机关一般应当在派出所和刑侦部门设立办理未成年人刑事案件的专门小组，未成年人刑事案件数量较少的，可以指定专人办理。"《未成年人保护法》第55 条规定："公安机关、人民检察院、人民法院办理未成年人犯罪案件和涉及未成年人权益保护案件，应当照顾未成年人身心发展特点，尊重他们的人格尊严，保障他们的合法权益，并根据需要设立专门机构或者指定专人办理。"《刑事诉讼法》第 277 条第 2 款规定："人民法院、人民检察院和公安机关办理未成年人刑事案件，应当保障未成年人行使其诉讼权利，保障未成年人得到法律帮助，并由熟悉未成年人身心特点的审判人员、检察人员、侦查人员承办。"《公安机关办理刑事案件程序规定》第 308 条规定："公安机关应当设置专门机构或者配备专职人员办理未成年人刑事案件。未成年人刑事案件应当由熟悉未成年人身心特点，善于做未成年人思想教育工作，具有一定办案经验的人员办理。"

2. 国外少年警务实践经验的总结和借鉴，使我国建立健全少年警务制度有章可循

专业的少年警察对于预防少年违法犯罪、保护少年合法权益的重要作用

---

① 尤丽娜：《论我国少年警察制度的构建》，载《广州市公安管理干部学院学报》2007 年第 2 期；朱兆坦：《为孩子撑起一片蓝天——我国儿童警察机构的建设现状与基本构想》，载《中国犯罪学研究会第十四届学术研讨会论文集（下册）》，第 597 - 601页；姚建龙：《中国少年司法的历史、现状与未来》，载《法律适用》2017 年第 19 期。

已被多个国家和地区的司法实践所证实。在日本，各都、道、府、县警察本部及警察署，分别设置了"少年警察课"或"少年警察股"，配备了包括少年案件承包人、妇女辅导员等在内的专职警察，专门处理少年案件。美国的少年警察机构和少年警官在少年犯罪预防、调查与处置中处于非常重要的地位，有的州还成立了少年警官协会。德国凡是较大的警察局一般都设有一个分局或分部，称为"少年署"，专管少年案件的调查。而在英国，警察部门也设有专门的"少年部"。在少年警察的职责方面，各国也早已突破了专门处理少年违法犯罪案件的狭隘局限，在预防、教育、矫正等各个领域，都可以看到少年警察的身影，教育者、保护者、处理者和矫正者四者合一是对现代世界各国少年警察的真实写照。

3. 我国当前少年警务制度的建构也积累了一定经验

上海是我国较早探索建立少年警察制度的地区。1986 年，长宁区公安分局建立了上海第一个少年嫌疑犯专门预审组，吸取少年法庭的审判经验，将那些适合于少年犯生理心理特点的办案原则和审理方式，运用到预审程序中来，1994 年 3 月又成立了少年案件审理科。但在刑事侦查制度由侦审分开改革为侦审合一制度后，就没有专门从事少年案件刑事侦查的警察了。2004 年后，上海市杨浦公安分局等又开始实行少年犯罪案件由专门办案组处理。2013 年 4 月 28 日，广西壮族自治区钦州市钦南分局正式设立青少年警务工作办公室（后更名为未成年人警务科）。2015 年 7 月 1 日，北京市海淀区设置了专门的未成年人预审中队。除了这两个专门、独立的少年警务机构外，一些省市也声称在公安机关成立了专门办案组或者指定了专门的人员办理未成年人案件，2016 年 11 月 4 日江苏省淮安市公安局印发文件要求市县两级公安机关组建"未成年人案件专门办案组"。2016 年 9 月、10 月，江苏省江阴市、云南省昆明市盘龙区分别举行了专门的少年警务培训班，其后昆明盘龙公安分局于 2018 年 4 月组建了一站式取证中心女警专业询问队。湖北、河南、陕西等地也相继建立了少年警务组织或专人办理。

**（四）现状及存在的问题**

从司法实践的情况看，除了个别地方建立了专门办理少年刑事案件的警察力量外，少年警察制度在我国并没有得到真正实施。真正建立专门机构或者专人负责办理少年违法犯罪案件的公安机关屈指可数。① 我国根据地方条件的好坏、人口集中的程度、案件多少等情况的不同，依次大致有以下几种情形：（1）一些条件较好的公安部门内，设有处理少年罪错案件的专门机构；（2）有些地方的公安部门安排在这方面有丰富经验的侦查人员负责少年罪错案件；（3）还有许多条件较差的、人口不多、案件少的地方，其公安部门没有这类专门的机构和人员。② 就专门性少年警察机构的主要形式来看，按其独立性由弱到强的排列顺序，主要包括三种：（1）专门办理少年案件的专门警察；（2）少年犯罪嫌疑人专门预审组；（3）少年案件审理科。③

由于我国未成年人警务建设相对滞后，有些学者在研究未成年人警务建设存在的问题时，更多的是讲公安机关在处理未成年人相关事务时存在的问题。

对此，有学者根据处理案件的类型不同，从三个方面进行了论述：（1）少年刑事案件处理制度的问题。在立案与社会调查报告制度方面，立案程序上，少年犯罪嫌疑人与成年犯罪嫌疑人基本上没有区别，社会调查报告流于形式；在法定代理人到场制度方面，难以得到现实保障，难以发挥保护未成年人合法权益，教育、矫治罪错少年，促使其改过自新重新融入社会的作用；在适用强制措施与分管分押制度方面，法律的规定并未完全得到落实。（2）少年虞犯案件处理制度的问题。法律依据不健全，公安机关实际掌握剥夺或限制少年人身自由的裁量权，办案程序简单、封闭、缺乏监督。（3）少年其他违法案件处理制度的问题。根据我国的司法实践，有关行政机关和教育机关在办理一般少年违法案件时，主要采取治安处罚、训诫、责令具结悔过、严加管教、赔礼道歉、赔偿损失等非刑罚处罚措施。公安机关出于保护问题少年的角度，对于第一次违法行为行政拘留不予执行，通过训诫等方式进行教育后便予以释放。在缺乏监护人管教的情况下，问题少年再次回到不良的社会环境中，公安机关的思想教育很难改正问题少年的恶习，并且行政拘留不执行增加了少年的胆量。在不良因素的相互作用下，问题少年

---

① 刘东根：《试论我国少年警察制度的建立》，载《北京科技大学学报（社会科学版）》2008 年第 4 期。

② 徐建主编：《青少年发现新视野（下）》，中国人民公安大学出版社 2005 年版，第 777 页；李垠：《少年警察制度研究》，西南政法大学 2012 年硕士学位论文。

③ 姚建龙：《长大成人：少年司法制度的建构》，中国人民公安大学出版社 2003 年版，第 89 页。

再次违法犯罪率高。严加管教需要监护人的积极配合，但法律并未规定这项措施的具体落实，如监护人是否有监管能力、监管的力度如何等因素影响着该项措施的适用效果。适用罚款或赔偿损失等处遇措施，不仅难以执行，还难以阻却再次违法犯罪。[①]

有学者根据未成年人警务应当承担的职能与工作，论述了当前存在的主要问题与不足。具体来说：（1）预防未成年人违法犯罪工作的问题。在调研研究方面，对未成年人违法犯罪的情况存在着掌握不够准确、调查不够科学、研究不够深入的问题，影响了预防未成年人违法犯罪工作的效果；在立法方面，现行法律及规范性文件对公安机关预防未成年人违法犯罪的规定比较少，而且缺乏可操作性；在执法方面，公安机关组织机构需要改革，对不良少年的早期干预有待加强，对中小学及周边场所存在的"黄、赌、毒"等社会丑恶现象的整治力度有待加强，对违法犯罪未成年人的帮教、考察和监督工作有待完善。（2）未成年人刑事案件诉讼程序中的问题。在立法方面，1995 年 10 月颁布实施的《公安机关办理未成年人违法犯罪案件的规定》已远远落后于刑事诉讼法的规定，不能适应当前综合治理未成年人违法犯罪的实际情况；在立案阶段，基本上是适用普通立案程序的规定，缺少专门的机构与人员，难以做好与法院、检察院、司法行政机关的衔接和配合；在侦查阶段，主要体现在强制措施使用过多、警械的使用频率高、违法讯问现象严重、混合羁押情况普遍。（3）处理未成年人违法案件中的问题。涉及未成年人的大多是原则性规定，缺乏可操作性的内容，对违法未成年人处罚中缺少适合未成年人的相关惩罚措施，对违法未成年人大量使用惩罚措施，机械地适用相关法律，缺少人文关怀。（4）保护未成年被害人方面的问题。公安机关存在的主要问题是观念上不够重视，也没有保护未成年被害人好的经验和方法。[②]

## （五）对策建议

国内文献就我国未成年人警务建设的原则、职能以及具体设置方案进行了研究。

构建中国少年检察制度，应当坚持的指导原则有"三原则说"和"五

---

[①]　李埌：《少年警察制度研究》，西南政法大学 2012 年硕士学位论文。

[②]　牛凯：《论未成年人警务制度建设》，载《预防青少年犯罪研究》2012 年第 11 期。

原则说"。"三原则说"包括：双保护原则，既要注重保护少年的合法权益，也要注重保障整个社会的安全与秩序，做到两者的有机统一和最佳协调；教育为主、惩罚为辅原则，在办理青少年案件中，要针对犯罪青少年的具体情况和特点，进行有效教育、感化工作，要"待之以诚、动之以情、教之以法、晓之以理"，尽可能给予其自新机会和相对宽松的回归环境；全面调查原则，在办理青少年案件的过程中，除一般的刑事调查程序外，增加对少年背景的专门调查，必要时还要对其进行心理学方面的调查分析。① "五原则说"包括：教育保护原则；全面调查原则；最佳利益原则；最小伤害原则；个别化矫治原则。②

建立我国少年警察制度的核心是少年警察职责的确定。就少年警察的职责，有的学者从宏观的角度进行了概括，有的从工作对象进行了剖析，还有的从办理案件的分类进行了阐述。

从宏观的角度来说，少年警察的职责基本可以分为两个大的方面：预防和治理儿童所实施的违法犯罪行为，维护儿童的正当合法权益。这方面，大多数学者达成了共识。有的学者指出，我国公安机关是具有武装性质的治安行政机关和刑事执法机关。这一性质决定了我国的少年警察不仅要承担对少年犯罪的侦查、对少年违法治安管理行为的查处等刑事执法任务，而且还担负着未成年人维权、保护等治安行政职责。③ 也有学者结合我国现行法律的规定，具体论述儿童警察机构的职责：依据《预防未成年人犯罪法》等法律和法规预防儿童违法犯罪行为，依据《公安机关办理未成年人违法犯罪案件的规定》等法律法规办理儿童所实施的治安案件和刑事案件，依据《未成年人保护法》等法律法规维护儿童的各种合法权益。④

有学者从少年警察的重点工作对象，分别阐述了少年警察的职责。少年警察的重点工作对象应包括：违法犯罪少年、触法少年、虞犯少年、不良行为少年、要保护少年。之所以包括这五类，主要有两点原因：一是未成年人

① 尤丽娜：《论我国少年警察制度的构建》，载《广州市公安管理干部学院学报》2007年第2期；曹斐：《试论少年警察制度在流浪儿童越轨行为矫治中的作用》，载《新疆警官高等专科学校学报》2012年第2期。

② 李垠：《少年警察制度研究》，西南政法大学2012年硕士学位论文。

③ 狄小华：《中国特色少年司法制度研究》，北京大学出版社2017年版，第201页。

④ 朱兆坦：《为孩子撑起一片蓝天——我国儿童警察机构的建设现状与基本构想》，载《中国犯罪学研究会第十四届学术研讨会论文集（下册）》，第597-601页。

的犯罪行为与违法行为之间从犯罪学的角度看并无实质区别，它们的原因、发展变化规律以及预防、治理等问题是相通、相互联系的，违法行为往往是犯罪行为的前兆。为了实现对未成年人犯罪的综合治理、早期干预、早期预防，实现教育、感化、挽救未成年人的目的，少年警察的工作对象除了包括违法犯罪少年外，还必须包括某些与犯罪有内在联系的行为。二是少年的可塑性极强，对被害少年和需要保护的少年如果不及时履行保护职责，则其很容易由被害人转变为施害人。对不同的少年，少年警察职责的重点不同：少年警察在办理少年违法犯罪案件时，要比办理成年人违法犯罪案件承担更多的职责，如必须坚持教育为主、惩罚为辅的原则，坚持教育、感化、挽救的方针，坚持全面调查的原则，采取不同于成年人的讯问方式等。对不良行为少年，少年警察的主要职责是及时进行有效的辅导，与相关部门、团体和志愿者合作，通过积极的街头和社区辅导，对不良行为少年和他们的家庭进行指导、忠告。需要保护的少年主要有三类：一是受到违法犯罪或者其他阻碍少年健康成长行为侵害的少年；二是受到监护人虐待、放纵的少年；三是有必要采取儿童福利措施的少年，如街头流浪少年。少年警察对这类少年主要履行保护的职责，对第一类少年主要通过面谈、心理辅导、联系有关机构等措施进行援助，帮助被害人各项诉权的实现；对第二类，少年警察可以对侵害少年权益的监护人等采取警告、训诫、移送处理等措施；对第三类，少年警察可以先采取紧急措施，然后移送民政等部门处理。[①]

还有学者根据办理的不同类型案件，阐述了少年警察的职能。具体来说，办理未成年刑事案件中，主要职能是及时受理案件，不公开侦查，对青少年采取不同于成人的讯问方式，严格限制和尽量减少使用强制措施，接受人民检察院的监督。办理"少保刑案"中，主要职责有打击犯罪，从源头上消灭刑事未成年被害人的产生，加强犯罪预防教育，保证刑事被害人各项诉权的实现。办理少年治安案件中，主要职责是对违法少年进行疏导和教育，结合案情，讲危害、讲法律、讲前途，以案释法，促其悔过自新，严格执行审批手续，保障受处罚的少年的行政诉讼、复议、申诉等权利。[②]

---

① 刘东根：《试论我国少年警察制度的建立》，载《北京科技大学学报（社会科学版）》2008 年第 4 期。

② 尤丽娜：《论我国少年警察制度的构建》，载《广州市公安管理干部学院学报》2007 年第 2 期。

就具体的设置方案，建议主要有三类，可概括为"重在基层建设说""治安条线建设说"和"独立机构建设说"。

所谓"重在基层建设说"，是指专门的少年警察机构可以考虑只设在县级公安机关，因为，县级公安机关是办理少年案件、保护少年合法权益的主要机关，地市以上的公安机关对于少年案件的办理主要起指导作用，如果设立专门的少年警察机构则无必要。每个派出所，可以根据辖区内少年案件的数量，指定一名以上的警察专门办理少年案件，执行预防与惩治少年违法犯罪、保护少年合法权益的职责。少年警察应当具有法学、心理学、犯罪学、教育学、社会学等专业知识，只有这样才能很好地完成其职责，这也是少年警察制度比较完善的国家和地区对少年警察的要求。根据少年警察的工作职责，有必要配备合适的女性警察和年龄较大、有丰富社会经验的警察。派出所的社区民警虽然不是专门的少年警察，但由于其与社区少年的联系紧密，也必须接受与办理少年事务有关的专业知识训练。①

所谓"治安条线建设说"，是指在公安机关的治安部门建立自上而下的专门的少年警察机构，坚持打防并举、以防为主的原则，具有侦查权、行政处罚权，承担预防功能、矫正功能。由于儿童所实施的违法案件以治安案件居多，且其所实施的刑事案件的危害性不大，又因为在我国，防治儿童违法犯罪的工作主要在基层公安机关的治安部门（如公安派出所），且公安机关的治安部门有侦查权和治安处罚权，并指导派出所的工作，所以未来的我国儿童警察机构应设在公安机关的治安部门，具体如下：（1）在公安部治安局设立防治儿童违法犯罪处，其主要职责是：草拟向公安部报批的全国有关防治儿童违法犯罪的政策、法规，指导全国公安机关防治儿童违法犯罪的工作，指定下一级公安机关或直接办理有全国影响的儿童案件；在省（市、自治区）公安厅（局）治安总队设立防治儿童违法犯罪科，其主要职责是：指导辖区公安机关防治儿童违法犯罪的工作，协调辖区公安机关或直接办理有全省影响的儿童案件；在市（州）公安局（处）治安支队设立防治儿童违法犯罪大队（副科级），其主要职责是：指导辖区公安机关防治儿童违法犯罪的工作，协调辖区警察机关或直接办理辖区内有重大影响的儿童案件；在县（市、旗、区）公安（分）局治安大队设立防治儿童违法犯罪中队

---

① 刘东根：《试论我国少年警察制度的建立》，载《北京科技大学学报（社会科学版）》2008 年第 4 期。

（副股级），其主要职责是：指导辖区公安派出所预防儿童违法犯罪的工作，办理辖区内儿童所实施的刑事和治安案件。（2）公安派出所的社区民警为兼职儿童警察，负责自己社区内预防儿童违法犯罪的工作，对违法犯罪儿童进行帮教与矫治。警力充盈的派出所可以不实行儿童警察兼职制度，而设立专职儿童警察，负责该所全部的预防儿童违法犯罪工作。（3）看守所、治安拘留所等羁押违法犯罪儿童的场所应设立专门从事管教违法犯罪儿童的管教干部。（4）公安机关的防治儿童违法犯罪机构应与其关心下一代工作委员会办公室合署办公。①

所谓"独立机构建设说"，是指在公安系统整合设立专门的未成年人警务机构。具体来说：公安部内部整合设立"未成年人警务局"，主要职责是统一归口指导、监督地方公安机关依法办理未成年人涉嫌违法的治安案件和涉嫌犯罪的刑事案件、未成年人被侵害的案件，组织和指导地方公安机关开展未成年人网络安全保护、禁毒等未成年人保护和犯罪预防工作。参照公安部的设置，省级、分州市级公安部门建立相应机制和专门机构，承担相关职责。在涉及未成年人案件数量较多的区县，公安（分）局成立未成年人警务大队，承担相关职责。在暂不具备条件或者案件数量不多的区县，公安（分）局成立专门的中队或者指定专人负责相关工作。在探索执法办案中心的区县，设立专门的办案区，配备熟悉未成年人身心特点和相关法律规定的人员。在派出所，对三名以上的民警进行培训，专门兼办未成年人案件，以保障 24 小时有熟悉相关业务的民警能第一时间对案件妥善处理。② 有多名学者提出了类似的建议，比如：少年警察的工作在整个未成年人维权，特别是司法维权中具有前置性特征。因此，少年警察机构的设置，不应当强调与少年审判中检察机关的对应。考虑到少年警察对未成年人的保护通常是最广泛的，而对罪错少年的公权力干预也是最早的，如果按少年审判机关设置机构，反而会远离需要保护的对象而难以履行特殊保护职责。我国现有的公安机关相对于其他机构是覆盖范围最广的，也是在未成年人需要公权力保护时能够最快作出反应的，所以在现有的警察机构中设立专门的少年警队或者少

---

① 朱兆坦：《为孩子撑起一片蓝天——我国儿童警察机构的建设现状与基本构想》，载《中国犯罪学研究会第十四届学术研讨会论文集（下册）》，第 597－601 页。

② 苑宁宁：《未成年人司法专门化》，载《中国社会科学报》2018 年 5 月 23 日第 5 版。

年警员，对罪错少年的干预会更及时。具体而言，可在公安部设立少年警察局，在省公安厅设立少年警察处，在地方警察局设立少年警察大队，在区县警察机构设立少年警队，在社区设立专职少年警员。[①]

## 三、未成年人检察专门机构建设

### （一）发展历程

1. 机构演变历史

1986 年 6 月，上海市长宁区人民检察院成立"少年刑事案件起诉组"（以下简称少年起诉组），从此拉开了我国未检工作的序幕。回顾这些年来的未检工作，未检专门机构建设经历了一个由蓬勃发展到几近夭折再到重获新生的曲折历程。目前，我国基本构建起四级未成年人检察工作专门机构。对此，有学者专门著述进行论述，将其总结为四个发展阶段：[②]

第一个阶段是少年起诉组的诞生。伴随着上海法院系统少年审判工作的改革，1986 年，上海市长宁区人民检察院率先在审查起诉科内设立了"少年刑事案件起诉组"，主要承担未成年人刑事案件的审查起诉、出庭公诉等职责。少年起诉组的成立标志着我国未检工作从普通刑事检察工作中分离，开始朝着专业化的方向发展。至 1990 年底，上海市 20 个区县检察院相继在起诉科内设立了少年起诉组，共配备了 55 名专职干部，承担未成年人刑事案件的审查起诉、出庭公诉和预防犯罪等工作。

第二个阶段是专门机构的建立。上海市检察机关在总结以往司法实践经验的基础上，要求各区县院逐步将原隶属于起诉部门的少年起诉组改为独立建制的未成年人刑事检察科。1992 年 5 月，最高人民检察院在刑事检察厅成立了少年犯罪检察工作指导处，同年 8 月，上海市虹口区人民检察院率先成立了集未成年人刑事案件审查批捕、审查起诉等检察工作于一体的独立建制机构——未成年人刑事检察科，之后，各地纷纷酝酿建立未检专门机构。

---

① 狄小华：《中国特色少年司法制度研究》，北京大学出版社 2017 年版，第 201 -
202 页。

② 张寒玉、陆海萍、杨新娥：《未成年人检察工作的回顾与展望》，载《预防青少年犯罪研究》2014 年第 5 期；李伟主编：《少年司法制度》，北京大学出版社 2017 年版，第 253 -256 页。

第三个阶段是专门机构的撤销。由于 1996 年在刑事诉讼法修改过程中着重解决的是普通诉讼程序方面的问题，对未成年人特殊主体方面的程序没有专门考虑，没有对实践中探索的办理未成年人刑事案件的一些特殊制度、程序予以专门规定和认可，因此，1997 年最高人民检察院和一些地方检察机关在机构改革中撤销了未检专门机构。

第四个阶段是专门机构再发展。未成年人司法制度陷入低谷后经历了一个长期徘徊不前的阶段，但实践中各级人民检察院一直在尝试推行各种改革措施。2006 年，最高人民检察院出台新的《人民检察院办理未成年人刑事案件的规定》，要求"人民检察院一般应当设立专门工作机构或者专门工作小组办理未成年人刑事案件，不具备条件的应当指定专人办理。未成年人刑事案件一般应当由熟悉未成年人身心发展特点，善于做未成年人思想教育工作的检察人员承办"。2009 年，上海市人民检察院成立未成年人刑事检察处，成为我国首个省级未成年人刑事检察部门。随后上海市人民检察院第一、二分院相继成立未检处，标志着全国首个三级未检机构建设完备。2010 年 9 月，北京市海淀区人民检察院在全市率先成立独立建制的少年检察处，之后，北京、河北、天津等省市基层检察院陆续组建未检专门机构。另外，安徽、河南、辽宁、黑龙江等地的检察机关，还通过将辖区内的未成年人刑事案件统一指定一个基层检察院办理的方式，整合司法资源，促进专业化建设。在 2012 年修改后的刑事诉讼法正式颁布前夕，最高人民检察院于 2011 年底在公诉厅成立了未成年人犯罪检察工作指导处，专门负责指导全国未成年人刑事检察工作。2013 年底，最高人民检察院根据修改后的刑事诉讼法，全面修订了《人民检察院办理未成年人刑事案件的规定》，明确了设立未检专门机构的具体要求，即"省级、地市级人民检察院和未成年人刑事案件较多的基层人民检察院，应当设立独立的未成年人刑事检察机构"，"有些地方也可以根据本地实际，指定一个基层院设立独立机构，统一办理全市（地区）的未成年人犯罪案件"。2015 年底，最高人民检察院正式成立未成年人检察工作办公室，标志着未成年人检察工作专业化、规范化建设进入一个新的发展阶段。截至 2016 年 3 月，各地检察机关共成立有编制的未成年人检察专门机构 1027 个，在公诉部门下设未成年人检察工作办公室、专业办案组 1400 多个。

2. 工作模式的演化

未检工作从诞生时起，即积极开展旨在提升教育挽救效果、形成司法保护合力的工作模式探索。具体来说，未检工作机构的工作模式也经历了一个发展变化过程：起初是捕诉合一，即未成年人刑事案件的审查批捕、审查起诉、出庭公诉、个案帮教等工作由同一办案小组或同一办案人员负责；后来演变为捕诉防一体，将预防工作纳入未检办案模式，由办案人员一跟到底，有效实现诉前引导、庭审感化、案外帮教的有机衔接；到现在的捕诉监防一体化，被称为目前最为彻底的一体化模式，用最专业、最综合的机构，为未成年人提供最全面的保护。①

3. 变迁发展规律

针对我国未成年人检察组织机构及其工作模式的变迁，有学者专门总结出了如下规律：一是先自下而上先行先试，后自上而下复制推广。二是在组织形式上，先附属，后独立与附属并存。三是在未检部门工作内容上，早期仅限于未成年人犯罪，当前多元并进。四是在少年司法制度建设中，未检工作发展相对滞后于法院。②

（二）必要性分析

学界关于未成年人检察机构独立设置的必要性从多个方面、不同角度进行了论证，但总体认识较为一致。

有学者指出，在大部制改革背景下，未检机构独立设置仍然具有必要性。大部制改革不能理解为完全按照业务种类搞一刀切，未检工作涵盖侦监、公诉、刑事执行、社区检察甚至民检、控申等业务，无论将其归并到哪一个大部，都将削弱甚至抹杀未检工作的完整性和专业性，并造成其中某部分业务工作的弱化，最终导致未检工作的倒退。具体来说，其必要性包括以下三个方面：（1）未检专业化的必然要求和根本保障。（2）未检工作多年发展的重要经验。凡是未检机构独立化程度高的地方，未检工作发展水平也相应较高。今后未检工作的继续发展，同样离不开独立未检机构的组织保障。（3）未检工作继续发展的客观需要。未检机构的独立设置，有利于完善

---

① 张寒玉、陆海萍、杨新娥：《未成年人检察工作的回顾与展望》，载《预防青少年犯罪研究》2014 年第 5 期；王拓：《未成年人"捕、诉、监、防"一体化工作模式初论》，载《预防青少年犯罪研究》2013 年第 4 期。

② 操宏均：《中国未检组织体系设置问题研究》，载《人民检察院组织法与检察官法修改——第十二届国家检察官论坛文集》，第 397 - 406 页。

我国的未成年人司法保护制度，是建立健全办理未成年人刑事案件配套工作体系的基础，可以为未检制度乃至检察制度的改革完善提供重要的平台。[①]

有学者不仅说明了检察机关加强未成年人检察专门机构建设的重要意义，[②] 而且着重论述了当前司法改革背景下未成年人实行独立分类的必要性，包括六个方面：（1）未成年人作为诉讼主体的特殊性对未检人员提出了特殊要求。（2）未检独立分类具有法律依据及可供借鉴的有益经验。（3）司法改革提出新要求为未检工作提供了更多可探索的空间。（4）检察机关履行法律监督职能的需要。（5）加强人权司法保障树立我国良好国际形象的需要。（6）与有关部门建立未成年人案件办理配套工作体系的需要。[③]

还有专家从未检工作实践角度总结了未检机构独立建制的必要性。司法实践证明，独立建制的未检专门机构能够有效推动未检工作深入开展，体现在以下三个方面：（1）有利于未成年人检察工作的创新发展。未检业务涉及批捕、起诉、刑事执行检察、犯罪预防、诉讼监督等方方面面，如果由不同业务部门分管，各部门执法理念、人才储备、合作意识等方面的差异会导致衔接不畅，制约未检工作开展和制度创新。建立专门的未检机构实现统一管理，能够有效避免上述弊端，集中力量进行未检工作研究和探索，推进未检工作创新。（2）有助于未检工作专业化建设。鉴于未成年人身心发展的特殊性，未检工作对承办人专业化提出了较高要求，不仅要熟悉未成年人相关法律，还要了解未成年人的身心特点，具备心理学、社会学、教育学等学科知识。建立独立机构集中进行未检工作，保障未检工作人员的相对稳定，能够培养一支专业化的未检人才队伍，有助于未检工作长远发展。（3）有益于加强管理，发挥整体优势。目前各地采取的三级未检机构，一方面理顺了内部业务指导关系，能够有效加强监督管理，通过督促指导落实工作，提高业务指导的效果。另一方面理顺了上下级未检机构之间的管理关系，有利于从整

---

① 吴燕：《未检机构独立设置的必要性和可行性》，载吴燕主编：《未成年人检察理论研究》，法律出版社 2016 年版，第 3－6 页。

② 岳慧青：《我国检察机关未成年人案件办理机构建设问题研究》，载《预防青少年犯罪研究》2012 年第 3 期。

③ 岳慧青：《司法改革背景下的未成年人检察体制改革》，载《青少年犯罪问题》2015 年第 1 期。

体统筹指导未检工作，从长远部署规划未检工作，推进未检制度建设。①

撤并未成年人检察机构，是一种开历史倒车的现象。有学者指出了由此可能带来的危害，论证继续坚持未成年人检察机构独立设置的必要性，包括撤并未成年人检察机构，便不可能有专门办理未成年人案件的检察官，这将动摇未检工作专业化建设的基石，将限制未检工作一体化职能的发展，将阻隔未检工作社会化协作的路径。②

### （三）可行性

加强未成年人检察机构建设具有可行性，理由如下：一是具有法律和政策支撑。二是具有充足的案源。从职能界定看，涉未成年人案件案源充足广泛。如果按照"捕诉监防"一体化职能，未检业务工作量主要以办理审查逮捕和审查起诉案件数量来衡量。如果再将被害人是未成年人、涉未成年人民事、行政诉讼监督职责纳入进来，就能保证涉未成年人案件案源的广泛性。从工作量上看，办理未成年人案件比普通成年人案件工作量大。就未成年人案件办理与成年人案件办理的工作量比较考量，捕、诉环节办理一个未成年人案件要比办理一个普通成年人案件多出十余项额外工作，每一项额外工作都要花费办案人员一定的时间和精力，不能简单以案件数来衡量未检工作量。三是具有良好的工作基础和人才储备。20 世纪 90 年代起，全国检察系统各省市陆续培养了一批办理未成年人案件的专门人才，积累了许多宝贵经验，也为未检工作进一步发展提供了人才储备和工作基础。四是具有社会文化基础和人民群众的认同。加大对未成年人的司法保护力度，既是以人为本的科学发展观的必然要求，更符合中华民族的民族情感和文化传统，能为社会公众所接受。③

### （四）现状及面临的问题

实践中，各地检察机关办理未成年人案件的机构或机制并不一致，多位

---

① 张寒玉、陆海萍、杨新娥：《未成年人检察工作的回顾与展望》，载《预防青少年犯罪研究》2014 年第 5 期。

② 宋英辉：《司法改革背景下未检机构何去何从》，载《检察日报》2015 年 2 月 27 日第 3 版。

③ 岳慧青：《我国检察机关未成年人案件办理机构建设问题研究》，载《预防青少年犯罪研究》2012 年第 3 期。

专家学者将其区分为四种模式：（1）独立机构模式，即在检察机关内部设立专门的未检部门办理未成年人案件。各地所设立的未检部门职能范围各有差异，从中体现出各地未检一体化程度的高低。其中，一体化程度最彻底的是捕诉监防一体化的做法。该做法是将辖区内所有未成年人刑事案件的侦监、公诉、刑事执行、预防职能统一归入独立的未检部门，由该部门的检察人员全程负责案件的审查批捕、审查起诉、出庭公诉、诉讼监督、犯罪预防及综合治理等工作。（2）专科（组）办案模式，即在侦查监督部门或公诉部门内部划分专门的办案科（组）办理未成年人案件。出于精简机构、权限限制等因素考虑，检察机关设立专门未检机构难度较大，成立专门办案组是较为折中的做法。（3）专人办案模式，即在没有建立独立未检机构的检察机关内，侦查监督部门、公诉部门内部指定专人办理未成年人刑事案件。这种模式较常见于基层检察机关。（4）专院办理模式，即在管辖范围不大、交通便捷的市，专门指定一个基层检察院办理全市的未成年人刑事案件。这种模式一般较为少见，处于摸索之中。①

1. 独立机构模式

独立机构模式，更符合未成年人司法的国际发展趋势，因而也是我国现行未检机构设立的主要模式。截至 2016 年 11 月，全国共有 1963 个检察院成立了未检独立机构或者办案组织，占检察院总数的半数以上。这种模式下，捕诉监防一体化的未检工作机制已经是普遍做法。这是未成年人检察经过长期实践作出的选择，也是未成年人检察职责使命和内在规律的必然要求。

专家指出，未检工作一体化的内涵应当包括以下三个层面：一是从体系上应打破检察机关内设机构壁垒，将分散在检察机关内部各个业务部门的未成年人保护职能有效整合起来，成立独立的未成年人检察机构，实现未成年人司法保护工作的集约化和专业化。二是从方式上应由同一个检察官或者办案组跟进同一案件，全面掌握未成年人案件情况和未成年人身心状况，有针对性地开展帮助、教育和关爱、救助，切实提高工作质量和效果。三是从内容上应建立一系列适合未成年人身心特点的特殊制度，将教育、感化、挽救

---

① 张和林、陈永佳：《构建未成年人检察工作一体化机制的基本思路》，载《上海政法学院学报（法治论丛）》2013 年第 3 期；王拓：《未成年人"捕、诉、监、防"一体化工作模式初论》，载《预防青少年犯罪研究》2013 年第 4 期；张利兆：《未成年人犯罪刑事政策研究》，中国检察出版社 2006 年版，第 165 - 166 页。

和关爱、救助贯穿于办案始终。最大限度地保护未成年人利益是捕诉监防一体化工作模式的价值追求和内在要求，如果背离了上述逻辑前提，办理未成年人刑事案件与办理成年人犯罪案件大同小异，依然是追求精准打击、惩罚犯罪的未成年人，而非帮助、教育未成年人，落实对未成年人优先、特殊保护原则，则失去了一体化模式的根本意义。①

值得说明的是，自"捕诉监防"一体化工作模式提出以来，对于这一工作模式中"监"所涵盖的内容，一直存有不同的认识，争论点是"法律监督"与"诉讼监督"。尽管从有关文件来看，高检院将"法律监督"与"诉讼监督"是等同使用的，但不同专家学者则各自做了解读：支持"法律监督说"的专家学者认为，法律监督职能范围应涵盖人民检察院原内设机构的侦监、公诉、监所、控申、民行部门涉及未成年人诉讼和执行的所有职能。②支持"诉讼监督说"的专家学者认为，"法律监督"虽然体现了检察机构的宪法职能，但未免使这一工作模式中四分之一的工作内容承载了过于繁重的任务，亦没有体现未检工作在监督方面的特性。基于以上不成熟的考虑，本书将这一模式中"监"的部分仍然定位于"诉讼监督"。对涉及未成年人案件的诉讼监督的范围应当与诉讼活动中执法司法权力运行的过程相一致，覆盖诉讼活动的各个阶段和环节，检察机关应当依法对侦查机关的刑事立案和侦查活动，人民法院的刑事审判、民事审判和行政诉讼活动是否合法进行监督。③

2. 其他模式

专科（组）办案模式和专人办案模式严格上均不能归入未检工作一体化的范畴。因为上述两种模式，仅是规定办案人员承担未成年人案件中一项或两项的刑事检察职能，并没有将案件中所涉及的全部检察职能整合优化。处理未成年人案件时，各专科（组）或各专人间仍然是各自为政，还是存在"铁路警察、各管一段"的情况。而且通过了解，发现专人办案模式中的专门办案人员除办理未成年人案件外，往往还要经办其他类型的案件，难以有

---

① 张志杰：《着力构建符合未成年人检察特点的一体化工作模式》，载《人民检察》2017 年第 8 期。

② 张志杰：《着力构建符合未成年人检察特点的一体化工作模式》，载《人民检察》2017 年第 8 期。

③ 王拓：《未成年人"捕、诉、监、防"一体化工作模式初论》，载《预防青少年犯罪研究》2013 年第 4 期。

效承担起教育、挽救未成年犯罪嫌疑人、被告人的重任。①

3. 面临的问题

未成年人检察机构建设也面临着一些突出问题，专家学者进行了概括总结，主要有：一是有些地方检察机关对未成年人检察工作的重要性、特殊性认识不够，并不认同未成年人检察的特殊理念。二是专业化程度有待进一步提高，单纯以办案数量评价工作、专人不专、兼办其他案件等问题突出。全国尚有近半数的检察院没有成立专门机构，其中不乏一些未成年人案件数量多的地方。一些地方在机构改革中没有正确处理好扁平化管理与专业化建设的关系，简单落实"只减不增"要求，机构设置标准不合理，结构单一，把已有未检机构并入刑事检察部门，削弱了未成年人检察专业化建设。三是规范性不强，造成各地工作不平衡、不统一。各地未检机构的具体名称和受案范围还不一致。四是一些未检人员的业务能力还不能适应职能的发展和调整，司法保护能力和知识储备有待进一步提高。②

（五）对策建议

针对未成年人检察机构建设，很多学者从不同角度或者某一个方面进行了论述，总结起来主要有以下几个方面：

1. 正确理解扁平化管理与未成年人检察机构的关系

司法改革试点中，有的检察机关整合机构，将原先 20 余个内设机构整合成 6—8 个大部，在此情况下，关于未检机构的存废观点不一，引发了理论界的专家学者和实务部门深入、激烈的讨论。有学者指出，进一步加强未检机构专业化建设完全符合"大部制"改革精神。习近平总书记指出，完善司法制度、深化司法体制改革，要遵循司法活动的客观规律。实行扁平化管理，旨在使办案活动符合司法规律，革除以行政方式处理司法案件带来的诸多弊端，落实司法责任制。③ 为此，应当遵循司法规律，合理配置资源，根

---

① 张和林、陈永佳：《构建未成年人检察工作一体化机制的基本思路》，载《上海政法学院学报（法治论丛）》2013 年第 3 期。

② 张志杰：《着力构建符合未成年人检察特点的一体化工作模式》，载《人民检察》2017 年第 8 期；胡飞：《未成年人检察改革理论与实践研讨会综述——司改背景下聚焦未成年人检察机构独立与职能定位》，载《预防青少年犯罪研究》2015 年第 6 期。

③ 宋英辉等：《健全机构提升素能加强未检工作专业化建设》，载《人民检察》2016 年第 5 期。

据司法业务类别和诉讼职能整合内设机构，避免内设机构职能交叉重叠，使司法行政更好地服务于司法办案。[①] 比如，检察机关内设机构中，有的本来同属一个业务类别，又人为分设几个行政部门管理，在改革中就应当整合为一个机构，下设不同办案团队或检察官办公室，而不应当把本来属于独立业务类别的机构简单化、一刀切地撤并。未检工作是特殊性很强的独立业务类别：一方面，涉及侦查监督、审查起诉、审判监督、刑事执行监督、民事行政监督、帮扶教育、保护救助和犯罪预防等诸多内容;[②] 另一方面，在工作对象、司法理念、司法政策、法律制度等方面，都与成年人检察工作存在质的不同，未检不以简单惩罚犯罪为首要目的，而以保护未成年人权益、教育矫治和预防再犯作为出发点和落脚点，而且需要一以贯之。[③] 这些特殊性决定了未检工作必须走专业化道路。可见，一些地方简单地撤并未检机构，由办理成人案件的办案人员承办未成年人案件，或将其合并于刑检部门，实行"轮案制"，这些做法违反我国法律的明确规定，严重背离司法规律。[④]

2. 明确未成年人检察机构的改革原则

有专家结合司法改革的大背景，论述了未成年人检察体制改革应坚持的六个原则：（1）坚持从焦点、难点中寻找改革切入点的原则。我国目前未成年人司法保护法律体系不完备、配套工作体系不健全，一直都是困扰少年司法领域的难点和薄弱环节，应借改革之机，攻坚克难，加以完善。（2）坚持理性设计与大胆探索相结合的原则。应把未成年人检察体制改革置于检察人员分类管理、专业化建设和建立中国特色的少年司法制度顶层设计下通盘考虑，顶层设计须经过充分调研论证和科学理性的分析。（3）坚持依法稳妥进行的原则。在法律没有规定的情况下，可以通过修改法律或全国人大常委会授权的方式授权某些地区先行试点，在适当的时候，再通过修改相关法律予以确定。（4）坚持调查研究、尊重司法规律的原则。实行检察人员分类管理

---

① 宋英辉：《司法改革背景下未检机构何去何从》，载《检察日报》2015 年 2 月 27 日第 3 版。

② 宋英辉等：《未成年人检察工作深化发展的路径选择》，载《人民检察》2011 年第 23 期。

③ 宋英辉、苑宁宁：《完善未成年人保护和犯罪预防法律体系与司法体制的构想》，载《预防青少年犯罪研究》2016 年第 4 期。

④ 宋英辉等：《关于检察改革中加强未成年人检察工作的建议》，载《未成年人检察》2016 年第 1 辑。

必须尊重科学和司法规律。未成年人检察工作由于诉讼主体的特殊性（这一点已经被生理学、教育学、心理学等门类科学研究成果所证实，也是未检工作与检察机关其他业务类别的根本性区别）、工作性质的重要性（涉及人权保障，影响到家庭和谐、关乎社会稳定及国家民族之未来，是"抓根本、固基础、强民族"的需要）、程序和实体处理的复杂性（特别程序如社会调查、合适成年人到场、心理辅导、社会救助、复学安置、教育矫治等）、工作职能的全方位性（"捕诉监防"四项职能），都需要在考量未检人员分类管理问题时，以严谨科学的态度，确保司法改革方案符合少年司法的规律。(5) 坚持整合优化、合理配置原则。概括说来，即整合检察机关内设机构所有涉及未成年人诉讼和执行法律监督的部门职能，统归"未检业务类"。这样既可以实现检察资源的合理有效配置，也可以体现司法改革对检察人员分类管理和专业化发展方向要求，有利于加强对未成年人的司法保护。(6) 坚持立足国情、学习借鉴的原则。未检体制改革应立足我国未成年人检察发展实际，同时学习借鉴发达国家的有益经验，从而推动建立中国特色的少年司法制度。①

3. 明确未成年人检察机构的设置方案

鉴于未检工作的特殊性、复杂性，在传统检察业务类别中由哪一个检察业务部门负责未检工作都难以做到专业化，也难以涵盖未检业务的各个方面。为此，有学者建议，应当将分散于检察机关各个业务部门的涉及未成年人的检察业务予以整合，将未检工作作为独立的检察业务类别，为此，应当设立独立机构负责未检业务，实行独立的有别于成年人检察的评价体系。②

第一种方案强调，最高人民检察院和地方检察院原则上都应设置独立未成年人检察机构。具体来说：首先，高检院成立未成年人检察工作厅，进一步加强对全国未检工作的组织领导。未检工作还处于发展关键期，职能的新探索、制度的新规范、机制的新发展，都需要通过加强高检院的组织领导予以解决。其次，继续推进地方检察机关机构专业化建设。根据当前内设机构改革和未检工作的实际情况，可以采用如下机构设置方案：省级院、地市级

① 岳慧青：《司法改革背景下的未成年人检察体制改革》，载《青少年犯罪问题》2015 年第 1 期。

② 宋英辉等：《关于检察改革中加强未成年人检察工作的建议》，载《未成年人检察》2016 年第 1 辑。

院，设置独立的未成年人检察部门，与其他部门并列，将所有涉及未成年人的案件和检察业务全部归由未检部门负责。基层院原则上设置独立的未检部门，案件数量较少、确实难以成立独立机构的基层院，可以成立独立的"未检检察官办公室"或"办案组"，直接隶属于分管检察长；具备条件的地方，地市级院可以指定一个基层院设置独立的未检部门，集中管辖，统一办理辖区范围内的未成年人案件，确保在基层有专人研究和推动未检工作。

第二种方案强调，检察系统应自上而下设立专门的未成年人检察部门，并具体论述了未检部门的捕诉监防四项职能。设立未检部门后，可以更好地加强检察机关对涉未所年人刑事、民事、行政诉讼和执行活动的法律监督，更好地加强对青少年的法治教育，对于在办理案件过程中发现的行政执法机关对未成年人犯罪预防和司法保护方面的违法行为、行政不作为等，也可以适时开展法律监督。未检部门履行"捕诉监防"四项职能。其中捕诉职能包含未成年人刑事案件的审查批捕、审查起诉，以及对未成年人犯罪预防和法治教育。"监"的职能主要包括：承办对人民法院已经发生法律效力的涉未成年人刑事、民事、行政判决及裁定，发现确有错误的，依法提出抗诉或再审检察建议；对涉未成年人民事、行政诉讼活动是否合法，诉讼活动有无违法情形等依法进行调查；代表国家提起涉未成年人权益保护的公益诉讼等。对未成年人刑事执行活动实行法律监督的职能包括：对未成年犯管教所、看守所、拘留所等未成年人在押、执行刑罚和监管活动是否合法的法律监督；对未成年人被判处非监禁刑的社区矫正工作的法律监督；对未成年人暂予监外执行、减刑、假释等刑罚变更活动实行法律监督。在未检部门的构架下，可以更好地贯彻四中全会精神，探索检察机关提起涉未成年人权益保护领域的公益诉讼机制，并探索在一些案件量较少的地区设立跨行政区域检察院，实行未成年人案件的集中管辖等。①

第三种方案强调，应当把成立独立未检工作机构的重心放在上述两级检察机关之内。目前，未成年人案件多由县区级检察机关和地市级检察机关一审管辖。因此，在县区级检察院成立"未成年人案件检察科（室）"，整合批捕、公诉、预防、刑事执行等相关职能，结合主任检察官的办案模式，专门办理辖区内被害人或犯罪嫌疑人、被告人是未成年人的刑事案件，其行政

① 岳慧青：《司法改革背景下的未成年人检察体制改革》，载《青少年犯罪问题》2015 年第 1 期。

级别上与侦查监督、公诉、预防等内设机构平行。在地市级检察院成立"未成年人案件检察处（室）"，与县区级检察院类似，创设未成年人检察职能，专门办理管辖范围内的未成年人案件，另还需承担辖区内基层检察院未成年人案件的综合指导工作。①

第四种方案是成立少年检察院。专家指出，在未成年人检察部逐步发展的基础上，尝试探索建立少年检察院，既有必要性，也有可行性。既然少年司法是集教育、预防、矫治、观护于一体的庞大制度体系，组建未检部门后，可允许个别检察机关先行探索一步，酝酿建立少年检察院（试点），而这是有法律依据的。根据《人民检察院组织法》的规定，人民检察院分类中包括"军事检察院等专门人民检察院"。未来的少年检察院除了设立未检部门外，还将设立儿童福利保障部门（具体负责涉案未成年人最低生活保障、生活救济、家庭监护问题处理，必要时建议民政部门提起撤销监护权诉讼等工作）、社会调查部门（负责开展涉未成年人刑事、民事、行政案件的社会调查、社会观护）、心理辅导和戒瘾部门（负责心理评估、跟踪心理辅导、网瘾治疗）、教育矫治部门（负责涉案未成年人的教育矫治、考察帮教）、协调安置部门（负责与有关部门协调涉案未成年人复学、就业培训等复归社会工作）。上述人员中，除未检部门属于检察机关内部人员外，其他五个部门应当通过政府购买服务的形式由政府出资、管理并派驻少年检察院工作，形成集案件办理、社会调查、观护帮教、心理评估、不良行为教育矫治、福利救济保障、社会安置为一体的专业化检察院。这项改革既可以突出体现检察系统未成年人司法的专业化特征，又可以集中各方面专业力量，做好涉案未成年人的司法保护工作，从而建立中国特色的未成年人检察制度。②

4. 相关配套措施

加强未成年人检察机构建设仅仅是开始，为了更好地保障未成年人检察机构的专门化、专业化，同时必须配套相关措施。有学者指出，相关的配套建设包括以下几个方面：

---

① 张和林、陈永佳：《构建未成年人检察工作一体化机制的基本思路》，载《上海政法学院学报（法治论丛）》2013年第3期。

② 岳慧青：《司法改革背景下的未成年人检察体制改革》，载《青少年犯罪问题》2015年第1期；操宏均：《中国未检组织体系设置问题研究》，载《人民检察院组织法与检察官法修改——第十二届国家检察官论坛文集》，第397-406页；重庆市人民检察院第二分院课题组：《设立少年检察院的初步构想》，载《中国检察官》2017年第7期。

（1）建立专门考核评价机制。未成年人案件办理涉及的具体内容十分广泛且复杂，与成年人案件不具有可比性。① 引导未检工作科学、健康发展，需要完善未检工作量计算方法，全面评价未检检察官的工作量和工作成效，除办案数量和质量外，还要将特殊程序落实、观护帮教、特殊预防、维权保护等指标纳入业绩考评范围。

对此，有专家系统论证了未成年人检察工作考核评价机制的构建与完善。未成年人犯罪特别诉讼程序定位、未检捕诉监防一体化工作模式、现有未成年人检察工作评价机制存在的诸多问题都要求未检工作乃至少年司法应当设置不同于刑事司法的考核评价标准和体系。评价未成年人检察工作的指导思想是：以办案质量和帮教效果为核心，涵盖少捕慎诉、教育挽救、落实特殊制度、开展犯罪预防、保护未成年人权益等内容，科学、全面地评价未成年人检察工作实绩，引导和促进未成年人检察工作健康发展。基本原则是：找准核心，彰显少年司法理念；全面评价，涵摄少年司法三大权能；重在规范和引导，确保考核评价结果客观真实。建立未成年人检察条线检察官业绩评价体系，立足未成年人检察的特殊性，不仅要设置未检单独考核考量因素，而且要全面科学设置评价内容，具体应当包括办案数量和质量、办理案件落实特殊程序及教育矫治、帮扶工作情况。②

（2）合理设置未成年人检察官员额比例、岗位素能和权利清单。③ 充分考虑未检部门受案范围和业务范围广的实际情况，科学核算未检部门员额比例，确保合理的检察官职数。制定未检岗位素能标准，提高未检检察官核心能力建设，吸引和留住优秀人才，以保持队伍的稳定性，为未检职能拓展储备人力资源。建立贯彻特殊刑事政策和法律规定的未检检察官权利清单，在尊重未检检察官自由裁量权的前提下，完善监督制约机制。

改革过程中应科学测算未检部门工作量和未检办案人员职数，达到未检部门人数和工作量的动态平衡。这就需要结合未成年人检察工作量的大小和繁简程度，估算未成年人检察官的实际工作负担，予以科学量化，体现办理

---

① 宋英辉：《未成年人检察工作深化发展的路径选择》，载《人民检察》2011 年第 23 期。

② 张寒玉：《未成年人检察工作考核评价机制的构建与完善》，载《青少年犯罪问题》2017 年第 2 期。

③ 宋英辉等：《健全机构提升素能加强未检工作专业化建设》，载《人民检察》2016 年第 5 期。

未成年人案件与办理普通成年人案件的差异化劳动，同时将未成年人检察的法治教育、配套工作体系建设等案外协调工作量一并核定，使未检部门的设置和人员配备更符合少年司法规律。对此，有专家进行了详细论证。以一基层院为例，设立未成年人检察部门，下设部长办公室、刑检办案组、民事办案组、行政办案组、控告申诉办案组、刑事执行办案组。①

另外，有学者专门提出了设立未成年人专职检察官制度。设立依据是刑事诉讼法的规定，即"人民法院、人民检察院和公安机关办理未成年人刑事案件，应当保障未成年人行使其诉讼权利，保障未成年人得到法律帮助，并由熟悉未成年人身心特点的审判人员、检察人员、侦查人员承办"。未检专职检察官的特点包括：遵循特殊的司法原则；具备各类检察工作的专业技能；具备适合未检工作的特殊专业技能；女性检察官更为适宜。②

（3）启用独立的未检业务系统及专用文书。设计并启用符合未检案件办理流程、体现未成年人特殊保护制度的未检业务系统，统一未检专用文书，用信息化手段规范案件办理和业务指导，进一步明确未检工作是独立检察业务门类的属性。

另外，有专家指出，深化未检工作的内外监督也是重要的配套措施之一。实行未检工作一体化之后，一个未成年犯罪嫌疑人的批捕、起诉等均由一个未检人员全权掌握。更应当针对办案人员建立内外监督机制，如采取邀请人民监督员参与案件、加强案件评查工作的开展等措施，以防止出现职权滥用的情况。③

## 四、未成年人法庭建设

### （一）发展历程及评价

自 1984 年 10 月至今，我国少年法庭经过 30 多年的发展，在不断摸索

---

① 岳慧青：《未成年人检察改革之路径选择》，载《人民检察》2016 年第 8 期；岳慧青：《司法改革背景下的未成年人检察体制改革》，载《青少年犯罪问题》2015 年第 1 期。

② 兰郝秀：《未成年人检察运行机制初探——兼论未成年人专职检察官制度的确立》，载《中国检察官》2013 年第 6 期。

③ 张和林、陈永佳：《构建未成年人检察工作一体化机制的基本思路》，载《上海政法学院学报（法治论丛）》2013 年第 3 期。

中，从最初的没有任何成熟模式和成功经验可参考借鉴，到如今探索出一条具有中国特色、法理与情理交融的少年审判之路，积累了一些可推广、可借鉴、可传播的宝贵经验，成就了中国的少年法庭经验和范本。回顾少年法庭的改革历程，有观点将其划分为五个阶段，也有观点将其划分为四个阶段。

1. 五阶段论

第一种观点认为，五阶段如下：[①]（1）1984—1988 年，为少年法庭的初创时期。1984 年 10 月第一个少年法庭创建后引起了极大关注。此后，少年法庭在全国各地纷纷建立。（2）1989—1994 年，是少年法庭迅速发展时期。在最高人民法院的积极支持下，少年法庭蓬勃发展，截至 1994 年底，全国法院建立少年法庭 3300 多个，其中独立建制的少年审判庭有 800 多个。（3）1995—2004 年，是少年法庭撤并减少时期。由于最高人民法院关于少年法庭发展的思路发生变化，加之 1997 年施行的修订后的刑事诉讼法对刑事诉讼制度的变革，在这一阶段，少年法庭审判机构和人员队伍在较短时间内大幅减少。到 2004 年底，全国法院少年法庭机构数量进一步减少到 2400个左右。（4）2005—2009 年，是少年法庭扭转颓势、积极进取的时期。2006 年 2 月，全国法院第五次少年审判工作会议在广州召开，此次会议拉开了全国范围内的少年审判改革的序幕。会后，最高人民法院启动了首批部分中级人民法院设立未成年人案件综合审判庭试点工作。原来几近被抛弃的综合审判模式被重新纳入改革日程。（5）2010 年至今，是少年法庭全面深化改革的时期。这一时期，最高人民法院对少年审判工作高度关注，多次召开全国性会议部署。尤其在 2016 年 6 月，最高人民法院在全国范围内选择 118家中层、基层法院开展为期两年的少年家事审判改革试点，以江苏省为代表的多个省份广泛建立起少年家事审判庭。至此，少年审判工作迎来新的改革历程，少年法庭工作正在经受全面依法治国和全面深化司法改革浪潮的洗礼。

第二种观点认为，五阶段如下：[②]（1）创建和试点阶段，为 1984 年 11月至 1988 年 5 月"上海会议"。1984 年 11 月，上海市长宁区人民法院在我

---

　　① 颜茂昆：《关于深化少年法庭改革若干问题的思考》，载《法律适用》2017 年第 19 期；刘瑜：《少年法庭：三十而立再出发》，载《浙江人大》2018 年第 1 期。

　　② 莫洪宪：《我国少年审判机构改革历程回顾与展望》，载《东方法学》2009 年第 5 期。

国率先建立了专门审理少年刑事案件的合议庭。"上海会议"即"全国法院审理未成年人刑事案件经验交流会",1988 年 5 月 10 日至 15 日在上海召开,这是我国第一次全国法院少年审判工作会议。在此期间,少年法庭在我国开始由地方向全国发展。据统计,截至 1988 年 5 月"上海会议"前,全国已建立 100 多个少年法庭。(2) 推广和积累经验阶段,为 1988 年 5 月"上海会议"至 1990 年 11 月"南京会议"。"南京会议"即"第二次全国法院少年刑事审判工作会议",1990 年 10 月 30 日至 11 月 3 日在南京召开。到 1990 年 6 月,全国各级法院已建立少年法庭 862 个,比 1988 年"上海会议"时增加了 7 倍多。其中,6 个高级法院、144 个中级法院、712 个基层法院建立了少年法庭;14 个高级法院建立了"少年法庭指导小组"。(3) 普遍发展与巩固提高阶段,为 1990 年 11 月"南京会议"到 1995 年"福州会议"。"福州会议"即"第三次少年审判工作会议",1995 年 5 月在福建省福州市召开。截至 1994 年底,全国法院已建立少年法庭 3369 个,其中独立建制的少年刑事案件审判庭 540 个,审理涉及未成年人保护的刑事、民事、经济案件的综合性审判庭 249 个。全国已有少年案件审判人员 1 万余名。(4) 困境与萎缩阶段,为 1995 年 5 月"福州会议"到 2006 年初。到 2004 年底,我国尚存的少年审判庭只有 2400 个,10 年中减少了近 1/3,其中绝大多数还是合议庭。可以说,少年法庭在经历了 10 年繁荣发展后,在这段时期经历的是 10 年萎缩史。(5) 新试点阶段,为 2006 年 2 月以来。2006 年 7 月 20 日至 21 日,最高人民法院在黑龙江省哈尔滨市组织召开了"全国部分中级人民法院设立未成年人案件(综合)审判庭试点工作会议"。按照会议要求,各试点单位基本在 2006 年年底完成了独立少年综合庭的组织机构设置,并在 2007 年上半年开始正式运作。该会议拉开了全国范围内"少年综合庭"改革的序幕。

2. 四阶段论①

第一种观点认为,四个阶段包括:(1) 第一阶段 (1984—1988 年),少年法庭的创设、探索阶段。继上海首创未成年人刑事案件合议庭之后,各地积极效仿上海的经验和做法,相继建立了一些少年法庭。这一阶段的主要特点是,积极探索少年法庭工作方式方法,少年法庭的数量发展迅速。(2) 第

---

① 胡云腾:《论全面依法治国背景下少年法庭的改革与发展——基于域外少年司法制度比较研究》,载《中国青年社会科学》2016 年第 1 期。

二阶段（1989—1993年），少年法庭的推广、普及阶段。1990年，第二次全国法院少年法庭工作会议在南京召开，对少年法庭工作的经验进行了总结。在此基础上，最高人民法院于1991年正式下发了《关于办理少年刑事案件的若干规定（试行）》，首次确立了未成年人刑事案件审判工作的基本原则和办案程序。这一阶段，最高人民法院与相关部门分别联合下发了《关于办理少年刑事案件建立互相配套工作体系的通知》《关于审理少年刑事案件聘请特邀陪审员的联合通知》，确立了"政法一条龙"和"社会一条龙"的工作制度。在此期间，1991年《未成年人保护法》颁布实施，首次明确规定了司法机关办理未成年人刑事案件应当遵循的工作方针和原则，为少年法庭机构的合法存在提供了法律依据。截至1992年6月，全国法院共成立少年法庭2743个，共有7049名审判人员和11008名特邀陪审员从事少年审判工作，少年法庭建设取得了长足发展。（3）第三阶段（1994—2003年），少年法庭的巩固、规范阶段。1994年最高人民法院设立少年法庭指导小组，负责全国法院少年法庭指导工作，标志着少年法庭工作正式纳入最高人民法院的监督指导体系。1995年，第三次全国法院少年法庭工作会议在福州召开，明确了审理未成年人刑事案件的"教育、感化、挽救"方针。1998年，第四次全国法院少年审判工作会议在成都召开，会议强调中级法院应当设立专门的合议庭，有条件的应当建立独立建制的未成年人刑事审判庭。1999年，《预防未成年人犯罪法》出台，首次在法律中明确了"少年法庭"的名称。2001年，上海市高级人民法院第一次提出设立"少年法院"的试点设想。（4）第四阶段（2004年至今），少年法庭的深化改革、健全完善阶段。2004年，在中央21号文件提出的"改革和完善未成年人司法制度"要求的基础上，最高人民法院"二五改革纲要"明确要求："完善未成年人刑事案件和涉及未成年人权益保护的民事、行政案件的组织机构；在具备条件的大城市开展设立少年法院的试点工作，以适应未成年人司法工作的特殊需要，推动建立和完善中国特色少年司法制度。"2006年，第五次全国法院少年法庭工作会议在广州召开，会议的主题就是加快推进少年司法制度改革。会后，最高人民法院启动部分中级人民法院设立未成年人案件综合审判庭试点，确立了15个省（市、自治区）的17个中级法院作为试点单位。开展独立建制少年综合审判庭试点工作是人民法院推进少年法庭改革创新的重要举措，标志着少年法庭机构发展进入新阶段。2012年，经报请中央政法委同意，最高人民法院党组决定增加32个中级人民法院参与试点工作。

第二种观点认为，四个阶段包括：（1）1984 年少年法庭的诞生；（2）少年法庭的全国化；（3）少年法庭的低谷与困境；（4）少年法庭的复苏与相对平稳。[1]

3. 对少年法庭改革历程的评价

针对上述发展历程，有学者总结了少年法庭改革的特点、成就以及启示。

纵观少年法庭的前期改革，具有三个特点：（1）坚持改革多元化。好处在于改革更加接地气，更加符合各地法院工作实际和要求。缺点在于改革不统一、不规范，难以形成体系，上级法院对下指导缺乏针对性。（2）遵循自下而上的改革路径。从整体上看，少年法庭 30 余年的改革，主要是最高人民法院通过开展试点等方式指导中、基层法院改革。（3）偏重刑事审判改革。少年法庭改革的很多成功经验都来自未成年人刑事审判，比如圆桌审判、社会调查、法庭教育等。未成年人民事审判改革的亮点和具体举措乏善可陈，没有引起足够重视。[2]

少年法庭的各项改革和审判实践，对建立完善中国特色社会主义少年司法制度、推动相关立法完善、保护未成年人合法权益等方面功不可没，具体表现为：（1）以审判为引领，协同相关部门成功矫治了一大批未成年犯。（2）推动了中国特色少年司法制度的建立和立法完善。少年法庭创立的很多特色制度和工作机制，如社会调查、圆桌审判、心理评估干预以及判后回访等制度和"寓教于审""两条龙"等工作机制，在未成年人保护法、预防未成年人犯罪法、刑事诉讼法以及相关司法解释中均得到采纳和推广应用。（3）首开未成年人案件专业审判及司法保护之先河。（4）为树立我国司法保障人权的良好国际形象发挥了积极作用。[3]

有学者特意就少年法庭创立的独具特色的少年司法工作机制进行了总结，主要包括十个方面：（1）坚持"寓教于审"制度，注重对未成年被告人的法庭教育，在对犯罪的未成年人予以适当惩戒的同时，强化教育和引

---

① 姚建龙：《少年法院的学理论证与方案设计》，上海社会科学院出版社 2014 年版，第 63－71 页。

② 颜茂昆：《关于深化少年法庭改革若干问题的思考》，载《法律适用》2017 年第 19 期。

③ 颜茂昆：《关于深化少年法庭改革若干问题的思考》，载《法律适用》2017 年第 19 期。

导；（2）实行社会调查报告制度，对未成年被告人进行庭前社会调查，使少年审判工作更具针对性和科学性；（3）试行未成年人轻罪犯罪记录消灭制度，直接推动《刑法修正案（八）》有关未成年人轻罪免除报告制度的完善，促使犯轻罪的未成年人顺利回归社会；（4）推行"圆桌审判"方式，营造宽松的庭审氛围，使未成年被告人更容易接受裁判惩处；（5）引入"心理干预机制"，加强对未成年当事人的心理矫正和疏导，为法院裁判提供科学参考，为判后进行有针对性的矫治提供客观依据；（6）落实"宽严相济"刑事政策，积极探索刑事和解的可能和途径，对符合适用非监禁刑条件的，依法适用非监禁刑；（7）探索未成年人刑事案件"量刑规范化"，避免对未成年被告人量刑失衡，切实维护未成年被告人的合法权益，保障改造效果；（8）建立健全帮教工作机制，协助未成年犯管教所和社区矫正部门做好帮教工作，促使未成年犯真诚接受教育改造；（9）拓展未成年人民事和行政案件审判途径，引入、创建"社会观护员"和"诉讼教育引导"等制度，创造性地提出"积极、优先、亲和、关怀"的司法理念等；（10）推动2012年刑事诉讼法修改时增设了"未成年人刑事案件诉讼程序"，实现了对未成年人刑事案件的审理有别于成年人刑事案件的诉讼程序，对推动未成年人刑事案件审判的专门化和加强未成年被告人的诉权保障具有重要意义。上述审判工作机制和理念创新虽然未必在每一个综合审判庭工作中都能得到体现，但是代表了未成年人案件综合审判工作发展的未来和方向，符合未成年人的身心特点和健康成长的需要，具有鲜明的中国特色，获得了社会各界的广泛赞誉。①

考察少年法庭30余年的改革，我们有三点重要启示：一是少年法庭工作不容削弱；二是应重视少年法庭改革的顶层设计；三是应当遵循一元化改革为主的思路，建立统一的少年法庭制度机制。②

## （二）现状

有学者指出，30多年来，少年审判组织的新形式和新模式应运而生，从

---

① 胡云腾：《论全面依法治国背景下少年法庭的改革与发展——基于域外少年司法制度比较研究》，载《中国青年社会科学》2016年第1期。

② 颜茂昆：《关于深化少年法庭改革若干问题的思考》，载《法律适用》2017年第19期。

原来在刑事审判庭内由专人负责或设立专门合议庭审理未成年人刑事案件，逐渐形成了指定管辖、独立建制的少年刑庭、未成年人案件综合审判庭、少年家事审判庭等多元化模式并存的新格局。① 截至 2014 年，全国法院共设立少年法庭 2253 个，合议庭 1246 个，少年刑事审判庭 405 个，综合审判庭 598 个，共有 7200 多名法官专门从事少年法庭审判工作。少年审判形成了"长宁模式""天宁模式""连云港模式""综合审判庭模式"和"南京模式"等。② 综合专家学者们的论述，③ 分述如下：

1. 少年法庭的类型

有学者指出，少年法庭的类型十分丰富。按照不同的标准，有不同的分类。按照受案范围的宽窄不同，可以分为刑事庭和综合庭两种模式。按照独立程度的不同，可以分为专人模式、合议庭模式和独立建制模式。④

2. 少年刑庭模式

起初，独立建制的少年刑庭审理的刑事案件主要是未成年被告人的案件。随着少年审判工作的发展，受案范围逐步扩大到未成年被害人的刑事案件。一方面，独立建制的少年刑庭编制独立，审判团队稳定，促进了少年审判工作制度化和专业化建设，也更好地维护了未成年人的合法权益；但另一方面，独立建制的少年刑庭模式也面临新的挑战：一是由于各方面因素的综合影响，涉未成年人刑事案件数及未成年犯罪人数呈现大幅下降的趋势，独立建制的少年刑庭均出现案源不足的困境，面临逐渐被边缘化、同化的问题，优秀的少审法官被调离岗位，专业化被弱化，机构及职能面临生存与制约的瓶颈。二是因受制于传统刑事司法只注重定罪量刑这个框架的影响，大多时候少年司法被误认为限于未成年人的刑事司法处置，只关注适用刑罚的轻缓化，对少年司法终极目的是帮助罪错少年健康成长与无痕回归的关注有限。

---

① 方琳琳、赵军蒙：《少年法庭机构改革刍议》，载《山东审判》2017 年第 5 期；姚建龙：《少年法院的学理论证与方案设计》，上海社会科学院出版社 2014 年版，第 73 页。

② 牛凯：《少年法庭的成绩、问题和出路》，载《人民法治》2016 年第 2 期。

③ 方琳琳、赵军蒙：《少年法庭机构改革刍议》，载《山东审判》2017 年第 5 期；姚建龙：《少年法院的学理论证与方案设计》，上海社会科学院出版社 2014 年版，第 79 - 80 页。

④ 姚建龙：《少年法院的学理论证与方案设计》，上海社会科学院出版社 2014 年版，第 71 - 84 页。

3. 未成年人案件综合审判庭模式

未成年人案件综合审判庭受案范围包括：未成年人刑事案件和被害人是未成年人的刑事案件；涉及未成年人权益的抚养、监护、探视等民事案件和当事人为未成年人的行政案件等。未成年人案件综合审判庭在审理涉少年案件时，秉承儿童利益最大化原则，依法给予涉诉未成年人特殊保护、优先保护，体现了司法的人文关怀，少年审判特色制度得到充分发挥，为未成年人健康成长提供了有力保障，赢得了社会各界的好评，也较好地破解了独立建制的少年法庭数增加而案源不足的难题。

随着加大未成年人民事权益保护的呼声高涨，有关未成年人抚养费、变更抚养关系、监护、探望权纠纷等家事案件逐年递增，并呈现出在民事案件受案中占比逐年攀升、案件类型相对集中等特点。涉少年家事案件审理中的实体和程序问题日益突出。具体而言，一是从目前的司法审判实践看，涉少年家事案件的审判仍然是我国未成年人司法工作的薄弱环节。最高人民法院制定的《民事案件案由规定》中第二部分"婚姻家庭、继承纠纷案由"中的离婚纠纷、抚养费纠纷、变更抚养关系纠纷、监护权纠纷、探望权纠纷、收养关系纠纷等24种民事案件，总体上属于涉及未成年人身份权益的民事案件。在此类身份案件中，离婚案件占比高达89%。司法实践中，离婚纠纷通常面临着父母的个人利益和子女利益的冲突，首要问题通常是调整父母间的利益，附随问题处理子女利益，未成年人的权益很容易受到忽视甚至损害。二是司法过程中，法官将此类案件的审理等同于其他普通民事案件，过于追求结案率，而没有加大调解力度，疏于探索适合未成年人案件的调解方法。三是有的少年法庭因为受理涉少年民事案件范围规定不明确或者不合理，案件数量依然不足，其审判职能作用仍难以充分发挥。

4. 少年家事法庭模式

鉴于涉少年民事案件与家事案件在受案范围、审判理念、审判方式和审判制度方面有共通之处，有的地方法院积极探索未成年人案件与家事案件综合审判的模式。南京法院于2013年在全国第一个启动了家事审判组织的改革，将少年审判与家事审判相结合，成立少年家事综合审判庭，被业界称为"南京模式"，开启了少年审判的新时代。

2016年6月1日，最高法院确定了100个基层法院和中级法院开展家事审判方式和工作机制试点工作，家事审判改革已在全国范围内开展起来。根据相关规定，各高院可以自行选择两种试点工作模式，第一种模式是少年审判与家事审判合并试点；第二种模式是少年审判与家事审判分头试点。但在少年法庭受案不足、新的机构难以获批的情况下，家事审判与未成年人案件综合审判庭受案范围存在交叉和重合，第一种模式势必成为大多数法院的无奈之举。

与少年案件数量相比，家事案件体量巨大，特别是对于两类案件数量差距巨大地方的法院而言，如此庞大的家事案件一旦全部纳入少年法庭审理，大多数少年审判法官会把绝大部分精力放在应对家事案件的审判上，对原有涉少年民事案件特色审判的冲击必将无法避免，少年司法制度独立的理念在实践中可能逐渐偏离，少年法庭多年建立和完善的一系列审判制度和工作机制、专业化的全面特殊优先维护未成年人合法权益的工作职能势必难以真正落实，少年法庭长期形成的品牌影响力势必会不断弱化，少年法庭存在被进一步弱化和边缘化的危险。目前家事审判、少年审判合二为一的组织机构模式与台湾地区少家法院看似相同，但台湾少家法院是少年和家事两个审判庭，内部运行机制与审判职能的发挥是截然不同的。

### （三）面临的问题

目前，少年法庭工作整体情况平稳，但是制约少年法庭发展的问题依然突出，需要正视。面临的问题主要有：[①]

一是价值认同普及不到位，改革关键环节没有取得共识。轻视少年司法工作的思想认识仍然存在，进而影响到少年法庭的深化改革。理论界和实务部门普遍存在急功近利的思想，认为少年法庭审判的大多数是未成年人案件，和当前影响社会稳定、关系国计民生的大案、要案相比，对社会的影响不那么明显，少年法庭工作可以往后摆。有人对少年审判的独特价值感到疑惑，对少年法庭开展的大量案外延伸工作以及创立的很多特色工作制度经验不理解，甚至认为有损人民法院作为审判机关的司法权威。尤其是在审判理念、组织建设、立法完善等方面还有很多不同声音，严重影响了少年法庭的改革深化。

二是机构设置不健全，自上而下的组织体系尚未建立。从目前情况看，全国四级法院虽然设立少年法庭2300多个，但合议庭占1000多个，很多法院少年法庭仍存在"机构挂靠"的情况，高级法院以上的少年法庭机构建设还很不完善。高级法院中，只有北京、上海、甘肃、河南四省高院成立了少

---

① 颜茂昆：《关于深化少年法庭改革若干问题的思考》，载《法律适用》2017年第19期；刘瑜：《少年法庭：三十而立再出发》，载《浙江人大》2018年第1期。

年法庭，其他高院尚没有启动此项工作。少年法庭 30 余年的改革实践表明，建立起自上而下统一的组织机构体系，是少年法庭抵御各种风浪的"定海神针"，否则一遇到政策上的"风吹草动"，少年法庭工作就左右摇摆，甚至有被吞噬的危险，这也是学界和实务部门的基本共识。

三是组织形态多样化，改革发展方向不明确。目前全国法院少年法庭模式多达 6 种，包括未成年人案件合议庭、未成年人刑事案件审判庭、青少年刑事案件审判庭、未成年人案件综合审判庭、少年家事审判庭（家事少年审判庭）以及跨区域集中管辖的未成年人案件审判庭。少年法庭模式不统一，其受案范围和审判管理、制度机制等也不相同。特别是有的少年法庭突破原来的受案范围，把部分与未成年人无关的案件纳入少年法庭审判，其科学性有待论证。少年法庭审判模式和案件受理五花八门，少年法庭的改革就无所适从，少年法庭的审判业务难免被其他审判业务侵蚀，少年法庭工作的独特性和专业性将会受到更大挑战。

四是绩效考评不科学，开展特色延伸工作没有保障。少年法庭工作的特色和精髓是基于少年司法的特殊性逐渐发展形成的大量的案外延伸工作，这些案外延伸工作，对促进犯罪未成年人改过自新、重新回归社会发挥了重要作用。少年法庭正是靠这些案外延伸工作赢得了声誉，树立了品牌。但是，长期以来，少年法庭的案外延伸工作没有被纳入绩效考评的范围，很多法院的考评体系还是以办案数量为主要指标，而庭审前调查，庭审中的法庭教育、合适成年人参与诉讼，庭后督导、回访、巩固庭审效果等大量组织、协调工作难以科学量化，加之工作准备周期长，耗时费力，工作绩效短期内无法体现等原因，使少年法庭工作的绩效考评问题成为一时难以解决的"痼疾"，严重挫伤少年法庭法官工作的积极性。

五是少年法庭还有区域发展不平衡、配套体系不健全等问题，此处不做赘述。

这些问题并非新问题，却始终没有从根本上解决，原因主要有三：一是少年法庭 30 余年的改革探索，始终在人民法院内部"自转"，没有上升到中央层面，成为中央主导下的司法改革的重要内容，极易受到不同意见的影响制约，经常在改革的关键节点上发生梗阻，改革后继乏力。二是人民法院对少年法庭改革偏重经验实证，理论诠释不透彻，中国特色的少年审判无论是指导思想还是价值体系，都没有系统建立，理论根基不扎实，说服力不强。三是缺乏对改革方案的整体设计。到目前为止，对少年司法的未来发展尚未提出一套完整而论证充分的改革方案，以致改革方向不明。

### （四）未来的发展方向

综合专家学者们的观点，未成年人审判组织的发展有以下几种模式：[①]

1. 少年审判与家事审判合并发展模式

少年审判与家事审判合并发展模式有相当的合理性和可行性。一是未成年人民事案件本是家事案件的一部分，未成年人刑事案件的发生与家庭监护不当密切相关，需要在家事审判中统筹考虑。二是少年审判的理念和特色工作制度契合了家事审判改革的目标和方向，特别是少年司法的"政法一条龙""社会一条龙"工作机制，为家事审判改革建立社会联动机制搭建了平台。三是域外国家（地区）有值得借鉴的经验，如日本在家事裁判所（基层法院）内设立青少年部，专门审理青少年违法犯罪和少年民事案件；澳门在初级法院成立家庭及未成年人法庭，集中审理婚姻家庭类案件和少年违法犯罪案件；台湾在"司法院"设有专门的少年家事厅，台湾高雄的少年法院现已更名为少年家事法院，由少年庭与家事庭共同组成。

当然，合并发展的模式在目前必然面临挑战，我国每年家事案件在160万件左右，其中与未成年人权益密切相关的抚养权、抚养费、探望权、监护权纠纷案件只有5万余件，少年刑事案件也只有4万多件，少年审判和家事审判合并以后，如何在审理好大量案件的前提下坚持并发扬少年审判工作优势将成为一个值得关注的问题。

如果采取这一模式，应当在家事少年审判庭内设立专门的少年综合审判合议庭，保证少年审判的相对独立性，受理未成年人刑事案件、被害人是未成年人的刑事案件以及涉少年家事案件，配齐足够的少年法官和司法辅助人员，从而保证少年审判工作的专业特色。

如果采取这一模式，最高人民法院和高级人民法院可以成立独立建制的家事少年庭（或者家事少年指导办公室），统一指导少年审判和家事审判工作。最高人民检察院未成年人检察机构的成立，对于一直处于少年司法领头地位的少年法庭，应当是重要的促进力量。最高人民法院应当抓住机遇，与最高人民检察院携手并进，共同推动少年法庭机构建设深入发展。

---

① 胡云腾：《论全面依法治国背景下少年法庭的改革与发展——基于域外少年司法制度比较研究》，载《中国青年社会科学》2016年第1期。

2. 坚持未成年人案件综合审判模式

为了全面、综合保护未成年人合法权益，也为了拓展少年法庭的审判范围，2006 年最高人民法院在全国推动独立建制的未成年人综合审判庭试点工作，2012 年，经中央政法委同意，增加 32 个中级人民法院参与试点工作。截至 2014 年 11 月，试点法院共审理未成年人刑事案件 11600 余件，民事案件 17600 余件。未成年人综合审判庭积累了宝贵经验，未成年人犯罪预防和教育、感化、挽救工作取得明显成效，未成年人民事权益的司法保护得到拓展，审判工作机制不断创新。但是，综合审判模式也面临诸多困难。一是与未成年人直接相关的民事案件数量不大，而家事案件中涉及未成年人的部分很难合理划分出来，在立案、上诉等环节都有技术困难，导致各地涉少年民事案件受案不均衡，几年来各地中、基层未成年人案件综合审判庭共审理未成年人民事案件不足 20000 件就充分印证了这一点。二是涉少年家事案件尤其是离婚案件，有其特殊的人身性、敏感性和社会性，而少年法庭必须坚持未成年人最大利益的原则，从维护未成年人权益着眼，有时候难以均衡考量家庭成员各方利益。三是最高人民法院正在积极推进家事审判改革，家事审判改革的理念、目标、做法与未成年人民事审判高度一致，但家事审判改革如何兼顾少年法庭的发展，还值得认真研究。

在少年法庭中实行未成年人案件综合审判模式，当务之急就是巩固和充实案源。未成年人案件综合审判庭要将被害人是未成年人的刑事案件纳入受案范围，同时要明确少年法庭民事案件的受案范围，尤其要将未成年人抚养权、抚育费、探望权、监护权纠纷案件纳入少年法庭审理，并与家事案件进行合理划分。

3. 成立青少年案件审判法庭

在坚持未成年人综合审判庭受案范围的基础上，将 18—20 周岁青年人犯罪案件并入少年法庭审理，也是一种思路。这一模式，有一定的合理性：一是青年人具有少年与成年间"半成年人"的心理特点。比如，在精神和道德上欠缺成熟成年人所具有的自控力，具有强烈的自我显示欲，过度的自我强调，行为具有空想、冲动任性、缺乏思考、不计后果等特征，并且青年年龄尚小，思想易变，其改善的可能性比成年人要大。二是将年满 18 周岁的"年轻的成年人"刑事案件纳入少年法庭审理，把少年法庭特色制度机制和成熟经验应用于这些"年轻的成年人"的教育矫治工作中，能够让少年司法预防、减少再犯、累犯的良好效果惠及更多青年人。三是适当扩大少年法庭刑事受案范围，有利于稳固少年法庭现有机构建设和工作成果。四是最高人民法院《关于适用〈中华人民共和国刑事诉讼法〉的解释》第463条规定，少年法庭可以审理犯罪时不满18周岁、立案时不满20周岁的案件。五是国际社会已有成功范例。1985年11月通过的《联合国少年司法最低限度标准规则》（北京规则）第3.3条规定，"应致力于将本规则中体现的原则扩大应用于年纪轻的成年罪犯"。从各国少年刑法演进规律来看，少年之年龄有逐渐提高之势。1984年日本对旧少年法进行修改，新少年法规定少年的年龄为未满20周岁；德国《少年法院法》设"第三篇未成年青年"，规定犯罪时已满18周岁不满21周岁犯罪人为未成年青年；奥地利《少年法院法》也规定18至21周岁的年轻成年人可适用少年刑法和少年司法规则；美国有些州通过立法针对特殊犯罪或者特殊青少年扩大了最高年龄，其中2个州是19周岁，30个州和哥伦比亚特区是20周岁，1个州是22周岁，4个州是24周岁；英国《青少年法》虽然规定"青少年"为未满18周岁的人，但在具体处理上又规定，15周岁以上21周岁以下的犯人都可以送教养院进行改造和教育。

同时，成立青少年法庭涉及重大刑事审判制度改革，要特别慎重，不能轻易决定，应当由刑事审判庭与少年法庭联合加强调研，充分论证。

4. 创建少年法院

关于在我国是否有必要设立少年法院的问题，已经是一个探讨多年的话题。理论界和实务界观点并不统一。①

持"肯定说"观点的学者认为，在我国当前设立少年法院具有必要性和可行性。关于其必要性，归纳起来主要有以下几点：（1）设立少年法院正是实施《北京规则》、履行《儿童权利公约》义务的具体体现。（2）现在的少年法庭审理的大多是未成年人犯罪案件。但在实践中，以未成年人为侵害对象的案件，涉及变更监护人，追索抚养费、抚育费，探视权，侵权赔偿以及继承、婚姻案件中涉及未成年人权利等民事案件和治安行政、教育行政等行政案件也时有发生，都应纳入少年法院进行审理，以充分保护未成年人的合

---

① 莫洪宪：《我国少年审判机构改革历程回顾与展望》，载《东方法学》2009年第5期；姚建龙：《少年法院的学理论证与方案设计》，上海社会科学院出版社2014年版，第108-114页；俞亮、张弛：《关于构建有中国特色少年法院的思考》，载《中国青年研究》2010年第1期。

法权益，保护未成年人的健康成长。设立少年法院有利于全面保护未成年人的合法权益。（3）建立少年法院是我国少年司法制度走向全面法制化的关键一步。① 持该意见的学者还认为，在我国设立少年法院具有可行性：首先，在法官队伍建设方面，20 多年来我国培养了一大批热心少年审判工作、精通相关审判业务的法官，这是设立少年法院在组织上的重要保证。② 其次，我国的少年法庭工作经过 10 多年的探索和发展，为设立少年法院积累了许多有益的经验和制度。再次，目前我国有军事、海事等专门法院为审理某一行业或类型的案件作出了成功的探索，为少年法院的设置提供了可资借鉴的经验。最后，我国具有设立少年法院的法制条件、社会环境等。③ （4）除了理论研究外，我国有些地方，如北京市高级人民法院还对北京市设立少年法院可行性问题进行了具体研究，形成了《关于北京市设立少年法院可行性研究的调查报告》。④

持"否定说"观点的学者认为：（1）外国也有少年法庭工作，但受理的都是少年刑事案件，没有涉及少年民事和行政案件。在我国，建立少年法庭是必要的，但建立少年法院没有必要，且不便就地起诉、就地审理。⑤（2）在受案范围上，与少年综合庭一样，少年法院采取的是"宽幅型"受案，而"宽幅型"受案的指导思想与保护案件的界定之间存在着内在逻辑矛盾，不适合我国法院的现行机构体制，存在少年法庭同其他审判庭在案件管辖上的冲突，不是我国少年审判制度改革和完善的理想模式。⑥ （3）"宽幅型"受案对审判人员的要求过高。（4）少年法院采纳与少年综合审判庭相同

① 徐建：《论我国建立少年法院的条件和必要性》，载《青少年犯罪问题》2001 年第 4 期。

② 周道鸾：《中国少年法庭制度的发展与完善——苏、沪少年法庭制度调查报告》，载《青少年犯罪问题》2007 年第 6 期。

③ 李璞荣、韩轩：《论我国建立少年法院的必要性和可行性》，载《青少年犯罪问题》2001 年第 5 期。

④ 北京市高级人民法院课题组：《完善少年审判制度相关问题研究——关于北京市设立少年法院可行性研究的调查报告》，载《法律适用》2007 年第 8 期。

⑤ 周道鸾：《中国少年法庭制度的发展与完善——苏、沪少年法庭制度调查报告》，载《青少年犯罪问题》2007 年第 6 期。

⑥ 张正富：《上海市举行少年法庭工作交流研讨会》，载《青少年犯罪问题》1995 年第 1 期。

的受案范围，虽有根据当事人是否成年进行专门化分工的优点，但更偏重综合，从总体上讲是与审判组织专门化相背离的，因此是弊大于利。（5）设立少年法院的一个重要原因在于强调对未成年犯罪人的保护，但片面强调未成年犯罪人保护不利于平等保护各方当事人的合法权益，削弱了对未成年人刑事案件的审理。①

　　持"折中说"观点的学者认为：建立独立少年法院应该是我国未来少年审判机构改革追求和发展的方向。但是，我国当前不宜大规模提倡建立少年法院，今后一个时期应当着力建立和完善"少年综合庭"。原因在于：（1）在体制方面，由于少年法院要独立于现有的法院体系，因此，少年法院的建立不再属于少年法院自身建设问题，而属于一个牵一发而动全身的问题，建立少年法院必将对我国现有的司法体系产生重要影响。（2）从当前司法改革的现状看，我国司法改革的任务繁多，人民法院改革也面临许多问题。在我国建立少年法院并非当务之急。（3）从未成年人犯罪现状看，我国不同地区极不平衡，在北京、上海等大中城市，人口集中，未成年人犯罪严重，未成年人犯罪案件数量也多，在这些地区建立少年法院具有必要性，而在我国广大农村和中西部地区，未成年人犯罪案件数量有限，为有限数量未成年人犯罪案件而专门设立少年法院，将导致法院资源浪费；若在这些地区采取指定管辖或集中审理的方式，则又极大地增加了当事人诉讼的成本，如前文"否定说"指出的那样，"不便于案件起诉、审理"。（4）从我国少年法庭改革的现状看，不容否认，经过20多年来的改革和完善，少年法庭工作在我国有了很大发展。但同样不能回避的事实是，其中也不乏有相当多数量的少年法庭的设立是"跟风上马"，有相当多数量从事少年审判的法官并非具有现代少年司法理念。少年法院在这些地区建立尚需时日，当然，设立少年法院毕竟是我国未来少年司法制度改革发展的目的和方向，在北京、上海等发达地区具备了成立少年法院条件的，应当进行大胆的探索和实践。②

①　胡勇敏：《试论审判组织的专门化——兼论少年审判的组织形式》，载《法律适用》1996年第1期。

②　莫洪宪：《我国少年审判机构改革历程回顾与展望》，载《东方法学》2009年第5期。

## ⚖ 五、 未成年犯管教所

### （一）未管所的历史发展阶段

我国未成年犯矫正机构，在 1994 年《监狱法》颁布以前统称为少年犯管教所（以下简称少管所），之后改名为未成年犯管教所（以下简称未管所）。自 1952 年天津成立我国第一个少年犯管教所至今，有多位学者将未管所的发展归纳为三个阶段：[①]

一是新中国成立至"文化大革命"前的创建阶段。1954 年 9 月政务院公布的《中华人民共和国劳动改造条例》第二章第 4 节规定，建立少管所以省、市为单位根据需要设置。少管所收押管教 13 岁以上未满 18 周岁的少年犯，对少年犯着重进行政治思想教育和基本的文化与生产技术教育，并且在照顾他们生理发育的情况下，使他们从事轻微劳动，并规定"少年犯的睡眠和学习时间应当适当延长"。到 1959 年 4 月，全国兴建了 12 个具有一定规模的少管所。与此同时，在 1959 年召开的全国第一次少管工作会议上，确立了"以教育改造为主、以轻微劳动为辅"的少管方针。

二是"文化大革命"期间受严重破坏的特殊阶段。全国少管所一度被砍至 7 所，关押人员仅有 1083 人，管理人员也大多调离岗位另行安排工作。从有关资料中可以看出，20 世纪 70 年代中后期，国内出现了前所未有的青少年犯罪高峰期，未成年人犯罪也出现大幅度上升，但限于当时特定的历史环境条件，并没有采取有力的治理对策，当然也包括对未成年犯监管改造的对策。

三是改革开放后的恢复和繁荣发展阶段。经过创办特殊学校，创建现代化文明未管所，推进以法制、科学和文明为内容的"三化"建设，具有中国特色的未管所已经初步形成。首先监禁场所的设计类似于校园。作为监狱的一种特殊类型，为适应未成年犯的身心特点，未管所的环境、功能设计更像是学校，不仅外部没有监狱那样的高压电网、武装看押，而且内部设计具有

---

① 杨木高：《中国未成年犯管教所发展史研究》，载《犯罪与改造研究》2012 年第 5 期；李康熙：《新中国未成年犯监管改造工作的发展与创新》，载《预防青少年犯罪研究》2012 年第 4 期；狄小华：《中国特色少年司法制度研究》，北京大学出版社 2017 年版，第 321－322 页。

教育、训练和习艺等功能，体现出环境绿化、文化熏陶的特色。其次，矫正体现集体主义文化。深受中国传统身体主义文化的影响，从居住方式集体教育、有组织劳动到规范训练等，未管所对未成年犯的管理、教育无不体现着强烈的集体主义色彩。也正是这种强调群体而非个体的教育矫正模式，使我国的未管所秩序井然。当然，片面追求集体主义目标的矫正模式，也容易产生忽视个体合法权益保护的问题。最后，处遇体现特殊保护。未管所是国家刑罚执行机关，剥夺自由给未成年犯带来痛苦是不可避免的。但是，从《未成年犯管教所管理规定》有关"未成年犯会见的时间和次数，可以比照成年犯适当放宽。对改造表现突出的，准许其与亲属一同用餐或者延长会见时间，最长不超过二十四小时""对未成年犯原则上不使用戒具""对未成年犯进行思想、文化、技术教育的课堂化教学时间，每周不少于二十课时，每年不少于一千课时，文化、技术教育时间不低于总课时数的百分之七十""对未成年犯的减刑、假释，可以比照成年犯依法适度放宽"等规定不难看出，我国的未成年犯矫正已经形成了区别于成人罪犯矫正的独立制度。我国颁布的有关法律法规以及未成年犯监管改造工作的探索与实践，标志着未成年犯监管改造工作正向着法制化、规范化、社会化、科学化和现代化方向迈进，并逐步形成了有别于成年犯监管改造的基本特色。

### （二）未管所的组织机构、运行理念及有关制度

1994 年《监狱法》颁布后改称为未成年犯管教所，其组织机构及各项制度的依据是司法部颁布的《未成年犯管教所管理规定》。

1. 组织机构及经费[1]

未成年犯管教所"一般是一个省（自治区、直辖市）设置一所，个别人口多的大省设置两所"，其设置由司法部批准。所内设管理、教育、劳动、生活卫生、政治工作等机构，实行所、管区两级管理。为保证未成年犯的居住、生活条件，管区押犯不超过 150 名。人民警察配备比例高于成年犯监狱，而且须具备大专以上文化程度。其中具有法学、教育学、心理学等相关专业学历的应达到 40%。另外，未成年犯管教所所需经费由国家保障，费用高于成年犯。

---

[1]　李伟主编：《少年司法制度》，北京大学出版社 2017 年版，第 293 页；姚建龙：《长大成人：少年司法制度的建构》，中国人民公安大学出版社 2003 年版，第 108 页。

2. 运行理念

有专家指出，《监狱法》确立"对未成年犯执行刑罚应当以教育改造为主"原则，充分体现了对未成年犯"给予特殊待遇，实行司法保护"的精神，不仅完全符合《联合国少年司法最低限度标准规则》（北京规则）、《联合国预防少年犯罪准则》（利雅得准则）、《联合国保护被剥夺自由少年规则》的要求，而且集中体现了我国对未成年犯行刑制度的特色。具体来说，以教育改造为主原则体现了对未成年犯执行刑罚的基本特点：一是以教育改造为主原则系统总结了几十年来监管改造未成年犯工作的基本经验；二是以教育改造为主原则深刻揭示和把握了监管改造未成年犯工作的基本规律，集中体现了给予未成年犯特殊处遇、实行司法保护的特色；三是以教育改造为主原则决定了未成年犯劳动属于习艺性轻微劳动。[①]

有学者专门提出了未成年犯监禁矫正的概念，并提出了相应的特殊理念。首先，未成年犯监禁矫正是指矫正机关针对被判处自由刑需监禁执行的未成年犯进行，旨在将其改造为守法公民的系统性矫正活动。由于未成年犯自身特点、所处的具体环境以及我国执法水平不同，对于不同类的未成年犯开展矫正的内容会有差异，但是总体而言，未成年犯监禁矫正是一种依法进行的促使未成年犯发生积极正向转变的系统性活动。其次，与成年犯监禁矫正的区别是更注重教育性、具有更大宽宥性；与未成年犯非监禁矫正的区别是矫正环境不同、矫正主体不同、矫正对象不同、矫正方式不同。[②]

3. 管理制度

有学者指出，少管所应当按照男女性别分别编队，实行科学文明的管理，使他们在安全、健康的条件下，文明礼貌的气氛中，整齐清洁的环境里，进行劳动、学习和改造。加强所规和纪律教育，严明严惩的同时，必须尊重他们的人格，严禁打骂虐待、变相体罚等。所内禁止使用戒具，不搞严管队或集训队。家属接见的次数和每次见面的时间可以适当放宽，通信次数可不受限制。保证粮油，应比成年犯适当提高，尽量调剂和改善伙食。少管所设立医务室。妥善安排时间，每天睡眠时间不少于 9 小时，每周休息一天。不搞超体力劳动，注意劳动保护。对服刑期满的少年，由少年犯管教所

---

① 李康熙：《对当前未成年犯改造工作的思考》，载《预防青少年犯罪研究》2012 年第 2 期。

② 王经纬：《未成年犯监禁矫正研究》，东南大学 2017 年硕士学位论文。

做出鉴定，发给刑满释放证、文化结业（修业）证、技术等级证和路费，按期释放。[①]

有学者深入研究了如何使少管所内部的分类管理细化，走向科学化、规范化、制度化。根据从实际出发的原则，认为在少管所内部可以搞多层次分类管理的新构思，具体讲：一是以不同犯罪类型为主，建立中队，即同一种犯罪类型的少年犯原则上应该集中在一起进行管理和教育改造。二是以主观恶性深浅程度为主，建立小队，可以以前科劣迹为主要参考依据，结合本次少年犯罪的情节及态度等，综合判断确定小队。三是以现实改造表现好坏为主，建立小组。少年犯是否认罪服法、教育改造是否发生作用、现实改造表现适用一个客观标准。[②]

有学者从管理对象入手，系统总结了未管所的管理制度。未成年犯管教所通常的收押对象是，由人民法院依法判处有期徒刑或者无期徒刑，未满 18 周岁的罪犯。但也有两种特殊情形：第一，刑期或者余刑在 1 年以下的未成年犯在看守所内执行完刑罚；第二，对于年满 18 周岁，余刑不满 2 年的罪犯继续留在未成年犯管教所服刑。未成年犯管教所中的管理制度具体包括：（1）未成年犯收监后的 5 日内通知其监护人。（2）男犯、女犯分别关押和管理，女犯由女性人民警察管理。如果少数民族未成年犯较多，可单独关押和管理。（3）按照刑期、犯罪类型，实行分别关押和管理。根据未成年犯的改造表现，在活动范围、通信、会见、收受物品、离所 探亲、考核奖惩等方面给予不同的处遇。（4）采取必要的警戒措施，包括建立警卫机构，负责警戒、看押工作；监管区的围墙，可以安装电网；在重要部位安装监控、报警装置；对未成年犯原则上不使用戒具，但当未成年犯有脱逃、暴力行为，正在押解途中和有其他危险行为需要采取防范措施的情形除外。（5）未成年犯与其亲属或者其他监护人通电话须经批准，必要时由人民警察监听。（6）未成年犯会见亲属的时间和次数，可以比照成年犯适当放宽。对改造表现突出的，可准许其与亲属一同用餐或者延长会见时间，最长不超过 24 小时。（7）未成年犯遇有直系亲属病重、死亡以及家庭发生其他重大变故时，经所长批准，可以准许其回家探望及处理，在家期限最多不超过 7 天，必要

①　曹漫之主编：《中国青少年犯罪学》，群众出版社 1987 年版，第 474 页。

②　肖建国主编：《发展中的少年司法制度》，上海社会科学院出版社 1997 年版，第 174 页。

时由人民警察护送。（8）对未成年犯的档案材料应当严格管理，不得公开和传播，不得向与管理教育或办案无关的人员泄露。对未成年犯的采访、报道，须经省、自治区、直辖市监狱管理局批准，且不得披露其姓名、住所、照片及可能推断出该未成年犯的资料。任何组织和个人不得披露未成年犯的隐私。（9）未成年犯管教所应当依法保障未成年犯的申诉、控告、检举权利。（10）未成年犯服刑期满，未成年犯管教所应当按期释放，发给释放证明书及路费，通知其亲属接回或者由人民警察送回。（11）刑满释放的犯罪少年具备复学就业条件的，未成年犯管教所应当积极向有关部门介绍情况，提出建议。①

4. 教育制度

教育未成年犯，未成年犯管教所采取的是集体教育与个别教育相结合，课堂教育与辅助教育相结合，所内教育与社会教育相结合的方法。教育内容和形式包括思想教育、文化教育、技术教育、生理心理健康教育、生活常识教育、人所出所教育、劳动教育和社会教育等方面。②

就具体的教育内容，多名学者从不同角度进行了论述。概括起来，主要包括以下五方面：

一是思想教育。包括法律常识、所规纪律、形势政策、道德修养、人生观、爱国主义、劳动常识等。

二是文化教育。分为义务阶段教育和非义务阶段教育。义务阶段教育包括扫盲教育、小学教育、初中教育。非义务阶段教育有高中教育和自学考试。对于有条件的管教所可以进行高中教育，鼓励未成年犯参加各类自学考试。文化教育列入当地教育发展的总体规划。

早在1997年，就有学者提出要将少年犯管教所实施义务教育的任务纳入所在地方政府实施义务教育的总体规划中，保证义务教育最低要求的达到；少年犯管教所的学校必须具备的办学条件应按照教育部门提出的标准。③不过，直到2006年6月修订的义务教育法才真正将未成年犯的义务教育纳入法律规制。但遗憾的是这些规定在实践中大都成为具文，未成年犯义务教

---

① 李伟主编：《少年司法制度》，北京大学出版社2017年版，第293—294页。

② 李伟主编：《少年司法制度》，北京大学出版社2017年版，第294页。

③ 刘运来：《改进少年犯教育管理体制——实施好义务教育》，载《民主》1997年第10期。

育基本处于游离于国家义务教育体制之外的状态。多名学者对此指出了存在的困境和出路。

有的认为义务教育的阳光未照耀到未成年犯管教所，其最大的障碍至少来自三个方面：首先，要求未成年犯接受义务教育，将带来"服刑的罪犯"与"接受义务教育的学生"之间的角色冲突。其次，部门壁垒障碍以及部门利益可能导致未成年犯义务教育"异化"，如果将未成年犯义务教育纳入国家义务教育体制，这将给现行教育体制和刑罚执行体制带来较大冲击。最后，教育的连续性与刑期之间可能出现矛盾。针对这些困境，首先，要有效解决未成年犯义务教育这一社会问题，必须从源头上减少适龄儿童未按规定接受义务教育的现象，降低辍学率。其次，实践中的"半天学习，半天劳动"的制度是不能适应对未成年犯进行义务教育的需要的，应通过立法将未成年犯劳动定位为"习艺性"劳动，再由政府保障未成年犯义务教育经费，减轻未成年犯管教所经济压力。再次，因为接受义务教育的需要而完全忽视了未成年犯作为服刑罪犯的身份，既不现实也容易产生负面影响，所以要建立有"未成年犯"特色的义务教育，建议未成年犯管教所对于完成小学教育的未成年犯主要采用初级中等职业技术教育学校的形式继续完成义务教育。最后，要积极探索其他形式的义务教育实施模式，如试读模式、共建模式。①

也有的认为，当前未成年犯义务教育服务供给存在的主要问题有：未成年犯义务教育的管理主体缺失，财政保障不到位，教育质量水平低下，没有正规的学籍管理以及毕业证书没有效力性等。因此，需要运用合作治理理论的视角，由监狱和教育部门、学校联合提供未成年犯义务教育服务供给——采用联合办学的模式将其纳入地方国民教育系列。解决未成年犯义务教育服务供给问题的主要策略是：监狱、教育部门及学校就合作目标达成共识并划分责任，多元服务供给主体共享资源与共同参与，建立完善的多元主体服务供给的沟通协调机制，完善未成年犯义务教育服务供给的法律、政策保障和财政保障。②

三是技术教育。其重点是职业技术教育和技能培训。文化、技术教育是未成年犯接受的主要教育内容，《未成年犯管教所管理规定》第 33 条

---

① 姚建龙：《未成年犯义务教育的困境与出路》，载《青年研究》2007 年第 6 期。
② 詹锐：《广东省未成年犯义务教育服务供给问题研究》，兰州大学 2017 年硕士学位论文。

规定："文化、技术教育时间不低于总课时数的 70%。"

四是入所出所教育。入所教育的内容包括认罪服法、行为规范和所规纪律教育等；出所教育包括社会形势、政策、遵纪守法等方面，并在就业、复学等方面给予指导，提供必要的技能培训。入所、出所教育时间各不得少于两个月。

五是社会教育。采取到社会上参观或者参加公益活动，邀请社会各界人士及未成年犯的父母或者其他监护人来所帮教的方法；还可以聘请社会知名人士或者有影响的社会志愿者担任辅导员。

就具体的教育管理而言，主要包括以下内容：参加文化、技术学习的未成年犯经考试合格的，由当地教育、劳动行政部门发给相应的毕业或者结业证书及技术证书。思想、文化、技术教育的课堂化教学时间，每周不少于 20 课时，每年不少于 1000 课时。定期举行升国旗仪式，开展成人宣誓活动。开展文化、娱乐、体育活动，办好报刊、黑板报、广播站、闭路电视等。未成年犯管教所的教育配套组织与设施有教学楼、实验室、图书室、运动场馆、教学仪器、图书资料和文艺、体育器材、各管区的谈话室、阅览室、活动室、适合未成年犯特点的习艺劳动场所及其设施以及心理矫治机构。担任未成年犯管教所教育任务的教师是符合国家规定学历的人民警察，其配备比例为押犯数的 4%。罪犯不得担任教师。[1]

### （三）教育矫治经验、存在的问题及对策建议

1. 成就与经验

有专家总结了我国未成年犯监管改造工作的特色与经验。[2] 其认为对未成年犯监管改造需要根据其生理条件、认识能力、犯罪原因、文化素质和心理状况等特点，实行既不同于社会上中小学，又有别于成年犯监狱的特殊教育模式，使其从指导思想、工作方针、工作目标、手段方式、运作机制等方面与一般意义上的监狱改造罪犯工作区别开来。这种在司法实践中表现出来的特殊内容和形式，也就是基本经验，被称为未成年犯监管改造工作特色。

经过 50 多年来的探索与实践，未成年犯监管改造工作特色在其自身运

---

[1] 李伟主编：《少年司法制度》，北京大学出版社 2017 年版，第 294 - 295 页。

[2] 李康熙：《新中国未成年犯监管改造工作的发展与创新》，载《预防青少年犯罪研究》2012 年第 4 期。

行规律中逐渐显现出来，并不断发展和创新。主要包括：（1）教育为主、司法保护的特色。对未成年犯执行刑罚以教育改造为主，实行半日学习、半日劳动制度，坚持因人施教、以理服人、形式多样的教育改造方式方法，这是未成年犯监管改造工作的指导思想。（2）矫正教育、造就人才的特色。未管所组织实施全方位、多层次、正规化的系统教育，并贯彻统一办学、统一管理、完全课堂化的原则，办好狱内特殊学校。（3）先导试验、文明窗口的特色。由于未管所在监狱系统处于特殊地位，执行刑罚以教育改造为主，不像成年犯监狱生产任务对教育改造工作制约和影响那么严重，因而可以在监管改造工作中综合运用教育学的多种手段，尤其可借鉴国外先进经验。这种带有先导试验的特色，由此被称为监狱改造工作的试验田，监狱文明行刑的窗口。（4）教育社会化、开门办教育的特色。未管所充分利用社会教育资源，借助社会矫正力量，开展志愿者帮教、家长规劝、心桥热线、法律援助、同龄人示范、"一帮一"结对子等系列教育活动，定期组织未成年犯到社会上参观、演讲等，借鉴社会上办学模式，引用校园式教学管理，在学制上、办学形式上、办学层次上与社会上中小学大体相同。社会各界人士也经常到所内帮教、联欢、赠书、座谈等。（5）情感挽救、警察示范的特色。警察要有高尚的品质、情操与渊博的知识，为人做事率先垂范，以身作则，教化和熏陶未成年犯，动之以情、晓之以理、导之以规，要从生活到学习、从行为到心理上给予春风细雨般关心爱护，把挽救感化的情感自然融入日常管理教育中，使未成年犯思想情操在潜移默化中得到升华。（6）轻微劳动、重在习艺的特色。未成年犯的劳动，应当符合未成年人的特点，以学习文化和生产技能为主。（7）家庭帮教、亲情感染的特色。将家庭亲情力量纳入教育感化之中，引导未成年犯的父母来所进行规劝教育，事实上弥补了过去他们家庭教育的缺失和不足，进一步融合了亲情，让未成年犯感受到家庭亲情的温暖，感受爱心教育，是非常合乎亲情规律的，这也是其他任何社会帮教力量的准亲情远远不能及的。总之，经过几十年的探索与实践，未成年犯监管改造工作已基本形成了一套特色做法，并取得了显著成效。

2. 存在的问题

有观点认为，我国内地对罪犯的教育改造手段存在五方面的不足：（1）对罪犯文化教育中的强制性规定，违背了成人教育的自愿性、兴趣性规律；（2）罪犯职业技术教育着眼于将来刑满就业的内容较少；（3）教育中的教材、教法陈旧落后；（4）教员的数量达不到要求；（5）教育中的形式主义、虚假现象严重。① 也有学者认为，将管理成年犯的标准、模式照搬用于管理未成年罪犯，那么未成年罪犯教育与改造工作则难以发挥出应有的成效。②

有的研究从未成年犯再犯率的角度论述了未管所教育矫治存在的问题。其指出，尽管未管所内的管教人员上下一致努力，但这些针对未成年犯罪者设置的矫治教育仍未达到他们"降低再犯率"的理想成效。成效不佳的具体原因是实践操作中出现了四个"偏离"的问题：（1）矫治教育的形式偏离了未成年犯的心理发展特点；（2）矫治内容偏离了未成年犯的群体嗜好；（3）矫治措施偏离了未成年犯的心理健康矫治；（4）矫治方式偏离了未成年犯罪者"教育为主、惩罚为辅"的刑事政策。③

有的研究从"三课教育"的角度深入研究了当前在未成年犯改造工作中遇到的困惑与问题。其认为，对未成年犯执行刑罚应当以教育改造为主，表明了未管所执行刑罚全过程的基本形式应该是教育改造，而教育改造的主要内容和方式也就是思想、文化、技术教育（简称"三课教育"），这是未成年犯监管改造工作的最重要特色，体现了我国监狱工作的文明和进步。实践证明，"三课教育"对未成年犯监管改造所发挥的作用和影响是巨大的，成绩也是显著的，但是目前由于受管理体制、考核机制、运作模式、人员经费等诸多因素制约，严重影响了未成年犯"三课教育"教学工作的正常开展，主要表现为：（1）为追求经济效益而发展生产，严重冲击了"三课教育"；（2）义务教育一直未被纳入国家普及九年义务教育规划；（3）师资紧张；（4）教育经费匮乏；（5）职业技术教育难以开展；（6）"简单劳动"代替了习艺劳动。产生这一问题，其中一个重要原因是《监狱法》对未成年犯改造只是规定了几条原则性、指导性条款，存在诸多局限与不足，再加上近年来受监所管理体制和运作考核机制落后、生产任务繁重等诸多因素影响和制约。④

有的研究则从"正常化"机构处遇观理论视角检视了我国未成年犯行刑

① 张苏军主编：《中国监狱发展战略研究》，法律出版社 2000 年版，第 219 页。
② 张桂荣、宋立卿：《违法犯罪未成年人矫治制度研究》，群众出版社 2007 年版，第 211－213 页。
③ 张小华：《我国未成年犯监禁矫治的问题及出路》，载《人民法治》2018 年第 1 期。
④ 李康熙：《对当前未成年犯改造工作的思考》，载《预防青少年犯罪研究》2012 年第 2 期。

制度。具体而言，我国未成年犯管教所的监管、教育等行刑活动仍然存在诸多不正常现象，容易给未成年犯身心带来伤害，难以取得促进未成年犯复归社会的效果。我国未管所对未成年犯的管理、教育和改造工作是在一个相对封闭的环境中进行的，未管所对未成年犯的矫治工作主要通过"填鸭式"的思想教育来实现。正如美国教育家麦克莱伦所说："任何人都不能被灌输或施加条件来诚实地讲话和公正的判决，因为实施这些美德都要求一种自觉意识和自由选择的品质。"而未管所则恰恰具有在强制环境中进行灌输的特点。一是未成年犯管教所内部的"不正常"，表现为缺乏信任、缺乏合作、滋生消极亚文化。二是行刑机构与外部关系的"不正常"，表现为封闭行刑与复归社会之间的矛盾、未成年犯与家庭、亲友的疏离。三是未成年犯权利保护的不均衡。①

有的研究从未成年罪犯再社会化教育的角度分析了未管所目前存在的问题。根据国内未管所长期进行田野调查的经历，概括出以下几个突出问题：（1）教育改造目标模糊化；（2）教育体系结构不尽合理，表现为"三课教育"形式大于内容、服刑阶段教育缺乏统筹；（3）教育者素质参差不齐，表现为监狱人民警察的不足、社会多元教育主体的不足；（4）教育改造方式的僵化，与社会发展进步脱节，强制灌输教育受冷遇；（5）低学业成就日积月累，缺少成就感与自信心，缺乏可持续性的努力。②

有的研究使用实证的方法，以某一具体未管所的运行为研究对象，归纳总结存在的问题。比如，有人从六个方面阐述了目前某省未管所存在的问题，并分析其成因，具体如下：（1）未成年犯监禁矫正规定法律位阶低，内容没有针对性；（2）未成年犯矫正目标上过于追求经济效益；（3）对未成年犯个性化矫正措施不足；（4）对未成年犯矫正方式单一、灌输式教育为主；（5）矫正人员水平参差不齐，难以适应新形势要求；（6）矫正质量难评估。之所以存在这些问题，主要是因为法律规定过于原则和笼统，在执行中容易产生歧义，矫正机构的其他职能过多影响其矫正职能的正常运行，矫正对象的特殊性导致旧的矫正方式不能发挥效果，矫正者自身素质对矫正

① 马雷、狄小华：《我国未成年犯行刑制度之检视——以"正常化"理论为视角》，载《学术交流》2017 年第 11 期。

② 周大鸣、邵峰：《未成年罪犯再社会化教育的内涵及存在问题》，载《青年研究》2016 年第 3 期。

对象亦有影响。① 再如，有的以江西省未管所为例进行了研究。其指出，我国对在押未成年犯的改造方式上，类似于成年人罪犯的管教模式，忽略了未成年人的年龄与心理的特殊阶段，未成年人还没有形成固定的认知观，若仅仅用司法上的条文对其进行严格改造，必定不会起到好的作用。未成年犯对在押生活的适应情况并不乐观。以江西省未成年犯管教所为调查对象，选取210名在押未成年人为样本。采用文献法、问卷法和访谈法对未成年犯服刑现状进行探讨，得出未管所在押未成年犯的现状存在人际关系敏感、负面情绪较多、对目前生活不适应、对生活失去信心等问题。在此基础上，从辅助司法监督、推进帮教策略、缓解人际关系、负面情绪排解、树立生活信心、规划职业生涯几个角度深入探讨了具体的介入途径，并提出了相应对策。②

3. 对策建议

有的研究聚焦如何进一步贯彻以教育改造为主的原则，提出应从以下六个方面进行改善：（1）尽快实施监所体制改革，纯化监管改造职能；（2）尽快改变对未管所生产工作考核激励机制；（3）树立大教育改造观念，思想认识应当统一；（4）尽快将未成年犯义务教育纳入国家普及九年义务教育规划；（5）"三课教育"逐步过渡到全日制办学模式；（6）管理教育应当照顾未成年犯的生理、心理特点。③

有的学者从参访经历出发，提出希望未管所日后可以做到如下"四个改变"：（1）改变未管所内"照本宣科"式的矫治教育方法；（2）改变矫治教育的项目设计；（3）改变矫治教育的策略；（4）改变矫治教育的观念。④

有的研究聚焦未成年犯监管改造工作创新发展的基本思路，提出了应结合出现的新情况、新问题，尽快修改与完善《监狱法》，进一步健全完善有关保护未成年犯合法权益与教育改造的法规制度，以利于未成年犯监管改造工作健康发展。主要有八个方面：（1）未成年犯监管改造工作的特殊性。未管所在收押对象、监管模式、警察配备、管理体制、运作机制、教育方式、考核奖惩、所需经费等方面与成年犯监狱都有较大区别，法律对此必须作出

---

① 王经纬：《未成年犯监禁矫正研究》，东南大学 2017 年硕士学位论文。

② 田慧雯：《未成年犯的在押生活适应及社会工作介入研究——基于江西未管所的调查》，江西财经大学 2017 年硕士学位论文。

③ 李康熙：《对当前未成年犯改造工作的思考》，载《预防青少年犯罪研究》2012年第 2 期。

④ 张小华：《我国未成年犯监禁矫治的问题及出路》，载《人民法治》2018 年第 1 期。

明确规定。（2）未管所押犯规模及其设置问题。未管所设置押犯规模不宜过大，有助于降低未成年犯心理紧张感，合理利用教育资源，提高教育的针对性和有效性。分区域设置未管所，可方便未成年犯家长探视，方便社会帮教。各省（市、区）可根据本地区未成年人犯罪的大体情况和发展趋势，结合当地经济发展状况和地理及交通状况，以适当地域间隔设置几所未管所，押犯规模一般应控制在1000人以内为宜。（3）未管所硬件环境与建设标准问题。未管所应该在建筑装饰、警戒设施、监管制度、社会隔离、生活卫生、教育培训、考核奖励等方面均宽松于成年犯监狱，这是为实施教育改造，减轻未成年犯心理压力创造的必备条件。（4）未成年犯分类管押问题。对未成年犯实行分类关押与管理教育，是国际少年行刑发展的基本趋势。未管所应当根据未成年犯的犯罪类型、作案手段、刑罚种类、刑期构成、恶习程度、性格特征、心理状况和改造表现等情况，综合分析其犯罪性质和恶习、危险程度，实行分别编队关押和管理，可设置新收犯管区、普管管区、宽管管区、开放式管区和严管管区，为分别采取有针对性的管理教育措施，进行分类施教和心理辅导创造条件。（5）未成年犯年满18周岁后延伸性矫治年龄问题。未管所服刑年龄可以延伸至25周岁为宜，但必要时应与未成年犯分开关押。（6）未成年犯教育问题。各地省级人民政府的教育、劳动、财政等行政部门应当把未成年犯的义务教育、职业技术教育和技能培训，作为一个组成部分列入本地区的教育和培训发展规划和年度计划，在有关教学计划安排、教研活动、培训师资及教育设施建设投资和教学活动经费等方面，为未成年犯教育提供便利条件。（7）未成年犯劳动及其职业技能培训问题。组织未成年犯劳动，应当符合未成年人的生理、心理特点和教育改造需要，采取特殊的安全、卫生保护措施，即实行特殊的劳动保护制度，不得组织从事对其健康有害或者超过其承受能力的劳动，以保障其身心健康发展。（8）未成年犯教育改造运作模式问题。随着监狱管理体制改革的深化，在行政经费全部到位的前提下，必须切实纠正部分未管所"全力以赴组织未成年犯生产劳动，过分追求经济效益"的不良倾向，纯化行刑改造职能，利用多年来举办特殊学校的成功经验，加大教育教学基础设施投入，按规定配备足够教师（警察），创办中等职业技术学校，开展系统的文化、技术教育和职业技能培训。[①]

有的研究还针对特定未管所提出了改进建议。比如，推进政府对在押未成年人帮教管理的保障措施、社会福利、社会救助和救助机制，通过个案和小组对他们进行针对性的疏导、感化和治疗，帮助他们走出心理困境、缓和人际关系敏感、挖掘潜能、重塑对生活的信心。这些对策的提出，为推进社会工作本土化、缓解在押未成年犯生活适应、防止未成年犯再次犯罪提供了有益借鉴。[②]

---

① 李康熙：《新中国未成年犯监管改造工作的发展与创新》，载《预防青少年犯罪研究》2012 年第 4 期。

② 田慧雯：《未成年犯的在押生活适应及社会工作介入研究——基于江西未管所的调查》，江西财经大学 2017 年硕士学位论文。

# 第二章　未成年人刑事法律援助

　　法律援助在未成年人犯罪案件刑事辩护中占有较大比重，即未成年人依法获得指定律师的辩护要远远多于委托律师的辩护，法律援助律师是未成年人实现律师辩护权的主要形式。[①] 未成年人刑事法律援助有利于实现国家对未成年人的特殊保护，同时也是对儿童利益最大化原则的贯彻落实。从1979年制定的《刑事诉讼法》到1996年、2012年修改后的《刑事诉讼法》体现了对未成年人辩护权保障越来越充分的趋势，具体表现为未成年人获得法律援助诉讼阶段不断提前、援助范围不断扩大。2018年修改刑事诉讼法时延续了2012年的修改。在2012年修改刑事诉讼法之前，对未成年被追诉人提供法律援助仅限于审判阶段，且没有专门条文规定未成年人犯罪案件的法律援助。根据1979年制定的《刑事诉讼法》第27条的规定，公诉人出庭公诉的案件，被告人是聋、哑或者未成年人而没有委托辩护人的，人民法院应当为他指定辩护人。1996年修改后的《刑事诉讼法》第34条前进了一步，将人民法院为没有委托辩护人的未成年被告人指定的辩护人明确为承担法律援助义务的律师，这是首次明确未成年人刑事法律援助的承担者，是未成年人刑事法律援助制度的一个进步。但是侦查阶段和审查起诉阶段未成年犯罪嫌疑人的法律援助仍没有落实。2003年《法律援助条例》第12条取消了对未成年人法律援助经济状况的审查，扩大了未成年人刑事法律援助的范围。但是受当时刑事诉讼法规定的限制，未成年人刑事法律援助仍然局限在审判阶段，影响了未成年人法律援助制度目的的实现。[②] 2012年修改后的《刑事诉

---

　　[①]　路琦、董泽史、姚东、胡发清：《2013年我国未成年犯抽样调查分析报告（上）》，载《青少年犯罪问题》2014年第3期。

　　[②]　宋英辉、刘广三、何挺等：《刑事诉讼法修改的历史梳理与阐释》，北京大学出版社2014年版，第88页。

讼法》用一个独立的条文规定了未成年人犯罪案件的法律援助，将法律援助提前至侦查阶段并且明确了承担指派义务的主体，即由公检法机关通知法律援助机构指派法律援助律师。2012 年，最高人民法院《关于适用〈中华人民共和国刑事诉讼法〉的解释》第 473 条进一步将未成年被害人纳入法律援助的范围，但是需申请且符合经济困难的条件或者有其他原因未委托诉讼代理人。

通过简单梳理刑事诉讼法及相关司法解释和条例关于未成年人法律援助规定的内容及其演变，可以发现未成年人刑事案件法律援助制度不断完善的路径。在这个过程中，刑事诉讼法学理论研究成果对于推动未成年人法律援助制度的完善发挥了重要作用。纵观未成年人刑事案件法律援助的研究内容，主要包括未成年人法律援助的理论基础、未成年人法律援助的义务主体、扩大未成年人法律援助的对象范围、拓展未成年人法律援助的诉讼阶段、提升未成年人法律援助的有效性等方面。

## 一、 未成年人刑事法律援助的基础理论问题

### （一）未成年人刑事法律援助的理论基础

理论界对未成年人刑事法律援助的理论基础进行了较为深入的研究，主要观点包括"国家亲权理论""儿童利益最大化原则"和"程序正义理论"。

#### 1. 国家亲权理论

有人认为，未成年人刑事案件的法律援助是国家亲权理论的具体体现。流动未成年人和留守儿童的犯罪往往因为未引起立法者及司法机关重视，因而没有法定代理人和律师参与，难以充分实现辩护权，所以应当强化国家对未成年人的监护责任。[①] 还有人认为，国家亲权理论要求国家在未成年人父母监护缺位或严重不当的情况下承担起相应职责，政府可以通过法律援助制度达到在整个刑事诉讼过程中保护未成年人合法权益的目的。在未成年人处于一定不良状态下、存在一些犯罪倾向时，国家亲权具有一定的强力和控制性，通过法律援助制度可以给予其回归社会的可能，实现国家教育感化的

---

① 宋英辉、何挺、王贞会等：《未成年人刑事司法改革研究》，北京大学出版社 2013 年版，第 24 页。

理念。①

2. 儿童利益最大化原则

"儿童最大利益原则"是现代法治国家在未成年人刑事案件处理中必须遵循的一个纲领性和指导性的原则，各缔约国应当通过立法、司法、行政等一切手段和措施维护儿童的各项合法权益，并以是否实现了儿童的最大利益作为衡量各项工作的一项重要标准。有人提出，在未成年人刑事法律援助制度中，国家作为义务或责任主体，更应当认真担负起应尽的责任，最大限度地保障未成年人的各项诉讼权利。这不仅是对属于社会弱势群体的未成年人提供法律帮助，保护其合法权益，保障其法定权利得以实现，也是履行国家应尽责任之需要。设立未成年人法律援助制度，能够从法律层面给予未成年犯罪嫌疑人、被告人一定的帮助，充分保护未成年人的合法权益。只有保护好未成年人的合法权利，才能实现未成年人利益最大化。②

3. 程序正义理论

有研究者从实现程序正义的角度对未成年人刑事法律援助制度的理论基础进行探讨，主要有三种观点：第一种观点的切入点是法律援助有利于防止错案及促进公正审判。该观点认为，律师辩护应最大限度地避免无辜者被错误定罪，促进公正审判。实践中，如果没有律师的帮助，相当一部分未成年人将无法为自己进行有效辩解，更不可能对抗公诉机关的指控、调查和质证。③第二种观点从辩护权对公诉权制约的角度进行论证。该观点认为，法官与检察官的客观性以及公正性只有在合法的程序之下才能得以确保。为了保障这一前提的确实实现，辩护人也必须要能够参与对程序合法性的监督。因此，真实发现以及植基于此之上的公平审判才有可能被期待。律师的参与缓解了未成年人一方的弱势处境，使控辩平等对抗成为可能。被追诉者在诉讼活动中的对手是拥有强大公权力又深谙法律知识的侦查机关和公诉机关，如无律师介入，此种对抗无异于一方徒手而另一方手持兵刃，其不平等显而易见。刑事司法中的正当程序要求诉讼活动必须体现对司法权运作的规律。

---

① 李美霖：《试析我国未成年"复合型"观护机构的建立——以"国家亲权"理论为视角》，载《预防青少年犯罪研究》2016 年第 1 期。

② 魏虹：《论未成年人刑事法律援助制度的理论基础》，载《行政与法》2011 年第 1 期。

③ 马静华：《指定辩护律师作用之实证研究——以委托辩护为参照》，载《现代法学》2010 年第 6 期。

律师辩护是权利对权力制约的一种重要并且行之有效的方式，其本质上是公民对抗国家的有力武器，只有当律师提供实质、有效的辩护时，公民所享有的辩护权才能得到彰显与实现。① 第三种观点从控辩平等的角度展开论证。该观点认为，通常情况下控诉一方的力量要强于被告，如果处于劣势地位的未成年被告人没有辩护人的帮助，会使得控辩之间的差距更加悬殊和明显，未成年被告人基本的诉讼权益将难以实现。在这种情况下，刑事法律援助制度就可以发挥其应有的作用，律师的介入可以帮助未成年人行使本应得到而限于客观条件享受不到的权利，就能使控辩双方的力量趋于平衡，实现司法公正。②

## （二）未成年人刑事辩护的特殊性

研究未成年人刑事辩护之前应当明确其与成年人刑事辩护的不同之处。关于未成年人刑事辩护的特殊性，有研究者进行了总结归纳，认为未成年人辩护在基本理念、处遇方式、专业需求等方面不同于普通的刑事辩护。第一，基本理念的差异直接决定未成年人辩护的独特性。与成年人刑事辩护相比，在"国家亲权""儿童福利"的双重影响下，未成年人辩护人既要扮演教育的角色，又要承担保障的功能，为未成年人提供全面、个别化的帮助。第二，处遇方式的区别决定了未成年人辩护目的不同于成年人辩护。未成年人辩护更关注前置化的最小处分。第三，专业需求的不同导致少年司法中的专业需求较传统刑事司法更为严苛。未成年人的辩护人只有在熟悉未成年人发育特征、了解其心理问题的基础上，方可更好地履行辩护职能。第四，少年司法的合作性较强决定了未成年人刑事辩护策略不同于普通的刑事辩护。少年司法更强调社会化、个别化的处遇，诉讼各方致力于共同探寻"儿童利益最大化"的处遇方式。未成年人辩护应当及时顺应少年司法之特点，转变策略。从案内到案外、从行为到行为人，未成年人辩护与传统辩护的思路具有极大的差异。③ 还有人认为，相比于传统的司法裁判，未成年人辩护追求

---

① 吴羽：《论强制辩护——以台湾地区为中心及对大陆相关立法之借鉴》，载《西部法学评论》2011 年第 5 期。

② 魏虹：《论未成年人刑事法律援助制度的理论基础》，载《行政与法》2011 年第 1 期。

③ 王瑞剑：《原理与路径：有效辩护视野下的未成年人辩护》，载《青少年学刊》2018 年第 2 期。

非司法化、个别化的处遇。①

### （三）未成年人刑事法律援助与强制辩护

学术界关于未成年人刑事法律援助是否属于强制辩护存在争议，主要有三种观点，即肯定说、折中说和否定说。

第一种观点属于肯定说。该观点认为《刑事诉讼法》第278条长期被界定为强制性指定辩护，也有学者认为其属于强制辩护，并主张在未成年人刑事案件中适用强制辩护。所谓强制辩护，也称必要辩护，是大陆法系的一项重要的刑事司法制度，它是指在刑事诉讼程序中，国家有义务为某些特定案件中的犯罪嫌疑人、被告人指定辩护律师，否则在无辩护律师参与下的该诉讼活动将得到法律上的否定性评价。②

第二种观点是折中说。有人并不认为我国建立了未成年人强制辩护制度，该观点认为《刑事诉讼法》第278条并不是关于强制辩护的规定。原因在于该条缺乏强制辩护的"责任性要件"也即程序性制裁要件。也正是基于同样的原因，《刑事诉讼法》第278条可以界定为"强制性指定辩护"。尽管如此，不得不指出的是，强制性指定辩护这一概念并非否定和剥夺了指定人的委托辩护权和异议权，只是在被指定人行使过这两项权利后，仍然没有辩护律师的，强制性为犯罪嫌疑人、被告人指定法律援助律师。③

第三种观点是否定说。该观点认为《刑事诉讼法》第238条并不能直接作为违反强制辩护的制裁性要件进行援引，因为这还需要裁判者裁量是否"达到了可能影响公正审判的程度"。如果在侦查及审查起诉程序中，未成年犯罪嫌疑人没有委托辩护人的，而人民检察院、公安机关又没有通知法律援助机构指派律师为未成年人提供辩护，此种情形下，是否会出现相应的法律后果？显然，我国相关立法及规定、解释没有就未成年犯罪嫌疑人未能获得律师帮助的制裁性要件进行明确规范。从严格意义上说，《刑事诉讼法》第278条有关强制指定辩护的立法规定缺乏明确的制裁性要件，其与一般意义

---

① 杨飞雪主编：《未成年人司法制度探索研究》，法律出版社2014年版，第70页。

② 吴羽：《论强制辩护——以台湾地区为中心及对大陆相关立法之借鉴》，载《西部法学评论》2011年第5期。

③ 张建超、韩秋杰、张福坤：《程序失灵视域下律师参与未成年人刑事案件的路径反思与进阶选择》，载《预防青少年犯罪研究》2016年第6期。

上的强制辩护存在显著差异。① 还有人认为，根据 2012 年最高人民法院《关于适用〈中华人民共和国刑事诉讼法〉的解释》第 481 条的规定："未成年被告人或者其法定代理人当庭拒绝辩护人辩护的，适用本解释第二百五十四条第一款、第二款的规定。重新开庭后，未成年被告人或者其法定代理人再次当庭拒绝辩护人辩护的，不予准许。"该司法解释强调审理未成年被告人案件必须要有律师的参与。然而，若无律师参与审理未成年被告人案件有何法律后果，该司法解释并未明确。对此，有学者认为，我国强制指定辩护缺乏程序性制裁，这种"应当"义务的行使顺序、如何行使、不行使的后果如何就无从知晓了。②

## 二、 未成年人刑事法律援助的义务主体

学术界关于未成年人法律援助的义务主体范围有一定的争议，主要有四种观点。第一种观点是"一元主体说"。该观点认为，法律援助责任的归属，是法律援助制度建立与实施中带有根本性、全局性的重大问题，在国家立法条件成熟的情况下，明确法律援助的唯一责任主体应当是国家。2003 年国务院制定的《法律援助条例》第 3 条明确规定，法律援助是政府的责任。在法学研究领域，尤其是宪法学、行政法学上，更多的表述中是把"政府"视为与立法机关、司法机关并列的行政机关来对待的。当下我国法律援助制度所面临的诸多难题和困境，恰恰也是因为把法律责任的主体规定为或看待为"政府"而非"国家"所造成的，因此法律援助的主体是国家。③

第二种观点是"二元主体说"。针对上述"一元主体说"，有论者提出了不同的主张，认为国家是一个抽象的概念，未成年人刑事法律授助的主体仅包括人民法院和法律援助机构。实践中绝大多数的未成年人刑事法律授助案件都是由人民法院承担指定辩护的，而申请刑事法律援助的案件较少，再加上法律援助制度的非营利性、公益性、无监管等特有性质导致援助律师消

---

① 参见吴羽：《论强制辩护在未成年人刑事案件诉讼程序中的适用》，载《青少年犯罪问题》2015 年第 4 期。

② 谢安平、郭华主编：《未成年人刑事诉讼程序探究》，中国政法大学出版社 2015 年版，第 74 页。

③ 朱良好：《法律援助责任主体论略》，载《福建师范大学学报（哲学社会科学版）》2014 年第 1 期。

极懈怠，根本没有尽到援助主体应有的责任，这样就使得未成年人刑事法律援助主体由形式上的多个变为了实质上的一个。① 也有研究者认为，法律援助的主体呈现出一种从政府向法律援助律师和专业社会机构转变的态势。《法律援助条例》的颁布实施使得刑事法律援助制度改革"提档加速"，并未带来辩护质量的实质提升。刑事法律援助之根本在于私权保障，刑事法律援助律师应当凸显平衡刑事法律援助案件结构的独立性，适应刑事法律援助案件类型的专业性，提升刑事法律援助案件影响的社会性。是故，需要充分引入非政府的行动力量，以社会机构、社会律师和社会评价作为"政府扶持模式"之基础，激活刑事法律援助的竞争生态。无论是法院还是法律援助机构、各种社会机构，单从数量上来说，全国法律援助机构呈现出较快增加的态势。②

第三种是"三元主体说"。有人认为，1979 年《刑事诉讼法》和 1996年《刑事诉讼法》规定只有审判阶段才能由法院为没有委托辩护人的未成年被告人指定承担法律援助义务的律师为其提供辩护。2012 年、2018 年《刑事诉讼法》均规定了人民法院、人民检察院和公安机关办理未成年人刑事案件，应当保障未成年人得到法律帮助，由此可见，公、检、法三机关都有义务保障未成年人获得刑事法律援助。③

第四种是"多元主体说"。有研究者认为，法律援助主体应当是法律援助机构及其人员，法律援助人员包括律师、基层法律服务工作者、法律援助机构工作人员、社会组织人员和注册法律援助志愿者五类。同时基于受援对象是未成年人这一特殊主体，家庭监护差、文化程度低等问题，对未成年人法律援助服务提供主体应当具备一定的教育学、心理学知识背景，不仅从法律层面对未成年人进行帮助，同时在援助过程中应该对未成年人进行教育和矫治。④ 针对农村留守儿童的法律援助问题，该研究者进一步提出建立针对

---

① 王海、陈琳：《未成年人刑事指定辩护存在的问题及其对策》，载《天中学刊》2015 年第 2 期。

② 谢澍：《刑事法律援助之社会向度——从"政府主导"转向"政府扶持"》，载《环球法律评论》2016 年第 2 期。

③ 参见吴羽：《论强制辩护在未成年人刑事案件诉讼程序中的适用》，载《青少年犯罪问题》2015 年第 2 期。

④ 马丽亚：《原理与路径——未成年人刑事法律援助制度分析》，载《青少年犯罪问题》2016 年第 1 期。

留守儿童的专门工作站和接待点。在司法实践中，农村留守儿童由于诉讼能力、诉讼制度和家庭保护的缺位，部分地区已经结合当地的司法行政部门，建立了法律援助专门工作点和农村留守儿童法律援助绿色通道。①

除此之外，还有研究者对未成年人父母或监护人委托辩护律师与法律援助之间的关系进行了研究，主张建立强制未成年人父母或者其他监护人聘请辩护律师的制度。其理由是：由于未成年被告人父母或监护人疏于教育和监护，他们不仅应承担民事责任，更应当承担民事责任的先前责任，即聘请律师为未成年被告人提供法律援助。这不仅是民事责任，也是社会责任，实际上是一种对其教育和监管不力的惩罚。对于家庭贫困确实无力聘请律师的，在提供证明的情况下，可以提供国家公费辩护。如果不符合公费辩护的情况，而且父母或监护人隐瞒真相，法庭可以进行罚款或者采取其他措施，强制其出资聘请律师。在未成年被告人父母或监护人隐瞒经济收入获得公费辩护的情况下，在查明后采取国家提起诉讼的方式予以收缴。② 有研究者对此持不同意见，认为这种观点恰恰是根植于未成年人法律援助律师群体匮乏和无奈。如果我们建立一种专门为未成年人提供法律服务的公设律师，可能就不会强制要求监护人承担辩护费用。③

## 🔨 三、 未成年人刑事法律援助的诉讼阶段

### （一） 2012 年修改《刑事诉讼法》之前的研究

在 2012 年之前，学术界关于未成年人法律援助阶段的研究主要集中在拓展其覆盖的诉讼阶段问题上，各种观点的共性是主张将未成年人法律援助扩展至侦查阶段，研究者从不同的角度展开论证。

有观点主张，无论是从未成年人走上违法犯罪道路的原因分析，还是从教育、感化、挽救违法犯罪的未成年人的角度考虑，国家和社会都对其负有

---

① 马丽亚：《农村留守儿童的刑事法律援助制度研究》，载《青少年犯罪问题》2017 年第 1 期。

② 宋远升：《论未成年人犯罪刑事程序的实质保护》，载《青少年犯罪问题》2006 年第 2 期。

③ 宋英辉、甄贞主编：《未成年人犯罪诉讼程序研究》，北京师范大学出版社 2011 年版，第 75 页。

不可推卸的提供法律帮助的责任。另外，未成年人生理和心理发育都未成熟，社会经验更为欠缺，相对于成年人，他们更需要具有法律专业知识和技能的律师为其提供法律帮助，维护其合法权利。同时，为了消除或减少未成年人对诉讼活动的恐惧心理和抵触情绪，在侦查和审查起诉程序中为其提供律师法律帮助也是必要的。只有在审判阶段才为未成年被告人指定辩护为时太晚，应当将指定辩护提前到侦查阶段。[①]

还有观点建议，建立刑事法律援助早期介入机制，使未成年人刑事法律援助"全程化"是我国未成年人法律援助发展的客观要求，其对完善未成年人司法人权保障体系具有深远意义。[②]

有观点进一步对未成年人刑事法律援助拓展到侦查阶段的程序问题进行研究。该观点认为，犯罪嫌疑人在被侦查机关第一次讯问后或者采取强制措施之日起，就应根据未成年犯罪嫌疑人的实际情况为其申请法律援助。这样就可以真正实现全程化法律援助，能够更好地保障犯罪嫌疑人的诉讼权利。此项工作的开展，必须依靠公安、检察、法院以及司法等各方面的共同协商和配合，各相关部门应共同商议制定有关办法和制度，特别是对在各个诉讼阶段的申请程序、申请资格和条件等方面达成共识，只有这样，才能保证刑事法律援助合法、有序、有效地进行。[③]

还有观点详细论证了将法律援助前置到侦查阶段的四点好处：第一，指定辩护人应是一支为未成年犯罪嫌疑人专门提供法律援助的律师队伍，保障辩护质量；第二，可以监督侦查人员按程序收集证据依法办案，有效防止刑讯逼供、超期羁押等违法现象的出现；第三，可以防止审判阶段指定辩护流于形式，从侦查阶段起介入可以有充分时间了解整个案件、调查必要的证据，切实有效地履行辩护职责；第四，可以有效地挽救和教育未成年人，指定辩护人从侦查阶段介入可以了解未成年犯罪嫌疑人的成长经历、家庭背景、性格特征、平时表现等，探析其走向犯罪的根源，有针对性地进行法制教育，联合家庭、学校、社会多方给予其关注和重视，帮助其重新做人改过

---

① 陈光中、汪海燕：《〈刑事诉讼法〉再修改与未成年人诉讼权利的保障》，载《中国司法》2007 年第 1 期。

② 韩冰：《论我国未成年人法律援助与司法人权保障》，载《青少年犯罪问题》2008 年第 4 期。

③ 沈冰、顾珍芳：《检察阶段未成年人法律援助机制的实践探索》，载《青少年犯罪问题》2005 年第 2 期。

自新。① 还有研究者认为，未成年人刑事法律援助的根本目的是保障未成年人的辩护权，使未成年人在刑事诉讼的整个过程能享受到政府提供的法律服务。律师在刑事诉讼中介入的时间越早，对未成年人的保护就越充分，其合法权益就能得到较好维护。②

司法实践部门在拓展未成年人刑事法律援助阶段方面进行了有益探索。例如，天津市东丽区人民检察院与区司法局法律援助中心于 2012 年 10 月正式签订了《对未成年犯罪嫌疑人、被害人开展法律援助的相关规定》。该《规定》把在审查批捕、审查起诉阶段的未成年犯罪嫌疑人以及被害人列为法律援助对象，并详细规定了法律援助的受理时间、审查转交过程、审查指派程序和法律援助律师相关权利义务等，为促进和规范法律援助工作，保护涉罪未成年人的诉讼权利提供了保障。③

### （二）2012 年修改《刑事诉讼法》之后的研究

在 2012 年修改《刑事诉讼法》之后，有人主张进一步明确侦查阶段法律援助的流程，尤其是明确公安机关不履行协助义务应承担的法律责任。该观点认为，2012 年修改后的《刑事诉讼法》虽然明确了公安机关、检察机关在侦查和审查起诉阶段有为符合条件的未成年犯罪嫌疑人通知法律援助机构指派法律援助律师的义务，然而对指派法律援助律师的流程却缺乏具体的规定，尤其是对于公安机关不履行该义务应当承担哪些责任，立法同样没有明确。该研究者进一步指出，刑事案件中未成年人法律援助的适用阶段因其受援对象不同而不同。针对未成年犯罪嫌疑人、被告人而言，根据《刑事诉讼法》相关规定，其在侦查、审查起诉和审判阶段只要没有委托辩护人，均有权获得法律援助。针对未成年被害人而言，根据《刑事诉讼法》相关规定，公诉案件的被害人及其法定代理人或者近亲属自案件移送审查起诉之日起，有权委托诉讼代理人，因此，未成年被害人能够获得法律援助的阶段是

---

① 毛劲、唐倩：《未成年犯罪嫌疑人指定辩护应前置到侦查阶段》，载《检察日报》2010 年 9 月 2 日第 3 版。呼吁未成年人法律援助提前到侦查阶段的文献还有：罗莹：《未成年刑事被告人司法权益保护实证研究》，载《青少年犯罪问题》2010 年第 4 期。
② 郑仁武：《未成年人刑事法律援助审查标准》，载《中国司法》2011 年第 2 期。
③ 孙敏英：《未成年人刑事案件法律援助工作实践分析》，载《天津政法报》2014 年 7 月 25 日第 5 版。

审查起诉和审判阶段。①

有研究者从实践出发，指出未成年人刑事法律援助涵盖侦查、起诉和审判阶段之后所存在的问题。该研究者认为，在一些地方的司法实践中，公检法三机关在履行指定辩护职责时容易出现职能交叉，存在不指定或者重复指定的情况，一方面，在有的案件中，公安机关和公诉机关都没有履行这一职责，而到了审判阶段人民法院才为被告人指定辩护人。另一方面，在有的案件中，侦查阶段为其指定辩护人，审查起诉阶段为其指定辩护人，审判阶段又为其重新指派辩护人，出现了一个案件三个阶段存在三个辩护人的现象。②

有研究者主张法律援助律师帮助应当延伸到执行阶段，执行阶段是真正对未成年人施加教育的阶段，法律援助律师应当帮助未成年罪犯对侵害其权利的行为进行救济，而且在这一阶段也是对未成年人进行教育和帮助的良好时期。由于在之前的诉讼阶段对其成长环境和个性特点有一定的了解，法律援助律师更容易发挥积极良好的作用，应当是辅助未成年人教育的重要主体之一。③另有研究者也指出当前未成年人案件执行阶段的法律援助处于空白。认为如果在该阶段未成年人的诉讼权利或者其他合法权利受到侵害，也无法得到相应的救济。因此，主张未成年人法律援助应当涵盖侦查、审查起诉、审判和执行这四个完整阶段。④

### （三）拓展未成年人刑事法律援助诉讼阶段的实践探索

在 2012 年修改《刑事诉讼法》之前，有些地方的司法实践部门就开始探索将未成年人法律援助拓展至审查批捕、审查起诉环节，有的还提前至侦查阶段。例如，上海市金山区人民检察院与区司法局于 2004 年 3 月正式签订《关于在检察阶段对未成年人实施法律援助工作的办法》。该《办法》对法律援助的受援对象、受援范围、申请方式、申请程序、援助人员的工作职责等方面均作了较详细的规定，充分体现了开展法律援助工作的全程化、全

---

① 马丽亚：《原理与路径——未成年人刑事法律援助制度分析》，载《青少年犯罪问题》2016 年第 1 期。

② 王海、陈琳：《未成年人刑事指定辩护存在的问题及其对策》，载《天中学刊》2015 年第 2 期。

③ 高贞、李发富：《英国法律援助制度及借鉴意义》，载《中国司法》2012 年第 2 期。

④ 马丽亚：《原理与路径——未成年人刑事法律援助制度分析》，载《青少年犯罪问题》2016 年第 1 期。

面化和规范化，保证承担法律援助的律师在审查批捕、审查起诉环节全程介入。该制度还规定在审查逮捕、审查起诉阶段担任过法律援助律师的，在人民法院审判阶段区法律援助中心应安排其继续担任，以保证律师有充裕时间了解未成年人的情况，及时提供法律帮助，更可以使律师在对案件事实十分清楚、对庭审准备充分的情况下对未成年被告人进行有力的辩护，以全程维护未成年人的合法权益和诉讼权利。①

2008 年 1 月，宝安区人民检察院与公安分局、区司法局联合签署了《关于建立绿色通道开展未成年犯罪嫌疑人法律援助工作的通知》，将法律援助前置于审查批捕阶段，第一时间开展法律援助，建立对未成年犯罪嫌疑人实施法律援助的绿色通道。在批捕和审查起诉阶段，检察院应告知未成年犯罪嫌疑人有权申请法律援助，并指导其填写申请表格。再由法律援助处定期派员收取，在三个工作日内完成律师指派手续。该规定突破了未成年人法律援助申请只能由法定代理人代为申请的限制，而是直接由未成年犯罪嫌疑人自行申请，扩大了未成年人法律援助申请人的范围。为未成年人指定的辩护律师在侦查阶段就提前介入，并一直持续到案件审理终结，律师的全程参与弥补了进入法庭审理阶段才实施援助的种种弊端，能够利用充分的时间会见未成年犯罪嫌疑人，与其进行充分沟通，阅卷、分析研究案情，为法庭辩护做好充分的准备。②

还有地方进行了律师（主要是法律援助律师）参与未成年人案件审查逮捕程序的探索。为实现对未成年人的特殊保护，尽量减少对未成年犯罪嫌疑人的审前羁押，有些地方在 2009 年左右就开始试点律师参与未成年人案件审查批捕程序的机制。律师参与审查逮捕机制，指的是律师在公安机关报请批准逮捕之前或之后介入未成年人案件，通过讯问时在场、会见未成年嫌疑人及为其提供法律咨询等方式予以帮助，并在收集未成年人成长环境、一贯表现、犯罪原因及其他与是否逮捕有关的事实和证据材料的基础上，向侦查机关或者检察机关提出未成年人是否应当逮捕的意见及相关材料，侦查机关根据案件情况和律师提供的材料和意见作出是否取保候审的处理，检察机关

---

① 沈冰、顾珍芳：《检察阶段未成年人法律援助机制的实践探索》，载《青少年犯罪问题》2005 年第 2 期。

② 黄丹娜、李汶珀：《未成年犯罪嫌疑人刑事法律援助制度现状及立法建议》，载《辽宁行政学院学报》2010 年第 9 期。

根据案件情况及律师提供的材料和意见，作出是否批准逮捕的决定。实践中，未成年犯罪嫌疑人及其监护人委托的律师极少，绝大多数均为法律援助律师。各地在是否所有未委托律师的未成年犯罪嫌疑人均指派法律援助律师参与审查批捕程序上存在差异。一种做法是不设定经济困难的条件，无须申请而直接指派法律援助律师参与。另一种做法是将经济困难作为申请律师参与的条件，并需要未成年人及其监护人、近亲属提出申请。实践证明，律师参与未成年人案件审查批捕程序对维护未成年人合法权益、降低批捕率及保障审查逮捕程序正当性等方面都具有较为明显的积极作用。① 例如，重庆市沙坪坝区检察院自 2009 年 3 月探索律师参与未成年人案件审查批捕程序，制定了《审查逮捕环节讯问未成年犯罪嫌疑人律师介入暂行办法》，明确规定了律师享有讯问在场权和发表意见权。针对委托律师案件比例极低的情况，该院与区司法局法律援助中心合作，通过共同签署《关于未成年犯罪嫌疑人审查逮捕环节律师法律援助的试行办法》，形成了犯罪未成年人法律援助的联动机制，保障了所有未成年人犯罪案件都能得到律师帮助。②

## 四、 未成年人刑事法律援助的对象

### （一） 2012 年修改《刑事诉讼法》之前的研究

在 2012 年修改《刑事诉讼法》之前，诸多研究者主张扩大未成年人法律援助的范围。有研究者认为未成年刑事法律援助对象范围过窄，刑事案件中未成年人的法律援助只包括未成年被告人，但是对于典型弱势群体的被害人缺乏强制性法律援助的相关规定。其认为国家更应当提供法律援助使被害人受损的利益得到救济、丧失的信心得到恢复。该论者认为对于审判阶段未成年被害人提起的刑事附带民事诉讼，缺乏法律援助的相关规定，主张将未成年人法律援助的范围扩大至附带民事诉讼。③ 还有研究者论证了将未成年

---

① 宋英辉、何挺、王贞会等：《未成年人刑事司法改革研究》，北京大学出版社 2013 年版，第 164 - 174 页。

② 夏阳、陈祖英：《律师介入未成年人犯罪案件审查逮捕程序探索》，载《人民检察》2010 年第 4 期。

③ 刘学勤：《论刑事案件中未成年人的法律援助问题》，载《社科纵横》2007 年第 8 期。

被害人纳入法律援助范围的理论基础。该论者认为将未成年被害人纳入法律援助的范围是实现"公民在法律面前一律平等"原则的法律制度保障。我国宪法规定了实现平等实体权利所必需的平等程序权利。对未成年被害人实施法律援助，就是完善平等程序权利的实施机制。它使未成年被害人在法律无偿援助的前提下有机会作为诉讼主体在法庭上主张权利。①

有研究者主张放宽未成年人法律援助的申请和适用条件。因为现有法律关于未成年人法律援助申请人的范围规定得过于狭窄，建议补充规定，如果未成年人的法定代理人不愿或不能代为申请法律援助的，未成年人本人或者其他近亲属及未成年人居住地的居（村）委会、未成年人保护组织等机构均有权代为提出申请。在未成年犯罪嫌疑人被侦查机关第一次讯问后或采取强制措施之日起，就可申请法律援助，无须通过经济审查。②

### （二）2012 年修改《刑事诉讼法》之后的研究

2012 年修改后的《刑事诉讼法》及相关司法解释将获得法律援助的未成年人扩大至被害人。最高人民法院《关于适用〈中华人民共和国刑事诉讼法〉的解释》第 473 条规定："未成年被害人及其法定代理人因经济困难或者其他原因没有委托诉讼代理人的，人民法院应当帮助其申请法律援助。"尤其是 2012 年最高人民法院、最高人民检察院、公安部、司法部发布的《关于依法惩治性侵害未成年人犯罪的意见》（以下简称《意见》）中，重点关注了未成年被害人的诉讼权利和其他合法权利的保护。然而，相关规定仍然存在一些问题。

有研究者认为，根据《意见》规定，人民法院、人民检察院有义务及时告知委托诉讼代理人和一定条件下可以申请法律援助的权利，"及时"在"告知"之前必然是因为"及时"这一时间要求对于未成年被害人权利的保障具有重要意义。然而，该规范性文件中没有更为详细的规定，使得"及时告知"在某种程度上丧失了其本身的价值，也无法为未成年被害人提供充分的保护。其次，倘若人民法院、人民检察院没有"及时"告知或没有"告知"未成年被害人及其法定代理人或者近亲属相应的权利，他们应当如何寻

---

① 曾言：《未成年被害人之法律援助》，载《湖南城市学院学报》2008 年第 4 期。

② 黄丹娜、李汶珀：《未成年犯罪嫌疑人刑事法律援助制度现状及立法建议》，载《辽宁行政学院学报》2010 年第 9 期。

求救济或者弥补程序层面的损失，该《意见》没有更加详细的规定。最后，《意见》中的法律援助是针对特定案件中的特定当事人所做的规定，即性侵害未成年人案件中的未成年被害人这一类非常特殊的主体，然而"经济困难"却被规定为申请法律援助的前提条件，由于这一限制，规范性文件无法对未成年被害人形成一个完整的保护网。该研究者进一步指出了完善的建议：一是保证及时告知申请法律援助的权利，这要明确法院、检察院告知未成年被害人及其法定代理人或者近亲属申请法律援助的时限；二是明确规定检察院、法院应当告知而未告知或者未及时告知属于程序瑕疵，被害人在没有诉讼代理人的情况下所有的诉讼行为均应当为无效，进行补救后，诉讼程序重新进行；三是取消"经济困难"作为申请法律援助的前提条件。《意见》仅是关于性侵未成年人案件中被害人的规定，案件范围较小，为充分保护未成年被害人的权利，不需要用"经济困难"来限制申请法律援助。而且，"经济困难"作为申请法律援助的前提条件，从提出申请到审查结束指派法律援助律师的期间是不确定的，而在此期间未成年被害人的权利是否会因没有法律援助律师而受到影响也处于未知状态。[1]

### （三）扩大未成年人刑事法律援助对象范围的实践探索

2012 年，上海市高级人民法院、上海市人民检察院、上海市公安局和上海市司法局联合发布了《关于未成年人案件实施法律援助的若干规定》。该文件将未成年人案件法律援助的范围扩大至公诉案件未成年被害人、人民法院审理的涉及未成年人权益的民事案件、行政案件的未成年人、未成年自诉人及刑事附带民事诉讼中的未成年当事人。2017 年 6 月，上海市人民检察院与上海市司法局联合发布《关于深化涉案未成年人法律援助工作机制的若干意见》，进一步扩大了法律援助的范围。该文件规定，未成年被害人及其法定代理人申请法律援助的，法律援助机构可以免予审查家庭经济状况。人民检察院在审查逮捕阶段或者建议公安机关在侦查阶段帮助未成年被害人及其法定代理人提出法律援助申请的，法律援助机构应当批准。在侦查阶段，未成年被害人的法律援助律师可以为受援人提供法律咨询、代理刑事和解或索赔、帮助申请司法救助、附带民事诉讼准备等法律服务，并在审查逮捕阶段

---

[1]　马丽亚：《原理与路径——未成年人刑事法律援助制度分析》，载《青少年犯罪问题》2016 年第 1 期。

向人民检察院提出对案件处理的意见。

## 五、 未成年人案件认罪认罚从宽制度中的法律援助问题

自从认罪认罚从宽制度试点工作开展以来，未成年人犯罪案件适用认罪认罚从宽的问题也逐渐引起了研究者的重视，其中就包括认罪认罚从宽制度中的未成年人刑事法律援助的相关问题。

有人认为，律师参与未成年人犯罪适用认罪认罚从宽制度至关重要。一方面，律师可以向未成年被追诉人提供有关认罪认罚从宽制度的程序说明、法律咨询以及对从宽法律后果的专业分析。另一方面，律师能够在认罪协商中凭借自己的专业技能与控方进行"博弈"，为被追诉人追求最大利益。虽然未成年人犯罪特别程序采取指定辩护和合适成年人参与诉讼，但依然存在辩护律师无法完整介入刑事程序以及合适成年人缺乏法律专业知识、诉讼地位不明晰等缺陷。因此，在认罪认罚从宽中的值班律师要充分发挥法律帮助功能。建议值班律师与合适成年人共同参与讯问未成年被追诉人的程序，并且赋予值班律师"辩护人"的角色功能。在侦查阶段，未成年被追诉人以及合格成年人、值班律师等可以提出认罪认罚的意愿，侦查机关应当记录在案，随侦查卷宗移送检察机关。①

如何做好指定辩护和值班律师制度的衔接与有效互动是未成年人认罪认罚案件中保障辩护权的重点。有人认为，应当重点关注如下环节：一是及时启动法律援助。检察机关受理案件后应当首先查明未成年犯罪嫌疑人获得法律援助情况，并依法及时通知法律援助机构指派律师为其辩护。针对"通知难"，未成年人检察部门在批捕环节将采取督促履职、直接通知（24 小时内）的方式予以解决；在审查起诉环节，由未成年人检察部门直接联系法律援助机构提供法律援助。二是确保认罪认罚关键节点有律师在场。由于未成年人的认知能力有限，他们对认罪认罚可能导致的法律后果未必准确知晓，应确保启动认罪认罚程序和未成年犯罪嫌疑人签署具结书时必须有律师在场，提供法律专业意见。这里的律师既包括值班律师，也包括法律援助律师

---

① 王艺超、涂龙科：《未成年人犯罪适用认罪认罚从宽制度研究》，载《青少年犯罪问题》2017 年第 6 期。

或者委托辩护律师。①

为了保障未成年人认罪的自愿性，有人建议赋予辩护律师介入未成年被追诉人审讯程序的权利。未成年人犯罪特别程序确立在审讯未成年人刑事案件时未成年被追诉人的法定代理人应当在场，但并未允许律师介入未成年被追诉人审讯程序。在未成年被追诉人审讯过程中，侦查机关应当向被追诉人明确其在认罪认罚程序中的权利以及可能产生的后果，然而在场的法定代理人却不具有专业的法律知识，无法在侦查机关宣告的时候提供有效帮助，而具有专业法律知识的律师却被排除在场。未成年被追诉人由于心智的欠缺，易受到侦查机关的压力影响，很可能会作出非自愿的选择。因此，该研究者建议律师介入未成年被追诉人审讯程序，从刑事诉讼程序的始端提供必要的法律帮助，弥补未成年被追诉人辨认和控制能力的不足，以保证认罪人的明知性和自愿性。②

## 六、 保障未成年人刑事法律援助律师充分履行辩护职能

未成年人刑事法律援助在实践中仍然存在一些对援助律师权利保障不到位的问题，需要从制度上保障未成年人刑事法律援助律师充分履行辩护职能。

### （一）保障侦查阶段为未成年人指派法律援助律师的及时性

根据法律规定，侦查机关应当通知法律援助机构为未委托辩护人的未成年犯罪嫌疑人指派律师，然而在司法实践中，公安机关在侦查阶段为未成年犯罪嫌疑人指派律师的情况少之又少，使得犯罪嫌疑人在其权利保护最为薄弱的阶段获得法律援助的权利难以落实。一些地方的司法机关针对此问题也进行了实践探索，以上海为例，在案件移送检察院的时候，未检部门即发送给该未成年犯罪嫌疑人一封告知函，告知其可以申请法律援助。但从效果来看，由于破案率、批捕率等考核指标导向的指引，公安机关的反响较小，侦

---

① 史卫忠、王佳：《未成年人刑事案件适用认罪认罚从宽制度的思考》，载《人民检察》2017 年第 22 期。

② 王艺超、涂龙科：《未成年人犯罪适用认罪认罚从宽制度研究》，载《青少年犯罪问题》2017 年第 6 期。

查阶段提供法律援助的情况并不多见。该研究者还指出，对于未成年人的指定辩护职责由人民法院承担，参照一般刑事法律援助程序的规定，人民法院须在开庭前 10 日将指定辩护通知书和起诉书副本或者判决书副本交给法律援助机构，但在司法实践中，有些法院在开庭前几天才通知法律援助机构，待律师得知自己需要办理案件，时间已经所剩无几，承担法律援助义务的律师往往因为时间不够而匆匆阅卷，导致对案件缺乏深入、细致的了解，最终使法律援助流于形式，辩护质量不高，被告人的辩护权也得不到充分的保障。①

### （二）保障律师参与审查逮捕程序的实质性和有效性

有研究者认为，司法实践中，为了实现对未成年犯罪嫌疑人、被告人的特别保护，尽量减少对未成年人的审前羁押，有的地区开展了律师参与未成年人审查批捕程序的试点改革。各地做法不尽一致，有的仅限于在检察机关审查批捕时才能介入，有的则放宽至侦查阶段律师即可介入；有的要求律师只能提供相应的法律帮助，有的则赋予律师一定的社会职责，包括进行社会调查、帮教等。尽管在具体做法上有所差别，但均致力于通过律师为未成年人提供专门的法律帮助，确保办案机关正确适用逮捕措施，以维护未成年人的诉讼权利及其他合法权益。实践表明，律师参与未成年人审查批捕程序，通过讯问时在场，可以为未成年犯罪嫌疑人提供及时有效的法律帮助，切实维护未成年犯罪嫌疑人的诉讼权利和合法权益；律师综合案情和社会调查情况而向办案机关提出法律意见，可以帮助办案机关更加准确地适用逮捕措施。②

### （三）赋予未成年人的法律援助律师讯问在场权

有人主张赋予未成年人法律援助律师讯问在场权。法律规定人民检察院审查批准逮捕和人民法院决定逮捕时应当听取辩护律师的意见，因此，如果要真正体现听取辩护律师意见的效果，就应当让律师享有在场的权利。尤其

---

① 叶青：《未成年人刑事法律援助的实践与新发展》，载《青少年犯罪问题》2013年第 1 期。

② 茹艳红：《未成年人刑事诉讼社会参与原则的实现》，载《福建江夏学院学报》2012 年第 5 期。

是对于未成年人刑事案件，法律应当明确规定法律援助律师"应当"在场，以体现对未成年人的特殊保护。进一步主张在法律援助涵盖侦查和审查起诉阶段之后，审查起诉阶段的法律援助仍存在不足。附条件不起诉是适用于未成年犯罪嫌疑人的一项重要制度。司法实践中，在这一阶段为没有辩护人的未成年犯罪嫌疑人通知法律援助机构的检察院比较少，对未成年犯罪嫌疑人的合法权益保护不足。由于未成年人自身的特点及其法定代理人可能因法律知识的不足而无法对人民检察院作出的附条件不起诉提出有效意见，此时理应充分发挥法律援助律师的优势，人民检察院在作出附条件不起诉决定以前"应当"听取法律援助律师的意见。①

理论研究的深入推动了司法实践。有地方的实践部门开展了讯问未成年人时援助律师在场的探索。2016 年，河南省司法厅联合省高级法院、省人民检察院、省公安厅制发了《河南省法律援助值班律师办公室（工作站）工作规定》，对法律援助值班律师办公室（工作站）的职能进行重新评估和定位。深化对未成年人权益保护，明确提出"未成年犯罪嫌疑人被讯问时，法律援助律师根据安排到场保护未成年人的合法权益"，服务对象覆盖到所有被讯问的未成年人，频率为每次讯问均应派律师到场，时间上要求律师在讯问时自始自终在场。

### （四）保障辩护律师对未成年人进行充分的社会调查

有研究者认为，应重视未成年人社会调查报告的作用。首先，要提升社会调查制度在律师辩护权中的地位，将辩护律师对未成年人的社会调查工作从一项权利转化成义务，要求辩护律师在接到未成年人案件委托或被指定辩护后，必须履行对未成年人社会调查的义务，未成年人的法定代理人或其他合适成年人可以进行相应的督促。其次，社会调查的有效进行需要法院的推动。借鉴民事案件中的"调查令"制度，在未成年人刑事案件中，既可以由律师申请也可以由法院主动对律师签发准许调查的文件，辩护律师据此进行调查取证并开展社会调查工作，若被调查人拒绝配合的，应当承担法律上的不利后果。同时，也可以进一步细化社会调查程序，规定在社会调查中办案机关的义务。最后，在判决文书中，法官必须对辩护律师提交的社会调查报

---

① 高贞、李发富：《英国法律援助制度及借鉴意义》，载《中国司法》2012 年第 2 期。

告进行说理性回应，对单列的每一项社会调查情况，都要在法庭审查后作出相关的审查意见说明。①

### （五）赋予未成年人刑事法律援助律师广泛的调查取证权

有研究者主张，赋予未成年人刑事法律援助律师广泛的调查取证权，以显示对未成年人犯罪案件当事人的深刻切实关注，有效地保护未成年人的合法权益。减少对于未成年人案件辩护律师的法律限制，增强辩护律师的辩护手段，至少应该取消对于律师调查取证权的限制，只要律师没有采取伪造、暴力、恐吓以及侵犯他人隐私等方式获取证据就应该被认为是合法的。同时，应该保障律师阅卷的及时性和完整性。②

## 七、 未成年人刑事法律援助质量不高的表现及其原因

部分未成年人的法律援助律师对未成年人身心特点和犯罪构成缺乏充分的理解，甚至对有关未成年人的法律、法规等规范性法律文件也缺乏足够的了解，导致未成年人法律援助律师的辩护活动缺乏专业性，影响了法律援助的质量。学术界对未成年人法律援助质量不高的表现及其原因进行了研究。

### （一）未成年人刑事法律援助质量不高的表现

1. 法律援助律师在案件处理结果意义上的作用并不明显

有人认为，未成年人刑事辩护的效果上体现为采纳率虚高、实效性虚弱。律师提出最多的"被告人系未成年人""初犯偶犯""退赃退赔""缓刑""被害人谅解""坦白""认罪态度好"这几类具体的辩护意见中，除了"缓刑"这一辩护意见外，其他意见采纳率都为100%。这些客观存在的辩护意见高采纳率都应归功于律师的参与吗？未必如此。量刑情节中辩护意见与公诉意见具有同构性，控辩双方提出高度雷同的量刑情节，未成年人刑事案件律师辩护意见高得惊人的采纳率并不是律师单方面努力的结果，律师发

---

① 李承阳：《未成年人辩护权利保障问题研究》，载《牡丹江大学学报》2017 年第 8 期。

② 宋英辉、甄贞主编：《未成年人犯罪诉讼程序研究》，北京师范大学出版社 2011 年版，第 73－74 页。

挥辩护作用的有效性没有想象的那么突出。反而那些需要律师做更多细致工作来论证未成年人"系从犯""受他人胁迫""立功"，在刑罚上建议适用"管制""缓刑""罚金刑"这些情节律师做了更多工作，尽管这些意见的采纳率相对较低。因此，辩护律师在案件处理结果意义上作用并不明显。①

2. 未成年人刑事法律援助律师提出的辩护意见针对性不足

有人认为，律师提出的辩护意见针对性不足。在定罪方面，辩护律师并没有在犯罪定性上进行过多的辩护，也没有对公诉人出示的证据提出有效的质证意见，控辩双方在庭审中不能形成激烈对抗；在量刑方面，辩护律师所提出的量刑意见也没有针对性，与案情的结合并不紧密，有的律师甚至不在庭审中向未成年被告人发言和提问。在未成年人案件中，指定辩护并没有得到律师足够的重视。在未成年人刑事案件中，律师的辩护意见并没有起到实质性的作用，辩护过程在庭审中流于形式。②

有人从实践的角度对未成年人法律援助的效果进行了研究。认为 C 市 Y 区检察机关在办理未成年人案件过程中，发现指定辩护制度所预设的各种成效受到了架空，指定辩护律师敷衍了事、不积极辩护的情形屡见不鲜。这就意味着，在未成年人刑事案件中对于未成年人的特殊保护靠检察机关、审判机关承办人员的公正之心和爱心，制度所预设律师对检察机关的监督和对抗，在法庭审判积极质证、辩护的作用完全搁置。虽然能做到保证每名未成年犯罪嫌疑人在捕诉阶段都有辩护人，形式上按照法律规定严格执行没有委托辩护人的未成年犯罪嫌疑人通知法律援助机构指派辩护人，指定辩护的质量和效果却差强人意。③

3. 辩护意见模式化的问题较为突出

有人认为，检察机构实行"捕诉监防"一体化时，强制性指定辩护名存实亡的逮捕阶段，法律援助律师们实际在奉行一种通过递交书面意见的方式来进行辩护的做法。律师尤其是在法律援助律师参与未成年人刑事案件过程中敷衍了事、会见缺失、该阅不阅、该辩不辩等有效辩护难的问题依然存

---

① 曾利娟：《未成年人刑事辩护实证研究》，载《预防青少年犯罪研究》2017 年第 6 期。

② 李承阳：《未成年人辩护权利保障问题研究》，载《牡丹江大学学报》2017 年第 8 期。

③ 张建超、韩秋杰、张福坤：《程序失灵视域下律师参与未成年人刑事案件的路径反思与进阶选择》，载《预防青少年犯罪研究》2016 年第 6 期。

在。未成年人案件辩护律师在法庭庭审中辩护意见模式化，仍然以"初犯""系未成年人""偶犯""从犯""认罪态度好"等量刑意见发表辩护，对关乎未成年人是否具备附条件不起诉的条件、判处缓刑条件等方面的情节及社会调查报告不予重视，辩护意见谈不到关键要害上。这里必须澄清一点，未成年人刑事案件辩护率与辩护质量的高低并没有必然联系。在这个意义上，虽然刑事辩护率已经提高，即使法律有明文规定，刑事辩护的质量低下即有效辩护体系尚未建立，也不能真正实现强制性指定辩护。①

4. 部分承担未成年人刑事法律援助业务的律师的责任心有待加强

有研究者通过实证研究发现，在整个法律援助工作中，有的刑事法律援助律师办案不尽职尽责，走过场、敷衍了事，甚至出庭辩护仅说几句套话、空话；同时，刑事法律援助律师多以年轻律师居多，他们缺乏办案经验，执业能力有限，资深律师办理刑事法律援助案件明显较少。②

**（二）未成年人刑事法律援助质量不高的原因**

1. 法律援助律师办理未成年人犯罪案件的专业性不足

有人指出，我国未成年人刑事案件中律师辩护效果不佳的根源在于未成年人律师辩护的专业化建设滞后。当前，很多未成年人的辩护律师对未成年人身心特点和犯罪构成缺乏充分的理解，甚至对有关未成年人的法律、法规等规范性法律文件也缺乏足够的了解，他们的辩护活动缺乏专业性。③ 还有人认为，尤其在一些发达城市，未成年犯罪人大多为外来人员，涉罪未成年人往往无资力聘请律师，需要通过法律援助律师提供辩护。然而，未成年人律师辩护的专业化建设滞后于检察机关、法院及相关社会组织，未成年人律师辩护的总体效果不佳，未成年人法律援助律师的辩护质量更不容乐观。④

有研究者通过实证调研，指出未成年人法律援助存在质量不高的问题，主要原因是指定辩护律师经验相对缺乏，积极性不高。一方面，与委托辩护律师相比，指定辩护律师的素质参差不齐，大多缺乏辩护经验，执业经验达

---

① 张建超、韩秋杰、张福坤：《程序失灵视域下律师参与未成年人刑事案件的路径反思与进阶选择》，载《预防青少年犯罪研究》2016 年第 6 期。

② 顾永忠、杨剑炜：《我国刑事法律援助的实施现状与对策建议——基于 2013 年〈刑事诉讼法〉施行以来的考察与思考》，载《法学杂志》2015 年第 4 期。

③ 吴羽：《论未成年人律师辩护的专业化》，载《青少年犯罪问题》2017 年第 3 期。

④ 吴羽：《论未成年人律师辩护的专业化》，载《青少年犯罪问题》2017 年第 3 期。

到 5 年以上的极少。另一方面，指定辩护律师的辩护积极性不高。在庭审准备方面，绝大多数指定辩护律师没有到看守所对未成年犯罪嫌疑人、被告人进行讯问和会见，没有到检察机关和审判机关进行阅卷，没有针对未成年被告人的无罪、罪轻情节进行调查取证；在庭审阶段，绝大多数指定辩护律师不向被告人进行发问，不向法庭提供被告人无罪、罪轻特别是平时表现方面的证据，不对公诉人出示的证据发表有效质证意见，所发表的辩护意见不具有针对性，大部分都是一些初犯、偶犯、认罪态度好等无关痛痒的辩护意见。由于指定辩护律师存在着上述主客观方面的问题，导致庭审辩护流于形式，辩护效果欠佳。[①]

2. 专门办理未成年人刑事法律援助律师数量不能满足需要

司法实践中，专业办理未成年人犯罪案件的法律援助律师的数量不能达到未成年人法律援助工作的实际需求，在广大农村地区尚无未成年人法律援助律师，一些未成年人法律援助律师的指派具有随意性。[②]

3. 未成年人法律援助指派机制存在缺陷

未成年人法律援助指派机制存在的缺陷主要有两个方面：其一，指定辩护的审前介入时间较晚。并非所有的未成年人和法定代理人都了解法律援助制度，即使已知悉所应享有的辩护权利，囿于经济因素的担忧和程序烦琐的疑惑，还是可能对辩护律师的聘任望而却步，同时，伴随着侦控机关的不作为会将辩护权的介入一直推进到审判阶段。往往开庭 10 日前才接到指定辩护通知，由于案件前期缺乏参与，有限时间内的阅卷、会见、调查取证、准备辩护词等工作要同时进行，时间紧任务重不仅给心理带来巨大压力，也使审前阶段的辩护效果化为虚无，庭审中的辩护质量更难得到保证。其二，未成年人辩护律师的指派具有随意性，没有统一的标准。有的法律援助机构在接到未成年人刑事案件后，直接分配到律师事务所，再由律所进行分配。由于法律援助案件报酬低，一些资深律师往往不愿意接收这类案子，因此大多分配给了刚入行不久的年轻律师，年轻律师缺少办案经验，对未成年人的辩

---

① 王海、杨琳：《未成年人刑事指定辩护存在的问题及其对策》，载《天中学刊》2015 年第 2 期。

② 马丽亚：《农村留守儿童的刑事法律援助制度研究》，载《青少年犯罪问题》2017 年第 1 期。

护效果并不理想。①

4. 未成年人犯罪案件强制辩护制度缺失

有观点认为，我国确立的强制性指定辩护制度并非真正意义上的"强制辩护"制度，致使在司法实践中指定辩护机制并未充分发挥程序应有的制度价值，也即程序失灵。指定辩护的程序失灵，是指立法者所确立的指定辩护制度在刑事司法活动中受到显性或隐性的搁置或者规避，以致使法律规定在不同程度上形同虚设。②

5. 未成年人法律援助质量保障机制不健全

有研究者认为，在法律援助质量监控机制中常存在司法行政机关监管不到位的问题，其原因主要有以下几个方面：一是掌握的问题线索少。基层司法行政部门由于人员不足等问题，在法律援助中心为未成年人指派律师后，无力对援助律师提供援助活动的情况进行监督。受到援助的未成年人及其法定代理人有的对援助持无所谓态度，有的因受到的援助是无偿的而不好意思向援助律师提出更多更高的要求，对援助中存在的问题一般也不向司法行政部门举报。检察机关在审查起诉和审判阶段掌握着援助律师开展援助活动的具体情况，其中不乏一些问题线索，但由于司法行政部门与检察机关没有建立必要的问题线索通报机制，检察机关一般也不主动向司法行政部门通报有关情况。二是处罚依据不够明确。实践中援助律师明确表示"拒绝"履行法律援助义务的很少，大多是"不认真不及时"地"怠于"履行法律援助义务，对此种情况如何处罚，律师法及相关法律法规没有明确规定。三是存在放纵心理。部分司法行政人员对援助律师的错误思想认识表示认同，对办案补助相对较低表示同情，认为如果再加强对援助活动的监督、给予援助律师处罚，可能会加剧援助律师的逆反心理，所以对援助律师的监管"睁一只眼闭一只眼"。③

关于未成年人法律援助质量监控不到位的原因，还有观点认为来自受援助方对法律援助质量的要求较低，因为受援人获得了无偿的法律援助服务，

---

① 李承阳：《未成年人辩护权利保障问题研究》，载《牡丹江大学学报》2017 年第 8 期。

② 陈瑞华：《刑事诉讼的中国模式》，法律出版社 2010 年版，第 296 页。

③ 解宝虎、王晓刚：《法律援助未成年人律师为何不积极》，载《检察日报》2014 年 7 月 9 日第 7 版。

则不自觉地降低了法律援助服务质量的要求，再加上未成年人本身认知能力和知识水平不足，从维护自己的权利角度而言，未成年人在诉讼中处于弱势地位，难以有效监督律师的援助行为。[①]

还有人认为，我国对未成年人法律援助服务质量缺乏有效的评价和监督体系，未明确律师提供刑事法律援助的服务质量标准，使得一些援助律师在提供法律援助时不负责任，使法律援助流于表面和形式化。[②]

## 八、提升未成年人刑事法律援助有效性的路径

### （一）扩大未成年人法律援助律师队伍

有研究者从少数民族地区的实际出发，主张拓宽法律援助队伍，扩大少数民族地区法律援助律师队伍。在办理少数民族未成年人法律援助案件时，要着重关注案件中是否涉及少数民族的未成年人。因少数民族的特殊性，如民族语言、民族习惯等因素对案件援助律师提出了更高要求，所以在律师的选择上，选择与未成年人民族一致的辩护律师更有利于律师与当事人沟通、了解案情，更能了解未成年人的需要。然而在实际调研中发现，在指派辩护律师时，为少数民族未成年人指定相应律师的情况被忽略，难免造成律师与未成年人之间存在沟通等客观阻碍，影响辩护效果。所以在为未成年人申请辩护律师时，要关注案件之外存在的客观影响因素。未成年人法律援助的重点即是对援助律师的要求，合格的律师才能最大限度地帮助未成年人实现其诉讼权利，所以要拓宽法律援助队伍，保障法律援助顺利实施。法律援助机构除了要保障办案律师数量、质量，还可以吸收相关行业人员，对于符合办理援助案件的律师进行聘用，例如退休的法官、检察官、高校教师等。同时针对本区众多的少数民族未成年人，要配备相应的少数民族律师，解决在办案过程中由于语言差异、民族习惯引起的客观限制因素。[③]

---

① 王正航、沈燕萍、俞钦、唐晔旎：《法律援助政府购买服务机制研究》，载《中国司法》2016 年第 5 期。

② 魏虹：《论刑事诉讼中未成年人法律援助制度之完善》，载《人民司法》2011 年第 7 期。

③ 周凤龙：《内蒙古未成年人法律援助的困境及对策研究》，载《内蒙古师范大学学报（哲学社会科学版）》2018 年第 1 期。

### （二）增强未成年人刑事法律援助内容和策略的针对性

有人提出，未成年人辩护的有效性需要强化未成年人辩护的多元化。与传统刑事司法不同，少年司法具有非刑罚化、社会化的特征。对于未成年人案件，轻缓化、恢复性的处置措施能有效贯彻少年司法的多元价值取向。具体到相应的未成年人辩护，有效辩护则要求其充分运用转处机制与社会资源。与传统辩护方式不同，未成年人辩护方式更为多元，其不仅要致力于推动转处机制，更要链接社会资源。从转处的角度来看，未成年人辩护在多种转处机制中均发挥着十分重要的作用。在条件允许的情况下，辩护律师都应当探索早期转处的可能性，并积极参与可能影响转处的任何前司法或非司法的阶段，推动转处机制的运作。诉讼各方由追求合规范性的非合意权威裁判转向合儿童福利的合意性裁判，由对抗转向合作与互惠。未成年人辩护也从传统的对抗走向相对的合作，有效性标准由对抗维度变为合作维度。在有效辩护的视野下，未成年人辩护律师不再积极对抗，而是与控、审一同致力于实现儿童利益最大化的诉讼目标。合作程度的高低，未成年人利益的体现与否，往往是衡量辩护有效性的指标。目前来看，我国未成年人刑事诉讼中的合作程度不高，大部分律师仍遵循传统的对抗式策略，有极大的改善空间。基于此，未成年人辩护需要向合作化的方向转变。[1]

### （三）提升未成年人刑事法律援助的专门化与专业化

未成年人身心发展的特点决定了未成年人对法律援助的特殊需求。未成年人法律援助案件承办人员的专业化程度，直接关系到未成年人法律援助的质量。研究者从未成年人法律援助机构"专门化"和案件承办人员"专业化"两个角度对此进行了研究。

1. 未成年人法律援助机构的专门化

主张未成年人法律援助机构专门化的意见主要有两种。第一种观点认为应设立专门的未成年人法律援助机构。有人主张，政府应当设立专门为未成年人提供法律援助的机构，设立专门的法律援助机构，培养具有专业性的未成年人法律援助律师，特别是具备一定的心理学、社会学等知识的律师，这

---

[1] 王瑞剑：《原理与路径：有效辩护视野下的未成年人辩护》，载《青少年学刊》2018 年第 2 期。

对于维护未成年人的合法权益有着重大的帮助。① 第二种观点认为应在法律援助机构中设置专职从事未成人刑事辩护的工作人员。有人认为，我国法律援助机构中具有律师资格且学历在本科以上的工作人员占据一定的比例，如果在法律援助机构中设置专门从事未成年人刑事法律援助的岗位，专职为本地区的未成年犯罪嫌疑人、被告人提供法律援助，这将有助于未成年人刑事辩护专业化建设。②

还有研究者提出未成年人法律援助的专业化和专门化路径。认为必须建立专门的未成年人法律援助机构，配备专业的未成年人法律援助办案人员，实现未成年人法律援助机构的专门化。一方面，专门化的法律援助机构是职业分工的需要，国家应当鼓励有条件的地方设立专门化的法律援助机构或者在机构内部设置相应的部门。另一方面，必须建立专门机构或部门的物质保障，设置办理未成年人法律援助案件的专项基金。③

2. 承办未成年人法律援助案件的队伍专业化

有研究者主张，未成年人法律援助案件的承办人员，其不仅应熟悉和掌握各种法律法规中有关未成年人的专门规定，还应具备一定的心理学、社会学等方面的知识，从而保证其遵循未成年人身心发展的客观规律与特点，有效地维护未成年人的合法权益。因此建议定期对未成年人法律援助案件承办人员开展在职培训或其他适宜方式的培训，从而使其具备并保持必要的专业能力。同时，专门资格也是确保未成年人法律援助案件承办人员专门化的一个重要因素，因此，有必要改进未成年人法律援助案件承办人员的聘用和晋升等工作，以便他们能有效地履行其职能。④

还有人主张在律师数量充足的地区应建设专业化未成年人专职刑事辩护律师队伍，从热爱未成年人刑事司法的律师中或青年律师队伍中选拔培养专门的未成年刑事辩护律师，将社会律师不愿意做的未成年人刑事辩护工作调配到专业队伍中，最大限度地激活未成年人辩护律师的激情，从人力角度维

---

① 叶青、时明清：《未成年人犯罪案件批捕阶段律师介入初探——对新刑诉法相关规定完善的思考》，载《青少年犯罪问题》2012 年第 3 期。

② 吴羽：《论未成年人律师辩护的专业化》，载《青少年犯罪问题》2017 年第 3 期。

③ 马丽亚：《原理与路径——未成年人刑事法律援助制度分析》，载《青少年犯罪问题》2016 年第 1 期。

④ 韩冰：《论我国未成年人法律援助与司法人权保障》，载《青少年犯罪问题》2008 年第 4 期。

护未成年犯罪嫌疑人、被告人权利，推动未成年人刑事辩护的专业化发展。[1]

有研究者建议从建立刑事法律援助律师准入制度的角度解决未成年人刑事法律援助律师队伍的专门化问题。该研究者认为，从事刑事法律援助的律师，尤其是办理未成年人案件的刑事法律援助律师，应当熟悉未成年人的身心特点。为使这些制度得到执行，须重视律协组织与行业监督管理功能的发挥，提高刑事法律援助质量管理的专业化水平。[2]

还有人主张针对未成年人法律援助建立专门的援助律师信息档案库，加强对未成年人法律援助律师信息的管理，同时对申请入库的律师加强审核。将执业 3 年以上，懂得心理学、教育学，熟悉未成年人身心特征的律师优先考虑，同时对库存律师，定期组织未成年人辩护方面的培训和交流。[3]

3. 未成年人法律援助公设律师

有人主张建立未成年人法律援助公设律师制度。该观点认为，《未成年人保护专职公益律师资助项目实施办法》要求将公益律师援助未成年人的法律职责分为专职和志愿两种，对于专职公益性律师，国家将对律师协会予以民间性的资金资助。如果我们将司法行政部门的政府财政支持和民间性的资金资助合理恰当地为涉嫌犯罪的未成年人提供指定辩护的法律援助，就有希望建立一个有经费保障的稳定的未成年人法律援助团体。[4]

4. 加强对未成年人刑事法律援助律师的专门业务培训

有研究者提出了对法律援助律师进行培训的具体内容。根据未成年人身心特点以及未成年人刑事司法的特殊性，培训内容应当包括两大部分：一是法律学科知识培训，如应熟悉相关规范性法律文件中有关未成年人的特别规定，掌握未成年人保护和预防未成年人犯罪的基本规律性问题；二是教育学、心理学、社会学等学科知识培训。未成年是一个特殊的人生阶段，如果不能掌握未成年人身心发展特点，辩护律师无法真正为未成年人提供有效辩

---

[1] 曾利娟：《未成年人刑事辩护实证研究》，载《预防青少年犯罪研究》2017 年第 6 期。

[2] 吕晓刚：《刑事法律援助发展：质量标准很重要》，载《中国社会科学报》2014 年 2 月 19 日第 A6 版。

[3] 李承阳：《未成年人辩护权利保障问题研究》，载《牡丹江大学学报》2017 年第 8 期。

[4] 宋英辉、甄贞主编：《未成年人犯罪诉讼程序研究》，北京师范大学出版社 2011 年版，第 75 页。

护。因此，从保护未成年人权益的角度出发，可以尝试实行未成年人律师辩护准入制度，即凡是为未成年犯罪嫌疑人、被告人提供辩护的律师应当具备一定的资质条件，资质条件可由律师协会会同法院、检察院、高校等单位的代表进行拟定，并从"经验"与"能力"两个角度予以设定。①

还有人认为，对有资格承接未成年人案件的律师群体进行专门培训的内容应当重点包含两个部分：一是法律知识方面的培训，重点介绍与未成年人有关的规范性文件、辩护思路等；二是心理、教育方面的培训，重点介绍与未成年人交流的技巧、教育未成年人的方式等。②

近年来，未成年人律师辩护专业化建设又有了新的发展，如北京市海淀法院与高校合作，由高校负责对未成年人法律援助律师进行系统培训。③

5. 打造专业法律援助律师队伍的实践探索

自 20 世纪 80 年代起，我国实务部门已充分认识到未成年人犯罪与成年人犯罪的显著差异，未成年人律师辩护专业化建设开始受到关注。在实践层面，一些地区开始尝试建立未成年人刑事案件专业律师队伍，如 1986 年长宁区司法局由区律师事务所指定专职律师和特邀律师组成未成年人辩护组。④

自 2013 年以来，上海市司法局与市检察院、市高级法院开展广泛合作，通过建立和完善未成年人法律援助队伍专业化的制度，不断提升未成年人法律援助律师队伍的专业化水平。具体做法是：选择熟悉未成年人身心特点、具有丰富刑事辩护经验的律师组成未成年人援助律师队伍，每年举办一次培训活动，分别就刑事诉讼法、未成年人案件办理标准、重点事项及涉诉未成年人心理特点、行为表现、社会调查等内容对援助律师进行专题辅导。同时探索法律援助质量评估，完善法律援助律师的考核机制，不断提升未成年人法律援助工作质量。对于未成年人案件，重点评估律师是否积极帮助未成年人申请取保候审、提出不起诉或附条件不起诉法律建议书等。

上海市浦东区司法局法律援助中心建立了一支未成年人法律援助律师专

①　吴羽：《论未成年人律师辩护的专业化》，载《青少年犯罪问题》2017 年第 3 期。

②　王瑞剑：《原理与路径：有效辩护视野下的未成年人辩护》，载《青少年学刊》2018 年第 2 期。

③　李玫瑾、靳高风主编：《未成年人犯罪与少年司法制度创新》，中国人民公安大学出版社 2015 年版，第 129 页。

④　钱晓峰：《少年司法跨部门合作"两条龙"工作体系的上海模式》，载《预防青少年犯罪研究》2015 年第 3 期。

办队伍。2012年组建了一支由88人组成的、懂得未成年人心理生理特点和刑事政策、善于开展教育挽救和帮教工作的未成年人骨干律师专办队伍，与新区检察院未检科签署了《关于建立律师专人代理未成年人案件工作机制的实施意见》，确保未成年人的刑事权益得到充分保障。①

### （四）未成年人刑事法律援助的质量保障机制

刑事法律援助案件的服务质量是刑事法律援助的生命，仅仅有法律援助服务并不意味着受援助人得到了真正的法律帮助。在探讨未成年人法律援助覆盖面的基础上，学术界对未成年人法律援助质量保障问题也进行了研究。

1. 引入未成年人有效辩护的理念

有人建议将有效辩护理论引入少年司法领域，可以为未成年人辩护的有效化路径提供理论支撑。其一，有效辩护是未成年人辩护的发展方向。在未成年人的律师帮助权已基本完备的情况下，有效化应当是辩护权发展的方向，也就是说，"未成年人有权获得辩护"应当被进一步解读为"未成年人有权获得有效辩护"。其二，未成年人辩护应当构建细化的评价标准。有效辩护的进一步发展趋势是标准的确立与细化，其过程往往与律师执业规范密不可分。传统辩护的这一发展趋势可供未成年人辩护借鉴。在广义有效辩护的制度背景下，未成年人辩护必须要向狭义的、细化的辩护标准发展。②

2. 完善未成年人法律援助的程序性制裁机制

有人主张，为了保障未成年人法律援助制度得以落实，应建立程序制裁机制。第一，检察机关在审查起诉和批准逮捕过程中，发现公安机关没有履行指定辩护义务的，要对未成年被追诉人进行指定辩护，同时将案件退回公安机关补充侦查，并作出不予批准逮捕的决定。第二，法院发现检察机关和公安机关在审前程序中，没有履行指定辩护义务的，应当在作出指定辩护后，以程序违法为由，退回检察机关，对必须由律师参与才能得到的证据重新进行补充侦查。第三，对所有违反指定辩护义务的直接责任人员或部门，

---

① 张玮俐：《法律援助的专办制度和集约化管理》，载《中国司法》2015年第1期。
② 王瑞剑：《原理与路径：有效辩护视野下的未成年人辩护》，载《青少年学刊》2018年第2期。

都要在绩效考核中给予否定的评价。①

3. 完善未成年人法律援助质量监督与评价制度

关于未成年人法律援助质量监督与评价制度，主要有以下三种观点：

第一种观点认为，对于未成年人法律援助的质量监督，应尝试采取抽样旁听之外的其他形式的质量控制模式，如可以严格要求未成年人法律援助承办人员应具备的专业水平、实务技能和执业年限等。②

第二种观点具体指出了监督与评价制度的内容。通过建立监督与评价制度，采用被告人的意见反馈、法院工作人员的反馈报告、司法局主管部门随机指派工作人员旁听庭审等多种形式，对法律援助案件的辩护质量、效果以及法律援助律师的工作态度进行综合性评价。确立未成年犯罪嫌疑人、被告人刑事法律援助案件的专门性评价考核指标，重点在于法律援助律师对于未成年犯罪嫌疑人、被告人的心理辅导以及社会背景调查情况的工作情况。该研究者还建议引入英国的同行审查制度，即通过当地的律师协会选派社会律师承担法律援助案件监督评估的部分工作。这既能减轻司法机关工作人员的工作压力，又能利用社会律师所具有的办案经验及专业素养来提高案件质量监督评估效果，同时也能让社会律师更多地关注、了解法律援助案件，促使其投入法律援助工作中来。③

第三种观点从检察院监督的角度提出了完善建议。该观点认为，检察机关应加强法律援助案件的质量监督与完善激励机制，尤其是在审查起诉阶段，通知律师及时会见、阅卷，并要求指定辩护律师作出是否同意批准逮捕、起诉的意见书，在有条件的地区开始逐步试行涉罪未成年人对法律援助律师的评价制度，使其成为法律援助律师工作机制考核、发放办案津贴的参考标准之一。对于法律援助工作开展较好、辩护质量较高的法律援助律师予以表彰，借助新媒体平台加以宣传，提高法律援助律师的知名度，发挥对其

---

① 李承阳：《未成年人辩护权利保障问题研究》，载《牡丹江大学学报》2017 年第 8 期。

② 韩冰：《论我国未成年人法律援助与司法人权保障》，载《青少年犯罪问题》2008 年第 4 期。

③ 陈思泽：《未成年犯罪嫌疑人、被告人刑事法律援助制度运行情况的调查报告》，西南政法大学 2015 年硕士学位论文。

他律师的示范作用。①

4. 建立未成年人犯罪案件的强制辩护制度

有研究者认为，未成年人刑事案件诉讼程序适用强制辩护并发挥应有的辩护功能，从而有效保障未成年犯罪嫌疑人、辩护人权利，为此提出了以下三个方面的建议：第一，增加《刑事诉讼法》第 278 条的程序性制裁要件，确立强制辩护。在原条文的基础上增加"如无辩护人在场，取得的陈述不得作为证据；如无辩护人到场，不得开庭"。侦查阶段若无辩护律师在场，可适用排除规则以否定侦控机关取得的未成年犯罪嫌疑人的供述，在审判阶段若无辩护律师出庭，也可以此作为上诉理由。第二，将所有程序阶段的未成年人刑事案件纳入强制辩护的适用范围。第三，完善强制辩护制度的实现机制，健全未成年人刑事法律援助体系。建立未成年人刑事法律援助的合同制度和专职律师制度，以实现强制辩护的制度功能。②

5. 建立未成年人法律援助案件承办律师的全程参与机制

未成年人法律援助案件承办律师的全程参与不仅利于充分保护未成年人的合法权益，而且能够提高法律援助的质量。有研究者主张未成年人法律援助案件办案人员的全程化，即受援助未成年人所有诉讼阶段的法律援助均由一名律师承办。根据《刑事诉讼法》的规定，对没有委托辩护人的未成年人在侦查、审查起诉和审判阶段分别由公安机关、检察机关和法院通知法律援助机构为其指派律师，也就意味着未成年犯罪嫌疑人、被告人会在诉讼程序中接触到三个不同的法律援助办案人员，这不利于法律援助办案人员对案情的把握，随着程序的推进，办案人员获得信息的难度也在增大。因此，应当将未成年人法律援助的办案模式调整为全程化帮助，即从侦查阶段开始至执行阶段均由同一个律师负责。一方面，有利于诉讼程序的流畅和效率，无须重复阅卷和会见，办案人员掌握该案件的完整情况和动态，提供高质量的法律援助；另一方面，有利于涉案未成年人的信任，在法律援助过程中对涉案未成年人进行教育和感化。③

---

① 张建超、韩秋杰、张福坤：《程序失灵视域下律师参与未成年人刑事案件的路径反思与进阶选择》，载《预防青少年犯罪研究》2016 年第 6 期。

② 吴羽：《论强制辩护在未成年人刑事案件诉讼程序中的适用》，载《青少年犯罪问题》2015 年第 2 期。

③ 马丽亚：《原理与路径——未成年人刑事法律援助制度分析》，载《青少年犯罪问题》2016 年第 1 期。

司法实践部门对建立未成年人法律援助案件承办律师的全程参与机制也进行了有益探索。天津市东丽区人民检察院与区司法局法律援助中心于2012年10月正式签订了《对未成年犯罪嫌疑人、被害人开展法律援助的相关规定》。该《规定》还要求区检察院在向区法院移送起诉的同时，书面告知区法院审查批捕、起诉阶段担任该案件法律援助律师的姓名及联系方式，区法律援助中心应尽量安排该律师继续担任法律援助律师。此举可以保证律师有充裕的时间了解未成年人的情况，及时提供法律帮助，还可以使律师在对案件事实十分清楚、在庭审准备充分的情况下，对未成年被告人进行有力的辩护，进而全程维护未成年人的合法权益和诉讼权利。①

**（五）保障未成年人刑事法律援助的经费来源**

1. 未成年人刑事法律援助经费存在的问题

法律援助的经费保障是否充足在一定程度上会影响到未成年人法律援助律师参与的积极性，甚至影响法律援助的质量。由于受经济发展水平的影响，我国长期存在法律援助经费不足的问题。有人指出，很多地方律师事务所有经验和有水准的律师对办理法律援助案件的意愿不足，故很多未成年人法律援助案件都交由年轻律师去办理，很多年轻律师都把办理法律援助案件作为锻炼办案技能的平台和解决生计问题的途径。很大程度上是因为补贴过低导致投入精力就很少，个别律师就出现"偷工减料"的情况，严重影响办案质量。②

2. 未成年人刑事法律援助经费不足的原因分析

学术界对未成年人法律援助经费不足的原因及解决途径进行了研究。有人认为，未成年人法律援助经费保障不足、法律援助律师的补贴过低，不仅打击了律师参与未成年人刑事法律援助的积极性，也无法促进未成年人律师辩护的专业化发展。2012年修改后的《刑事诉讼法》将辩护律师介入诉讼的时间提前至侦查阶段，这就证明了法律援助律师要会见未成年犯罪嫌疑人、复制案卷、阅卷、准备辩护意见以及出庭辩护等，在未成年人刑事案件要坚持"全面调查"原则的前提下，必要时法律援助律师还要参与社会调查

---

① 孙敏英：《未成年人刑事案件法律援助工作实践分析》，载《天津政法报》2014年7月25日第5版。

② 蒋健峰：《法律援助办案质量控制思考》，载《中国司法》2005年第7期。

等工作。未成年人法律援助律师投入的工作量并不小，但是其获得的补贴却少之又少，与办理非援助案件的报酬相去甚远，律师缺乏投身法律援助工作的动力和热情。①

还有人认为，法律援助补贴不到位的原因是我国目前经济发展的不平衡，加之没有充分发挥社会团体、企事业单位及个人的作用，除北上广等发达地区外，其他地区的法律援助资金都完全依赖于财政拨款。这种资金短缺的困境，不仅无法保障律师的办案补贴，同时现在受援范围与受援阶段影响着社会对于未成年人法律援助制度的认可度，而认可度的降低也影响了国家与社会对于刑事法律援助的信心，导致拨款和捐助进一步变少，造成恶性循环。②

3. 完善未成年人刑事法律援助经费保障机制

为了解决法律援助经费短缺所导致的问题，理论界对于未成年人法律援助经费保障机制也展开了初步研究，主要有以下几种观点：

第一种观点主张可以在未成年人法律援助案件政府采购试点。未成年人刑事案件，主要在各个区、县（市）受理指派，可以选择法律援助经费保障基础较好、未成年人刑事案件数量不大的区、县（市）进行试点。可以向符合政府采购规定的资质条件并擅长诉讼业务尤其是刑事诉讼业务的律师事务所购买服务。将法律援助被列入政府分散采购项目。按照"项目确定、组织购买、合同签订、项目实施"四个步骤进行。按照《政府采购法》的有关规定，采用公开招标的方式，确定一家或多家律师事务所，并与律师事务所签订合同，明确购买服务的范围、标的、数量、质量要求以及服务期限、资金支付方式、双方的权利义务和违约责任等内容。司法局或法律援助中心加强对律师办案的全程跟踪监管，对每个案件进行检查、质量评估，达到合同约定的要求后支付资金。③

第二种观点主张借鉴域外经验，采用多元化的资金筹集方式。该观点认为，我国主要由政府拨款充作法律援助服务资金。但问题是国家和政府的拨

① 解宝虎、王晓刚：《法律援助未成年人律师为何不积极》，载《检察日报》2014年7月9日第7版。

② 叶青：《未成年人刑事法律援助的实践与新发展》，载《青少年犯罪问题》2013年第1期。

③ 张玮俐：《法律援助的专办制度和集约化管理》，载《中国司法》2015年第1期。

付力度非常有限，很难实现广大贫弱群体对法律援助服务的实际需要。在法律援助经费筹集及支付方面，可以借鉴域外经验。在英国，法律援助服务作为一种社会公共性事务，其服务资金的筹集主要有政府拨款、受援人捐献、社会捐助三种方式。法国《法律援助法》规定贫困公民可享受由当局财政供给的法律援助服务且不向其索取任何费用，可以看出法国法律援助经费主要依靠当局财政支出，由每个律师公会的律师资金结算管理处负责管理，用于支付律师办案补助费用。①

第三种观点认为未成年人刑事法律援助合同制度是国家（或其授权机构）与律师、律师事务所、律师协会及非营利性组织等个人或者机构，以竞争性投标或者协商的订立方式，签订为未成年犯罪嫌疑人、被告人提供辩护服务的合同，按照合同约定，合同律师具体实施辩护服务，国家以公共财政支付报酬的刑事法律援助实施机制。未成年人刑事法律援助合同制度是国家购买律师法律服务在未成年人刑事法律援助中的具体表现，它将合同式治理模式运用于国家对未成年人刑事法律援助的管理工作，以提高法律服务质量和公共财政使用效率。②

---

① 刘趁华：《法国法律援助制度概览》，载《中国司法》2005 年第 7 期。
② 吴羽：《论强制辩护在未成年人刑事案件诉讼程序中的适用》，载《青少年犯罪问题》2015 年第 2 期。

# 第三章　未成年人刑事案件社会调查制度

2012 年《刑事诉讼法》修改之时，新增条文规定"公安机关、人民检察院、人民法院办理未成年人刑事案件，根据情况可以对未成年犯罪嫌疑人、被告人的成长经历、犯罪原因、监护教育等情况进行调查"。该法条是未成年人刑事案件社会调查制度（以下简称社会调查制度）的直接法律依据。

社会调查制度作为未成年人司法中的重要组成部分滥觞于美国。1899 年美国芝加哥创建了世界上第一个少年法院，开创了未成年人司法独立之先河，并对其他各国未成年人司法的诞生产生了深远影响。1910 年清末政府派员参加第八届万国监狱大会时，将域外未成年人司法最新进展带入晚清政府的视野中，并首先在奉天省筹办了幼年审判庭和少年监。而社会调查制度也正是随着奉天省高等审判厅幼年审判庭的筹办，于《奉天高等审判厅幼年审判试办章程》中最早得以引入。虽然该幼年审判庭随后实际运作情况无证可考，但是社会调查制度于 1936 年民国政府颁行的《审理少年案件应行注意事项》中得以再次肯定和进一步完善。新中国成立后，因各种情势之变更，社会调查制度最早的实践则始于 1984 年上海长宁区少年法庭建立之后，并且随着我国少年法庭和未成年人司法的不断发展，各地开始纷纷探索社会调查制度的可行模式。然而，该制度由于在《刑事诉讼法》中一直未予明确规定，导致社会调查制度在各地的实行程度和方式差异较大。迄至 2012 年修改《刑事诉讼法》时明确规定了社会调查制度后，才正式在全国范围内为该制度的实施提供了明确的法律依据。

经过五年多的实践，学界和实务部门对社会调查制度的各方面仍积极关注与研讨，不断发表和出版了众多论文与著作，就社会调查制度的基础理论、社会调查的中外对比和社会调查制度涉及的具体内容等方面进行了广泛讨论。下文将就以上议题，综述该制度在我国的最新学术研究成果。

## 一、 未成年人刑事案件社会调查制度概述

### （一）社会调查制度的称谓

一般认为，社会调查制度始于 19 世纪 40 年代的美国缓刑资格调查制度。20 世纪 30 年代，缓刑资格调查才逐渐演变成为量刑提供"量刑前调查报告"（PresentenceInvestigationReport，PSI），从而形成了现代意义上的审前社会调查。① 因此，社会调查制度作为一项舶来品引入我国后，理论界和实务界对该制度尚未确定统一的称谓，主要有以下几种观点：

第一种观点称之为"社会调查"。目前，这一名称使用最为广泛，首先是被最高立法机关的有关部门使用，其次是被理论界多数学者采用，还被中央和地方的有关司法解释或者规范性文件所直接采用。最早提出未成年人"社会调查"概念的是上海市长宁区人民法院。1994 年 3 月上海长宁区少年法庭进一步完善少年刑事案件的犯罪原因调查，试行"少年刑事案件社会调查报告制度"。② 1995 年 1 月，该院制作完成了《少年刑事案件社会调查报告》的统一样式，并推出《〈少年刑事案件社会调查报告〉填写说明》。在司法解释层面，2002 年《人民检察院办理未成年人刑事案件的规定》首次提及"社会调查"一词；2010 年《最高人民法院量刑指导意见（试行）》则首次提出"社会调查报告"一词；2010 年"六部门"《关于进一步建立和完善办理未成年人刑事案件配套工作体系的若干意见》则明确提出"对未成年犯罪嫌疑人、被告人的社会调查"。此外，一些地方政法部门出台的规范性文件也将其命名为"社会调查"，如《兰考县人民法院青少年刑事案件审判庭社会调查工作规则（试行）》等。③

有论者指出使用"社会调查"的合理性在于：首先，社会调查在我国已属于约定俗成、大部分人比较习惯的称呼；其次，从调查的主体、对象、内容来看，具有社会性；再次，社会调查的名称应该来源于《联合国少年司法最低限度标准规则》（北京规则），在该规则中社会调查报告对应的英文表

① 李伟主编：《少年司法制度》，北京大学出版社 2017 年版，第 123 页。
② 邹碧华主编：《少年法庭的创设与探索》，法律出版社 2009 年版，第 243 页。
③ 曾新华：《未成年人全面调查制度若干问题之探讨》，载《法律科学》2014 年第 2 期。

述为 socialinquiryreport，直译为"社会调查报告"；最后，有关法律规范和规范性文件如《进一步建立和完善办理未成年人刑事案件配套工作体系的若干意见》也都采用"社会调查机关"的表述，以至于"社会调查"作为法律术语被不断地使用。①

但亦有论者提出不同意见，理由包括：首先，从文字的字面含义来看，"社会调查"没有突出与调查对象特殊性的直接关联。《现代汉语词典》对"社会"和"调查"的解释以及《中国大百科全书》对"社会调查"的解释，"社会调查，广义指人们实地了解某种社会现象的活动和方法；狭义指社会研究方法中搜集分析资料的一种技术"。根据以上解释，"社会调查"都是指实地了解某种社会现象的活动和方法，这与"未成年人社会调查制度"是针对未成年犯罪嫌疑人、被告人的成长经历、个人性格等有关个人情况进行实地调查，两者内涵完全不符合。"社会调查制度"这一名称未能彰显与犯罪和犯罪人的关联性。其次，《联合国少年司法最低限度标准规则》（北京规则）将这种调查称为 socialinquiryreport 即"社会调查报告"，其实应当注意规定这种调查制度的第16.1条并未出现 socialinquiryreport 表述，而是在该条文的"说明"中出现的。而且，更为重要的是把 socialinquiryreport 翻译为"社会调查报告"属于直译，其实质内容与汉语中的"社会调查"含义难以对应。② 再次，从内容来看，缺乏准确性。这类调查的内容不仅涉及少年犯罪人的社会背景等方面的情况，也包括他们自身的情况，而"社会调查制度"这一名称则忽视了后者。③ 又次，《刑事诉讼法》也未出现"社会调查"一词，而只是规定对未成年犯罪嫌疑人、被告人的有关情况进行"调查"。④ 最后，从目的来看，缺乏指向性。这类调查的目的是恰当地处理犯罪案件，而不是解决一般性的社会问题，"社会调查制度"这一名称缺乏明确

---

① 李瑾：《未成年人刑事案件社会调查制度研究》，北京师范大学 2016 年博士学位论文。

② 曾新华：《未成年人全面调查制度若干问题之探讨》，载《法律科学》2014 年第 2 期。

③ 吴宗宪：《论少年犯罪案件审前调查制度的建立——以〈刑法修正案（八）〉对社区矫正制度的确立为视角》，载《山东警察学院学报》2011 年第 5 期。

④ 曾新华：《未成年人全面调查制度若干问题之探讨》，载《法律科学》2014 年第 2 期。

的指向性。①

第二种观点称之为"人格调查"或者"社会人格调查报告制度"。有论者在《人格调查制度的法理考察》一文中将社会调查制度称为"人格调查制度"。② 实务中，青岛市市南区法院早在 2003 年开始实施"人格调查"制度。③ 还有论者认为应当称为"越轨少年社会人格调查评估报告"，他比较强调调查中的"人格"内涵。④

支持"人格调查"这一称谓的原因有：首先，大陆法系国家普遍称该项制度为"人格调查"，我国长期受到大陆法系的影响，因此应当采用"人格调查"这一术语。其次，人格调查是在传统个人社会背景调查的基础上，再以心理测评的方式考察未成年人的心理及社会风险性。因此采用"人格调查"要比"社会调查"更为准确。⑤ 再次，使用"人格调查"突出了相关调查报告关于越轨少年社会人格状况的核心内容。最后，暗示"社会人格调查报告"与"人格刑法"理念的内在关联。⑥

当然，亦有论者提出不同意见，认为"人格调查制度"（在英美法系国家又称为"品格调查制度"）概念是舶来品，一般是指为了在刑事程序上对每一个刑事犯罪人都能选择恰当的处遇方式，使法官能在判决前的审理中，对被告人的素质和环境做出科学的分析而制定的制度。而我国《刑事诉讼法》规定未成年人全面调查制度与外国的"人格调查制度"有所不同：首先，调查的内容不同。我国的全面调查不仅调查未成年犯罪嫌疑人、被告人人格方面的内容，还包括许多非人格的因素，如健康状况、智力状况等。其次，调查的功能不同。外国人格调查主要用于对被告人量刑，我国的全面调查不仅用于量刑，还用于审查批准、审查起诉等审前阶段以及执行、矫治等

① 吴宗宪：《论少年犯罪案件审前调查制度的建立——以〈刑法修正案（八）〉对社区矫正制度的确立为视角》，载《山东警察学院学报》2011 年第 5 期。

② 陈兴良：《人格调查制度的法理考察》，载《法制日报》2003 年 6 月 3 日。

③ 姜培永：《青岛市南法院充分考虑少年犯罪的人格因素少年刑事审判进行人格调查》，载《人民法院报》2003 年 7 月 17 日。

④ 高维俭：《少年司法之社会人格调查报告制度论要》，载《环球法律评论》2010 年第 3 期。

⑤ 邹川宁主编：《少年刑事审判若干程序研究》，法律出版社 2007 年版，第 106 页。

⑥ 高维俭：《少年司法之社会人格调查报告制度论要》，载《环球法律评论》2010 年第 3 期。

审后阶段。最后,"人格调查"的称谓极容易被误读为"道德调查"。因此,也不宜使用"未成年人人格调查制度"的名称。①

第三种观点称之为"审前调查"。有论者在《未成年人刑事案件的审前调查制度探讨》一文中,就将社会调查称为审前调查。②有论者在《台湾地区少年审前调查制度之考察及启示》中使用"少年审前调查制度"来源于台湾地区对该制度的专门术语。③还有论者指明该种调查制度虽然在国外被称为"处置前调查制度",但是他认为使用"审前调查制度"更为妥当,理由包括以下几个方面:首先,这类调查的结果,不仅对于审判活动的结果——处置少年犯罪人具有重要作用,也可以对少年犯罪案件的审判活动本身具有重要作用,因此,调查活动需要向前延伸,而不能仅仅受限于处置前或者量刑前。其次,把这类调查制度称为"审前调查制度",比称为"量刑前调查制度"更为恰当,因为在审判的过程中不仅会作出量刑决定,还会作出其他处理决定,调查结果对于量刑和其他处理结果都有一定的影响。而且,如果具备相关条件的话,应当鼓励对少年犯罪人作出非刑罚处理决定。④

第四种观点称之为"全面调查制度"。如在《未成年人全面调查制度若干问题之探讨》⑤和《未成年人刑事诉讼中的全面调查制度》⑥两文中论者皆赞同使用"全面调查制度",其理由包括:首先,"全面"表明调查内容的全面性。也就是说,除查明未成年人案件事实外,还要对未成年犯罪嫌疑人、被告人的家庭背景、生活环境、教育经历、个人性格、心理特征等与案件处理有关的信息作全面、细致的调查,必要时还应调查医学、心理学、精神病学等方面的信息。其次,"全面"还表明调查主体的全面性,即不仅包

① 曾新华:《未成年人全面调查制度若干问题之探讨》,载《法律科学》2014 年第 2 期。

② 冯卫国:《未成年人刑事案件的审前调查制度探讨》,载《青少年犯罪问题》2007 年第 1 期。

③ 李瑾:《台湾地区少年审前调查制度之考察及启示》,载《甘肃政法学院学报》2016 年第 2 期。

④ 吴宗宪:《论少年犯罪案件审前调查制度的建立——以〈刑法修正案(八)〉对社区矫正制度的确立为视角》,载《山东警察学院学报》2011 年第 5 期。

⑤ 曾新华:《未成年人全面调查制度若干问题之探讨》,载《法律科学》2014 年第 2 期。

⑥ 奚玮:《未成年人刑事诉讼中的全面调查制度》,载《法学论坛》2008 年第 1 期。

括公安机关、人民检察院和人民法院等国家专门机关，还包括接受这些机关委托的有关组织，也包括这些机关委托或者许可的辩护人。①

第五种观点称之为"个体情况调查"。如有学者在《未成年被告人个体情况调查报告的法律性质及其运用》一文中，将社会调查称为"个体情况调查"。②

### （二）社会调查制度的正当性

在未成年人司法中对未成年犯罪嫌疑人、被告人进行社会调查的正当性应当如何理解？学界和实务界基本上都支持在未成年人司法中引入社会调查制度，对其正当性也从多个角度进行了论证。

第一，未成年犯罪嫌疑人、被告人的独特身心特质。③ 处于特殊年龄段的未成年人，其知识结构、思想情感、身心发育尚未成熟，他们并不具备完全的辨别是非能力和自我控制能力，其行为带有较大的盲目性和突发性，也容易受到社会不良环境的影响和侵蚀，难以对外界的客观信息做出正确的选择和评价，表现在行为上则具有一定的反传统道德规范和社会规范。未成年人犯罪作为一种复杂的社会病态现象，尽管有其自身的原因，但更多的在于家庭、学校、社会等各方面责任。因此，在办理未成年人刑事案件时，应当全面调查其家庭、学校、社会交往、个人经历等方面，寻找诱发其犯罪的主客观因素，充分利用有利的条件，用最佳的手段让其回归社会。④

第二，未成年人案件中的"教育、感化、挽救"方针和"教育为主、惩罚为辅"原则。⑤ 由于造成未成年人犯罪更多的是家庭、学校、社会等非

---

① 曾新华：《未成年人全面调查制度若干问题之探讨》，载《法律科学》2014 年第 2 期。

② 唐震：《未成年被告人个体情况调查报告的法律性质及其运用》，载《法治论丛》2007 年第 6 期。

③ 杨雄：《未成年人刑事案件中社会调查制度的运用》，载《法学论坛》2008 年第 1 期。

④ 杨雄：《论未成年人刑事案件社会调查制度的运用》，载《法学论坛》2008 年第 1 期。

⑤ 曾新华：《未成年人全面调查制度若干问题之探讨》，载《法律科学》2014 年第 2 期；杨雄：《未成年人刑事案件中社会调查制度的运用》，载《法学论坛》2008 年第 1 期。

未成年人个人方面的原因，这就要求办案机关在办理未成年人刑事案件时，除查明案件事实真相以外，还应当调查未成年人的成长背景、个人性格、家庭情况、学校教育、社会交往等方面的情况。唯有如此，才能找准"教育点"，进而采取合理的方式以保证其顺利回归社会。所以，贯彻我国相关政策，必然要求确立社会调查制度。①

第三，刑罚的个别化原则。刑罚个别化是指"审判机关在量刑时，应当根据犯罪人所犯罪行的社会危害和犯罪人的人身危险性大小，在相应的法定刑范围内或以该法定刑为基础，判处适当的刑罚或者刑期。可见，刑罚个别化是以行为人的人身危险性为依据。为了准确判断行为人的社会危险性，实现刑罚的个别化，就必须对行为人的成长经历、性格特点、犯罪原因等进行综合考量。在对未成年人个人情况进行专门调查后，才能实现刑罚的个别化原则。②

第四，未成年人刑事诉讼程序的非正式性。为了体现未成年人刑事诉讼程序必须不同于成年人刑事诉讼程序，个性化、非技术化的未成年人刑事诉讼程序更加简约、气氛更加和缓。在这种程序架构之下，通过未成年人刑事诉讼程序来探知案件事实真相的能力相对较弱，因而，迫切需要有社会调查作为补足。③

第五，许多地方司法实务部门努力探索未成年人社会调查制度，效果良好。近些年来，为了深入贯彻对未成年人的"教育、感化、挽救"方针，中央和许多地方的司法实务部门积极推进各种未成年人案件的办案模式，其中社会调查制度是重点探索的司法制度之一，并取得了丰富的经验和显著的效果。司法实践证明，社会调查制度有利于公安司法机关正确处理未成年人案

---

① 曾新华：《未成年人全面调查制度若干问题之探讨》，载《法律科学》2014 年第 2 期；杨雄：《论未成年人刑事案件社会调查制度的运用》，载《法学论坛》2008 年第 1 期。

② 曾新华：《未成年人全面调查制度若干问题之探讨》，载《法律科学》2014 年第 2 期；杨雄：《论未成年人刑事案件社会调查制度的运用》，载《法学论坛》2008 年第 1 期。

③ 杨雄：《论未成年人刑事案件社会调查制度的运用》，载《法学论坛》2008 年第 1 期。

件，有利于实现对未成年人的教育改造。①

第六，社会调查制度是联合国少年司法准则的最低限度标准。《联合国少年司法最低限度标准规则》第16.1条规定："所有案件除涉及轻微违法行为的案件以外，在主管当局作出判决前的最后处置之前，应对少年生活的背景和环境或者犯罪的条件进行适当的调查，以便主管当局对案件作出明智的判决。"该规则还对该条予以说明："在大多数少年法律诉讼案中，必须借助社会调查报告（社会报告或者判决前调查报告）。"②

### （三）社会调查制度的理论基础

现今学界普遍认为，社会调查制度作为一项重要的未成年人司法制度，其理论基础有再社会化理论、儿童福利理念、宽严相济的刑事政策、教育刑理论、国家亲权理论、刑罚个别化原则等。

第一，再社会化理念。③ 对于犯罪未成年人而言，强调再社会化理念尤为重要。未成年人之所以涉足犯罪，就是因为基本社会化过程中出现了问题，通过审前调查活动，弄清问题的症结，对症下药，实施有效的教育、感化和挽救，才能帮助其顺利完成社会化进程。④

第二，儿童福利理念。儿童福利理念作为一项专门针对未成年人的基础性理念，是对一系列关涉未成年人生命、自由、发展和权利保护等多项内容的归纳和凝练，是一种提纲式的"宣言"，同时也是对整个国家和社会提出的一项基本要求与期许，是在根本上达致儿童利益最大化目标的体现。在刑事司法中，儿童福利理念要求立法赋予未成年人更多的权利，并设置完善的程序机制来保障这些权利的有效实现。对未成年犯罪嫌疑人、被告人的成长经历、犯罪原因、家庭情况等社会背景信息进行全面调查是儿童福利理念的

---

① 曾新华：《未成年人全面调查制度若干问题之探讨》，载《法律科学》2014年第2期。

② 曾新华：《未成年人全面调查制度若干问题之探讨》，载《法律科学》2014年第2期。

③ 莫洪宪、邓小俊：《试论社会调查制度在检察机关办理未成年人刑事案件中的运用》，载《青少年犯罪问题》2010年第1期；冯卫国：《未成年人刑事案件的审前调查制度探讨》，载《青少年犯罪问题》2007年第1期。

④ 冯卫国：《未成年人刑事案件的审前调查制度探讨》，载《青少年犯罪问题》2007年第1期。

基本要求。①

第三，宽严相济刑事政策。宽严相济刑事政策为我国进一步在未成年人刑事司法中贯彻谦抑理念和刑罚个别化原则提供了政策依据，根据这一政策的要求，在办理未成年人刑事案件时，应当严格限定对未成年人"严"的一面，充分体现"宽"的一面。综合考虑未成年人实施犯罪的动机和目的，犯罪性质、情节和社会危害程度，以及是否属于初犯，归案后是否悔罪，个人成长经历和一贯表现等因素，进行宽缓化处理，所以未成年人社会调查制度是宽严相济刑事政策在未成年人刑事司法中贯彻落实的重要体现。②

第四，教育刑理论。③ 教育刑理论要求在处理未成年人犯罪案件时，更应当关注处理结果与未成年犯罪人的教育、矫治的实际需要相适应。在我国，也确立了对未成年犯罪人"教育为主、惩罚为辅"的方针政策。这一政策也自然引申出社会调查制度的必要性。因为教育的有效性要求"因人施教"，尽管犯罪未成年人作为一个群体有其共有的特性，在每一个具体的未成年犯罪案件中，行为人的人格特征、所处环境、平时表现、致罪原因等各有不同，只有通过细致而周密的调查，查明上述各种因素，才能帮助法官选择最具有针对性的处遇措施，进而使得矫正机构实施有效的教育和矫正。④

第五，国家亲权理论。国家亲权理论的核心是国家负有保护未成年人的最终责任与义务，应当对实施犯罪行为的未成年人进行教育矫治，以帮助其重新回归社会、健康成长。国家亲权理论为世界各国建立未成年人刑事司法的原则、制度和程序提供了理论上的依据。对未成年犯罪嫌疑人、被告人的成长经历、犯罪原因、家庭情况等背景信息进行社会调查同样体现了国家亲

---

① 王贞会：《未成年人社会调查制度的理论基础》，载《青少年犯罪问题》2014 年第 6 期。

② 王贞会：《未成年人社会调查制度的理论基础》，载《青少年犯罪问题》2014 年第 6 期。

③ 冯卫国：《未成年人刑事案件的审前调查制度探讨》，载《青少年犯罪问题》2007 年第 1 期；莫洪宪、邓小俊：《试论社会调查制度在检察机关办理未成年人刑事案件中的运用》，载《青少年犯罪问题》2010 年第 1 期；王东明：《未成年人犯罪审前社会调查制度研究》，载《前沿》2011 年第 24 期；奚玮：《未成年人刑事诉讼中的全面调查制度》，载《法学论坛》2008 年第 1 期。

④ 冯卫国：《未成年人刑事案件的审前调查制度探讨》，载《青少年犯罪问题》2007 年第 1 期。

权理论对未成年人刑事司法的要求。①

第六，刑罚个别化原则。② 刑罚个别化原则可以说是教育刑以及再社会化理念演绎的结果，同时也是实现教育刑及再社会化理念的必由之路，而审前调查正是配合刑罚个别化原则的制度支撑之一。③

第七，社会参与原则。在未成年人刑事司法中，社会参与不仅包括一般意义上的人民参与司法，同时还强调普通民众和社会组织在刑事诉讼各个环节对司法活动的辅助与支持，以协助未成年人有效行使诉讼权利和对未成年人进行教育帮助等。社会调查制度也遵守了社会参与原则的要求，是社会参与原则在未成年人刑事司法中的具体应用和表现形式。④

### （四）社会调查制度的作用

在我国，社会调查制度贯穿于刑事诉讼各阶段，因此就社会调查制度的作用，学界主要有以下几种观点：

第一，社会调查报告为司法机关贯彻"教育、感化、挽救"未成年刑事被告人，正确处理案件提供重要依据。⑤

第二，社会调查报告有助于未成年人案件个别化处遇裁量。个别化处遇措施裁量的基本依据即在于不同越轨少年的个别化的人格特点。越轨少年的

---

① 王贞会：《未成年人社会调查制度的理论基础》，载《青少年犯罪问题》2014 年第 6 期。

② 奚玮：《未成年人刑事诉讼中的全面调查制度》，载《法学论坛》2008 年第 1 期；冯卫国：《未成年人刑事案件的审前调查制度探讨》，载《青少年犯罪问题》2007 年第 1 期；莫洪宪、邓小俊：《试论社会调查制度在检察机关办理未成年人刑事案件中的运用》，载《青少年犯罪问题》2010 年第 1 期；王东明：《未成年人犯罪审前社会调查制度研究》，载《前沿》2011 年第 24 期；汪贻飞：《论社会调查报告对我国量刑程序改革的借鉴》，载《当代法学》2010 年第 1 期；夏燕：《浅论未成年人刑事诉讼中的社会调查制度》，载张立勇主编：《中国特色少年司法制度改革与完善研究》，法律出版社 2012 年版，第 506 - 508 页。

③ 冯卫国：《未成年人刑事案件的审前调查制度探讨》，载《青少年犯罪问题》2007 年第 1 期。

④ 王贞会：《未成年人社会调查制度的理论基础》，载《青少年犯罪问题》2014 年第 6 期。

⑤ 汪贻飞：《论社会调查报告对我国量刑程序改革的借鉴》，载《当代法学》2010 年第 1 期。

个别化的社会人格调查报告对于少年案件的个别化处遇措施的司法适用而言，其显著价值不言而喻。[①]

第三，社会调查报告是法官量刑的重要参考。[②]

第四，社会调查报告也是少年法庭进行法庭教育的重要依据。[③] 调查报告为法庭教育提供了有价值的材料。[④]

第五，社会调查报告也为各地少年法庭在宣判后对未成年犯罪人进行回访、跟踪帮教提供了有效的参考材料，同时也为社区矫正组织进行庭后帮教提供了基本方向。[⑤]

第六，还有论者提出社会调查报告的首要功能是"甄别和分流"，其次才是作为"批捕、起诉、量刑的参考"。[⑥]

### （五）社会调查制度的价值

有论者认为少年司法非常强调对少年的特殊保护及个别化处遇，都非常倚重社会工作，籍以实现少年司法的保护少年并保护社会的价值目标。相关的诸多决策都应当是具有充分事实依据的，而社会人格调查报告就是为此提供关于越轨少年的社会成长历程及其人格心理状况等诸多事实信息的。由此可见，社会人格调查报告在少年司法中占有重要地位，是贯穿少年司法始终

---

① 高维俭：《再论少年司法之社会人格调查报告制度》，载《预防青少年犯罪研究》2012 年第 2 期。

② 汪贻飞：《论社会调查报告对我国量刑程序改革的借鉴》，载《当代法学》2010 年第 1 期；邹碧华主编：《少年法庭的创设与探索》，法律出版社 2009 年版，第 69 - 70 页；高维俭：《再论少年司法之社会人格调查报告制度》，载《预防青少年犯罪研究》2012 年第 2 期。

③ 汪贻飞：《论社会调查报告对我国量刑程序改革的借鉴》，载《当代法学》2010 年第 1 期；高维俭：《再论少年司法之社会人格调查报告制度》，载《预防青少年犯罪研究》2012 年第 2 期。

④ 邹碧华主编：《少年法庭的创设与探索》，法律出版社 2009 年版，第 69 - 70 页。

⑤ 汪贻飞：《论社会调查报告对我国量刑程序改革的借鉴》，载《当代法学》2010 年第 1 期；邹碧华主编：《少年法庭的创设与探索》，法律出版社 2009 年版，第 69 - 70 页。

⑥ 杨柳青：《试论未成年人社会调查制度——从社会调查的功能定位出发》，载《海峡法学》2014 年第 3 期。

的一项根本制度。①

亦有论者认为在未成年人刑事案件审理中设立社会调查制度的意义在于可以全面了解犯罪原因、影响法院的量刑、寓教于审的依据、帮教矫治的依据。②

还有论者指出社会调查的特殊价值在于：首先，是选择司法程序的根据；其次，是进行针对性教育的基础；再次，是决定罪错处分的依据；最后，是确定挽救方案的前提。③

## 二、 社会调查的中外比较

社会调查制度始于美国，随后推广普及至世界其他国家和地区，历经百余年的演进，该制度在各法域型态纷杂。下文将从社会调查的功能及定位、调查主体、调查报告的形式和内容、具体程序四个方面归纳当前学界对中外社会调查制度异同之处的观点和建议。

### （一） 社会调查的功能及定位

1. 美国

美国少年司法制度完全独立于成年刑事司法制度，青少年犯罪后不会被指控"犯罪"，而是以犯有"罪错"代替，在罪错诉讼中，青少年将接受法院的"裁决"而非"判决"。法官在裁决中，经常需要审阅记载有被控少年背景信息、所犯罪行以及裁决建议的审前调查报告。审前调查报告的目的在于协助法院实现"个体正义"，美国未成年人审前调查报告从法律方面来讲，仅用于量刑的参考而非裁决的依据。④ 从目前的法律规定来看，量刑前调查报告主要有以下五个方面的作用：（1）帮助法官确定合适于被告人的量刑；

---

① 高维俭：《少年司法之社会人格调查报告制度论要》，载《环球法律评论》2010年第3期。

② 杨飞雪：《刑事案件社会调查制度研究——以未成年人刑事案件为例》，载《人民司法》2009年第3期。

③ 狄小华：《中国特色少年司法制度研究》，北京大学出版社2017年版，第350－352页。

④ 杨飞雪、杨晓玲：《中美未成年人量刑前程序比较研究与展望》，载《法律适用》2010年第10期。

（2）在缓刑和假释期间，帮助缓刑监督官履行监督职责；（3）帮助联邦监狱局或者州监狱机关对罪犯进行分类、决定监禁期间适用于罪犯的改造方案以及制作释放计划；（4）向联邦假释委员会或者其他假释机关提供决定犯罪人是否适宜假释的信息；（5）提供研究资料和信息。①

我国目前社会调查的性质、功能及定位均存在争议。② 有论者认为中国未成年人社会调查报告不是为了精确惩罚，也不是为了追求惩罚的平衡性，而是为了寻找最佳的方案的主观主义刑法理论指导下的改革，其性质是一个诊断报告和一份治疗的方案。③ 可见，尽管我国社会调查报告和美国的量刑前报告的主要功能都是向法官提供准确量刑的相关信息，但是美国的量刑前调查报告的作用范围更广，可以延伸到犯罪人刑罚执行期间，对刑罚的执行、执行期间的处遇、假释等方面都可以发挥作用，从这个意义上讲，我国社会调查报告的作用范围比较窄。④

2. 日本

在日本，少年审前调查具有以下功能：（1）社会调查乃是了解何种之处遇是对少年最为有效、最适切，换言之，就是为了判断要保护性而进行的调查。（2）在调查过程中，调查官就少年及其监护人针对涉案少年的问题可以进行必要援助，因此调查过程本身具备教育保护功能。一般而言，涉案少年进入少年法院后首先接触到的是调查官，因此在调查官与其建立信赖关系进行调查的过程中，调查官也会就少年在诉讼程序中遇到的不平待遇、法律疑惑以及少年和其家庭存在的问题进行交流和沟通，从而给予教育和帮助。（3）家庭裁判所调查官所进行的社会调查作为量刑证据有助于家庭裁判所法官对涉案少年作出适切的裁判。最终的目的体现为对少年健全成长的期望，对非行少年进行性格上的矫治和环境上的调整都需要根据少年本身的具体情况进行适当的选择。少年审前调查犹如医师之诊查，盖适切之治疗，端赖正

---

① 汪贻飞：《论社会调查报告对我国量刑程序改革的借鉴》，载《当代法学》2010年第1期。

② 杨飞雪、杨晓玲：《中美未成年人量刑前程序比较研究与展望》，载《法律适用》2010年第10期。

③ 杨飞雪、杨晓玲：《中美未成年人量刑前程序比较研究与展望》，载《法律适用》2010年第10期。

④ 汪贻飞：《论社会调查报告对我国量刑程序改革的借鉴》，载《当代法学》2010年第1期。

确之病因诊断。因此，审前调查之良窳，关系着少年审判之成败。①

还有论者总结日本少年司法的理念是以健康培养少年为目的。未成年社会调查的主要目的是探究青少年案件中罪行发生的原因，在此基础上确定未成年罪犯的处遇方式。在具体处理未成年人刑事案件的时候，日本也很注重对社会调查报告的运用。如《日本刑事诉讼法》第248条规定："根据犯人的性格、年龄及境遇、犯罪的轻重与犯罪后的情况以决定是否提起公诉。"这是社会调查在刑事诉讼中的法律基础。②

在日本和我国台湾地区，社会调查的功能除了服务于量刑以外，还有明确少年之保护性需要，在社会调查过程中给予少年及其家庭必要的辅助和支援。③

### （二）调查主体

1. 美国

在美国，安置前调查一般都是由缓刑官负责完成的。而对于缓刑官的行政管理在全美大致有以下几种方式：一是由地方少年法院或者州一级的"法院行政办公室"负责管理缓刑，采取此种行政管理方式的大约有23个州以及哥伦比亚特区；二是采取混合方式，即在小的郡由州一级缓刑部分管理，在都市郡则由少年法院管辖，大约有14个州采取此种方式；三是由行政部门负责，大约有10个州采取此种方式；四是由郡的行政机关负责，只有3个州采取此种方式。

有鉴于缓刑官在少年司法中的重要作用，所以其必须具备专业化知识储备。一般而言，缓刑官需要具备社会学、心理学、犯罪学等方面知识。在美国，基本上缓刑官为接受过本科教育、30—39岁并且有5—10年相关工作经验的男性。约有半数的机构需要进行心理测试。一旦被录取后，通常需要参

---

① 李瑾：《未成年人刑事案件社会调查制度研究》，北京师范大学2016年博士学位论文。

② 陈立毅：《我国未成年人刑事案件社会调查制度研究》，载《中国刑事法杂志》2012年第6期。

③ 李瑾：《未成年人刑事案件社会调查制度研究》，北京师范大学2016年博士学位论文。

加 6 周职前训练和在职培训。①

2. 德国

在德国少年司法体系中，少年法院救助站是社会调查报告的执行主体。但是，德国并没有以"少年法院救助站"为名称的专门机构，法律只是规定少年法院救助站的职责由少年福利局和少年教养救助协会共同履行，少年福利局是主管机关，它可以自主决定独自承担或者与其他少年教养救助协会共同承担少年刑事案件中的社会调查报告任务。目前，德国少年司法实践中少年法院救助站的形式主要有四种：一是少年福利局下属的独立的工作部门；二是一般性社会服务的独立的专业组；三是一般性社会服务的工作组；四是一般性教育辅助强化小组。少年法院救助站作为无偏颇的辅助机关，依据专业精神独立从事对少年个人情况的社会调查。但是，法律也没有排除少年法官和少年检察官对少年进行社会调查的可能性。少年法官和少年检察官在必要的时候，可以自己启动社会调查报告程序。② 在德国，由大量的社会福利工作者来调查少年犯罪人的个人背景等情况，并且负责向检察官、法官或者其他诉讼参与人提供相关的信息资料。根据德国法律规定，诉讼程序开始后，应当通知青少年福利机构，由相应的福利机构启动社会调查程序。③

目前，我国社会调查报告的制作主体主要是法院或者由法院选定的相关社会调查员，相比之下，德国的少年司法实践中，社会调查报告制作主体原则上是少年法院救助站。由法院来承担社会调查的职责在一定程度上会影响社会调查报告的公正性，而且，由法院来进行社会调查，会受到法官人数和案件数量的限制。另外，由法院直接选定的社会调查员很难独立于法院或者法官个人的指令，并且法院选定的社会调查员如果不能获得少年或者相关人员的信赖，也会影响调查的全面开展。④

---

① 李瑾：《未成年人刑事案件社会调查制度研究》，北京师范大学 2016 年博士学位论文。

② 黄河：《少年刑事案件社会调查报告初论——以德国少年司法实践为视角》，载《研究生法学》2011 年第 1 期。

③ 孙威：《我国未成年人社会调查制度存在的问题及对策》，载《四川教育学院学报》2008 年第 12 期。

④ 黄河：《少年刑事案件社会调查报告初论——以德国少年司法实践为视角》，载《研究生法学》2011 年第 1 期。

3. 日本

根据日本《少年法》等有关法律的规定，日本的社会调查制度采取典型的职权主义模式。调查由家庭法院的专门调查官根据法官的命令进行。[①] 家庭裁判所的每一个法官可以配备 3—4 名家庭裁判所调查官，对家庭婚姻内纠纷和未成年人犯罪的原因进行调查，为法官决定对未成年人的处分提供依据。[②]

有论者更进一步说明日本社会调查主体的具体情况。根据《少年法》第 8 条之规定，少年审前调查系由家庭裁判所调查官承担。调查官直接隶属各地家庭裁判所，系正式编制人员。其承担的主要任务为审前调查和家事调查。

一般而言，家庭裁判所受理案件后由法官下达调查令，会由一名调查官负责。但是面对重大事件或者调查对象众多等情况，会由多名调查官进行"共同调查"，原则上为两名调查官。此种调查一般是由一名经验丰富的主任调查官带领一名经验较少的调查官共同进行。"共同调查"有利于帮助新任调查官快速积累调查经验和顺利完成复杂、重大事件的调查。

在日本，对调查官的选任有明确规范，保证了调查官的专业性。日本的家庭裁判所调查官一般是大学中具备心理学、教育学、社会学等人文学科背景又转学法律的人员，通过裁判所职员考试成为家庭裁判所调查官候补，接着在最高裁判所设置的裁判所职员综合研修所（The Training and Research Institute for Court Officials）接受两年的家裁调查官养成教育，重点培训法律知识（包括宪法、民法、刑法、少年法等）和人类科学（包括临床心理学、发展心理学、家庭社会学、犯罪社会学、教育学、社会福利研究以及精神医学），通过后授予正式的家庭裁判所调查官资格。

少年鉴别所隶属法务省，分为一般事务部门和鉴别部门。鉴别部门负责鉴别和收容（protective detention）。鉴别所的工作人员配置不多，在 52 个少年鉴别所中有 33 所的工作人员都不超过 20 人。[③]

---

① 孙威：《我国未成年人社会调查制度存在的问题及对策》，载《四川教育学院学报》2008 年第 12 期。

② 陈立毅：《我国未成年人刑事案件社会调查制度研究》，载《中国刑事法杂志》2012 年第 6 期。

③ 李瑾：《未成年人刑事案件社会调查制度研究》，北京师范大学 2016 年博士学位论文。

根据我国的实践，未成年人社会调查的主体有：社区矫正工作人员，被告人户籍地司法所工作人员以及社区警察、志愿者、共青团组织、妇联等。①

### （三）报告形式和内容

#### 1. 美国

在美国，安置前调查报告一般包括如下信息：（1）性别；（2）种族；（3）少年首次出庭之年龄；（4）首次进入少年法院的来源；（5）少年被转介的原因；（6）正式的法庭安置；（7）法院判处的首次安置情况；（8）法庭令及相应条件；（9）律师类型；（10）初始答辩；（11）既往违法次数；（12）首次违法的年龄和时间；（13）初次庭审后的违法次数；（14）总的违法次数；（15）同案犯人数；（16）拘留次数；（17）非接触意见；（18）在家外安置次数。而且现在安置前调查报告逐渐包括被害人影响性陈述（victim-impact statement），这些陈述通常是由被害人本人准备的，然后附加在安置前调查报告中。被害人影响性陈述主要是为了给法官提供关于犯罪行为对被害人及其家庭的影响。被害人可以称述自己身体上受到的伤害以及财务方面的损失尚在持续中，这些内容可用于证明"加重事实"以及涉及赔偿方面的决定。

一些少年司法专家研究安置前调查报告的内容与使用，发现安置前报告含有丰富和重要的信息，有利于少年法院法官对少年作出适切的安置。以下信息对调查、分析和治疗未成年被告人至关重要，具体包括：（1）个人健康，包括身体和情绪；（2）家庭和居住情况；（3）娱乐活动和休闲时间的利用；（4）同伴关系；（5）教育；（6）工作经验。需要说明的是，安置前调查报告并非在所有司法辖区都使用，而且目前没有特定的报告模式是被广泛接受的。②

目前为止，中国尚未形成一个统一的大家公认的规范化的社会调查报告。③尽管我国的社会调查报告与美国的量刑前社会调查报告都含有量刑建

---

① 杨飞雪、杨晓玲：《中美未成年人量刑前程序比较研究与展望》，载《法律适用》2010 年第 10 期。

② 李瑾：《未成年人刑事案件社会调查制度研究》，北京师范大学 2016 年博士学位论文。

③ 杨飞雪、杨晓玲：《中美未成年人量刑前程序比较研究与展望》，载《法律适用》2010 年第 10 期。

议，但是两者量刑建议的科学性是不可同日而语的。首先，我国社会调查员一般很少具有法律背景，很难就法律问题提出准确的量刑建议，与此迥异的是，美国的缓刑监督官一般都要接受较长时间的量刑指南培训，就量刑指南的规定甚至比法官还要熟悉；其次，我国社会调查报告中一般很少涉及案件事实情况，也很少就案件事实情况进行分析，所以脱离案件事实提出量刑建议是很危险的，而美国的社会调查报告中几乎反映了量刑指南中规定的所有要素，因此得出量刑结论也是顺理成章的；最后，我国社会调查报告一般是在法院接到检察机关的起诉书之后便开始委托相关人员着手进行，在法院没有定罪的情况下，社会调查员便提出量刑建议是非常不科学的。① 还有论者指出就美国社会调查的缘由和内容来说，社会调查本身并不局限于涉案少年成长情境的探求。作为法官量刑依据之一，社会调查的重要意义在于全方位了解和还原案情，以求更加精确地实现对被害人、未成年犯罪人及社区三者的司法公正，而这一切的有序实现仍须以司法规律为依托和向导。在美国随着对被害人保护力度的加大，联邦及一些州近年来明确要求社会调查报告应当涵盖"被害人影响性陈述"。此举的目的在于了解被害人因未成年人罪错所遭遇的身体与精神损伤及经济损害，调查内容包括被害人对该罪错的回溯、被害人损失、被害人所获补偿等。相比之下，我国许多社会调查的范围较为狭窄，且未触及遭遇未成年人犯罪之害的被害人及其家属，或虽有涉及，但是对其重视度远不如对未成年犯罪人来得直接与关切。②

2. 德国

德国《少年法院法》规定，少年法院救助站应当在少年法院审理程序前向法院提供有关教育、社会和帮助的报告。同时，由于少年法院救助站的设置由各州通过立法来规定，因此，在实践中，各个州的少年法院救助站提出的有关犯罪少年的社会调查报告的内容和形式也不尽相同。但是社会调查报告的基本内容应当包括以下几个方面：（1）少年的个人资料；（2）访谈的时间和地点及参与人；（3）家庭状况；（4）个人履历；（5）个人的当前状况；（6）对违法犯罪行为的态度；（7）对少年人格的评估及其暂时性的处

---

① 汪贻飞：《论社会调查报告对我国量刑程序改革的借鉴》，载《当代法学》2010年第1期。

② 张鸿巍：《未成年人刑事案件社会调查的"过"与"不及"》，载《预防青少年犯罪研究》2014年第4期。

遇意见。①

3. 日本

根据日本法律的规定，调查的具体内容应当包括：少年、保护人或者相关人员的品行、经历、素质、环境、不良化的经过、身心状况、审判及处遇上必要的事项等。法律同时规定，调查官在调查时必须充分利用医学、心理学、教育学、社会学及其专业知识，特别是少年鉴定所的鉴定结果。②

日本学者泽登俊雄指出，调查的内容应当涵盖以下几个方面：（1）少年的个性、行为倾向、成长经历和环境；（2）对少年行为进行预测，对监护人的保护能力以及所处环境以及少年未来可能是否再犯进行综合考虑；（3）基于对少年基本情况的了解，确定环境等可改善的可能性与少年所具备的危险性，以少年所具备的成长可能性来抚育、恢复少年的社会适应性，为其健全成长做出最合适的具体处遇。

在实践中，根据昭和 29 年最高裁判所规程第 5 号确定的少年调查记录规程中第 2 条第 1 项的规定，日本审前调查报告书一共分为三种版本，即 A 版、B 版和 C 版。其中 A 版内容最为详实，交付保护处分及移送检察官等重大事件采用此表格，B 版和 C 版则较为简易，根据事件的严重程度，在不需要 A 版的情况下，可以采用 B 版和 C 版。各地裁判所可以根据自身情况进行调整和改变。③

### （四）具体程序

1. 美国

从调查时机来看，少年法院的听审阶段通常可分为裁判听审及安置听审两个阶段。问题少年到庭接受聆讯的首要程序便是裁判听审，以判断所控罪错是否成立。一旦涉案少年对指控供认不讳或者裁判听审确认相关指控成立，对其安置听审随即启动，以确定何种安置方式对未成年人自新与矫正最为有效。一般而言，只有在法官于裁判听审阶段确认涉案少年有罪错事由存

---

① 黄河：《少年刑事案件社会调查报告初论——以德国少年司法实践为视角》，载《研究生法学》2011 年第 1 期。

② 陈立毅：《我国未成年人刑事案件社会调查制度研究》，载《中国刑事法杂志》2012 年第 6 期。

③ 李瑾：《未成年人刑事案件社会调查制度研究》，北京师范大学 2016 年博士学位论文。

在后，社会调查才会随即开展。换言之，类似我国可贯穿于刑事诉讼始终的侦查、审查起诉及审判前的多阶段社会调查，于其他法域少年司法中却可能并不多见。① 美国关于调查报告的采集提交都有相应的一套标准，监视官收集证据的时候不能超过案件的范围，量刑报告要尽量避免对孩子产生影响。报告在量刑听证之前控辩双方均可查阅，并在庭审中充分辩论，以保证其公正和客观性。② 在向法官呈送量刑前调查报告之前，缓刑监督官必须至少在量刑前 35 日向被告人、辩护律师以及检察官提供调查报告的复印件。此举的目的在于"在向法官提交最终报告之前，给各方当事人一定的时间补充量刑信息、提出评论意见以及提交书面反驳意见"。至少在量刑前 7 日，缓刑监督官必须向法院以及当事人提交最终的量刑前调查报告，同时附具一份包含所有未决争议、反驳意见的理由以及缓刑监督官对这些问题的评论性意见的备忘录。当然，控辩双方在其后举行的量刑听证程序中，还可以提供证人、提出证据，在特定的情况下，缓刑监督官还要出庭澄清某些争议事项。

我国未成年人社会调查报告在审查程序上还比较简陋，没有就社会调查报告规定明确的开示程序，而且量刑听证程序中除了社会调查员在例外情况下需出庭外，也不会有其他证人出庭。③

2. 德国

在德国，社会调查的具体过程是警察受理未成年人违法案件后，应当通知当地的少年福利局，由其选派一名少年法官助理进行社会调查，该少年法官助理为社会工作者，必须就未成年人的生活环境、生理和心理特征、个性、行为的社会背景以及犯罪情况等事项进行深入调查。④ 社会调查报告制作完成后，少年法院救助站应及时将报告提交给少年检察官，少年检察官在社会调查报告的基础上做出起诉或者不起诉的决定。如果少年检察官认为需要对少年提起公诉，则必须将社会调查报告附在起诉书中并连同其他宗卷资

① 张鸿巍：《未成年人刑事案件社会调查的"过"与"不及"》，载《预防青少年犯罪研究》2014 年第 4 期。

② 杨飞雪、杨晓玲：《中美未成年人量刑前程序比较研究与展望》，载《法律适用》2010 年第 10 期。

③ 汪贻飞：《论社会调查报告对我国量刑程序改革的借鉴》，载《当代法学》2010 年第 1 期。

④ 陈立毅：《我国未成年人刑事案件社会调查制度研究》，载《中国刑事法杂志》2012 年第 6 期。

料一起向少年法院移送。对于起诉书中所附载的社会调查报告，少年的辩护律师有权行使阅卷权。为了保护少年的个人隐私，法律排除了少年刑事案件的被害人及其辩护律师行使阅卷权的可能性。社会调查报告还需要少年法院对该报告的内容进行严格证明程序的审查，即社会调查报告作为一种人证的证据方法，应经过法定的证据调查程序之后才能取得证据能力。所谓严格证明程序的审查，则需要依据直接审理和言词审理等基本的刑事诉讼原则，要求社会调查报告的制作者以及社会调查报告中涉及的相关人员以证人的身份出席法庭审理，并接受少年检察官和被告人辩护律师的交互诘问，未经严格证明程序中的交互诘问，少年法院在判决中不得引用社会调查报告中的内容作为最后判决的事实基础或者依据。

我国相关规定仅要求对未成年人刑事案件"可以"而不是"应当"进行个人情况的社会调查，这使得该制度没有获得司法机关的足够重视。建议应当将少年个人情况调查与案件事实置于同等重要的地位，规定对少年刑事案件必须提交相应的社会调查报告。在侦查阶段，就应当启动社会调查，报告完成后，检察院应当根据少年个人情况并结合公安机关侦查终结的案件事实来做出起诉或者不起诉的决定。如果检察院认为应当提起公诉，则将社会调查报告载在起诉书中一并移送法院。在法庭审理阶段，社会调查报告作为法定的证据方法，经过严格证明程序之后取得证据能力，并纳入法官自由心证的范围，成为形成判决的基础和依据。[①]

3. 日本

在日本，未成年案件是家庭裁判所的专属管辖案件。家庭裁判所负责审判和调解有关家庭的案件、审判未成年人保护案件、审理危害未成年人福利的成年人刑事案件。家庭裁判所受理案件后，开始庭前的社会调查，以决定其是属于未成年人刑事案件还是未成年人保护处分案件。[②] 经过调查，调查官必须将调查结果用书面形式报告给家庭法院法官。同时，必须在报告上表明自己的处理意见。原则上，调查官应当出席审判并陈述意见。在调查、审判过程中，法官应当保持与调查官充分的联络、协商。通过联络、协商，一

---

① 黄河：《少年刑事案件社会调查报告初论——以德国少年司法实践为视角》，载《研究生法学》2011 年第 1 期。

② 陈立毅：《我国未成年人刑事案件社会调查制度研究》，载《中国刑事法杂志》2012 年第 6 期。

方面法官可以监视调查官的调查活动，保障法律正当程序的要求，另一方面也有利于调查官为法官做出正确判决提供意见。①

## 三、 社会调查制度的具体内容

### （一）社会调查制度适用域

社会调查制度的适用域，是指社会调查制度适用于哪些未成年人刑事案件。关于此问题，大致有以下几种观点：

第一，对全部案件进行调查。换言之，对所有被移送到少年法庭的未成年犯案件都进行审前调查，将审前调查作为审判活动的必经程序。② 有论者指出，对全部未成年人刑事案件启动社会调查，首先是公平价值的必然要求；其次是避免司法腐败。③

第二，对特定案件进行调查。该观点主张社会调查主要适用于少额盗窃、轻微暴力的抢劫、聚众斗殴、寻衅滋事以及本辖区有重大影响的未成年人刑事案件等特定的数种案件。④

第三，对轻微犯罪进行调查，并限定空间范围。该观点主张从犯罪心理矫正的可能性角度考虑，社会调查制度仅适用于轻微犯罪；从经济性和有效性角度，立足于社会调查的本地化，提倡社会调查制度仅适用于特定地域。⑤有论者指出，目前江苏省社会调查的对象是未成年被告人户籍所在地或者经常居住地在本省各市辖区内，依法可能判处 3 年以下有期徒刑、拘役并具有

---

① 孙威：《我国未成年人社会调查制度存在的问题及对策》，载《四川教育学院学报》2008 年第 12 期。

② 吴宗宪：《论少年犯罪案件审前调查制度的建立——以〈刑法修正案（八）〉对社区矫正制度的确立为视角》，载《山东警察学院学报》2011 年第 5 期。

③ 孙威：《我国未成年人社会调查制度存在的问题及对策》，载《四川教育学院学报》2008 年第 12 期。

④ 金兰、黄周炳：《基层法院实施社会调查制度的调研报告——以 Z 省 H 市 J 区法院为主要样板》，载《法治研究》2009 年第 12 期。

⑤ 陈立毅：《我国未成年人刑事案件社会调查制度研究》，载《中国刑事法杂志》2012 年第 6 期。

管制、缓刑条件的。①

第四，以涉嫌罪名、犯罪情节、预测刑期、刑事和解、涉案年龄等标准综合考量社会调查启动的标准，只要满足下列其中一项标准，则必须启动：罪名标准应当限定于非暴力犯罪；情节应当限定于情节较轻，危害不大或者具有坦白、自首、立功等从轻、减轻或者免除处罚的情节；预测刑期应当限定于 5 年有期徒刑以下刑罚；涉罪未成年人与被害人达成和解；涉案年龄在 14 周岁至 16 周岁之间。此外，如果未成年人刑事案件存在证据不足、案件存疑的情况时，禁止开展社会调查。②

第五，以犯罪分层理论为基础，建构未成年人刑事案件社会调查制度的适用域。持此观点的学者建议对于轻微罪，即可能判处 1 年以下有期徒刑、管制、拘役的，必须进行社会调查；对轻型罪，即可能判处 1 年以上、3 年以下有期徒刑的，必须进行社会调查；对于偏轻型罪，即可能判处 3 年以上、5 年以下有期徒刑的，应当进行社会调查；对于偏重型罪，即可能判处 5 年以上、10 年以下有期徒刑的，可以不进行社会调查；对于重罪，即可能判处 10 年以上有期徒刑、无期徒刑的，不进行社会调查。③

### （二）社会调查启动阶段

就社会调查应当在刑事诉讼过程的哪个阶段启动的问题，主要有以下几种观点：

第一，主张在侦查阶段进行调查。④ 有论者更进一步主张在被立案之后开始调查，其理由有三：首先，根据我国《刑事诉讼法》相关规定，司法机关"认为有犯罪事实需要追究刑事责任的时候，应当立案；认为没有犯罪事

---

① 沈利：《刑事案件未成年被告人社会调查制度的法理考察与司法实践》，载《青少年犯罪问题》2008 年第 2 期。

② 王菲、张伯晋：《未成年人刑事案件社会调查制度选择性适用研究》，载《中国刑事法杂志》2013 年第 12 期。

③ 谢宏斌、王东卫：《未成年人社会调查制度的适用域探究——以犯罪分层理论为基础》，载《甘肃社会科学》2016 年第 1 期。

④ 廖明：《浅谈未成年人犯罪案件侦查的全面调查原则》，载《青少年犯罪问题》2004 年第 4 期；奚玮：《未成年人刑事诉讼中的全面调查制度》，载《法学论坛》2008 年第 1 期；郜占川、刘洋：《从模糊文本走向生动实践——未成年人社会调查制度的困境与化解》，载《西北师大学报（社会科学版）》2015 年第 6 期。

实，或者犯罪事实显著轻微，不需要追究刑事责任的时候，不予立案"。从该条规定不难看出，客观的犯罪事实本身是决定立案与否的唯一根据。而人格调查结论则是对犯罪人主观方面进行的考察，因此，对未成年犯罪人的人格调查自然应当在立案之后。其次，对于"情节显著轻微、危害不大的，不认为是犯罪的"，可以"撤销案件、不起诉、终止审理或者宣告无罪"，而其中"情节"就需要结合具体的犯罪事实和未成年犯罪人的人格状况进行综合考量。如果能够在侦查阶段根据其人格状况认定不构成犯罪的，就没有必要拖延到审查起诉之后。最后，在侦查阶段就进行人格调查便于司法机关对未成年犯罪人采取适当的强制措施以及决定是否适用"附条件不起诉"制度。[①] 有论者认为应当由检察机关从审查批准逮捕阶段开始社会调查工作更为妥当，社会调查工作的目的与检察机关的检察职责有机结合，社会调查结论可以为检察机关作出是否逮捕、是否起诉的决定提供重要参考依据。[②] 还有论者提出全面调查工作应当起始于侦查阶段，并且法律应当明确规定全面调查制度以侦查阶段为主、审查起诉阶段为辅、审判阶段为补充。[③] 实践中，云南盘龙区在侦查机关决定是否对未成年人取保候审时，开始要求"合适成年人"提供社会调查报告。[④]

第二，有论者建议启动社会调查的时间在审判机关立案之后，至迟在确定主审法官以后，就应当开始安排和进行社会调查。[⑤] 还有论者提出类似的观点，认为社会调查报告应当在审判阶段做出，由相关机构接受法官的委托来制作。原因在于：首先，社会调查报告的前提是定罪与量刑的分离，社会调查报告只能作为法官量刑的证据。如果在侦查阶段就已经开始进行社会调查报告，那么该报告特别是其中的"品格证据"，可能会引起侦查人员、检察人员的预断。其次，侦查阶段的主要任务是发现犯罪事实、确定犯罪嫌疑

---

① 梅锦：《论我国未成年人人格调查制度之完善》，载《西北师大学报（社会科学版）》2014 年第 3 期。

② 鲁玉兰：《未成年人刑事案件社会调查若干问题刍议》，载《河南司法警官职业学院学报》2013 年第 1 期。

③ 奚玮：《未成年人刑事诉讼中的全面调查制度》，载《法学论坛》2008 年第 1 期。

④ 谭京生、赵德云、宋莹：《北京市法院未成年人刑事案件社会调查报告工作的调研及建议》，载《青少年犯罪问题》2010 年第 6 期。

⑤ 吴宗宪：《论少年犯罪案件审前调查制度的建立——以〈刑法修正案（八）〉对社区矫正制度的确立为视角》，载《山东警察学院学报》2011 年第 5 期。

人，并不涉及对犯罪嫌疑人量刑的问题，侦查阶段对社会调查报告的需求不大。①

### （三）社会调查的主体

我国《刑事诉讼法》第 279 条规定的社会调查主体为公安机关、人民检察院和人民法院。立法机关的基本考虑是，公检法三机关要查明案件真相，对案件公正处理的所有信息都要整理，所以对社会调查主体作此规定；但是公检法三机关是社会调查的主体，这并不意味着不可以委托有关机构。比如最高人民法院《关于适用〈中华人民共和国刑事诉讼法〉的解释》第 476 条规定，对人民检察院移送的关于未成年被告人性格特点、家庭情况、社会交往、成长经历、犯罪原因、犯罪前后的表现、监护教育等情况的调查报告，以及辩护人提交的反映未成年被告人上述情况的书面材料，法庭应当接受。必要时，人民法院可以委托未成年被告人居住地的县级司法行政机关、共青团组织以及其他社会团体组织对未成年被告人的上述情况进行调查，或者自行调查。《人民检察院办理未成年人刑事案件的规定》第 9 条规定，人民检察院根据情况可以对未成年犯罪嫌疑人的成长经历、犯罪原因、监护教育等情况进行调查，并制作社会调查报告，作为办案和教育的参考。人民检察院开展社会调查，可以委托有关组织和机构进行。开展社会调查应当尊重和保护未成年人名誉，避免向不知情人员泄露未成年犯罪嫌疑人的涉罪信息。人民检察院应当对公安机关移送的社会调查报告进行审查，必要时可以进行补充调查。提起公诉的案件，社会调查报告应当随案移送人民法院。根据我国的立法及司法解释、相关规定等，可以看出目前调查主体呈多元化态势，学术界和实务界对此观点各异。

1. 由公安、检察院、法院进行调查

（1）由公安机关进行调查。有论者认为公安机关作为代表国家对犯罪行为进行侦查的机关，除了调查以犯罪行为为代表的案件情况以外，还应当全面负责涉及少年犯罪案件的立案、逮捕和移送处理等工作，职权的广泛性和全面性要求公安机关还需要对案件所涉及的少年的自身情况进行调查，以求

---

① 高通：《论我国社会调查报告的构建》，载《武陵学刊》2010 年第 6 期。

全面了解涉案情况。① 而有学者从当前刑事司法体制的职能现状与司法经济性的角度考虑认为，公安机关是最适合进行社会调查的主体。② 有论者则从公安机关承担社会调查工作的优势性角度说明公安机关更适宜作为调查主体。比如，对于当前普遍反映的调查时间较短、时限不够等问题，如果交给公安机关承担调查工作，就可以使得调查程序提前到侦查阶段进行，从而保障调查所需时间。从进行调查的能力和调查的成本两个方面来看，公安机关具备调查能力强和调查成本低的双优势，有利于保障调查的公正性和真实性。③ 但是亦有其他论者认为公安机关进行调查是不可取的，认为社会调查与刑事侦查相比，二者在性质和内容上有很大不同。而且，对公安机关来说，本身侦查任务繁重，又要认真细致地开展社会调查是非常困难的，且在调查中难免会出现带着追究犯罪的态度，难以保证调查的客观与公正。④

（2）由检察机关进行调查。有论者指出从未成年人检察工作来看，由检察官在审查起诉期间进行调查，有利于公诉部分更好地掌握少年犯罪嫌疑人的个人特殊情况，加强针对性，有助于提高检察机关量刑建议的可采性。⑤

（3）由法官进行调查。上海市长宁区人民法院在设立全国第一个少年法庭时，最初社会调查就以法官作为调查主体。有学者认为人格调查结论对于量刑具有重大影响，委托他人调查难以确保其结论的真实性，所以，人格调查的主体应该是法官。法官作为刑罚裁量的主体，为保证量刑适当，应当对犯罪人的个人情况亲自调查，这种调查本身就是形成量刑结果的过程。⑥ 有论者指出，我国未成年人刑事司法改革发端于法院系统，社会调查制度也最早从法院系统开展建章立制活动，因而在法院系统的认同度也最高。另外社会调查还需要由机构专门化、人员专职化、业务专门化来保障，而法院在这

---

① 刘东根：《试论我国未成年人犯罪案件社会调查的主体》，载《青少年犯罪问题》2008 年第 6 期。

② 康相鹏：《"涉罪未成年人异地社会调查相关问题"研讨会综述》，载《青少年犯罪问题》2014 年第 5 期。

③ 赵国玲主编：《未成年人司法制度改革研究》，北京大学出版社 2011 年版，第 163 页。

④ 陈立毅：《我国未成年人刑事案件社会调查制度研究》，载《中国刑事法杂志》2012 年第 6 期；冯卫国：《未成年人刑事案件的审前调查制度探讨》，载《青少年犯罪问题》2007 年第 1 期。

⑤ 范勤：《试论未成年人刑事案件社会调查制度》，载《法治论丛》2002 年第 5 期。

⑥ 陈兴良：《人格调查制度的法理考察》，载《法制日报》2003 年 6 月 3 日。

些方面具有比较明显优势。① 还有论者从社会调查必须具备客观性、科学性、可管理性三个角度出发论证审判机关应为唯一的社会调查主体，同时确定"调查与审理分离"原则，在少年法庭设社会调查员专事社会调查。② 但有论者提出反对意见，认为法官行使社会调查权不合理，理由如下：其一，法官积极主动收集有关未成年被告人的个体信息并不符合司法被动性原则。其二，从中国司法的现实来看，法院一般都面临案多人少的突出矛盾，无法保证法官参与调查的时间和精力。其三，法官欠缺人格调查所必须的专业知识，难以保证调查的科学性。③

（4）由公检法三机关作为社会调查的启动、委托、指导、审查主体和补充调查主体。司法行政机关、共青团组织以及其他社会团体组织作为接受委托社会调查的优先调查主体。辩护人作为社会调查主体的资格也应当予以承认和尊重。④

（5）"多方调查与综合判定"，即控辩双方分别进行调查，然后制作书面材料提交合议庭予以综合判定。必要时，可以由人民法院委托调查或者自行调查，再予以综合判定。这样的"多方调查与综合判定"的社会人格调查报告机制，符合诉讼的基本原理，适应少年司法的特殊需要，能够保证少年司法更为重要的基本事实依据的社会人格调查报告的全面性、客观性和公正性。⑤ 亦有论者提出反对意见，认为由控辩双方行使社会调查权难以保证社会调查的公正性。在刑事诉讼中，控辩双方各为诉讼一造，双方属于对抗关系，控方代表国家行使追诉权，辩方以实现无罪或者罪轻为己任，均难以站

---

① 蒋雪琴：《我国未成年人社会调查制度实践考察》，载《兰州大学学报（社会科学版）》2014 年第 5 期。

② 苏东红、许亚东：《试析未成年人刑事案件庭前社会调查制度的完善》，载《天津政法报》2014 年 10 月 31 日第 5 版。

③ 胡学相、张中剑：《完善未成年被告人人格调查制度的司法对策——以广州市的审判实践为样本》，载《华南理工大学学报（社会科学版）》2014 年第 5 期。

④ 吴燕、胡向远：《新〈刑诉法〉对未成年人案件社会调查制度的构建》，载《上海政法学院学报》2014 年第 1 期。

⑤ 高维俭：《少年司法之社会人格调查报告制度论要》，载《环球法律评论》2010 年第 3 期。

在中立、客观的立场上开展相关调查，势必会影响社会调查的公正性。①

2. 由基层司法所进行调查

有论者提出应当借鉴域外的社区刑罚执行机关负责，在我国可以由基层司法行政机构负责审前调查。② 与此观点近似的还有论者提出应由基层司法行政机关（司法所）主持、由社区工作人员给予协助来完成社会调查。③ 结合我国大力推进社区矫正工作的宏观背景，应当由基层司法行政机构的工作人员承担未成年人刑事案件的社会调查工作。首先，从社区矫正工作范围来看，对矫正对象的监管是法定职责，实现有效监管的必要条件是掌握矫正对象的个人特征，这就需要进行社会调查，实现个别化矫正，促进审判和矫治衔接。其次，我国在推进社区矫正过程中，已经比较注意在机构设置、人员配置和专业水平方面提升社区矫正工作的科学化水平，与其他机构相比较，这套人马具有人力资源的优势。④ 不过，亦有学者提出由基层司法所工作人员调查会导致社会调查主体与社区矫正监管主体发生重合，这可能使得司法所出于减少自身社区矫正监管工作量的考虑，在社会调查报告建议部分，对未成年人适用非监禁刑提出否定性意见，这显然不利于保障未成年被告人的合法权益。⑤

3. 由专业社工组织或社工人员进行调查

在我国北京、上海等地都有这种模式。有论者认为从价值观来看，社会工作最主要的利他主义价值观有利于社工进行社会调查工作，从科学理论、专业方法的知识能力来看，社会工作有利于促进社会调查工作的科学规范，

---

① 胡学相、张中剑：《完善未成年被告人人格调查制度的司法对策——以广州市的审判实践为样本》，载《华南理工大学学报（社会科学版）》2014 年第 5 期。

② 冯卫国：《未成年人刑事案件的审前调查制度探讨》，载《青少年犯罪问题》2007 年第 1 期。

③ 沈玉忠：《人格调查制度的应然思考及制度建构》，载《广西政法管理干部学院学报》2008 年第 6 期。

④ 杨飞雪：《刑事案件社会调查制度研究——以未成年人刑事案件为例》，载《人民司法》2009 年第 3 期。

⑤ 宫步坦：《未成年人刑事案件社会调查若干争议问题解析》，载《青少年犯罪问题》2014 年第 6 期。

对社会调查报告的翔实和客观提供了技术保障。[1] 有论者论证了专业社工组织作为未来社会调查执行主体的正当性，认为专业社工组织作为社会权力的代表之一，可以参与和弥补国家权力，尤其是司法权力在运行当中力所不及，指出或许社会权力可以调动更多社会资源，以更为优质和低投入的方式进行服务。同时，还从四个方面论证了专业社工组织作为社会调查主体的必要性。首先，从历史角度来看，自 1984 年我国上海市长宁区少年法庭成立以来，社会调查的执行主体的发展路径是，最初直接扩充法官、检察官、公安干警的职能，到后来才逐步引入社会力量加入。其次，社会调查内在特征要求专业社工组织作为执行主体。社会调查的内在特征包括社会性、科学性、专业性和中立性。再次，公检法司等国家公权力机关作为执行主体的局限性也要求专业社工组织作为未来社会调查执行主体。最后，社会调查工作者具有的优势保障了其作为社会调查执行主体的必要性和可行性。[2]

### 4. 设立专门的社会调查部门负责调查

有论者指出可以在社区矫正机构或者少年法庭中设立专门职位，培养专门调查人员，并对其进行专业培训，提高社会调查主体的专业化。[3] 有论者认为应当在专门的少年司法机构中，设立专门的社会调查部门，并配备一定比例的专门调查人员。专门的社会调查员本身需要具有社会工作的资质和资历，但社会调查涉及极其广泛的内容，若遇到一些需要专门知识解决的问题，仍需要专业人员的配合和支持。[4] 还有论者也支持该观点，认为应当建立单一而统一的人格调查机构，即"无论诉讼进行到何种阶段，调查主体均应当统一，即刑事诉讼中被追诉人人格调查自始至终都应由一个独立、专门且具有相当资质的主体负责"。从该机构的人员组成看，至少应当包括以下主体：社会工作人员、中立性的司法工作人员、心理学工作者和未成年人保

---

① 席小华：《论社工介入未成年人犯罪审前社会调查制度的必要性》，载《社会工作》2010 年第 12 期。

② 李瑾：《论我国未成年人刑事案件社会调查之执行主体选择》，载《兰州学刊》2017 年第 7 期。

③ 何亭亭：《心理学视角下未成年犯审前社会调查制度》，载《山西省政法管理干部学院学报》2013 年第 2 期。

④ 狄小华、倪一斌：《我国少年司法社会调查制度研究》，载《人民检察》2016 年第 1 期。

护组织人员。① 亦有论者指出可以考虑在司法行政机关下设独立的未成年被告人人格调查机关，由司法行政机关承担日常管理及业务指导，机构成员由专业社工担任，以充分保障人格调查的专业性及科学性。广州中级人民法院在此方面做了一些尝试。② 有其他论者建议建立"多层次共存，专兼职结合"的社会调查主体设置模式，所谓"多层次共存"即在法院系统内部设置专门的未成年人刑事案件审前社会调查委员会（或者专职的调查员），同时通过法律明确社会调查为基层司法所的日常工作之一；另外，由基层司法所结合当地的情况聘请当地有威望的教师、熟悉未成年人心理特点并且具有一定心理学、教育学知识的人士充实到未成年人犯罪案件社会调查的工作人员队伍之中。所谓"专兼职结合"是指法院内部设立的调查委员会和基层司法所作为社会调查的专职机构，从事社会调查的理论研究和实际操作，探究社会调查的规律、方法，并承担具体未成年人刑事案件审前社会调查的主要实际工作。由基层司法所聘请的当地教师或者具有一定心理学和教育学知识的人等，作为社会调查的兼职人员，辅助调查委员会和司法所的调查人员。③

5. 由犯罪嫌疑人、被告人的辩护律师进行调查

最高人民法院《关于适用〈中华人民共和国刑事诉讼法〉的解释》的第 484 条规定，对未成年被告人情况的调查报告，以及辩护人提交的有关未成年被告人情况的书面材料，法庭应当审查并听取控辩双方意见。上述报告和材料可以作为法庭教育和量刑的参考。由是观之，辩护人提交的有关未成年被告人情况的书面材料与社会调查报告的法律属性和地位相似甚至相同。④ 实践中，重庆市沙坪坝区法院采用两种模式：一种是由担任援助工作的援助律师或者未成年被告人的辩护律师承担社会调查工作。这种模式主要用于外区域的未成年被告人。另一种模式是基层司法行政机构作为调查主体。⑤ 也

① 梅锦：《论我国未成年人人格调查制度之完善》，载《西北师大学报（社会科学版）》2014 年第 3 期。

② 胡学相、张中剑：《完善未成年被告人人格调查制度的司法对策——以广州市的审判实践为样本》，载《华南理工大学学报（社会科学版）》2014 年第 5 期。

③ 王东明：《未成年人犯罪审前社会调查制度研究》，载《前沿》2011 年第 24 期。

④ 吴燕、胡向远：《新〈刑诉法〉对未成年人案件社会调查制度的构建》，载《上海政法学院学报》2014 年第 1 期。

⑤ 杨飞雪：《刑事案件社会调查制度研究——以未成年人刑事案件为例》，载《人民司法》2009 年第 3 期。

有论者认为辩护人可以成为社会调查的补充主体，辩护人在社会调查中只收集提供对未成年被告人有利的事实，正是其职责的体现。从维护未成年被告人合法权益的角度出发，辩护人应当有权进行社会调查，但是，其职能是调查的补充主体，不能由辩护人完成全部的社会调查工作。辩护人对公检法各机关社会调查报告中对被告人不利的事实，或者遗漏的对被告人有利的事实，可以进行社会调查，也可以委托有关的专业机构进行。①

6. 由未成年人保护组织、共青团等团体来承担

持这种观点的论者认为，这些组织本身就是未成年人权利保护组织，他们有爱护以及保护未成年人的经验，适合开展社会调查。②

7. 由非政府组织实施社会调查

非政府组织（简称 NGO，又称非营利组织、志愿组织、公民社会组织，民间组织等）的具体表现形态多种多样，如各种非营利性的行业协会、民间团体、基金会等。未成年人社会调查制度涉及对未成年犯罪嫌疑人、被告人的正确定罪量刑和教育矫正，自然进入非政府组织的视野之内。有论者认为非政府组织具有资源优势、组织优势、机制优势、属性优势。③

值得注意的是，有论者认为社会调查的主体并非是社会调查的关键问题，无论哪个部门负责社会调查，都应该具有从事社会调查的资质。社会调查的核心资质有三点：一是要专业，负责社会调查报告的主体应该具有基本的社会学、心理学、教育学、犯罪学等专业知识；二是要有激情；三是要敬业，无论社会调查报告的主体是谁，都必须具有基本的敬业态度和敬业精神，都不可以草率对待社会调查报告。④

### （四）社会调查员的诉讼地位

不少论者发现造成我国社会调查报告质量不高的一个重要因素在于社会调查员法律地位的缺失，故而就社会调查员的法律地位提出以下建议：

---

① 赵国玲主编：《未成年人司法制度改革研究》，北京大学出版社 2011 年版，第 165 页。

② 龚雅丽：《浅论未成年人的公正审判权——对社会调查介入未成年人刑事审判必经程序的探讨》，载《法制与社会》2007 年第 4 期。

③ 吕晓刚：《未成年人社会调查制度调查主体研究》，载《青少年犯罪问题》2014 年第 6 期。

④ 康相鹏：《"涉罪未成年人异地社会调查相关问题"研讨会综述》，载《青少年犯罪问题》2014 年第 5 期。

第一，建议社会调查员在法庭中的地位与翻译人员类似，应当属于审判辅助工作人员。[①] 有论者指出社会调查员应当等同于鉴定人、翻译等诉讼参与人的地位，必要时应当为社会调查员设立专门的报告席位，让社会调查员参加庭审，并将亲身经历的调查情况进行归纳、总结，做出自己的综合评定。[②]

第二，认为社会调查主体是司法机关办案的辅佐者，是刑事诉讼中独立的诉讼参与人。[③] 有论者指出调查主体作为一个有刑事调查取证权的主体，对一系列涉及未成年人格的事实进行调查，提出处理意见，并在庭审过程中示证质证，这就意味着他已经超越了庭审中的（传闻）证人的角色，即从整个未成年人刑事诉讼过程来看，除控、辩、审之外实质嵌入了第四方的参与主体。[④]

第三，认为调查人员应当是审判机关的人员，在行政上应当由审判机关管理与领导。这也是坚持人民法院为唯一的调查主体的要求。此外，调查人员应当具有相对独立性。[⑤]

### （五）社会调查的方法

法律对于社会调查的方式方法没有细化规定，因此实践中调查方式多样，缺乏规范性和科学性。

第一种观点建议：首先，社会调查应当由两名以上调查员共同参加；其次，以实地考察和面谈为主、其他方式为辅；再次，以笔录和书面记载为载

---

① 蒋雪琴：《我国未成年人社会调查制度实践考察》，载《兰州大学学报（社会科学版）》2014 年第 5 期。

② 范勤：《试论未成年人刑事案件社会调查制度》，载《法治论丛》2002 年第 5 期；陈立毅：《我国未成年人刑事案件社会调查制度研究》，载《中国刑事法杂志》2012 年第 6 期。

③ 杨雄：《未成年人刑事案件中社会调查制度的运用》，载《法学论坛》2008 年第 1 期。

④ 王志坤：《未成年人刑事案件社会调查制度研究》，载《法学杂志》2014 年第 10 期。

⑤ 苏东红、许亚东：《试析未成年人刑事案件庭前社会调查制度的完善》，载《天津政法报》2014 年 10 月 31 日第 5 版。

体；最后，以保密为前提。①

第二种观点认为除了传统的调查方式以外，还应当采用人格理论、人格心理学等领域的优秀研究成果，通过人格测量等方式更好地进行人格调查。②

第三种观点认为应当根据调查内容的不同，采取不同方式。根据调查内容是否具有可变性，可以将社会调查内容分为静态因素和动态因素。静态不变的内容可以通过查档、访谈、问卷等调查，而对动态因素的掌握则需要专业的方法，如观察、测验、面谈等。③

第四种观点认为社会调查要与心理评估相结合。心理上的评估和矫治，对于被监禁的吸毒成瘾、狂暴的、患精神病的未成年人极为重要。心理测试报告与社会调查报告等一并移送法院，作为量刑参考。④

第五种观点认为社会调查的方法包括一般调查方法和特殊调查方法。前者具体包括阅卷、会见、问卷调查、走访调查；后者包括鉴定、人格测评。⑤

第六种观点认为社会调查应当坚持全面原则、直接原则和科学原则。⑥

第七种观点指出目前的未成年人社会调查制度本质上是小数据时代的产物，主要采取主观经验分析的方法，仅靠走访和打电话的方法，依赖未成年犯的自我陈述及其家属的陈述，使得社会调查报告的客观性、准确性容易受到质疑。因此，该学者提出应当采用大数据理论完善社会调查的方法。首先，应当建立两个数据库，即未成年再犯社会调查数据库和相关因素数据库。其次，应当建立相应的数据评估模型库。最后，当需要评估个案的时候，先要尽可能收集影响案主再犯可能性的所有因素，将新个案因素情况与

---

① 吴燕、胡向远：《新〈刑诉法〉对未成年人案件社会调查制度的构建》，载《上海政法学院学报》2014 年第 1 期。

② 陈立毅：《我国未成年人刑事案件社会调查制度研究》，载《中国刑事法杂志》2012 年第 6 期。

③ 狄小华、倪一斌：《我国少年司法社会调查制度研究》，载《人民检察》2016 年第 1 期；狄小华：《中国特色少年司法制度研究》，北京大学出版社 2017 年版，第 363 - 365 页。

④ 王菲：《未成年人刑事案件社会调查制度选择性适用研究》，载《中国刑事法杂志》2013 年第 12 期。

⑤ 胡学相、张中剑：《完善未成年被告人人格调查制度的司法对策——以广州市的审判实践为样本》，载《华南理工大学学报（社会科学版）》2014 年第 5 期。

⑥ 冯卫国：《未成年人刑事案件的审前调查制度探讨》，载《青少年犯罪问题》2007 年第 1 期。

相关因素数据库中的因素情况进行对比，提炼出影响案主再犯可能性的可评估因素。然后将个案的评估因素进行组合，从评估模型库中找出最佳的因素组合模型，得出新个案的评估结果。再将新个案的数据信息和评估结果一并纳入社会调查数据库，服务于新个案的未成年犯人身危险性评估。[①]

### （六）社会调查报告的内容

目前，我国尚未确定统一的社会调查报告内容模板。根据《刑事诉讼法》第 279 条规定，社会调查报告应当包括未成年犯罪嫌疑人、被告人的"成长经历、犯罪原因、监护教育等情况"。最高人民法院《关于适用〈中华人民共和国刑事诉讼法〉的解释》第 476 条则将社会调查的内容扩大为未成年被告人"性格特点、家庭情况、社会交往、成长经历、犯罪原因、犯罪前后的表现、监护教育等情况"。《人民检察院办理未成年人刑事案件的规定》第 9 条规定的社会调查报告内容与《刑事诉讼法》第 279 条完全一致。由上观之，我国的立法和司法解释对于社会调查报告的内容规定的较为原则化，而在实务界和学界则提出了更为多样的建议，以充实和完善社会调查报告。

第一种观点认为，社会调查报告具体应当包括以下内容：（1）犯罪嫌疑人的个人基本情况；（2）犯罪嫌疑人的经历；（3）犯罪嫌疑人的身心状况；（4）犯罪嫌疑人的兴趣爱好；（5）犯罪嫌疑人的交往对象、交往范围；（6）犯罪嫌疑人的受教育状况；（7）犯罪嫌疑人的职业状况；（8）犯罪嫌疑人的家庭环境；（9）犯罪嫌疑人的社区环境；（10）犯罪嫌疑人在犯罪后的思想状况；（11）主观恶性的大小和导致犯罪的具体原因；（12）犯罪嫌疑人的家长、监护人或者有关人员的人格、素质、经历和环境等。[②] 此外，有论者认为除了以上内容，还应当包括被害人的情况、犯罪行为给被害人造成的身心和财产方面的损失、被害人对于犯罪行为和少年犯罪人的态度，特

---

① 刘立霞、李晓南：《运用大数据理论完善未成年人社会调查制度》，载《法学杂志》2015 年第 1 期。

② 李兰英、程莹：《新刑诉法关于未成年人刑事案件社会调查规定之评析》，载《青少年犯罪问题》2012 年第 6 期；沈玉忠：《人格调查制度的应然思考及制度建构》，载《广西政法管理干部学院学报》2008 年第 6 期；胡学相、张中剑：《完善未成年被告人人格调查制度的司法对策——以广州市的审判实践为样本》，载《华南理工大学学报（社会科学版）》2014 年第 5 期。

别是他们能否谅解和宽容少年犯罪人的态度，以及一旦对少年犯罪人判处非监禁刑或者免予刑事处罚，是否会对被害人造成新的危害等。[①]

第二种观点认为社会调查报告应当包括以下四个部分：（1）调查程序的记载；（2）未成年人涉罪的客观外在因素；（3）未成年人涉罪的主观内在因素；（4）采取非羁押措施、判处非监禁刑的风险评估。[②]

第三种观点认为社会调查主要包括对犯罪事实的调查、社会调查和生理调查以及心理测试三部分。社会调查和生理调查的内容应当包括：犯罪嫌疑人的个人基本情况、犯罪嫌疑人的经历、犯罪嫌疑人的身心状况、兴趣爱好、交往对象、受教育状况、职业状况、家庭环境、社区环境、犯罪后的思想状况、被害人是否有过错、犯罪嫌疑人的家长、监护人或者有关人员的人格、素质、经历和环境等。[③]

第四种观点认为根据社会调查的目的不同，可分为分流性社会调查、处分性社会调查和矫正性社会调查。调查内容依据调查目的而决定。可以将不同目的的调查内容区分为三部分，即调查对象个体情况、对象成长环境和监护或者矫正条件。[④]

第五种观点认为应当从未成年人社会调查的必要性出发，排除不应当成为调查内容的事项，应注意以下几点：（1）应当把需要调查的内容与办案机关依法必须查明的事实加以区分。（2）应当将与定罪相关的事实，特别是犯罪构成要件的特定要件从调查内容中排除。（3）办案单位依职权应当查明的量刑情节也不应当成为社会调查的内容。（4）超越个案的内容，比如未成年人居住社区的组织运行情况等应予排除。社会调查的重点应当是未成年犯罪嫌疑人、被告人的人身危险性方面的内容，所以该学者建议将社会调查内容

---

① 吴宗宪：《论少年犯罪案件审前调查制度的建立——以〈刑法修正案（八）〉对社区矫正制度的确立为视角》，载《山东警察学院学报》2011 年第 5 期。

② 吴燕、胡向远：《新〈刑诉法〉对未成年人案件社会调查制度的构建》，载《上海政法学院学报》2014 年第 1 期。

③ 廖明：《浅谈未成年人犯罪案件侦查的全面调查原则》，载《青少年犯罪问题》2004 年第 4 期。

④ 狄小华、倪一斌：《我国少年司法社会调查制度研究》，载《人民检察》2016 年第 1 期。

分为对未成年人的个人人格调查和外部环境调查。①

第六种观点认为基于社会调查制度所承载的各项功能，社会调查报告应该具有综合性，所以社会调查报告应当有以下几个方面的内容：（1）人身危险性与社会危险性调查；（2）犯罪原因调查；（3）处理结果建议。②

第七种观点认为社会调查的内容应当围绕两大维度展开，一是风险性因素，二是保护性因素。风险性因素来自三个方面，分别是个体、社会和历史性事件。保护性因素分为内在保护因素和外在保护因素。③

第八种观点认为社会调查应当包括以下维度的内容：（1）纵向维度之成长历程，具体包括主要经历、不良行为史、性格及优缺点的形成演化等内容；（2）横向维度之社会环境因素，具体包括家庭环境、同伴交往、学校及相关社区环境；（3）心理健康状况的评估；（4）社会人格个别化、综合性的分析评估。④

### （七）社会调查报告的法律属性

虽然我国相关司法解释将未成年人刑事案件社会调查报告定性为参考性材料，但是我国学术界对此仍存有不同的认识，大体而言，我国学术界对社会调查报告之法律属性是否证据存在"肯定论"⑤与"否定论"的激烈争论。具体而言，又细分为以下几种观点：

第一种观点认为，社会调查报告是一种专家的鉴定意见。⑥

第二种观点认为，社会调查报告是一种特殊的证人证言。社会调查报告

---

① 宫步坦：《未成年人刑事案件社会调查若干争议问题解析》，载《青少年犯罪问题》2014 年第 6 期。

② 刘涛、岳慧青：《未成年人犯罪社会调查主体多元化之构建》，载《预防青少年犯罪研究》2012 年 6 月。

③ 席小华、徐永祥：《涉罪未成年人社会调查制度中的问题与对策》，载《人民检察》2015 年第 8 期。

④ 高维俭：《少年司法之社会人格调查报告制度论要》，载《环球法律评论》2010 年第 3 期。

⑤ 田宏杰、庄乾龙：《未成年人刑事案件社会调查报告之法律属性新探》，载《法商研究》2014 年第 3 期。

⑥ 罗芳芳、常林：《〈未成年人社会调查报告〉的证据法分析》，载《法学杂志》2011 年第 5 期；陈立毅：《我国未成年人刑事案件社会调查制度研究》，载《中国刑事法杂志》2012 年第 6 期。

是社会调查主体通过其感觉器官对其观察、访谈的各种事项的感知、记忆，最后以书面的方式记录形成的书面报告；① 还有论者认为，社会调查报告必须一体看待，不能单就其组成部分辨析证据属性。他建议将社会调查报告视为一种笔录化了的证人（专家证人）证言。②

第三种观点认为，社会调查报告就是品格证据，当然属于刑事证据的范畴。③ 有论者还进一步指出，社会人格调查报告之刑事证据可能包含法定刑事证据的多个种类，甚至全部种类。④

第四种观点认为，"社会调查报告包括两个部分，事实和评价。就事实部分而言它是证据，是关于量刑情节的证据，是一种传闻证据；就其评价部分，它是意见证据，它不是事实的描述，而是一个案件的某种推断。"⑤

第五种观点认为，社会调查报告从理论上应当视为证据，且只能作为量刑的依据，不能作为定罪的依据。⑥ 有论者指出量刑证据是与定罪证据相对应的证据种类，其并不证明案件中的犯罪构成要件事实，而"主要证明与量刑有关的法定和酌定量刑情节以及有利于法官准确量刑的其他事实"，因此未成年人社会调查报告可以作为这种量刑证据在刑事诉讼中使用。⑦

第六种观点认为调查报告属于证据。具体来说，在审查批准逮捕阶段，它是批准必要性的证据；在审查起诉阶段，它是公诉必要性的证据；在审判

---

① 王蔚：《未成年人刑事案件中社会调查报告的证据属性》，载《青少年犯罪问题》2010 年第 1 期。

② 王志坤：《未成年刑事案件社会调查制度研究》，载《法学杂志》2014 年第 10 期。

③ 山东省高级人民法院刑一庭：《少年审判制度若干问题研究》，载《山东审判》2008 年第 6 期；胡学相、张中剑：《完善未成年被告人人格调查制度的司法对策——以广州市的审判实践为样本》，载《华南理工大学学报（社会科学版）》2014 年第 5 期；杨飞雪：《刑事案件社会调查制度研究——以未成年人刑事案件为例》，载《人民司法》2009 年第 3 期。

④ 高维俭：《少年司法之社会人格调查报告制度论要》，载《环球法律评论》2010 年第 3 期。

⑤ 山东省高级人民法院刑一庭：《少年审判制度若干问题研究》，载《山东审判》2008 年第 6 期。

⑥ 杨雄：《未成年人刑事案件中社会调查制度的运用》，载《法学论坛》2008 年第 1 期。

⑦ 陈旭、刘品新：《未成年人社会调查报告的法律规制》，载《预防青少年犯罪研究》2013 年第 4 期。

阶段，它是量刑的证据；在执行阶段，它是执行和确定矫正方式的证据。[①]
有论者指出，鉴于社会调查报告在未成年人刑事诉讼的各个阶段所作出的各
项裁决中所起的作用，认为社会调查报告的性质应当界定为除定罪外的刑事
处遇证据。从现有的证据种类来看，社会调查报告确实难以归入其中任何一
种，但在不久的将来会作为一种新型的证据种类出现在证据法视野中。[②] 还
有论者认为无论是从实体法还是从程序法抑或从证据法的角度看，社会调查
报告都具有证据属性。从实体法的角度看，社会调查报告是进行未成年人刑
事犯罪立法以及令未成年犯承担刑事责任的根据；从程序法的角度看，社会
调查报告是公安机关、司法机关以及执行机关作出决定、裁定、判决以及实
施矫正方案的依据；而从证据法的角度看，社会调查报告则是量刑证据的重
要组成部分。总之，社会调查报告作为特殊的证据体现了诉讼程序的完整
性，是刑事一体化的应有之意。[③]

第七种观点认为社会调查报告仅仅是参考意见而非证据，[④] 这也是目前
的主流观点。有学者给出了如下理由：首先，目前的法律和司法性文件都规
定社会调查报告为参考，而非证据；其次，司法行政机关、共青团组织和其
他社会团体组织并无刑事诉讼法意义上的取证权，因此其采集的材料不能定
义为证据；再次，社会调查报告不具有专家鉴定意见的专业性；最后，社会
调查报告中的被调查人员的陈述并非证据法意义上的证人证言。而且还建议
在今后的改革中，社会调查报告应当纳入量刑证据的范畴。[⑤]

第八种观点认为，随着中国特色少年司法制度的逐步建立，社会调查报
告所做的风险与需求评估，将与已然罪错行为一起，成为决定罪错少年处遇

---

[①] 曾新华：《未成年人全面调查制度若干问题之探讨》，载《法律科学》2014 年第
2 期。

[②] 李国莉：《未成年人社会调查报告的证据法解析及量刑运用》，载《学术交流》
2013 年第 10 期。

[③] 田宏杰、庄乾龙：《未成年人刑事案件社会调查报告之法律属性新探》，载《法
商研究》2014 年第 3 期。

[④] 莫洪宪、邓小俊：《试论社会调查制度在检察机关办理未成年人刑事案件中的运
用》，载《青少年犯罪问题》2010 年第 1 期；沈玉忠：《人格调查制度的应然思考及制度
建构》，载《广西政法管理干部学院学报》2008 年第 6 期。

[⑤] 吴燕、胡向远：《新〈刑诉法〉对未成年人案件社会调查制度的构建》，载《上
海政法学院学报》2014 年第 1 期。

的依据。这是个别论者展望未来而提出的观点。且一旦成为法定少年罪错处理的依据，那么社会调查报告也就成为事实上的"证据"，只是此种证据与我国刑事诉讼法规定的八类证据存在明显区别。①

### （八）异地社会调查

司法实践中，一些外地户籍涉罪未成年人犯罪案件较多的地方的司法实务部门难免遇到的一个困难，即异地调查问题，其根本在于未成年人案件的地域管辖权。我国《刑事诉讼法》规定刑事案件由犯罪地的人民法院管辖。如果由被告人居住地的人民法院审判更为适宜的，可以由被告人居住地的人民法院管辖。所以当未成年人案件涉及犯罪地和居住地不同的情况时，如何实现异地调查，学界和实务界提供了不同建议。

第一，由犯罪地公安机关在对案件事实和证据收集完善后，将该案件移送未成年人居住地公安机关；在由居住地公安机关进一步补充完善相关的包括社会人格调查报告在内的事实及证据，然后经由居住地检察机关向居住地人民法院提起公诉，由居住地人民法院予以审判，并由居住地执行机关予以执行等。居住地包括住所地（户籍所在地）和居所地（惯常生活地），当二者不一致时，由后者的刑事司法机关予以管辖。鉴于未成年人的特点和特殊需要，应当优先考虑未成年人的家长或者监护人及其主要社会关系人的居住地。②

第二，建立本地与外地司法局之间的直接委托关系。公检法各部门审查拟适用审前社会调查的外地人口后委托经常居住地司法行政机关进行调查，本地司法行政机关若无法获取准确调查结果，就可以直接委托户籍地司法行政机关进行调查，节省返回法院后法院另行委托的时间。③

第三，既可以依托社区矫正对象异地委托管理的协作网络，也可以借助于未成年人保护组织或者法律援助组织异地协作的网络平台，通过社区矫正

---

① 狄小华、倪一斌：《我国少年司法社会调查制度研究》，载《人民检察》2016 年第 1 期。

② 高维俭：《少年司法之社会人格调查报告制度论要》，载《环球法律评论》2010 年第 3 期。

③ 陈珠、叶凌：《刑事案件审前社会调查制度实证研究——以长乐法院审前社会调查运行情况为样本》，载《福建警察学院学报》2014 年第 1 期。

机构或者法律援助部门进行转委托，进而实现对外地未成年人的异地委托调查。①

第四，可以对近年来受理的外地未成年犯罪人的户籍分布状况做进一步统计，根据统计结果，有针对性地选择若干外地省市的司法行政机关，与之合作尝试建立异地委托社会调查协作机制。②

第五，由公安机关启动社会调查的制度设计可以高效地启动异地委托调查，有效地解决未成年人异地调查难问题。公安机关可以利用其协作网络优势利用异地社区警务和派出所与社区矫正机关、社区街道在社区矫正工作中的协作关系开展异地委托社会调查。③

### （九）对社会调查制度的监督和救济

有论者提出委托调查机关对受委托机构和组织开展的社会调查实行监督，检察机关对社会调查工作实行全程化监督。④ 而涉罪未成年人的救济权应当包括：（1）涉罪未成年人及其辩护人有不予调查某些可能产生不利后果的人员的建议权；（2）涉罪未成年人及其辩护人有对社会调查报告发表意见的权利；（3）针对异议的社会调查报告，辩护人自行开展调查或者委托专业机构调查的调查权。⑤

也有论者指出聘请调查员的单位应当加强对社会调查员的监督措施。例如，规定社会调查员定期向聘任单位报告社会调查工作的进展；对于调查员的不良和违法行为聘任单位有权依法取消其调查员身份等。监督包括对社会调查报告在开庭前的审查，听取被告人、监护人、辩护人的意见并要求调查员作出解释、补充和核实；在开庭时听取诉讼参与人的质询，如果在庭审中

---

① 谭京生、赵德云、宋莹：《北京市法院未成年人刑事案件社会调查报告工作的调研及建议》，载《青少年犯罪问题》2010 年第 6 期。

② 杨永勤：《涉罪未成年人异地社会调查制度现行做法、困惑及设想》，载《预防青少年犯罪研究》2014 年第 6 期。

③ 四川省高级人民法院课题组：《未成年人刑事案件审理中社会调查制度的实际运用与分析》，载《法律适用》2014 年第 6 期。

④ 刘颖：《未成年被告人判前社会调查制度的建构》，载《大庆师范学院学报》2010 年第 2 期。

⑤ 吴燕、胡向远：《新〈刑诉法〉对未成年人案件社会调查制度的构建》，载《上海政法学院学报（法治论丛）》2014 年第 1 期。

诉讼参与人尤其是未成年被告人对调查报告发生较大争议或者提出实质异议,法庭不宜将调查报告作为量刑参考。①

还有论者指出江苏省高级人民法院会同有关部门于 2006 年 10 月 1 日出台了《刑事案件未成年被告人审前调查实施办法(试行)》中规定了一系列监督制约措施,具体包括:(1)检察机关全程监督制度;(2)两人调查制度;(3)两级把关制度;(4)回避制度;(5)法庭审查和复核制度;(6)保密制度。②

有论者提出检察机关对社会调查工作的审查形式应主要包括书面审查、要求公安机关补充材料、委托司法社工机构或者其他组织补充调查、向司法社会或者专业调查人员了解核实情况等不同形式。检察机关对专业社会调查主体的调查过程是否符合既定程序规定、是否存在侵犯未成年人合法权益等情形需要进行必要的监督。③

---

① 陈立毅:《我国未成年人刑事案件社会调查制度研究》,载《中国刑事法杂志》2012 年第 6 期。

② 沈利:《刑事案件未成年被告人社会调查制度的法理考察与司法实践》,载《青少年犯罪问题》2008 年第 2 期。

③ 彭智刚、卫杰:《论检察机关办理未成年人刑事案件社会调查的路径——以新〈刑事诉讼法〉实施为切入点》,载《中国刑事法杂志》2013 年第 9 期。

# 第四章　严格限制适用逮捕措施

逮捕是公安司法机关对符合法定条件的犯罪嫌疑人、被告人采取的在较长一段时间内剥夺其人身自由的一种强制措施，是我国刑事诉讼法规定的五种强制措施体系中最为严厉的一种。从世界范围来看，审前不被羁押已经成为一项国际通行的刑事司法准则或者人权原则，得到各国立法、司法和联合国有关文件的普遍认可。[①] 与成年人相比，未成年人身心发展尚未成熟，行为认知和心理判断能力较弱，可塑性较强，因而，在未成年人刑事诉讼中尤其应当强调和坚持审前非羁押原则，限制和减少对未成年犯罪嫌疑人、被告人适用逮捕措施，将逮捕作为最后手段在万不得已的情况下适用，做到"以不羁押为常态、羁押为例外"。对于已经被逮捕的未成年犯罪嫌疑人、被告人，随着诉讼进程不再具有继续羁押的必要时，公安司法机关应当及时将其予以释放或者变更为非羁押强制措施。[②] 长期以来，我国非常重视对未成年人基本权利和司法处遇的保护，贯彻落实宽严相济刑事政策和特别保护原则，严格限制对未成年犯罪嫌疑人、被告人适用逮捕措施，可捕可不捕的坚决不捕，可诉可不诉的一律不诉，切实维护未成年人合法权益。2012 年《刑事诉讼法》修改时在第五编"特别程序"中增设未成年人刑事案件诉讼程序专章，"其中不论是相对于原刑事诉讼法新增加的内容，还是修改的部分，多数内容与这些年来我国司法实务界关于未成年人刑事诉讼程序的实践相关，并注意吸收理论界关于未成年人刑事诉讼程序的许多研究成果，因

---

[①] 宋英辉、何挺、王贞会等：《未成年人刑事司法改革研究》，北京大学出版社 2013 年版，第 47 页；刘福谦：《未成年犯罪嫌疑人在侦查阶段的非监禁化——以减少逮捕为视角的分析》，载《青少年犯罪问题》2004 年第 5 期。

[②] 王贞会：《审前非羁押原则与人权保障》，载《中国法律》2014 年第 6 期。

此，可以说这是相关实践经验和理论探讨的结晶。"[1] 2018 年修改《刑事诉讼法》时对"未成年人刑事案件诉讼程序"专章全部保留。

现行《刑事诉讼法》第 280 条规定了对未成年犯罪嫌疑人、被告人应当严格限制适用逮捕措施，在立法上确立了我国未成年人刑事诉讼中的审前非羁押原则。在全面推进法治国家建设和深化司法体制改革的背景下，严格限制适用逮捕措施、落实审前非羁押原则是未成年人司法体制改革的一项重要内容。但是，从现有立法来看，刑事诉讼法只在原则上规定严格限制对未成年犯罪嫌疑人、被告人适用逮捕措施，并未在制度层面确定与成年人相区别的、专门的未成年人逮捕和审前羁押制度，客观上造成对未成年人基本权利保护不足，不利于限制适用逮捕措施的落实和降低对未成年人的羁押率。[2]对未成年人严格限制适用逮捕措施这一课题，学界已经开展了较为系统深入的研究，取得了一系列成果，主要围绕严格限制适用逮捕的原则基础、逮捕条件、逮捕程序、羁押必要性审查和非羁押强制措施适用等内容展开讨论，其中既有理论层面的深刻反思，也有实践层面的经验总结与问题剖析，并提出诸多切实可行的完善建议，对于完善我国未成年人审前羁押制度具有积极意义，为完善我国审查逮捕制度提供了经验样本，甚至对整个刑事强制措施体系改革产生示范效果。从更深远的意义上说，也能在更大程度上促进整个刑事诉讼制度的发展。[3]

## ⚖ 一、 严格限制适用逮捕措施的原则基础

对未成年犯罪嫌疑人、被告人适用逮捕，将会造成他们在较长一段时间内的人身自由失却状态，不可避免地将会对他们的身心产生消极影响，这种消极影响在某种程度上可能是终身相伴的。有论者认为，将未成年人予以羁

---

① 王敏远：《论未成年人刑事诉讼程序》，载《中国法学》2011 年第 6 期。

② 也有论者认为，在社会大力倡导降低未成年人案件羁押率的背景下，鉴于未成年人案件的特殊性，其羁押率并不是越低越好，尤其是并不必然应当低于成年人案件的羁押率，未成年人羁押率高的原因在于较之成年人案件国家往往表现得更加积极主动，介入的范围更加宽泛。张栋：《未成年人案件羁押率高低的反思》，载《中外法学》2015 年第 3 期。

③ 段君尚：《未成年人刑事案件审查逮捕程序研究》，中国人民大学 2016 年硕士学位论文。

押的消极影响主要体现在以下几个方面：（1）由于未成年人心智能力有限所产生的担心和恐惧，使他们会受到比成年人更大的伤害。（2）羁押容易产生交叉感染。（3）羁押的标签化效果不利于未成年人回归社会。（4）与非羁押相比，羁押之后更容易导致随后的起诉和定罪。（5）羁押在一定程度上会影响到与被害人关系的修复。① 亦有论者指出，羁押会激化未成年人的反社会情绪，容易形成未成年人的再犯罪倾向。② 因此，应当完善未成年人刑事强制措施和羁押制度，最大限度地减少交叉感染和标签效应，为涉罪未成年人社会化帮教和回归社会创造条件。③

《刑事诉讼法》将严格限制适用逮捕措施作为未成年人刑事诉讼程序应当遵守的一项原则加以规定，符合刑事诉讼原理和我国历来对未成年人奉行的特别保护政策的要求，具有理论正当性和法律适用上的必要性。关于严格限制对未成年人适用逮捕措施的指导原则和理论来源，学界存在不同认识，主要包括以下几种观点：第一种观点是从一般法律原则的角度来阐释严格限制对未成年人适用逮捕的正当性和必要性，认为严格限制对未成年人适用逮捕的原则依据应当包括法定原则、例外性原则、比例原则、谦抑原则、人权保障原则、持续性审查原则等原则。④ 第二种观点则是从刑事诉讼基本原则的角度，认为应当在刑事诉讼法中明确无罪推定原则作为未成年人刑事诉讼程序基本原则的基础性地位，而审前非羁押正是无罪推定这一刑事诉讼原则在强制措施制度上的体现，有助于实现人权保障和司法公正之目的。⑤ 第三种观点是从未成年人刑事政策的角度，认为宽严相济刑事政策为严格限制对未成年人适用逮捕措施提供了根本意义上的政策基础，而在宽严相济刑事政策指导下引申出来的专门适用于未成年人刑事诉讼的"可捕可不捕的不捕"

① 宋英辉：《未成年人刑事司法的模式选择与制度构建》，载《人民检察》2011 年第 12 期。

② 朱锦秀：《社区矫正与未成年人犯罪法律适用的系统性研究》，载《重庆大学学报（社会科学版）》2011 年第 3 期。

③ 孙谦：《关于建立中国少年司法制度的思考》，载《国家检察官学院学报》2017 年第 4 期。

④ 樊荣庆：《未成年人刑事案件审查逮捕程序正义与改革模式研究》，载《青少年犯罪问题》2010 年第 6 期。

⑤ 宋英辉、何挺、王贞会等：《未成年人刑事司法改革研究》，北京大学出版社2013 年版，第 45 页。

"可诉可不诉的不诉""少捕慎诉少监禁"等未成年人刑事政策则为严格限制适用逮捕措施提供了具体依据。① 第四种观点是从未成年人司法原则的角度，认为域外国家未成年人审前羁押制度大多遵循了国家亲权原则、儿童最大利益原则、保护原则、无罪推定原则等少年司法原则。② 例如，有论者指出，按照国家亲权理论，未成年犯罪嫌疑人与成年犯罪嫌疑人相比在刑事诉讼程序中更应该得到保护和关爱，因此对未成年犯罪嫌疑人的逮捕标准应当比成年人更为严格，应谨慎适用逮捕措施，降低未成年人审前羁押率。③

总体而言，对未成年人严格限制适用逮捕措施的原则基础的研究主要集中在无罪推定和未成年人刑事政策两个方面，下面分述之。

## （一）无罪推定原则

无罪推定被视为现代刑事诉讼的基石，是指任何人在未经正式的司法程序最终确认有罪之前，在法律上应当推定其无罪。无罪推定原则与刑事强制措施和羁押制度具有非常密切的联系。有论者指出，无罪推定是建立在个人权利优位的理念基础之上，强调对刑事诉讼中国家权力的行使进行约束，它要求无论是采取何种侦查措施（如盘查、搜查、拘留、逮捕、监听等），只要涉及对公民权利的明显干预，政府就应当证明其正当性。④ 从权利保障的意义上讲，不管是成年人刑事案件，还是未成年人刑事案件，公安司法机关都应当保证犯罪嫌疑人、被告人享有不受羁押和获得人身自由的权利。诚如有论者认为，现代国家基于无罪推定原则，普遍认为审判前的羁押只是一种例外的程序上的预防性措施，以避免让在法律上无罪的人承受有罪处罚的待遇。⑤ 美国联邦最高法院大法官文森曾经指出："这项在被定罪之前享有人身

---

① 苗生明、程晓璐：《中国未成年人刑事检察政策》，载《国家检察官学院学报》2014 年第 6 期。

② 王江淮：《未成年人审前羁押制度的比较与借鉴》，载《预防青少年犯罪研究》2014 年第 6 期。

③ 吴波：《未成年人审前羁押权益保障制度的完善与创新》，载《青少年犯罪问题》2017 年第 6 期。

④ 陈光中、陈泽宪、[美] 柯恩等主编：《比较与借鉴：从各国经验看中国刑事诉讼法改革路径》，中国政法大学出版社 2007 年版，第 459 页。

⑤ 孙长永：《侦查程序与人权——比较法考察》，中国方正出版社 2000 年版，第 192 页。

自由的传统权利，使得被告人的辩护准备不受妨碍，并且有助于防止其在定罪之前遭到处罚。除非保障被告人在接受审判之前有权获得保释，否则无罪推定原则将会变得没有任何意义。"① 审前不被羁押并以相对自由的状态等候法庭审判正是无罪推定原则的应有之义。

无罪推定原则对于指导和构建符合未成年人身心特点的特别刑事诉讼程序具有重要意义，包括未成年人强制措施和羁押制度的完善。未成年人刑事诉讼程序之所以特别，是基于未成年人的特点和应予特殊保护的需要，因此，现代刑事诉讼法律制度旨在保障权益、规范职权的基本原则，同样应适用于未成年人诉讼程序，尤其是无罪推定原则。即使不能将无罪推定原则在刑事诉讼法总则中予以明确肯定，至少也应作为未成年人刑事诉讼程序的原则予以明确规定。② 有论者对联合国司法准则和其他国家关于审前羁押制度的规定和实际运作进行比较考察后指出，无罪推定是西方国家审前羁押制度包括未成年人审前羁押制度设计的一个核心原则，在这一原则下审前羁押的正当性必然受到严格的限制，以确保未成年人审前羁押真正成为一种"例外"。③

### （二）宽严相济刑事政策

宽严相济刑事政策是谦抑理念和刑罚个别化原则在我国刑事司法领域的应用，对于最大限度地预防和减少犯罪、化解社会矛盾、维护社会和谐稳定，具有重要意义。④ 宽严相济刑事政策落实到未成年人刑事诉讼中，即具体化为未成年人刑事政策。对此，有论者指出，未成年人刑事政策是指国家在预防和控制未成年人犯罪的直接目的的推动下，以保护未成年人合法权益、实现未成年人个体和群体正常的社会化，保障社会和谐、安全、秩序为目标而制定、实施的各种方针、原则、观念及具体措施的总称。⑤ 现代国家

① Stackv. Boyle, 342U. S. 1, 72S. Ct. 1, 96L. Ed. 3（1951）.
② 王敏远：《论未成年人刑事诉讼程序》，载《中国法学》2011 年第 6 期。
③ 姚建龙：《未成年人审前羁押制度检讨与改进建议》，载《中国刑事法杂志》2011 年第 4 期。
④ 宋英辉、何挺、王贞会等：《未成年人刑事司法改革研究》，北京大学出版社2013 年版，第 15 页。
⑤ 苗生明、程晓璐：《中国未成年人刑事检察政策》，载《国家检察官学院学报》2014 年第 6 期。

普遍采取未成年人比成年人轻缓的刑事政策取向，强调保护优于惩罚。① 未成年人刑事政策是宽严相济刑事政策中"宽"的一面在未成年人刑事诉讼中的体现，有关要求在刑事诉讼法和最高人民法院、最高人民检察院的司法解释中已有明确体现。② 但是，宽严相济刑事政策本身并不具有可操作性，具体落实中需要将这一抽象意义上的"宽"转化为具有可操作性的"可捕可不捕的不捕""可诉可不诉的不诉""少捕慎诉少监禁"等未成年人刑事司法政策。③ 根据宽严相济刑事政策，在办理未成年人刑事案件时，应当更加体现从"宽"的一面，严格限定对未成年人从"严"的情形，能不以犯罪论处的不认定为犯罪，能不捕的不捕，能不诉的不诉，能不判刑的不判刑。④

当然也要看到，宽严相济刑事政策是"宽"和"严"两个方面，尽管对未成年人应当更加从宽，但不是一味从宽而放纵犯罪，这样更加不利于对未成年人的教育矫治和复归社会。因此，必须正确理解和落实好宽严相济的刑事司法政策，做到宽严有度、当宽则宽、该严则严。⑤ 具体而言，对涉罪未成年人要坚持宽容不纵容，关爱又严管。坚持特殊保护，不是司法纵容，也不是否定和排斥对未成年人严重犯罪行为的刑事处罚，而是尽量减少刑事诉讼尤其是羁押和处罚对涉罪未成年人的不良影响。坚持少捕、慎诉、少监禁，根据涉罪未成年人案件的具体情况，以是否有利于教育、感化、挽救为标准，依法慎重决定是否批捕、起诉等。⑥

---

① 孙谦：《关于建立中国少年司法制度的思考》，载《国家检察官学院学报》2017年第4期。

② 参见最高人民法院《关于贯彻宽严相济刑事政策的若干意见》第20条和第39条；最高人民检察院《关于在检察工作中贯彻宽严相济刑事司法政策的若干意见》第11条。

③ 苗生明、程晓璐：《中国未成年人刑事检察政策》，载《国家检察官学院学报》2014年第6期。

④ 宋英辉、何挺、王贞会等：《未成年人刑事司法改革研究》，北京大学出版社2013年版，第15页。

⑤ 乐定安：《对未成年人逮捕措施的限制适用与适度适用》，载《中国检察官》2008年第10期。

⑥ 赵恩泽：《曹建明：对涉罪未成年人要坚持宽容但不纵容》，载人民网，http://legal.people.com.cn/n1/2016/0602/c42510 - 28408032.html，访问时间：2018年3月25日。

## 二、 适用逮捕的条件

虽然《刑事诉讼法》第 280 条从原则的角度规定了严格限制对未成年人适用逮捕措施，某种意义上算是确立了未成年人刑事诉讼中的审前非羁押原则，但是立法并没有在制度上对未成年人适用逮捕的标准和条件作出与成年人相区别的单独设计，而是和成年人同样适用刑事诉讼法第 81 条规定的逮捕条件。有论者对此提出批判性意见，由于刑事诉讼法对于未成年人逮捕条件并无特殊规定，而是套用与成年人相同的标准，使得对未成年人的"慎捕"难以落实。经验教训表明，如果只有法律的原则性规定，而无具有实质意义的具体条件的设计，如果只是规定了减少适用逮捕的条件，而未规定必须适用的要求，对未成年人慎用逮捕的目的将很难实现。[①]

按照《刑事诉讼法》第 81 条的规定，我国的逮捕制度包括应当逮捕和可以逮捕两大类，其中应当逮捕又分为一般逮捕和径行逮捕两种，一般逮捕要求对犯罪嫌疑人、被告人适用逮捕必须同时满足事实证据条件、刑罚条件和社会危险性条件，缺一不可，而且需要对社会危险性进行风险评估；径行逮捕则只需符合法律规定的情形即可，无须评估和裁量，一律予以逮捕。[②] 对这一问题，有论者指出，对于"严格限制适用逮捕措施"的"严格"标准如何掌握，该条与《刑事诉讼法》第 81 条规定的逮捕成年人条件是何关系，《刑事诉讼法》第 81 条第 3 款关于"径行逮捕"的规定是否当然地适用于未成年人等，换句话说，未成年人特别诉讼程序规定的"严格限制适用逮捕措施"限制的是第 81 条第 1 款规定的一般逮捕条件，还是同时也限制第 3 款的"径行逮捕"，存在不同认识，争议较大。该论者将其归纳为以下三种观点：第一种观点认为"严格限制适用逮捕措施"是原则而非具体规则，更多是在表达一种理念，并无具体可操作的规定，无法在实际办案中直接适用，未成年人与成年人适用同样的逮捕条件。第二种观点认为"严格限制适用逮捕措施"体现的是对批捕裁量权的引导，而非对总则逮捕强制性规定的突破。因此，对《刑事诉讼法》第 81 条第 1 款规定的一般逮捕条件（可能

---

① 王敏远：《论未成年人刑事诉讼程序》，载《中国法学》2011 年第 6 期。

② 全国人大常委会法制工作委员会刑法室编著：《〈中华人民共和国刑事诉讼法〉释义及实用指南》，中国民主法制出版社 2012 年版，第 196 页。

发生的"社会危险性"情形），因有裁量的余地，可以根据"严格限制适用逮捕措施"对未成年人的逮捕标准更为严格地把握。但对第 81 条第 3 款的"径行逮捕"则因无任何裁量空间，而不适用。第三种观点认为"严格限制适用逮捕措施"是指对未成年人适用逮捕必须坚持必要性原则，对未成年人案件要看有无逮捕必要性，适用于《刑事诉讼法》第 81 条规定的所有逮捕情形。①

学界普遍主张应当明确严格限制对未成年人适用逮捕的标准，区分未成年人和成年人设置不同的逮捕条件。例如，有论者认为，"对未成年人严格限制适用逮捕措施"亟待一个明确合理且操作性强的标准，只有制定明确具体的标准，方能贯彻落实"保护未成年犯罪嫌疑人，能不捕尽量不捕"的刑事政策。根据区别对待原则，不能完全套用刑事诉讼法第 81 条的规定，应将对成年犯罪嫌疑人适用逮捕的条件与对未成年犯罪嫌疑人适用逮捕的条件区分开来。②

也有论者指出，完善未成年人逮捕制度，建立不同于成年犯罪嫌疑人的逮捕标准，明确对未成年人不适用径行逮捕和附条件逮捕措施。③ 但是，对于进一步完善未成年人适用逮捕的条件的具体方案，则有不同见解。

一种观点认为，可以结合未成年人刑事案件的具体情节从"应当不予逮捕""可以不予逮捕"和"可以予以逮捕"三个层次来重构未成年人适用逮捕的标准和条件。④

第一层次为"应当不予逮捕"，即未成年人刑事案件只要形式上符合何种特殊情形，则无须实质审查其社会危险性和羁押必要性，一律不捕。主要包括：一是对于现有证据不足以证明有犯罪事实，或者不足以证明犯罪行为系未成年犯罪嫌疑人所为的；二是对犯罪嫌疑人实际年龄难以判断，影响对该犯罪嫌疑人是否应当负刑事责任认定的；三是依据在案证据不能认定未成

---

① 宋英辉、张寒玉、王英：《特别程序下逮捕未成年人制度初探》，载《青少年犯罪问题》2016 年第 5 期。

② 孙道萃：《未成年人羁押必要性的审查机制——以犯罪分层理论为基础》，载《预防青少年犯罪研究》2012 年第 4 期。

③ 孙谦：《关于建立中国少年司法制度的思考》，载《国家检察官学院学报》2017 年第 4 期。

④ 宋英辉、张寒玉、王英：《特别程序下逮捕未成年人制度初探》，载《青少年犯罪问题》2016 年第 5 期。

年犯罪嫌疑人符合逮捕社会危险性条件的。

第二层次为"可以不予逮捕"，是指未成年人符合何种情形，经裁量一般倾向于不逮捕。主要包括：一是对于未成年人可能被判处 3 年有期徒刑以下徒刑刑罚，具备有效帮教和监护条件，不逮捕不致再危害社会和妨害诉讼正常进行的；二是对于罪行较重，可能判处 3 年有期徒刑以上刑罚，但主观恶性不大，具备有效监护条件或者社会帮教措施，具有某些特殊情形，不逮捕不致再危害社会和妨害诉讼正常进行的；三是对于具备自首等从宽情形的，或者聚众斗殴、故意伤害等共同犯罪案件，要注意区分情形，严格限制适用逮捕。

第三层次为"可以予以逮捕"，是指未成年人符合何种情形，经裁量有权予以逮捕。主要包括：一是对有证据证明有犯罪事实，可能判处 10 年有期徒刑以上刑罚的；二是有证据证明有犯罪事实，可能判处徒刑以上刑罚，曾经故意犯罪的；三是有证据证明有犯罪事实，可能判处徒刑以上刑罚，身份不明的。

另一种观点主张，可以通过进一步限缩和细化刑事诉讼法第 81 条规定的逮捕条件来明确未成年人适用逮捕措施的标准和条件。有论者提出，在审查逮捕未成年人时，对逮捕的刑罚条件可以从宽把握，对罪行较轻的应当不考虑适用逮捕措施，对罪行虽然较重但有监护条件、主观恶性不大、不具有社会危险性、有悔罪表现的未成年人也可以考虑不适用逮捕措施。[1] 也有论者提出可以从以下三个方面来明确对未成年人适用逮捕措施的标准和条件：[2] 一是属于严重刑事犯罪。主要包括：有证据证明有犯罪事实，可能判处 10 年以上刑罚的刑事犯罪；有证据证明已经实施了杀人、故意伤害致人重伤或者死亡、强奸、抢劫、贩卖毒品、放火、爆炸、投毒等严重危害公共安全和严重侵害他人人身权利的刑事犯罪；有证据证明参与有组织暴力犯罪、主观恶性深、社会危害性大、人身侵害后果严重等犯罪性质恶劣、犯罪情节特别严重，根据刑法规定应当从重判处的刑事犯罪。二是有证据证明存在现实的社会危险性。主要包括：有证据证明曾因故意犯罪接受刑事处理过程中，有过串供和干扰证人作证情形的；有证据证明未被追究的犯罪行为具有连续或

---

① 北京市海淀区人民检察院课题组：《未成年人审前羁押状况调查》，载《国家检察官学院学报》2010 年第 2 期。

② 李笑楠：《未成年人犯罪逮捕适用条件应予细化》，载《人民检察》2014 年第 14 期。

者流窜性特点；有证据证明因未成年原因不被追究刑事责任，但多次受到其他治安处罚的；有证据证明到案后拒不供认犯罪事实或者供述前后不一致的；有证据证明自称未成年人，但具体身份情况不明的。三是规定排除适用逮捕的情形。主要包括：主观恶性不大的初犯、偶犯；共同犯罪中的从犯、胁从犯；犯罪后有自首、立功表现，存在法定从轻处罚情节；积极退赃、赔偿损失、悔罪表现良好真诚；犯罪手段相对简单，主观恶性不深；就读于学校，具备较好社会和家庭监管条件；因邻里纠纷、亲友纠纷引发犯罪案件并取得初步谅解；因过失犯罪造成严重后果，但日常表现良好。

## 三、 审查逮捕程序

### （一） 审查逮捕的程序构造

关于我国审查逮捕的程序构造问题，一直都是理论研究的重点问题。有论者提出，我国审查逮捕程序在以往长期采取一种书面、单方、封闭的行政化审查方式，信息来源单向，缺乏有效救济，司法属性不彰，呈现出一种高度行政化、封闭性的色彩。[1] 有论者将审查逮捕程序的行政化表现概括为以下四个方面：（1）审查主体缺乏中立性，检察官受到侦查或公诉活动较多影响及钳制；（2）审查内容的片面性，审查逮捕主要根据侦查机关提供的材料和意见，辩护律师缺乏有效参与；（3）审查过程形式化，缺乏对逮捕要件相关事实的证明活动，片面相信侦查机关的报捕意见；（4）审查结论的不可救济性，当犯罪嫌疑人不服逮捕决定时，缺乏有效的权利救济途径。[2] 对此，理论界和实务部门一直都在考虑如何提升审查逮捕的公开性、透明度，实现由过去的行政化单方接触案件材料、作出逮捕决定，到多方参与的转变，使逮捕更公开、更公正，质量更高。[3]

---

[1] 张晓津、刘涛：《审查逮捕诉讼化转型的概念和模式选择》，载《法制日报》2018 年 1 月 18 日第 12 版。

[2] 闵春雷：《论审查逮捕程序的诉讼化》，载《法制与社会发展》2016 年第 3 期。

[3] 王洪祥：《未成年人刑事案件审查逮捕程序改革的实践探索》，载《人民检察》2010 年第 12 期。

刑事诉讼法第 88 条①规定了审查逮捕讯问犯罪嫌疑人、讯问证人等诉讼参与人和听取辩护律师意见，申请批捕的公安机关也应提交相应的意见与证据，但对批准逮捕的审查机制与程序未有明确规定，这为批准逮捕审查方式由行政化转向司法化、诉讼化预留了空间。② 此外，刑事诉讼法第 280 条在规定严格限制对未成年人适用逮捕措施的基础上，还专门对未成年人逮捕程序中未成年犯罪嫌疑人、被告人及其辩护律师的参与问题作了规定。根据该规定，人民检察院审查批准逮捕和人民法院决定逮捕，应当讯问未成年犯罪嫌疑人、被告人，听取辩护律师的意见。可见，对未成年人进行审查逮捕时，办案机关必须讯问未成年犯罪嫌疑人、被告人和听取辩护律师的意见，还可以询问证人等诉讼参与人，从而初步构建起一个带有一定诉讼化色彩的审查逮捕程序，在一定程度上可以保证贯彻落实严格限制适用逮捕措施原则和对未成年人适用逮捕措施的正当性。

但是，总体而言，我国审查逮捕程序的诉讼化程度仍然较低，仍然主要体现为一种行政化特征，即使是规定必须讯问未成年人和听取辩护律师意见的未成年人审查逮捕程序，也没有规定公安机关和辩护方作为审查逮捕程序的两造、检察机关作为裁判方的司法化裁判程序，诉讼化程度不高，未能满足正当程序和权利保障原则的要求，应当进一步加以完善。③

关于审查逮捕的主体，从应然角度而言，将审查和决定逮捕的权力交由法院统一行使，更为科学，也更加符合世界通行做法，但由法院行使审前羁押决定权，涉及司法权的重新配置，改革难度较大。正如有论者指出，在诉讼化构建的问题上，程序的设计远比主体的选择更加紧迫。没有科学合理的诉讼化程序安排，法院决定逮捕亦会流于行政化的办案模式，无法肩负起人权保障的重任。因此，在现实条件下，应当保持由检察机关审查逮捕的基本

---

① 《刑事诉讼法》第 88 条规定："人民检察院审查批准逮捕，可以讯问犯罪嫌疑人；有下列情形之一的，应当讯问犯罪嫌疑人：（一）对是否符合逮捕条件有疑问的；（二）犯罪嫌疑人要求向检察人员当面陈述的；（三）侦查活动可能有重大违法行为的。人民检察院审查批准逮捕，可以询问证人等诉讼参与人，听取辩护律师的意见；辩护律师提出要求的，应当听取辩护律师的意见。"

② 陈卫东：《羁押必要性审查制度试点研究报告》，载《法学研究》2018 年第 2 期。

③ 正因此，2016 年最高人民检察院制定的《"十三五"时期检察工作发展规划纲要》中明确提出"围绕审查逮捕向司法审查转型，探索建立诉讼式审查机制。"

框架，对未成年人审查逮捕程序进行诉讼化改造。①

关于诉讼化程序的改造方案，普遍的观点是建立未成年人审查逮捕的公开听证程序，引入第三方监督，以确保程序正当。② 例如，有论者主张，在未成年人审查逮捕阶段引入准司法程序，由检察机关采取召开由公安机关、被告人、律师（合适成年人）参加的听证会的方式，综合考虑各方关于是否逮捕的意见，通过公开透明、多方参与的听证程序，最后决定是否对未成年人予以逮捕。③ 此外，近年来许多地方检察机关在实践中积极探索未成年人审查逮捕的听证程序，积累了丰富经验，取得了积极效果。④

关于听证程序的具体设计，有论者建议，听证由专门负责审查未成年犯罪嫌疑人羁押必要性的检察人员主持，侦查人员、被害人及其法定代理人或者近亲属、未成年犯罪嫌疑人及其法定代理人、辩护人等共同出席，侦查人员与辩护人就是否应当继续羁押充分发表各自意见，双方可以围绕案件相关问题展开发问，对证据予以质证，发表辩论。同时，应当由书记员对听证会的内容进行记录，制作听证笔录，由双方当事人和主持人签章。最终检察机关依据这份听证笔录作出是否继续羁押的决定。⑤

具体而言，在听证过程中，未成年犯罪嫌疑人与公安机关就逮捕必要性作出说明；未成年人父母或监护人就该未成年人的品行与其在家表现进行情况说明，并表明是否愿意担保未成年人不批捕后的行为符合相关规定；学校及社区代表就未成年人的品行及在校表现作出客观性说明，及是否愿意承担一定的监管责任等。对于检察官而言，在听取上述关系人所提出的意见或建议后，他需认真考虑这样一些问题：该未成年人是否涉嫌刑事犯罪；之前是否有违法或犯罪记录；若不采取逮捕，其可能不会出庭受审甚至脱逃；若不

① 闵春雷：《论审查逮捕程序的诉讼化》，载《法制与社会发展》2016 年第 3 期。

② 王江淮：《未成年人审前羁押制度比较与借鉴》，载《预防青少年犯罪研究》2014 年第 6 期。

③ 姚建龙：《未成年人审前羁押制度检讨与改进建议》，载《中国刑事法杂志》2011 年第 4 期。

④ 戴旺德：《长泰县检察院出台审查逮捕公开听证办法》，载《检察日报》2015 年 10 月 17 日第 2 版；张苗苗、韩瑞：《审查逮捕听证、促案件质量提高》，载《检察日报》2016 年 12 月 16 日第 10 版。

⑤ 吴波：《未成年人审前羁押权益保障制度的完善与创新》，载《青少年犯罪问题》2017 年第 6 期。

予以逮捕，其是否会威胁到证人、被害人与其他人等安全；其父母、监护人、学校或社区是否愿意承担相应监管责任。最后考虑的是若对未成年人逮捕是否符合"儿童利益最大化原则"与"防卫社会"之双重目的。[①]

## （二）逮捕程序中的律师参与

早在 2012 年刑事诉讼法修改之前，有的地区即已经开始在实践中探索未成年人审查逮捕程序的律师参与机制。例如，2009 年重庆市沙坪坝区人民检察院开始试点律师介入未成年人审查逮捕程序，并制定专门文件保证所有未成年人刑事案件都有律师及时参与审查逮捕程序，保障参与逮捕程序的律师有效行使讯问在场权、阅卷权和发表意见权。这三项权利与律师的调查取证权共同构建了律师在审查逮捕程序的权限体系，保障了律师在办理未成年人犯罪案件中充分有效地履行职责，切实维护未成年人合法权益，取得了良好的法律效果和社会效果。[②] 上海市人民检察院在 2010 年即初步形成在审查逮捕阶段允许律师针对案件事实、法律适用、逮捕必要性、侦查活动是否合法等通过递交书面材料或者会见承办检察人员的方式向检察机关发表意见、提供线索，检察机关在充分听取律师意见、核实相关线索后依法作出是否逮捕决定，并将相关审核结果反馈律师的"律师介入未成年人刑事案件审查逮捕阶段工作"的特殊机制。[③]

2012 年修改后的《刑事诉讼法》明确规定了审查逮捕程序中的辩护律师参与。与此规定不同，刑事诉讼法还规定，对未成年人刑事案件，在逮捕程序中必须讯问未成年犯罪嫌疑人、被告人，并且听取辩护律师的意见。

辩护律师参与未成年人审查逮捕程序，其重要意义不言而喻。有论者认为，保障律师介入未成年人案件的审查逮捕程序，是保护未成年人合法权益的现实需要，有助于律师在未成年人犯罪案件中依法有效行使职权，能够实

---

① 张鸿巍：《未成年人审前拘留刍议》，载《比较法研究》2012 年第 6 期；宋英辉、张寒玉、王英：《特别程序下逮捕未成年人制度初探》，载《青少年犯罪问题》2016 年第 5 期。

② 夏阳、陈祖英：《律师介入未成年人犯罪案件审查逮捕程序探索》，载《人民检察》2010 年第 4 期。

③ 樊荣庆：《未成年人刑事案件审查逮捕程序正义与改革模式研究》，载《青少年犯罪问题》2010 年第 6 期。

现未成年人犯罪案件私权与公权的平衡。① 亦有论者从未成年人司法改革对整个司法体制改革所具有的示范意义的角度提出，以未成年人案件为突破口，发挥律师在审查逮捕阶段的参与作用，不但有助于保护未成年人合法权益，更有利于以点带面，推动整个刑事诉讼审查逮捕程序的正当化，而且可以促进未成年人保护相关法律与实践探索的衔接。②

关于律师在未成年人逮捕程序中的诉讼角色，根据刑事诉讼法的规定应当是未成年犯罪嫌疑人、被告人的辩护人。不过，有论者认为，律师在未成年人逮捕程序中除了承担辩护职责外，还要担当教育者的角色，考虑到未成年人的特殊性，未成年人案件中的律师还应当对未成年犯罪嫌疑人进行适当教育，使未成年人了解法律知识并正确认识自己的行为，从而帮助其顺利回归社会。辩护律师参与逮捕程序的途径主要有以下几种：讯问时在场；会见未成年犯罪嫌疑人并提供法律咨询和帮助；查阅案卷材料；收集与案件事实相关的证据材料；提出是否应当逮捕的意见。③ 也有论者指出，法律应明确讯问未成年犯罪嫌疑人、被告人时辩护人的在场权，同时还应规定律师在场时可以享有的具体权利，具体包括：了解未成年犯罪嫌疑人所涉嫌的罪名以及相关证据；旁听侦查人员讯问的全过程，并对侦查人员可能采取的诱供、逼供等违反诉讼程序的行为提出异议并予以制止；根据法律规定并结合案情向未成年人提供法律咨询或具体意见；侦查人员讯问结束后，有权查阅、核实侦查人员所作的讯问笔录，并在确认无误后签字。④

律师参与未成年人逮捕程序尚存一些问题，有待进一步解决。有论者从法律文本的角度分析指出，一方面，刑事诉讼法并未规定检察机关不听取律师意见的法律后果，从而是否听取律师的意见对于检察机关是否作出逮捕决定没有实质影响。另一方面，我国还没有建立起一个合理的法律援助体系，法律援助资金也比较匮乏，大多律师将法律援助义务当作一种负担，办案积

---

① 夏阳、陈祖英：《律师介入未成年人犯罪案件审查逮捕程序探索》，载《人民检察》2010 年第 4 期。

② 段君尚、陆宇光：《未成年人案件审查逮捕阶段律师参与机制探析》，载《湖北警官学院学报》2015 年第 12 期。

③ 段君尚、陆宇光：《未成年人案件审查逮捕阶段律师参与机制探析》，载《湖北警官学院学报》2015 年第 12 期。

④ 吴波：《未成年人审前羁押权益保障制度的完善与创新》，载《青少年犯罪问题》2017 年第 6 期。

极性不高，在一定程度上影响了未成年人法律援助的效果。对此，该论者提出，应当明确检察机关不听取律师意见的程序性制裁后果，防止辩护律师对未成年人逮捕程序的参与流于形式；应当设立专门为未成年犯罪嫌疑人、被告人提供法律援助的机构，建立由具有一定职业经验和良好职业素养的辩护律师组成的未成年人案件法律援助律师队伍；应当加大对法律援助的资金支持，提高财政预算。①

也有论者从实践考察的角度指出，律师参与未成年人逮捕程序，首先最为直接的影响是检察官工作量增加，原有的人员配备出现紧缺。其次，介入律师的专业化程度不高，个别援助律师责任心不强，不能保障介入的时间和精力。最后，由于审查逮捕时间有限，律师介入时间也较短，难以保障律师在有限的时间内充分了解案情。② 解决这些问题，一方面可以调整检察院内部的人员结构、改革审查逮捕案件办案程序，提高办案效率，以适应新的要求；另一方面可以与司法行政部门和财政部门共同商定对援助律师培训监督及奖励机制，提升援助律师专业化水平，提高援助律师执业积极性。③

### （三）逮捕必要性证明

逮捕必要性一直都是对未成年人审查逮捕时的重要考量因素，在最高人民检察院的司法解释中有明确规定，④《"十三五"时期检察工作发展规划纲要》中再次提到。⑤ 对于逮捕必要性证明的重要意义，有论者认为，在未成年人逮捕制度中，逮捕必要性证明的重要地位是由逮捕制度的自然机理和未

---

① 谢安平、郭华主编：《未成年人刑事诉讼程序探究》，中国政法大学出版社 2015 年版，第 105－112 页。

② 夏阳、陈祖英：《律师介入未成年人犯罪案件审查逮捕程序探索》，载《人民检察》2010 年第 4 期。

③ 夏阳、陈祖英：《律师介入未成年人犯罪案件审查逮捕程序探索》，载《人民检察》2010 年第 4 期。

④ 参见 2012 年最高人民检察院《关于进一步加强未成年人刑事检察工作的决定》第 13 条的规定。

⑤ 2016 年最高人民检察院颁布的《"十三五"时期检察工作发展规划纲要》中提出，要加强与其他政法机关沟通协调，建立未成年人司法联席会议制度，努力在评价标准、社会调查、逮捕必要性证据收集与移送、法律援助、分案起诉等方面形成共识，促进各机关在未成年人司法保护上协调发展、紧密衔接，共同推动建立中国特色未成年人司法制度。

成年人诉讼程序的价值取向决定的。只有犯罪嫌疑人确实具有一定的妨碍诉讼可能性或社会危险性，将其放置社会可能引起不良后果的情形才需要对其逮捕。从逮捕必要性条件考虑，即使未成年人犯罪较为容易达到逮捕要求的证据和罪名条件，但由于其思想尚未定型，犯罪预谋能力不强，进一步妨碍诉讼的可能性也较小，因此，对未成年人实施逮捕应更注重逮捕必要性证明。[①]

但是，有论者指出，实践中检察机关的逮捕必要性审查作用发挥不够强，并有依赖审判中心主义的倾向，审前转向分流方式及其教育挽救机制缺失，把构罪而可不入罪的未成年人交付审判，法院只能依法定罪而轻罚或免罚，给他们贴上"罪犯标签"。因此，应当在审查逮捕阶段推广逮捕必要性条件标准化体系，形成逮捕必要性专业化审查操作。[②] 也有论者主张，应当根据"严格限制适用逮捕措施"的原则，在未成年人审查逮捕程序中增加社会调查、风险评估等程序机制。社会调查报告作为办案和教育的参考，理应作为是否逮捕未成年人的主要参考依据；同时结合羁押风险评估，可以在一定程度上减少对未成年人的审前羁押。因此，涉案未成年人的社会调查报告和羁押风险评估在逮捕未成年人中具有基础性的地位。[③]

1. 社会调查机制

社会调查对于全面了解未成年人犯罪嫌疑人、被告人的各项信息，从而更为准确地作出是否具有逮捕必要性的判断具有重要意义。有论者认为，基于教育、考察以及保障诉讼等目的的未成年人羁押率的提高，存在着很大的对未成年人过度处罚的风险。张弛有度的未成年人司法制度应当是因材施教、对症下药的，这就要求对未成年人的人身拘束措施必须辅之以发达的社会调查制度，以增加处遇的针对性。[④] 通过未成年人刑事诉讼程序来探知案件事实真相的能力相对较弱，因而，迫切需要有社会调查作为补足。在某种

---

① 刘广三、张敬博：《试论未成年人犯罪逮捕必要性证明中案例指导的作用》，载《青少年犯罪问题》2011 年第 6 期。

② 黄建波、蒙旗：《未成年人逮捕率的实践考察与分析——以 N 市为样本》，载《广西大学学报（哲学社会科学版）》2011 年第 6 期。

③ 宋英辉、张寒玉、王英：《特别程序下逮捕未成年人制度初探》，载《青少年犯罪问题》2016 年第 5 期。

④ 张栋：《未成年人案件羁押率高低的反思》，载《中外法学》2015 年第 3 期。

意义上，未成年人刑事诉讼程序更是信息搜集程序和问题解决程序。①

　　关于逮捕必要性证明中的社会调查，早在 2012 年修改刑事诉讼法之前，有的地区就开始在实践中探索通过进行社会背景调查来判断有无逮捕未成年人的必要，取得了很好的效果。对此，有论者提出，在办理未成年人刑事案件审查逮捕时，可以引进社会调查制度，就未成年犯罪嫌疑人自然情况、性格特点、家庭情况、社会交往、成长经历以及实施犯罪前后的表现等情况进行社会调查，并形成书面材料，在审查逮捕时作为对未成年犯罪嫌疑人是否批捕的参考，以达到对未成年犯罪嫌疑人区别对待和教育挽救的目的。②

　　2012 年修改后的《刑事诉讼法》在未成年人刑事诉讼程序中规定了对未成年犯罪嫌疑人、被告人的成长经历、犯罪原因、监护教育等情况进行调查的内容，从而将社会调查制度扩展到未成年人刑事诉讼程序的全过程。有论者指出，社会调查扩展到刑事诉讼程序的各个环节，从而为侦查机关采取拘留、逮捕等手段提供参考依据，一定程度上体现了全面调查的羁押原则。③有论者指出，在未成年人审查逮捕程序中，检察机关应当根据其涉嫌的犯罪事实、主观恶性、成长经历、犯罪原因以及有无监护或者社会帮教条件等，综合衡量其将来妨碍诉讼或者继续危害社会的可能性大小，应当注重社会调查报告的审查与运用。④

　　2. 风险评估机制

　　逮捕必要性证明中的另一项重要内容是社会危险性评估，也就是适用非羁押强制措施的风险评估。逮捕必要性风险评估要解决的核心问题在于适用非羁押强制措施是否会发生社会危险性。正如有论者认为，应当将是否有逮捕必要作为判断是否适用非羁押强制措施的主要标准。⑤ 对逮捕必要性的证明，其实就是对犯罪嫌疑人不适用逮捕措施的风险评估，因而有必要建立未

　　① 张栋：《未成年人案件羁押率高低的反思》，载《中外法学》2015 年第 3 期。
　　② 朱艳菊：《构建适应未成年人的审查逮捕机制》，载《中国犯罪学学会第十八届学术研讨会论文集（上册）》。
　　③ 张栋：《未成年人案件羁押率高低的反思》，载《中外法学》2015 年第 3 期。
　　④ 宋英辉、张寒玉、王英：《特别程序下逮捕未成年人制度初探》，载《青少年犯罪问题》2016 年第 5 期。
　　⑤ 宋英辉：《取保候审适用中面临的问题与对策——基于未成年人案件实证研究的分析》，载《中国刑事法杂志》2007 年第 6 期。

成年犯罪嫌疑人逮捕必要性的风险评估机制。[1] 因此，逮捕必要性证明中的社会危险性评估，实际上也就是对适用非羁押强制措施可行性的风险评估，两者适用同样的评估指标和评估方法，是同一个问题的两种分析路径。经过评估，对未成年人适用逮捕的必要性比较低，也就表示可以对其适用非羁押强制措施；经过评估，对未成年人适用非羁押强制措施的风险比较高，则意味着对其可以适用逮捕措施。

## 四、 羁押必要性审查

所谓羁押必要性审查，是指人民检察院依法对被逮捕的犯罪嫌疑人、被告人有无继续羁押的必要性进行审查，对不需要继续羁押的，建议办案机关予以释放或者变更强制措施的监督活动。[2] 羁押必要性审查是 2012 年修改后刑事诉讼法增加的一项诉讼制度，是人权保障理念在刑事诉讼领域的落实和展开，是对权力制衡理论和比例原则的顺应，有助于防止超期羁押和随意羁押。[3] 在制度层面，羁押必要性审查的核心价值在于通过审查已经被羁押的犯罪嫌疑人、被告人是否符合予以释放或者变更强制措施的情形，从而尽早将其从羁押状态摆脱出来。正如有论者指出，羁押必要性审查应着眼于据以决定批准逮捕的条件有无变化，其着眼点在于逮捕适用条件的变化，而非对逮捕适用条件进行重复审查。无论是依职权启动的审查，还是依申请启动的审查，都应当具备逮捕适用条件可能发生变化的线索与材料，以确保羁押必要性审查与批准逮捕审查保持适度区别，从而实现诉讼资源的合理配置。[4]

在立法层面，现行《刑事诉讼法》并未区分未成年人和成年人而规定羁押必要性审查的不同规则，无论是成年犯罪嫌疑人、被告人还是未成年犯罪嫌疑人、被告人，均适用刑事诉讼法第 95 条之规定。2013 年最高人民检察院制定的《人民检察院办理未成年人刑事案件的规定》第 21 条对未成年人

---

[1] 方海明：《未成年人案件审查逮捕之制度体系构建》，载《中国检察官》2009 年第 8 期。

[2] 《人民检察院办理羁押必要性审查案件规定（试行）》第 2 条。

[3] 姚莉、邵劭：《论捕后继续羁押必要性审查——以新〈刑事诉讼法〉第 93 条为出发点》，载《法律科学》2013 年第 5 期。

[4] 陈卫东：《羁押必要性审查制度试点研究报告》，载《法学研究》2018 年第 2 期。

刑事案件的羁押必要性审查作了专门规定,① 但仍然较为原则,缺乏可操作性,导致对被逮捕的未成年犯罪嫌疑人、被告人的羁押必要性审查在司法实践中难以切实发挥其应有效果。有论者认为,未成年人羁押必要性审查制度,面临着立法规定不明确、高度依赖成年人刑事司法、不同未成年人之间存在差别对待以及专业司法机关缺乏等现实困境。②

由于未成年人身心上的特殊性,对其适用逮捕措施可能会造成消极影响,逮捕后的长时间羁押带来的身心伤害更为严重,因此,对已被逮捕的未成年犯罪嫌疑人、被告人进行继续羁押必要性审查,从而对没有继续羁押必要的未成年犯罪嫌疑人、被告人,及时予以释放或者变更为非羁押强制措施,是对未成年人严格限制适用逮捕措施这一原则规定的应有之义,是维护被羁押的未成年犯罪嫌疑人、被告人的诉讼权利及其他合法权益的重要途径。

有论者指出,相较于成年人变更强制措施的严格程序,对未成年人变更强制措施尚具有一定的操作空间。③ 因此,应当建立检察机关依职权对在押未成年人羁押必要性定期复审制度,及时变更强制措施。④ 完善羁押必要性审查的相关制度,以保证检察机关能够积极发挥检察监督职能,在诉讼过程中对社会危险性消失或者减小,能够保证诉讼顺利进行、不需要继续羁押的未成年人,在侦查和审判阶段及时建议有权机关变更强制措施,在审查起诉阶段可以直接变更强制措施,从而有利于未成年人及时回归社会,这也是落实对未成年人严格限制适用逮捕措施的要求的重要方面。⑤

关于羁押必要性审查的方式,是采取书面审查的方式,还是采取听证或诉讼程序的方式进行,存在不同认识,但是通常认为以一种符合三方诉讼构

---

① 《人民检察院办理未成年人刑事案件的规定》第 21 条规定:"对未成年犯罪嫌疑人作出批准逮捕决定后,应当依法进行羁押必要性审查。对不需要继续羁押的,应当及时建议予以释放或者变更强制措施。"

② 侯东亮:《未成年人羁押必要性审查模式研究》,载《法学杂志》2015 年第 9 期。

③ 姚建龙:《未成年人审前羁押制度检讨与改进建议》,载《中国刑事法杂志》2011 年第 4 期。

④ 孙谦:《关于建立中国少年司法制度的思考》,载《国家检察官学院学报》2017 年第 4 期。

⑤ 宋英辉、张寒玉、王英:《特别程序下逮捕未成年人制度初探》,载《青少年犯罪问题》2016 年第 5 期。

造的听证方式进行羁押必要性审查是必要的。① 例如，有论者认为，羁押必要性审查在实践中存在书面化、审批化、信息来源单一化的问题，其后果必然是程序神秘化、控辩失衡化、责任分散化。因此，除了书面审查方式，检察机关进行羁押必要性审查时还应增加言词审查的方式，并以听证模式为重要形式，同时明确依申请启动为主。② 也有论者认为，不宜"一刀切"地说采用书面审查的方式还是采用言词审查的方式，从被羁押人权利保障的角度而言，可以采取书面审查和言词听证相结合的程序和方法，通常情况下可以通过审查书面材料和听取有关人员意见的方式进行羁押必要性审查，但是，对于当事人提出举行听证请求的，则应当进行听证，以保证程序的正当性。③

关于羁押必要性审查听证程序的设计，有论者提出，听证由专门负责审查未成年犯罪嫌疑人羁押必要性的检察人员主持，侦查人员、被害人及其法定代理人或者近亲属、未成年犯罪嫌疑人及其法定代理人、辩护人等出席，侦查人员与辩护人就是否应当继续羁押充分发表意见。同时，应当由书记员对听证会的内容进行记录，制作听证笔录，由双方当事人和主持人签章。最终检察机关依据这份听证笔录作出是否继续羁押的决定。由于决定在押未成年犯罪嫌疑人羁押必要性的因素处于随时变化的状态，因此还应当随时关注其身心变化，强化对未成年人审前羁押的审查。④

还有论者认为，完善未成年人羁押必要性审查制度，除了需要构建诉讼化的听证程序外，还要构建羁押必要性程序性事实裁判机制。主要包括：第一，将犯罪嫌疑人是否有羁押必要作为待证的程序性事实，遵循证据裁判原则，是否有羁押必要必须得到证据证实。第二，提出羁押申请的侦查机关应

---

① 《人民检察院办理羁押必要性审查案件规定（试行）》第 13 条规定："人民检察院进行羁押必要性审查，可以采取以下方式：（一）审查犯罪嫌疑人、被告人不需要继续羁押的理由和证明材料；（二）听取犯罪嫌疑人、被告人及其法定代理人、辩护人的意见；（三）听取被害人及其法定代理人、诉讼代理人的意见，了解是否达成和解协议；（四）听取现阶段办案机关的意见；（五）听取侦查监督部门或者公诉部门的意见；（六）调查核实犯罪嫌疑人、被告人的身体状况；（七）其他方式。"

② 侯东亮：《未成年人羁押必要性审查模式研究》，载《法学杂志》2015 年第 9 期。

③ 王贞会：《羁押必要性审查的法理分析与实践型态》，载《北京师范大学学报（社会科学版）》2014 年第 4 期。

④ 吴波：《未成年人审前羁押权益保障制度的完善与创新》，载《青少年犯罪问题》2017 年第 6 期。

当承担举证责任。被申请羁押或申请变更羁押措施的犯罪嫌疑人一方只需提出自己不符合羁押法定条件或无羁押必要的意见或理由即可，不承担证明责任。第三，对羁押必要性事实的证明要求可以低于实体性事实，证据形式可以相对放宽，例如社会调查报告、心理测试报告等，均可以在羁押必要性审查时作为证据使用。证明标准可以放宽，采用优势证明标准即可，无须排除合理怀疑。①

羁押必要性审查并非检察机关一家的事情，而是关系到公安机关和法院，需要与公安机关和法院相互配合，达成一致。对此，有论者认为，检察机关应当积极发挥承接公安机关与法院的桥梁作用，推进公检法三机关在羁押必要性审查这一问题上的共识。可从以下几个方面入手：一是实现公检法三机关未成年人案件处室对接，强调释法说理，定期开展联席会议，及时化解认识分歧，推进办案理念的统一；二是协同公安机关开展羁押必要性审查，督促公安机关加大对逮捕必要性证据的前期收集力度，在诉讼过程尤其是捕后诉前阶段应充分发挥监所检察的沟通媒介作用，对诉讼中可能增加的和解赔偿、认罪悔罪等证据变化和监所表现等影响羁押必要性认定的变更因素及时互通；三是加强对类案量刑的总结归纳与横向类比。②

## 五、　非羁押强制措施

非羁押强制措施是与羁押性强制措施相对应的一个概念。羁押性强制措施是将犯罪嫌疑人、被告人予以关押，在一段时间内剥夺其人身自由的强制措施，我国刑事诉讼中主要包括拘留和逮捕；非羁押强制措施则是不将犯罪嫌疑人、被告人予以关押，通过施加某些法定义务而在一定期间内限制其人身自由的强制措施，主要包括取保候审和监视居住。较之羁押措施造成人身自由之完全失却的严苛性，非羁押强制措施在适用上具有当然的优先性，通过扩大适用非羁押强制措施，可以在很大程度上减少羁押措施的适用，维护犯罪嫌疑人、被告人的合法权利。在未成年人刑事诉讼中，根据严格限制适

---

① 吴燕：《未成年人审前羁押审查还需有配套措施》，载《检察日报》2012 年 5 月 9 日第 3 版。

② 邵烟雨：《三方面严把未成年人刑事案件审前羁押关》，载《人民检察》2013 年第 10 期。

用逮捕措施原则的要求，尤其应当强调非羁押强制措施的适用。对此，有论者认为，要做到既保障不妨碍涉罪未成年人诉讼的顺利进行，又通过少羁押实现对未成年人的特殊保护，其核心在于提高非羁押性强制措施对于涉罪未成年人的适用效能。对涉罪未成年人适用非羁押性强制措施，体现了对涉罪未成年人的保护性司法理念，可以使涉罪未成年人不会因被羁押而脱离原有的家庭生活和学校学习，处于相对宽松健康的社会大环境中，通过接受来自办案机关和社会组织的各种行为和心理上的矫正和帮教，逐步实现其自我改造、重新回归社会的目的。①

对于未成年人适用非羁押强制措施的已有研究主要集中在非羁押强制措施的风险评估、支持体系和取保候审制度等问题。需要说明的是，在未成年人刑事案件中，非羁押强制措施的类型主要是取保候审，而较少对未成年人适用监视居住，因此，本部分在对非羁押强制措施的风险评估和支持体系进行梳理时，一并将关于取保候审的风险评估和支持体系的文献涵盖在内，相关内容在取保候审的综述部分不再提及。

## （一）非羁押强制措施的风险评估

我国立法并没有明确规定适用非羁押强制措施的风险评估，是否对未成年人予以逮捕在很大程度上取决于办案人员的内心判断，导致实践中在未成年人适用强制措施的问题上倾向于羁押，而较少适用非羁押强制措施。对此，有论者指出，适用取保候审会使得司法人员承担相当大的责任，对司法人员来说，将未成年犯罪嫌疑人羁押在看守所是最保险的一种措施。所以，出于避免承担风险和责任的考虑，司法机关也会大量适用逮捕等羁押性强制措施。只有制定系统、完善的风险评估机制，减轻司法人员可能承担的风险，卸下指标考核、责任追究等包袱，才有可能要求从保障未成年犯罪嫌疑人权利的角度出发，进一步扩大取保候审的适用。② 也有论者指出，风险评估至少可以在两个程序中得以应用：第一，检察机关审查批准逮捕程序中。非羁押措施可行性与逮捕必要性是非此即彼的关系，因此，实际上，对非羁

---

① 张桂霞：《涉罪未成年人非羁押性强制措施风险评估与控制》，载《铁道警察学院学报》2015 年第 5 期。

② 刘东根、曲广娣：《试论我国未成年人刑事案件取保候审风险评估制度的建立》，载《江西警察学院学报》2012 年第 1 期。

押措施可行性进行评估的同时也就完成了对逮捕必要性的考察。第二，公安司法机关决定适用、变更或延续强制措施程序中，例如首次决定适用强制措施、变逮捕为取保候审、续保等。①

1. 风险评估的主体

关于非羁押强制措施风险评估的主体，有不同观点，主要包括以下三种：

第一种观点认为，风险评估应当主要由公安机关负责。在具体进行风险评估时，可以借鉴英国、美国由青少年帮助小组、社工、专门的审前服务机构开展风险评估的做法，由公安机关委托第三方评估机构进行，以保证评估报告的中立性、公正性。检察院在审查批准逮捕过程中，如果认为公安机关移送的风险评估材料不够齐全或不够准确，可以进行补充，且在逮捕意见书中说明风险评估结果。同样，法院在审判阶段也可以对公安机关和人民检察院的风险评估结果进行补充。②

第二种观点认为，公安机关、人民检察院、人民法院在各自的办案阶段都有权决定是否取保候审，都涉及取保候审的风险评估问题，并且，取保候审的风险也是一个动态变化的过程，不是一成不变的，所以，取保候审风险评估的主体应当是以公安机关为主、人民检察院和人民法院为辅。③

第三种观点认为，办案机关可以吸纳多元化主体参与，借助社会力量开展风险评估。由办案机关负责对涉罪未成年人的法律问题进行评估，如犯罪类型、犯罪情节、社会危害性等；由司法行政机关或者委托社会力量，如律师、学校、居（村）民委员会、心理咨询机构等，进行特定事项的调查评估。④

2. 风险评估的内容

关于风险评估的内容，有论者认为，风险评估的内容主要包括三个方

---

① 门美子：《未成年人犯罪适用非羁押性强制措施可行性评估机制研究》，载《中国人民公安大学学报（社会科学版）》2007年第5期。

② 段君尚：《未成年人刑事案件审查逮捕程序研究》，中国人民大学2016年硕士学位论文。

③ 刘东根、曲广娣：《试论我国未成年人刑事案件取保候审风险评估制度的建立》，载《江西警察学院学报》2012年第1期。

④ 宋英辉、上官春光、王贞会：《涉罪未成年人审前非羁押支持体系实证研究》，载《政法论坛》2014年第1期。

面：一是取保候审的风险究竟有哪些？二是根据哪些因素来衡量取保候审的风险高低？三是对于不同风险程度的未成年犯罪嫌疑人、被告人应该如何处理？①

第一，适用非羁押强制措施的风险。有论者认为，非羁押措施的风险，是指采取非羁押措施发生社会危险的可能性。风险高，说明发生社会危险的可能性大，适用非羁押强制措施的可行性就低；反之，风险低，说明发生社会危险的可能性小，适用非羁押强制措施的可行性就高。对未成年人适用非羁押强制措施的风险主要包括两个方面：一是重新犯罪的风险；二是妨碍诉讼顺利进行的风险，包括逃避诉讼和妨碍证据等。因此，非羁押强制措施风险评估应当重点围绕这两个方面的因素进行。通过对一批未成年人个人情况、犯罪情况、社会帮教情况等因素的调查，揭示支配他们继续犯罪或妨碍诉讼的因素以及各因素的影响力，对照评估体系，就可以知道每名犯罪嫌疑人适用非羁押措施的风险，进而判断出非羁押措施的可行性高低。②

第二，风险评估的因素与指标。有论者指出，风险评估内容主要围绕再次犯罪和"脱保"这两个风险来展开，犯罪行为是最主要的考虑因素，犯罪前的一贯表现、家庭情况、取保后的监督及管理条件也是应当考虑的因素。这些因素对取保候审的影响应当量化，以准确反映对犯罪嫌疑人实行取保候审的风险。③ 有论者认为，风险评估要重点分析未成年犯罪嫌疑人的性格、兴趣、情绪、自控能力、对家庭朋友的态度以及到案后对自己犯罪行为的认识、悔罪心理和重新犯罪的可能性等因素。④ 也有论者指出，检察机关在审查逮捕时，应加大对未成年犯罪嫌疑人逮捕的必要性的审查力度，除了考量案件证据的证明力是否达到逮捕标准外，在符合一般逮捕标准的基础上，还应综合考虑以下因素：（1）未成年犯罪嫌疑人的平时表现、成长环境和犯罪中、犯罪后的表现；（2）未成年犯罪嫌疑人是否存在犯罪前科、有无行政违

---

① 刘东根、曲广娣：《试论我国未成年人刑事案件取保候审风险评估制度的建立》，载《江西警察学院学报》2012 年第 1 期。

② 门美子：《未成年人犯罪适用非羁押性强制措施可行性评估机制研究》，载《中国人民公安大学学报（社会科学版）》2007 年第 5 期。

③ 刘东根、曲广娣：《试论我国未成年人刑事案件取保候审风险评估制度的建立》，载《江西警察学院学报》2012 年第 1 期。

④ 樊荣庆：《未成年人刑事案件审查逮捕程序正义与改革模式研究》，载《青少年犯罪问题》2010 年第 6 期。

法处罚记录等；（3）所犯罪行是否是有组织犯罪、暴力犯罪等严重危害社会秩序的犯罪；（4）是否存在逃跑或者干扰、报复证人等妨害诉讼顺利进行的行为。①

普遍认为，制定一套量化风险评估指标体系，对于有效开展非羁押强制措施风险评估是必要的，可以保证评估结果更加科学、更具参考价值。对此，有论者指出，需要在总结经验的基础上建立风险评估指标体系。风险评估的正指标，可以考察以下因素：14—16 岁，本地人（在本地有固定住所或近亲属），过失犯罪，初犯，从犯，犯罪预备、中止、未遂，防卫过当或者紧急避险过当，自首或者立功，积极赔偿被害人或退回赃物，积极避免、减少犯罪所造成的损失，已经取得被害人的谅解，逃跑可能性小，妨碍诉讼行为（串供、伪造、毁灭证据，威胁证人等）可能性小，患有严重疾病、怀孕或者属于正在哺乳自己婴儿的妇女，能交纳保证金或能提供合格保证人，取保后可能就读或工作，会见印象好，走访印象好，监护条件好等。与此相反的因素，则作为负指标。办案人员应当综合案件情况作出综合判断。② 也有论者认为，社会学上的风险评估理论和统计学上的数学建模理论为构建量化评估模型提供了理论方法，SPSS 统计分析软件为构建评估量化模型提供了技术工具。评估模型通过将妨碍诉讼顺利进行的各种风险因素及其作用力大小进行量化，运用统计学方法计算犯罪嫌疑人、被告人妨碍诉讼顺利进行的概率，并参照事先设定的风险值位阶表，得出有无逮捕必要的参考性结论。③

第三，风险评估的处理结果。有论者认为，通过风险评估，对于高风险的对象要果断作出逮捕决定；对中等风险的对象要慎重对待，要努力创造条件，对可能出现的风险进行预防和控制，然后选择适当的处遇方式；对低风险的，应当及时作出非羁押性强制措施的决定，通过法律手段有效保障未成

① 宋英辉、张寒玉、王英：《特别程序下逮捕未成年人制度初探》，载《青少年犯罪问题》2016 年第 5 期。

② 宋英辉：《取保候审适用中面临的问题与对策——基于未成年人案件实证研究的分析》，载《中国刑事法杂志》2007 年第 6 期。

③ 王贞会：《审查逮捕社会危险性评估量化模型的原理与建构》，载《政法论坛》2016 年第 2 期。

年人的合法权益。① 也有论者认为，根据总分的高低，来确定该未成年人的风险水平和需要的监督水平，从而确定采取的措施。得分较高者即高风险，可能会被逮捕；得分较低者即低风险，可适用取保候审或者不必适用强制措施而由监护人看管；得分介于二者之间的即属中等风险，根据具体的风险等级确定不同程度的监管，但不必羁押。②

3. 风险评估的方法

关于风险评估的方法，有论者指出，检察机关应当从以下几个方面审查，并结合案件具体情况综合认定未成年犯罪嫌疑人的社会危险性：（1）公安机关提供的证明犯罪嫌疑人具有社会危险性的证据，如果公安机关没有提供或者提供的证据不充分的，人民检察院应当要求公安机关提供或者补充；（2）社会调查报告；（3）未成年犯罪嫌疑人实施犯罪行为的情节、严重程度、犯罪次数等；（4）其他证明未成年犯罪嫌疑人社会危险性的材料。③

4. 风险评估的免责

有论者主张，在建立非羁押强制措施风险评估的同时，还要建立相应的风险免责机制。所谓风险免责机制，是指只要取保候审是依照法定程序和内容进行风险评估，并依法提出和审批的，即使是在被取保候审后，犯罪嫌疑人实施了重新危害社会的违法犯罪行为，或者有逃跑、串供、威胁、毁灭证据等行为，办案机关和办案人员也不应当对出现的取保候审风险承担法律责任。④ 要正确看待风险评估后的脱逃问题。取保候审后的脱逃现象只要控制在一定幅度内，不应以结果倒查风险评估的责任。⑤

---

① 张桂霞：《涉罪未成年人非羁押性强制措施风险评估与控制》，载《铁道警察学院学报》2015 年第 5 期。

② 吴波：《未成年人审前羁押权益保障制度的完善与创新》，载《青少年犯罪问题》2017 年第 6 期。

③ 刘东根、曲广娣：《试论我国未成年人刑事案件取保候审风险评估制度的建立》，载《江西警察学院学报》2012 年第 1 期。

④ 刘东根、曲广娣：《试论我国未成年人刑事案件取保候审风险评估制度的建立》，载《江西警察学院学报》2012 年第 1 期。

⑤ 宋英辉、上官春光、王贞会：《涉罪未成年人审前非羁押支持体系实证研究》，载《政法论坛》2014 年第 1 期。

### （二）非羁押强制措施的支持体系

未成年人刑事司法具有较强的社会属性，其有效运行有赖于发达的社会支持体系。① 非羁押强制措施的支持体系源自整个未成年人刑事司法对社会支持体系的需求，是社会参与原则在未成年人刑事诉讼中的一种实现方式。在未成年人刑事司法中贯彻落实社会参与原则非常必要，具有重要意义。有论者认为，强调未成年人刑事司法中的社会参与是贯彻未成年人刑事司法方针和原则的需要，是遵循未成年人刑事司法规律的需要，是实现未成年人刑事司法领域社会治理创新的需要。② 其积极意义主要体现在以下三个方面：一是可以为身处刑事诉讼中的未成年人提供相应的法律帮助、心理辅导和知识教育，有利于缓解他们的紧张、恐惧心理，可以更好地维护其合法权益；二是可以保持未成年人在一定范围内与社会外界的接触，防止由于刑事司法程序的封闭性而给未成年人造成的不利影响，保证其顺利回归社会；三是通过发挥家庭、学校、社区、社工、社会团体、爱心企业等社会力量的积极作用，对未成年犯罪嫌疑人、被告人进行关爱、帮助、教育和监督，可以使未成年人仍然置身于开放性的社会环境中，有助于未成年人重新回归社会，防止再犯。③

有论者指出，近年来我国未成年人司法社会支持体系取得长足发展，未成年人保护工作机制和服务体系不断趋于完善。④ 但总体而言，我国未成年人刑事司法面临的突出问题是社会参与程度低、司法机关与社会力量之间的信息共享及资源链接机制不健全、青少年司法社工力量不足以及政府资金支持缺位，导致社会支持难以体系化、规范化和常态化。不少地方还停留在少年司法人员自行寻求社会力量支持的层面，社会服务转介机构基本空白，社

---

① 宋志军：《论未成年人刑事司法的社会支持体系》，载《法律科学》2016 年第 5 期。

② 宋志军：《未成年人刑事司法的社会参与问题研究》，载《北方法学》2016 年第 2 期。

③ 宋英辉、何挺、王贞会等：《未成年人刑事司法改革研究》，北京大学出版社 2013 年版，第 36－37 页。

④ 孙谦：《关于建立中国少年司法制度的思考》，载《国家检察官学院学报》2017 年第 4 期。

会支持体系薄弱。[1] 因此，应当建立完善的未成年司法社会支持体系，至少应包括以下内容：一是未成年人不良行为早期干预社会支持系统；二是涉案未成年人诉讼需求社会支持系统；三是涉案未成年人教育矫治和保护救助需求社会支持系统；四是未成年人罪错和被害预防社会支持系统。[2]

对未成年人非羁押强制措施支持体系这一问题，较早就得到学界的关注，主要是作为完善取保候审制度的配套机制而提出的，可以称之为非羁押强制措施支持体系的"1.0 版本"。例如，有论者认为，为了使未成年人取保候审制度落到实处，可以仿照西方国家建立取保候审支持机构，由警察、教育监管和医疗部门组织、民政部门、福利机构、社区以及妇联作为社会治安综合治理的内容共同实施。对地方政府负责，对司法机关作出的取保候审决定实施支持计划，实现取保候审的非关押目的，尽量保证未成年人的正常生活。支持机构的工作重点应针对重复犯罪以及陷入困境需要帮助的未成年犯罪嫌疑人，特别是心理上有创伤（受过虐待），或者行为混乱的未成年人，采取寄宿寄养、家庭收留等方式。结合街道、社区专门的未成年人社会工作者，对生活困难、无家可归的未成年人，将社工与取保候审结合起来。通过了解被取保候审未成年人的家庭、谈面临的困难、搞娱乐活动，让未成年人得到热心成年人的帮助，过上正常人的生活。[3]

还有论者指出，应当完善取保候审的监管等社会支持保障体系，核心在于确立并落实办案机关、家庭、学校、企业、村（居）委会之间共同监管机制，这需要以下制度内外因素的合力作用：法律的强制力、政府责任意识、办案机关资源投入、家庭的监护条件、学校的人本观念、企业的用工机制、村（居）委会功能的发挥等。此外，针对在本地无固定住所，又没有保证人和担保所需要的经济能力的犯罪嫌疑人、被告人，可以由当地企业等安排就业和监督。[4] 有必要积极吸收未成年人所处环境中的监管力量，确立其他机

---

① 宋志军：《论未成年人刑事司法的社会支持体系》，载《法律科学》2016 年第 5 期。

② 孙谦：《关于建立中国少年司法制度的思考》，载《国家检察官学院学报》2017 年第 4 期。

③ 虞浔：《对中国未成年人取保候审制度的法律审视》，载《青年研究》2004 年第 8 期。

④ 宋英辉：《取保候审适用中面临的问题与对策——基于未成年人案件实证研究的分析》，载《中国刑事法杂志》2007 年第 6 期。

构和组织参与的对未被羁押的犯罪嫌疑人、被告人的共同监管机制。社区、单位、学校应配合司法机关承担一定的监管和帮教的职责，家庭和社区、学校之间应形成有效的配合机制，确保未成年犯罪嫌疑人、被告人能获得家庭的抚慰和支持、学校的接纳及引导、社区的约束和帮助，在多方机构的配合和监管下，防止被采取非羁押措施的对象在诉讼过程中重新走上犯罪道路。每个机关各司其职，为未成年人提供学习、工作的机会，减少其逃匿的可能。同时也应配备相应的配套措施，例如舒缓调解未成年人心理负担的心理咨询、社区集中组织学习法制教育等，都有利于帮助未成年人在改正错误的同时降低逃匿的风险。①

非羁押强制措施支持体系的快速发展，得益于近年来一些地方在司法实践中开展未成年人审前非羁押的社会观护体系的试点改革，可以称之为非羁押强制措施支持体系的"2.0版本"。对此，有论者通过实地调查社会观护体系的做法后指出，社会观护体系的基本内容是以爱心企业、学校、敬老院等作为取保候审的社会支持机构，由其对为在本地不具备取保候审条件的涉罪外来未成年人提供食宿、工作、教育条件和保证人。在取保候审期间，基地对管护对象进行监督管理，包括安排学校学习、提供力所能及的工作机会、进行技能培训、心理辅导，帮助他们确立积极的生活理想和人生目标。基地对管护对象在基地期间的表现出具情况证明，提供给办案机关。人民检察院决定不起诉、人民法院确定刑期或者刑罚执行方式时，将该情况证明作为考量因素。② 作为非羁押强制措施的社会支持机制，观护教育基地可以为那些不能提供保证人又交不起保证金的未成年犯罪嫌疑人、被告人提供保证人和临时住所，以扩大非羁押强制措施的适用。观护教育基地在减少审前羁押、刑罚宽缓化、帮助复归社会等方面取得良好效果，并促成办案人员观念和认识上的改变。③ 这一实践做法符合严格限制对未成年人适用逮捕措施的原则，并得到有关司法解释或文件的确认。

有论者认为，建立和完善未成年人非羁押强制措施的支持体系，具有制

---

① 宋英辉、甄贞主编：《未成年人犯罪诉讼程序研究》，北京师范大学出版社2011年版，第117页。

② 宋英辉、上官春光、王贞会：《涉罪未成年人审前非羁押支持体系实证研究》，载《政法论坛》2014年第1期。

③ 宋英辉、何挺、王贞会等：《未成年人刑事司法改革研究》，北京大学出版社2013年版，第39页。

度上的必要性和现实操作上的可行性。第一，符合人权保障理念的要求，可以有效降低审前羁押率，更好地保障涉罪人员的合法权益，有利于实现程序公正和社会和谐稳定。第二，符合社会控制理论和社会参与原则的要求，有利于对他们的再社会化和防止重新犯罪。第三，符合宽严相济刑事政策的要求，刑事诉讼法和有关司法解释的规定也为这一制度的建立提供了立法基础。第四，符合诉讼效率价值的要求，可以在保障人权的同时协助办案机关对涉罪人员进行有效监管和帮教，降低司法成本，节约司法资源。[1]

有论者以观护基地为基础提出完善审前非羁押支持体系的具体建议，主要包括以下几个方面：进一步明确观护基地的职能定位；厘清观护基地与办案机关的关系；平衡观护基地的权利与义务；落实观护前的风险评估和观护期间对未成年人的有效监管；改革办案机关有关业务考评机制。[2]

客观上讲，对未成年人适用非羁押强制措施的最大难点是对外来未成年人如何适用非羁押强制措施。所以，非羁押强制措施支持体系在产生之初也主要是针对外来未成年人，后来逐步拓展到不具有监护帮教条件的本地未成年人，个别地区还试点了轻微犯罪的成年人进入社会观护基地的做法。[3] 有论者认为，外来未成年人的一个显著特点是以找工作为重要目标而不是求学。因此，通过"单位帮教"的方式对涉罪未成年人进行帮教，会对他们今后的行为产生积极影响。[4] 也有论者认为，结合外地被羁押的未成年人多为外来务工人员的特征，可以探索基地与企业的合作。让未成年人在观护基地进行适当的劳作，一边正常参与企业工作，一边候审、接受帮教，按照企业薪金标准，同工同酬，所得归犯罪嫌疑人所有或者用于赔偿被害人。

还有论者指出，对外来未成年人可以采取更加灵活、多元化的观护和帮教方式，具体包括：（1）推进各地司法社工队伍建设，扩展社工合作单位，

---

① 王贞会等：《未成年人刑事司法社会支持机制研究》，中国人民公安大学出版社2017年版，第103－112页。

② 宋英辉、上官春光、王贞会：《涉罪未成年人审前非羁押支持体系实证研究》，载《政法论坛》2014年第1期。

③ 例如，江苏省无锡市将所有涉罪外来人员均纳入社会观护范围，只要符合规定的条件，不管是未成年人还是成年人，均可进入观护基地。无锡市人民检察院课题组：《涉罪外来人员适用强制措施实证研究》，载《国家检察官学院学报》2010年第4期。

④ 叶国平、顾晓军、尤丽娜：《宽严之辩：未成年犯罪嫌疑人非羁押措施可行性评估问题再研究》，载《青少年犯罪问题》2010年第5期。

实现社工服务跨区域衔接。司法机关可通过跨区域购买服务等方式，与多家社工单位合作，引入竞争机制，实现社工服务的区域衔接，扩展帮教范围，提高帮教实效。（2）针对不宜开展异地帮教的人员，发掘各界资源，建立管护教育基地。应当创新合作模式，如采取政策优惠、政府购买等多种方式，与学校、企业、社会机构等合作筹建针对不同人群的多样化观护基地。发挥政府协调职能，挖掘闲置资源，优化资源配置。（3）利用科技手段，开展远程帮教。在确保网络安全的前提下，帮教过程可充分利用现已遍布全国且被青少年群体广为接受的网络资源，通过网络视频等现代化手段，开展无界化远程帮教。①

关于社会观护的场所问题，实践中主要的操作模式是以企业、社区、公益组织为基础建立的社会观护基地，有论者认为，这种模式已经得到实践的检验，可以帮助未成年人更好地融入和回归社会，取得良好的社会效果和法律效果。② 也有论者提出，国外不少观护机构被冠以"培训学校""教育中心"的名称，多是政府与企业合作的项目，这些民间性质的机构和官方的观护机构共同形成了二元化的观护体系。同时，国外还普遍存在社区（或家庭）作为对未成年人进行观护的场所。因此，应当探索观护场所的二元化，即观护场所的官方、民间二元化以及机构和社区（家庭）的二元化。③

## （三）取保候审的问题与完善

学界对取保候审制度的研究比较多，涉及的内容也比较全面，研究方法不但有理论层面的解析，也有通过实证方法来揭示问题并提出完善方案的。总体而言，无论是理论还是司法实务界，对未成年人取保候审制度存在的问题，认识较为统一。有论者通过实证研究指出，未成年人取保候审制度存在的主要问题包括以下几个方面：第一，法律和体制内的制约，即被取保候审人逃匿时如何处理，以及有关考评指标的制约；第二，认识上的障碍，包括对相关法律的片面理解、对取保候审认识上的偏差、社会对被取保候审人的

---

① 邵烟雨：《三方面严把未成年人刑事案件审前羁押关》，载《人民检察》2013年第10期。

② 侯东亮：《未成年人羁押必要性审查模式研究》，载《法学杂志》2015年第9期。

③ 王江淮：《未成年人审前羁押制度比较与借鉴》，载《预防青少年犯罪研究》2014年第6期。

歧视以及司法廉洁性受到公众怀疑；第三，流动人口犯罪的增加，如何对流动人口适用取保候审成为一个突出问题；第四，司法资源的有限性和社会治安的压力，使得办案人员往往不愿适用取保候审；第五，诚信的缺失，也在一定程度上妨碍了取保候审的适用；第六，配套措施的欠缺，如有效的监管机制和对特殊犯罪嫌疑人的救济机制，也造成取保候审适用数量较少。① 此外，还有论者认为，我国未成年人取保候审制度还存在没有体现出对未成年人在适用条件上的特殊性、保证方式单一化以及没有体现出取保候审制度的全面性和平等性等问题。②

2012 年修改刑事诉讼法以及近年来全面推进司法体制改革，对取保候审制度作了较大修正，未成年人取保候审原来存在的一些问题得到解决，但有些问题仍然存在。其中，讨论比较多的是取保候审方式的完善。

2012 年《刑事诉讼法》并没有改变取保候审的保证方式，仍然保留保证人保证和保证金保证两种方式，二者择一适用，保证金需以人民币交纳。有论者指出，由于未成年人自身经济能力有限，基本上没有独立的经济来源，一般不具备交纳保证金的能力，但实践中大量使用财产保证，对未成年人财保的比例远高于人保。这使本应由未成年人承担的责任转嫁给其家人，使未成年人感觉不到自身责任所在而易于违反相关的取保义务，又限制了取保候审的适用范围，许多经济困难的父母因交不起保证金，其子女不能被取保候审，经济因素在一定程度上成为未成年犯罪嫌疑人、被告人享有平等获得取保候审权利的障碍。③ 关于如何完善取保候审的保证方式，学界主要有以下几种不同方案：

第一种观点认为，应当尽可能采取保证人保证的方式，减少和规范保证金的适用，对保证金的上限作出明确规定，杜绝司法机关因为种种借口侵吞保证金。同时，在对未成年犯罪嫌疑人、被告人适用保证人保证时，应当允

---

① 宋英辉：《取保候审适用中面临的问题与对策——基于未成年人案件实证研究的分析》，载《中国刑事法杂志》2007 年第 6 期。

② 林维、唐仲江：《未成年人取保候审适用问题研究》，载《青少年犯罪问题》2008 年第 2 期。

③ 林维、唐仲江：《未成年人取保候审适用问题研究》，载《青少年犯罪问题》2008 年第 2 期。

许在其近亲属中选定合适的保证人。①

第二种观点认为，对于采用保证金方式取保候审的，可以增加保证金的交纳方式，既可事先缴纳足额保证金，也可以签署保证金承诺书不预先支付给司法机关，还可以将工资等预期性收入作为保证金。② 也有论者认为，由于社会各项体制还不健全，特别是户籍和档案制度不规范，外来违法犯罪人员的前科劣迹对其求职求生的影响甚小，完全可以通过打工的流动性予以掩饰。而几千元甚至上万元的保证金，对于全年收入甚微的外来务工人员，可能比失去几个月的自由更重要。因此，对于一些外来未成年人，采用财保的方式更利于保证诉讼。③

第三种观点认为，对于提不出保证人也交不起保证金的未成年人，可以借鉴英国的保释寄宿所制度，建立取保候审寄宿所，既能保证犯罪嫌疑人按时到庭参加诉讼，又不完全剥夺其人身自由，避免了其与社会脱节再社会化难的困境。④

第四种观点认为，可以增加取保候审的保证方式种类，建立具有层次性的保证体系。这又可以分为两种方案：一种方案是在现有立法规定的保证人和保证金两种保证方式外，增加两种保证方式：一是自保，即涉案未成年人以向司法机关提交保证书的方式，保证不妨碍刑事诉讼活动的进行；二是单位保，即由学校、居（村）委会、社区等单位充当保证人。⑤ 有论者将由法律规定的保证人范围之外的人来担任保证人的情形称为合适保证人。这在我国有的地区已经有所探索。所谓合适保证人是指公安机关、人民检察院、人民法院在刑事诉讼过程中，针对无羁押必要性，但又无法提供适格保证人且无力出具保证金的涉罪未成年人，依托社会力量，由司法机关为其指定符合

---

① 谢安平、郭华主编：《未成年人刑事诉讼程序探究》，中国政法大学出版社 2015 年版，第 110 页。

② 万春、黄建波主编：《未成年人刑事检察论纲》，中国检察出版社 2013 年版，第 35 页。

③ 叶国平、顾晓军、尤丽娜：《宽严之辩：未成年犯罪嫌疑人非羁押措施可行性评估问题再研究》，载《青少年犯罪问题》2010 年第 5 期。

④ 吴波：《未成年人审前羁押权益保障制度的完善与创新》，载《青少年犯罪问题》2017 年第 6 期。

⑤ 叶敏、顾晓军：《未成年人刑事检察诉讼程序改革完善的实践与构想》，载《法学》2006 年第 10 期。

条件的无利害关系人,依法履行保证人的职责。只有在涉罪未成年人无法提供适格保证人的前提下,司法机关才能为其指定一名合适保证人,履行保证人的职责。① 另一种方案区分不同情况,区别对待,具体如下:第一,对于情节较轻的未成年犯罪嫌疑人、被告人,可以采取保证书担保方式,由未成年人具结保证书,责令其定期到执行机关汇报活动情况。第二,对一些情节较重、社会危险性较大的未成年犯罪嫌疑人、被告人,可采取保证书加保证人的保证方式,由其保证人严格监督管教。必要时,可以要求其交纳保证金,如果保证人未尽到保证责任,可以罚没保证金以示惩罚。第三,扩大保证人的范围,社区、学校、有关单位在一定条件下可以作为不能提供保证人也无法交纳保证金的未成年人的保证人,使所有未成年人都可以平等地适用取保候审。②

### (四) 多元化的羁押替代方案

有论者主张,我国立法对未成年人的羁押替代措施仅限于取保候审和监视居住两种方式,且适用条件比较严格,可以借鉴国外经验,探索适合我国的未成年人羁押替代性措施。主要包括以下四种方式:一是具结保证。对于罪行轻微、采取取保候审风险性小的未成年人,要求其签订具结保证书,确保在取保候审期间遵守取保候审规定。二是提供保证人或者保证金。适用于罪行较轻,适用取保候审不致发生社会危险性的未成年犯罪嫌疑人。保证金的形式包括但不限于现金,有价证券、动产和不动产等资产均可以担保物权的形式提供保证。同时,保证人可以由学校、社区等单位来充当。三是对于罪行较重的未成年犯罪嫌疑人,如果该未成年犯罪嫌疑人或者其法定代理人提出缴纳保证金又提供保证人的,可以考虑对其适用取保候审。四是监视居住。对于罪行较重的未成年犯罪嫌疑人,也可适用监视居住。执行机关工作人员不定期抽查,同时可以在监视居住地点安装电子监控设备,以备执行机关随时监控。③

---

① 姚建龙、吴燕、张宇、钟姝琴:《未成年人取保候审制度的改革与完善——以合适保证人制度构建为视角》,载《预防青少年犯罪研究》2016 年第 6 期。

② 龚一海、张文弟:《未成年人取保候审适用中存在的问题及其完善》,载《青少年犯罪问题》2004 年第 2 期。

③ 吴波:《未成年人审前羁押权益保障制度的完善与创新》,载《青少年犯罪问题》2017 年第 6 期。

随着科学技术的发展，新技术和智能手段在司法领域的应用越来越广泛，未成年人司法改革也应当借助科学技术手段，大力推进新技术设备的应用，以减少对未成年人的审前羁押。有论者认为，可以推广电子手铐作为羁押的替代方案。电子手铐是一种利用电子设备监控、约束犯罪嫌疑人、被告人或罪犯等特定对象行踪的现代科技手段。借助这种电子监控手段，可以确定被监控者所在的位置。同时，借助这个系统，被监控者可以在一定范围内自由活动，有别于剥夺人身自由的羁押性控制手段。与传统的限制人身自由的非羁押性控制手段相比，电子手铐在监控的实效性和经济性上有比较明显的优势。美国、韩国等国家已经对部分犯罪群体实施了此项制度，我国可以先在未成年人刑事案件中试行。[1] 电子手铐、电子手镯等电子监控技术、设备是进行未成年人审前羁押制度改革（尤其是在家庭和社区中）的技术支持。积极进行电子科技的开发，将会成为改革的动力。[2]

---

① 姚建龙：《未成年人审前羁押制度检讨与改进建议》，载《中国刑事法杂志》2011 年第 4 期。

② 王江淮：《未成年人审前羁押制度比较与借鉴》，载《预防青少年犯罪研究》2014 年第 6 期。

# 第五章　合适成年人参与制度

"合适成年人"（又译"适当成年人"）源于英国《1984 年警察与刑事证据法》中的 AppropriateAdult 一词。合适成年人参与制度，亦称为"合适成年人到场制度""合适成年人介入制度"，其基本含义是指，警察和其他办案人员在讯问未成年犯罪嫌疑人或精神错乱、精神障碍犯罪嫌疑人时，必须有合适的成年人（法定代理人或其他合适的成年人）到场的制度。我国自 21 世纪初期开始引入合适成年人参与制度并在多个地区开始实践尝试，直至 2012 年刑事诉讼法修改确立了合适成年人参与的制度。关于合适成年人参与制度的研究同样肇端于 21 世纪初，并在 2012 年刑事诉讼法修改前后达致顶峰。研究者关于合适成年人参与的必要性和价值基本达成共识，但就合适成年人的法律地位、发挥的具体功能以及程序操作中的一些具体问题还存在不同观点。

## 一、合适成年人参与制度的基本理论

### （一）合适成年人在场权

合适成年人参与作为一项重要的司法制度，现已为世界上大多数国家的法律所规定。这一制度赋予未成年犯罪嫌疑人、被告人合适成年人在场权。[①] 合适成年人在场权，亦称为"合适成年人参与权""合适成年人到场权"等，是指未成年犯罪嫌疑人、被告人在询问、审判等刑事诉讼活动中所享有

---

① 姚建龙：《论合适成年人在场权》，载《政治与法律》2010 年第 7 期。

的应有合适成年人到场参与的权利。①

　　研究者进一步对合适成年人在场权的内涵从多个角度进行了界定，从合适成年人参与刑事诉讼阶段的角度，提出合适成年人在场权有最狭义、狭义、中义和广义四个层次的界定。最狭义的合适成年人在场权是指未成年犯罪嫌疑人在侦查讯问程序中所享有的应当有合适成年人到场参与的权利。狭义的合适成年人在场权是指未成年犯罪嫌疑人在审前讯问程序中（包括侦查阶段的讯问和审查起诉阶段的讯问）所享有的应当有合适成年人到场参与的权利。中义的合适成年人在场权是指未成年犯罪嫌疑人、被告人在讯问、审判程序中所享有的应当有合适成年人参与的权利。广义的合适成年人在场权则是指未成年犯罪嫌疑人、被告人在整个刑事诉讼程序中所享有的应当有合适成年人到场参与的权利。②

### （二）合适成年人参与的理论基础

　　学界普遍认为，合适成年人参与制度作为一项重要的少年司法制度，其价值基础有儿童最大利益原则、国家亲权理论、程序正当的价值理念、司法效率和双向保护原则等。③ 未成年人司法制度与成年人刑事司法制度的区别之一，就在于强调对未成年人的特殊保护。反映在司法程序中，要求国家既要注重保护社会秩序、维护社会稳定和社会公众利益，依法惩处犯罪，又要注重保护未成年人。合适成年人参与制度的建立，便是加强未成年人在刑事诉讼过程中的特殊保护的重要体现。

　　1. 儿童最大利益原则

　　儿童最大利益原则，也称为儿童利益最大化原则，是联合国《儿童权利公约》确立的一项基本原则。有研究者认为，参考联合国的相关规定，可以从儿童利益最大原则推导出合适成年人参与的基本精神。首先，合适成年人在场权是未成年人所享有的权利；其次，合适成年人的参与是对未成年人权益的保护和援助；最后，若父母或监护人到场会损害未成年人的利益，则将

---

　　① 姚建龙：《权利的细微关怀："合适成年人"参与未成年人刑事诉讼制度的移植与本土化》，北京大学出版社 2010 年版，第 37－38 页。
　　② 姚建龙：《论合适成年人在场权》，载《政治与法律》2010 年第 7 期。
　　③ 江海昌：《合适成年人参与未成年人刑事诉讼的价值分析》，载《青少年犯罪研究》2009 年第 3 期。

不被允许参加诉讼。由此可见，虽然《儿童权利公约》《少年司法最低限度标准规则》并没有明确使用"合适成年人"的概念，但是合适成年人参与未成年人刑事司法过程的基本精神已经得以确立。[①]

合适成年人在场权是儿童最大利益原则在未成年人刑事诉讼程序中贯彻的要求。合适成年人的重要作用是为了确保儿童的最大利益在少年司法制度中得到实现，它体现了对涉罪未成年人身心发育特点的尊重、对未成年人的优先保护和特殊保护。[②]

2. 国家亲权理论

基于儿童最大利益原则，在讯问过程中，到场成年人的"合适性"要求可以超越父母亲权，即如果父母到场可能有损儿童最大利益，可以禁止其到场，而由其他合适成年人到场参与诉讼。这种超越"亲权"的在场权来源于少年司法的传统哲理根基——国家亲权理论。国家亲权，又称国家监护权，源于罗马法，指"父母只是一家之主，而国王则是一国之君，他是这个国家和所有臣民的家长。"[③] 通常认为，国家亲权理论有三个基本内涵：首先，国家亲权理论认为国家居于未成年人最终监护人的地位；其次，国家亲权理论强调国家亲权高于父母亲权；最后，国家亲权理论主张国家应以未成年人福利为本位。从心理和生理特征来看，未成年人心智发育尚不成熟，不具有成年人一般的明辨是非的能力，与成年人相比需要更为特殊的保护。国家负有保护未成年人的最终责任，因此在少年司法程序中，需充分尊重未成年犯罪嫌疑人、被告人的身心发育特点，合适成年人参与制度正是这一理论的重要体现。[④]

3. 程序正当的价值理念

合适成年人参与制度作为一项刑事诉讼制度，体现了程序正当的理念，其实质是为了追求司法公正。有研究者指出，正当程序作为重要法治观念和宪法原则，其核心就是注重程序的正当性，注重程序的价值和功能。正当程

---

① 姚建龙：《权利的细微关怀："合适成年人"参与未成年人刑事诉讼制度的移植与本土化》，北京大学出版社 2010 年版，第 48 页。

② 林志强：《中欧少年司法制度——合适成年人参与制度研讨会》，载《青少年犯罪问题》2003 年第 6 期。

③ 赵敏：《论我国合适成年人制度》，载《行政与法》2015 年第 1 期。

④ 姚建龙：《权利的细微关怀："合适成年人"参与未成年人刑事诉讼制度的移植与本土化》，北京大学出版社 2010 年版，第 48 - 50 页。

序要求犯罪嫌疑人、被告人在刑事诉讼中必须受到主体的对待，权利受到尊重和保障。正当程序对侦查阶段的意义尤为重要，侦查阶段的对抗性决定了在这个阶段犯罪嫌疑人权利保护问题最为突出。① 在对未成年人进行讯问过程中，警察作为讯问的一方，享有国家赋予的强制权力，并受过专业训练，处于居高临下的地位。未成年人身心发育不成熟，缺乏生活经验与沟通理解能力，对自己应享有的诉讼权利缺乏认识，作为被讯问的一方，在讯问中处于弱势。② 这一主体的特殊性，导致其在面对警察的讯问时，很可能会陷入极度的紧张、恐惧中，自我保护能力有限，诉讼权利易受到不当司法行为侵害，导致其供述的真实性、准确性以及由此产生的证据的合法性受到质疑。此时，合适成年人的参与可以更好地安抚未成年人，同时监督司法机关的讯问行为，协调讯问人员与未成年人之间的紧张关系，在维护司法程序正当上具有重要作用。

此外，有研究者从刑事诉讼模式转变的角度，论证了程序正当作为合适成年人参与制度的价值理念。就刑事司法而言，有两种典型的模式：犯罪控制模式和正当程序模式。前者以对犯罪者判定有罪为刑事司法制度的目的；后者则注重程序性规则，价值诉求是程序正义。通过合适成年人在场参与诉讼，来平衡司法机关与未成年人的力量对比，促使司法机关在讯问程序中注重对未成年人的尊重和权益的保障，这是实现未成年人刑事诉讼程序正义的重要一环。合适成年人在场制度的建立，是现代刑事司法从犯罪控制模式向正当程序模式转变的要求和结果。③

4. 司法效率

我国引入合适成年人参与制度初期，理论界和实务界均有"合适成年人参与制度可能会影响司法机关效率"的担忧。但经过多番讨论，多数研究者认为，从长远角度来看，建立合适成年人参与制度有利于诉讼程序的顺利进行，并在保护未成年人的同时也能保护警察本身。主要理由有：第一，合适成年人的参与有利于讯问人员与未成年犯罪嫌疑人的沟通，减少误解与隔

---

① 江海昌：《合适成年人参与未成年人刑事诉讼的价值分析》，载《青少年犯罪研究》2009 年第 3 期。

② 刘芹：《中欧少年司法制度——合适成年人参与制度研讨会会议综述》，载《青少年犯罪问题》2003 年第 3 期。

③ 姚建龙：《英国适当成年人介入制度及其在中国的引入》，载《中国刑事法杂志》2004 年第 4 期。

阅，有利于讯问的顺利进行。建立合适成年人参与制度的主要目的是保护未成年人的合法权益，而未成年人由于其主体的特殊性，有时不能正确理解自己行为的法律后果，有合适成年人作为中立的一方参与诉讼，既可以监督国家公权力的正确行使，又可以帮助未成年人理解刑事诉讼的正确含义，做出有效的供述，提高诉讼效率。第二，合适成年人到场可以发挥见证的作用，提高口供的证明力，防止翻供，节约司法资源。即使司法人员完全按照传统程序合法开展工作，但是由于未成年人的严重弱势地位，其行为的合法性也往往受到社会公众和律师的质疑，特别是警察讯问过程中所得到的口供很容易在审判阶段面临翻供的风险。作为程序的直接参与者，合适成年人也就成为司法人员行为的见证者，他们的见证可以有效防止司法人员受非法司法的指控，从而使程序顺利进行。第三，合适成年人的监督作用还可以保护讯问人员，有利于消除未成年人家属及社会公众的误解，提高司法公信力，进而保障司法效率。①

5. 双向保护原则

联合国《少年司法最低限度标准规则》第一部分总则第 1.4 条中明确规定："少年司法是对所有少年实行社会正义的各国发展进程中的一个组成部分，同时也有助于保护青少年和维护社会的安宁和秩序。"该条文直接规定了"既保护青少年的成长，又维护社会的安宁秩序"的双向保护原则，合适成年人参与制度将保护未成年人和社会秩序相互统一起来，正是这一原则的重要体现。②

6. 再社会化理论

再社会化理论认为，再社会化是个体实现特殊社会化的过程，在刑事司法中，通过对犯罪人的教育改造，矫正其扭曲的人格，协助其树立正确的道德信仰底线，让其重新回归社会。③ 社会化的主要功能体现在"教育"，而对涉罪未成年人而言，在其回归社会过程中，周围环境起着关键作用，合适成年人参与制度可以为犯罪的未成年人建立一个良好的再社会化环境，不仅

---

① 江海昌：《合适成年人参与未成年人刑事诉讼的价值分析》，载姚建龙主编、田相夏副主编：《合适成年人与刑事诉讼——制度渊源、演进与未来》，中国人民公安大学出版社 2014 年版，第 146 – 147 页。

② 江海昌：《合适成年人参与未成年人刑事诉讼的价值分析》，载《青少年犯罪研究》2009 年第 3 期。

③ 池应华：《论罪犯再社会化》，载《中国司法》2005 年第 11 期。

在侦查审判过程中有利于未成年犯罪人克服紧张、焦虑等负面情绪，合适成年人在参与诉讼过程中对未成年人的开导与帮助，也可以防止未成年人再次进入社会后对司法工作人员、社会产生仇恨、报复心理。①

7. 教育为主原则

在未成年人刑事司法中，对涉罪未成年人以教育为主已成为公认的基本原则。对涉罪未成年人进行有针对性教育的最佳角色应是充分了解未成年人并受其信任的人，而合适成年人有着其他诉讼参与人所不具备的优势，即合适成年人由未成年人的法定代理人、其他成年亲属及老师等亲近的人组成，合适成年人的说教更容易被未成年人接受。此外，合适成年人介入案件较为及时，更加了解未成年人的具体情况。合适成年人保护未成年人权益的职责要求他们在参与案件过程中，必须对未成年人进行适当的教育。合适成年人参与制度的构建与法庭教育的成效息息相关，而合适成年人参与制度同时也体现了教育刑法对涉罪未成年人教育为主的原则。②

除以上几点价值理念之外，还有研究者提出刑法的谦抑性理念、教育刑理论和社会建构论与积极心理学价值理念。其中，合适成年人参与制度基于刑法的谦抑性的理念设计，在参与案件与陪同过程中帮助未成年人争取非犯罪化发挥了很大作用。而教育刑理念认为，未成年人身心还不成熟，心理与人格也没有定性，所以更易接受再社会化教育，而合适成年人在参与案件过程中实施教育开导，正是这一理念的体现。社会构建论主张人的心理与行为受社会角色、身份、情景、互动对象等多种因素共同制约，而参与案件的合适成年人充当引导者的角色，可以通过建立信任关系来帮助未成年人的心理重构。积极心理学同样强调外界的引导与鼓励，而这点正是涉案未成年人身心所需要的。③

---

① 杨勇、李益明：《合适成年人参与刑事诉讼的立法规制》，载《人民检察》2015年第19期。

② 史华松、周宏：《未成年人刑事案件法庭教育之界定》，载《北京青年政治学院学报》2011年第2期；郝银钟、盛长富：《谈合适成年人参与制度——兼谈新刑事诉讼法第二百七十条的完善》，载《人民司法》2013年第1期。

③ 刘立霞、郝晓云：《论未成年人刑事案件中的合适成年人制度》，载《法学杂志》2011年第4期。

## 二、 合适成年人参与制度的域外起源与发展

合适成年人参与制度被称为一项"独特的英国式发明"，缘起于 1972 年的肯费特（Confait）案。1972 年 4 月 22 日，一个名叫肯费特的 26 岁青年被杀害，三名少年在口供证据的基础上被判谋杀罪名成立。1974 年，首席大法官威杰里（Widgery）在仔细审查该案后发现，案件事实认定存在重大纰漏，在侦查中，对三名少年的讯问是在没有任何其他成年人在场的情况下进行的，案件因此被退回上诉法院，三名嫌疑少年最终被认定无罪，法院改判所有指控不成立。[①]

1981 年，菲利普皇家委员会发布报告，强调："未成年人可能不能很好地理解讯问的重要性或他们自己所说的内容，并且可能比成年人更容易受到他人建议的影响。他们可能需要一些友好的成年人在场的支持，以建议和帮助他们作出自己的决定。"在此报告的基础上，《1984 年警察与刑事证据法》（The Police and Criminal Evidence Act 1984）及《警察拘留、对待及询问当事人执行守则 C》正式确立了合适成年人到场制度。对于合适成年人参与制度的确立，有研究者分析其原因认为，合适成年人在场制度的深层动因乃是少年司法的福利模式和正当程序之间的冲突。[②]

此后，英国对该制度不断具体化，建立了较为健全的合适成年人参与制度。根据英国《警察与刑事证据法》规定，合适成年人介入制度适用的对象包括：（1）17 岁以下的未成年人；（2）年满 17 岁但有精神障碍的成年人。能够担任未成年人的合适成年人的范围包括：（1）未成年人的父母或监护人；（2）社会工作者；（3）非上述两种情况时，其他年满或超过 18 周岁的有责任能力的成年人，但不能是警察人员或受雇于警察署的人。不能担任适当成年人的有：（1）警察人员或受雇于警察署的人；（2）任何有参与案件的嫌疑的人（包括未成年人的父母和监护人），包括被害人、证人、参与本

---

① 马克思维尔·肯费特谋杀案详情，请参见：Murder of Maxwell Confait——From Wikipedia, the free encyclopedia, http：//en. wikipedia. org//wiki/Murder_of_Maxwell_Confait, 访问时间：2017 年 5 月 25 日；姚建龙：《权利的细微关怀："合适成年人"参与未成年人刑事诉讼制度的移植与本土化》，北京大学出版社 2010 年版，第 11 - 16 页。

② 梅文娟：《英国合适成年人在场制度及其借鉴》，载《青少年犯罪问题》2014 年第 1 期。

案件调查的人等；（3）前来担任适当成年人之前，未成年人已向其承认犯罪行为的人；（4）律师或者以此身份来警察署的探访者。对于没有合适成年人到场取得的未成年人嫌疑犯的供述，不得被作为定案的根据，讯问笔录没有合适成年人的签名，法院将援引《警察与刑事证据》第 76 条规定，予以排除。①

随后，美国、加拿大、澳大利亚、德国、日本、新西兰和奥地利等国都相继确立了合适成年人参与的制度。

## 三、　我国合适成年人参与制度的引入与确立

### （一）　合适成年人参与制度的地方试点

合适成年人参与制度在我国的确立是在地方试点的基础之上。自 2003 年开始，通过两次中欧少年司法制度研讨会，我国开始引入合适成年人参与制度并先后在多个地区开始尝试，在不断地探索和实践中，逐渐形成了包括上海模式（或称"救济模式"）、盘龙模式（或称"独立模式"）和同安模式（或称"包容模式"）在内的三种实践模式。2008 年 12 月 18 日至 19 日在上海召开了由团中央中国青少年犯罪研究会主办的合适成年人研讨会。会上各地代表交流经验与研讨问题，并达成了如下共识：合适成年人的功能是保证未成年犯罪嫌疑人得到公正对待，发挥缓解压力、同步制约、协助沟通的功能。同时会上指出，现在合适成年人参与制度处于探索阶段，不可能只有一种模式。② 这些早期探索对推进合适成年人在场制度仍具有重要的参考价值。③

①　姚建龙：《英国适当成年人介入制度及其在中国的引入》，载《中国刑事法杂志》2004 年第 4 期。

②　刘立霞、郝晓云：《论未成年人刑事案件中的合适成年人制度》，载《法学杂志》2011 年第 4 期。

③　以下不同模式的介绍主要参见姚建龙：《权利的细微关怀："合适成年人"参与未成年人刑事诉讼制度的移植与本土化》，北京大学出版社 2010 年版，第 64 - 90 页；刘立霞、郝晓云：《论未成年人刑事案件中的合适成年人制度》，载《法学杂志》2011 年第 4 期。

1. 上海模式

从 2004 年起，上海市检机关开始在长宁等区引入合适成年人参与制度，截至 2007 年，上海建立了包括教师、团干部、青少年事务社工以及筛选出的志愿者等人兼职的"合适成年人"队伍。2010 年 4 月上海市高级人民法院与上海市人民检察院、公安局、司法局联合签发《关于合适成年人参与刑事诉讼的规定》，统一上海少年司法实践中的合适成年人参与刑事诉讼制度，以此达到对未成年人"特殊优先保护"的目的。上海模式将合适成年人作为代理人的补充，即公、检、法讯问或审判涉罪未成年人，在其法定代理人无法或不宜到场时，才由合适成年人到场维护未成年人的合法权益，因此，上海模式又称救济模式。

在适用对象上，上海模式主要针对残障未成年犯罪嫌疑人、被告人，外来未成年犯罪嫌疑人、被告人，相对负刑事责任年龄阶段的未成年人、被告人及可能判处 10 年有期徒刑以上刑罚的未成年犯罪嫌疑人、被告人。在适用阶段上，上海模式的合适成年人参与制度适用于侦查阶段、检察阶段与审判阶段。在合适成年人的人选上，上海市的公检法司四部门制定的《关于核实成年人参与刑事诉讼的规定》中，明确合适成年人不得兼任未成年人犯罪嫌疑人、被告人的辩护人。上海模式中，合适成年人享有知情权、会谈权、阅读笔录并签字认可权、法律解释权、提出异议权，同时承担准时到场义务、不非法干预司法机关正常办案义务和保密义务。上述细则明确规定，有合适成年人参与的讯问笔录更具有证据效力。

2. 盘龙模式

云南昆明市盘龙区和英国救助儿童会在 2002 年 6 月合作建立了以"合适成年人参与制度"为主线、"司法分流"为重点的未成年人保护体系，形成了"专职为主、兼职为辅、志愿者参加"的合适成年人队伍。不同于上海模式，云南盘龙模式基于国家亲权的理念，将合适成年人作为一种独立的制度，合适成年人是独立的诉讼参与人，即使法定代理人到场，合适成年人也可以到场，甚至合适成年人在没有接到通知的情况下，仍可以主动参与到司法程序中，故盘龙模式又称为独立模式。

在适用对象上，盘龙模式适用于触法未成年人。在适用阶段上，盘龙模式的合适成年人参与制度，不仅适用侦查、检察阶段与审判阶段，还延伸至矫正阶段。在合适成年人的人选上，要求合适成年人必须 20 周岁以上，事先经过培训和考核。盘龙模式下，合适成年人需承担更多的职责。首先，出席旁听警方的讯问活动，见证警方的执法，维护触法未成年人的合法权益。其次，参加司法分流活动，在维权基础上，对未成年人违法犯罪原因等社会背景情况进行调查，向司法机关提交社会背景调查报告，为违法未成年人争取非诉讼和非监禁处置，且为从轻减轻处罚创造条件。最后，配合协调有关部门对非监禁处置的违法未成年人开展社区、家庭、学校的监管、帮教工作。盘龙模式的特色是从案件的第一个阶段就实施"合适成年人"介入，司法机关制作了内容详尽的《"合适成年人"工作指导手册》。此外，合适成年人还可以获得必要的报酬。

3. 同安模式

2006 年，福建省同安区人民检察院开始实践合适成年人在场制度并探索出其独特的模式。同安模式中，法定代理人是合适成年人的一种，在同等条件下，法定代理人、亲属优先到场，如果法定代理人不能或不适宜到场时，才通知其他成年人到场。故同安模式又称包容模式。

在适用对象上，同安模式规定只要是未成年人参与刑事诉讼程序，无论作为犯罪嫌疑人、被告人、被害人还是证人都适用。在适用阶段上，同安模式只适用于讯问阶段。在合适成年人的人选上，同安模式对于合适成年人的资历要求更为细致，对于父母、监护人、近亲属以外的合适成年人，要求其必须拥有政治权利能力、沟通能力、社会经验等，但其构成较为松散，主要组成人员是老师、团干部以及退休干部等。在合适成年人的权利义务方面，同安模式下，合适成年人享有异议权、获得补助权等，需承担保护隐私、不干预办案、签字确认笔录等义务。同安模式规定了对不适当履行职责的合适成年人的责任追究方式，在讯问人员和合适成年人之间建立了相互监督的关系。在法律效力上，同安模式较前两种模式都更高，对于没有合适成年人参与的讯问以及合适成年人指出的不当询问都是非法讯问，由此所得证据均应排除。

### （二）合适成年人参与制度确立的必要性

在我国传统的讯问程序下，若让孤弱无援的未成年犯罪嫌疑人单独面对司法机关，封闭而紧张的讯问过程势必会对未成年犯罪嫌疑人的身心健康造成重大的负面影响，未成年人诉讼权利也有受损的风险，同时由于未成年犯罪嫌疑人对司法活动尚不具备完善的是非判断能力，无法很好地理解讯问的重要性或者他们自己陈述内容的法律含义，个别存在严重逆反心理的未成年人可能会对司法工作人员进行反抗，甚至不接受讯问。为促进讯问人员与未成年人的沟通，监督讯问人员司法行为的合法性，我国有必要建立合适成年人参与制度。在第二次中欧少年司法制度——合适成年人参与制度研讨会上，大多数与会者认为，我国目前虽有成年人参与少年司法程序的做法，却没有合适成年人参与制度，因为：（1）针对"讯问未成年犯罪嫌疑人时是否通知成年人参加"，各部门的规定不尽相同。公安部规定"应当"，而检察机关规定"可以"，"可以"在法律条文中可以理解为任意性规则，即司法机关也"可以"选择不通知法定代理人到场。（2）司法机关的义务只是通知的义务，而没有义务保证成年人到场，这在立法精神上不符合合适成年人参与制度"必须在场保障未成年人诉讼权利"的要求。（3）针对外地未成年人、流浪未成年人的违法犯罪案件，根据相关规定，通知家长、监护人、教师或者法定代理人操作性不强，经常会遇到无法通知的情形。针对以上几种情况，确立合适成年人参与制度十分必要。①

但是，也有研究者认为，即使没有合适成年人参与，也可以通过适用非法证据排除规则来对侦查人员的违法行为进行救济。对此，多数研究者认为，非法证据排除规则属事后救济，其效果难以得到保障。而且非法证据排除的启动标准过高，未成年人很难通过这种方式保障自己的权利。②

此外，有研究者提出了其他几点确立合适成年人参与制度的理由，具体如下：（1）合适成年人参与制度能够作为对律师到场制度缺位的弥补，短期内建立律师在场制度较为困难，但建立合适成年人参与制度则更为可行。（2）近30年来，我国《刑事诉讼法》改革一直试图改变口供作为核心证据的诉讼模式，而确立合适成年人参与制度，对于改变口供中心主义诉讼模式具有特殊意义。在侦查过程中，口供中心主义的色彩极为浓重，合适成年人参与制度可以起到固定口供的效力并监督口供以正当的形式获取的重要作用。（3）司法民主，公众可以借由合适成年人身份参与到刑事司法中来。（4）实现对特殊儿童的平等保护等。③

---

① 林志强：《中欧少年司法制度——合适成年人参与制度研讨会》，载《青少年犯罪问题》2003 年第 6 期。

② 姚建龙：《权利的细微关怀："合适成年人"参与未成年人刑事诉讼制度的移植与本土化》，北京大学出版社 2010 年版，第 81－90 页。

③ 姚建龙：《权利的细微关怀："合适成年人"参与未成年人刑事诉讼制度的移植与本土化》，北京大学出版社 2010 年版，第 64 页。

### （三）我国合适成年人参与制度的确立

在引入合适成年人参与制度之前，我国立法中便有要求成年人参与的相关规定，合适成年人参与制度的精神亦早在 1979 年的《刑事诉讼法》中就有体现，"在讯问和审判未成年人时，可以通知该未成年人的法定代理人到场。"此外，1995 年公安部出台《公安机关办理未成年人犯罪案件的规定》第 11 条也规定，"讯问违法犯罪的未成年人时，根据调查案件的需要，除有碍侦查或者无法通知的情形外，应当通知其家长或者监护人或者教师到场。"

1996 年修订的《刑事诉讼法》保留了 1979 年《刑事诉讼法》中关于法定代理人到场制度的规定。此后，公安部、最高人民检察院、最高人民法院相继出台了相关规定和司法解释，对法定代理人到场制度作了补充完善。如，2002 年最高人民检察院颁布《人民检察院办理未成年人刑事案件的规定》。①

2003 年，通过在上海召开的两次中欧少年司法制度——合适成年人参与制度研讨会，我国正式引入合适成年人参与制度，各地区在实践试点过程中陆续出台了相应的规定、细则。

2010 年 8 月，中央综治委预防青少年违法犯罪工作领导小组、最高人民法院、最高人民检察院、公安部、司法部、共青团中央联合颁布《关于进一步建立和完善办理未成年人刑事案件配套工作体系的若干意见》，该《意见》指出："在未成年人被讯问或者开庭审理时，应当通知其法定代理人；法定代理人无法或不宜到场的，可以经未成年人同意或按其意愿通知其他关系密切的亲朋好友、社会工作者、教师、律师等合适成年人到场。"该《意见》是我国全国性的规范性文件中首次使用"合适成年人"一词。

2012 年《刑事诉讼法》修改时对合适成年人参与制度作了明确规定。在讯问和审判的时候，应当通知未成年犯罪嫌疑人、被告人的法定代理人到场。无法通知、法定代理人不能到场或者法定代理人是共犯的，也可以通知未成年犯罪嫌疑人、被告人的其他成年亲属，所在学校、单位、居住地基层

---

① 《人民检察院办理未成年人刑事案件的规定》第 11 条第 4 款规定："询问未成年犯罪嫌疑人，可以通知其法定代理人到场，告知其依法享有的诉讼权利和应当履行的义务"，与 1995 年公安部《公安机关办理未成年人犯罪案件的规定》对比可以看出，关于讯问未成年人时是否通知成年人参加的问题上，各部门的规定不尽相同。

组织或者未成年人保护组织的代表到场，并将有关情况记录在案。到场的法定代理人可以代为行使未成年犯罪嫌疑人、被告人的诉讼权利。到场的法定代理人或者其他人员认为办案人员在讯问、审判中侵犯未成年人合法权益的，可以提出意见。讯问笔录、法庭笔录应当交给到场的法定代理人或者其他人员阅读或者向他宣读。

现行《刑事诉讼法》和相关司法解释的规定确立了如下几方面合适成年人参与制度的内容：（1）合适成年人参与制度的适用对象为涉案未成年人，包括未成年犯罪嫌疑人、被告人、被害人和证人。（2）适用阶段为审查逮捕和审查起诉的讯问阶段，以及法庭审理。（3）合适成年人的选择上，优先选择法定代理人作为合适成年人，只有"无法通知、不能到场、共犯"几种情形下，依次任用"未成年犯罪嫌疑人、被告人的其他成年亲属""所在学校、单位、居住地基层组织或者未成年人保护组织的代表"作为其他合适成年人参与案件。（4）《刑事诉讼法》和司法解释赋予了合适成年人四项权利，具体如下：代为行使未成年犯罪嫌疑人、被告人诉讼权利（仅限于法定代理人担任合适成年人的）；认为办案人员在讯问、审判中侵犯未成年人合法权益时提出意见；阅读、查看讯问笔录、法庭笔录的权利；经法庭同意，可以参与对未成年被告人的法庭教育等工作。

### 🔨 四、 合适成年人参与的功能

合适成年人的参与，改变了封闭而紧张的未成年人讯问、审判程序，对维护未成年人的身心健康、诉讼权利以及促进刑事诉讼的顺利进行有着重要意义。有研究者认为，从未成年人本位出发，合适成年人参与具有以下几个功能，[①] 这种观点已被大多数人所接受。

### （一）抚慰功能

在限制人身自由的讯问环境中，未成年人承受着巨大的心理压力，合适成年人以中立的身份介入紧张的讯问程序，对未成年人具有很重要的抚慰作用，这一功能也是儿童最大利益原则的体现。

---

① 何挺：《"合适成年人"参与未成年人刑事诉讼程序实证研究》，载《中国法学》2012 年第 6 期。

### （二）沟通功能

刑事诉讼和司法机关具有很强的专业性，身心发育尚未成熟的未成年人法律意识薄弱，是非辨别能力较差，可能无法理解自己的语言、行为以及由此产生的法律后果，甚至可能由于紧张、对抗的心理导致无法正确表达自己的意愿，合适成年人的参与可以缓解未成年人的紧张、抵触情绪，促进未成年人与询问人员之间的沟通，帮助未成年人理解有关讯问的含义，使未成年人能够配合诉讼，同时维护未成年人的诉讼权益。

### （三）监督功能

对于天然弱势的未成年人而言，合适成年人的参与可以监督讯问人员在讯问过程中是否有侵犯未成年人权益的违法或不当行为，保证讯问的合法进行，通过监督司法部门办案，提高公众对证据、司法的信任程度。

### （四）教育功能

在与未成年人建立良好的信任关系的基础上，合适成年人采用与办案人员完全不同的教育帮教方式与未成年人交流沟通，未成年人更易被感化。同时，合适成年人的陪伴和教导有助于提高少年儿童的是非观念，提高法律意识和社会责任感；避免未成年人产生仇恨、报复心理。

此外，有研究者从刑事司法角度出发，提出合适成年人参与还具有以下几个功能：（1）见证功能，合适成年人的到场确保了未成年人口供的证明效力，提高了口供采信率。（2）使得未成年人更加如实供述，避免反复翻供，从而节约司法资源，提高司法效率；（3）保护讯问人员，免受家属投诉、污蔑等干扰；（4）促进少年司法制度和刑事诉讼的创新和完善。[①]

还有研究者指出，合适成年人参与制度还具有一定的社会功能，合适成年人参与制度的建立，有利于树立儿童保护的理念；有利于提高社会对儿童问题的关注度；有利于促进对儿童的保护；有利于提高儿童对法律的理解能

---

① 田相夏、赖毅敏：《合适成年人参与未成年人刑事诉讼的理论与实践研讨会会议综述》，载《青少年犯罪问题》2009 年第 2 期。

力；促进家庭培养子女积极负责的态度；促进犯罪预防，保障社会安全。①

## 五、 合适成年人参与制度的实践现状

### （一）部分地区的实践现状

各地在司法实践中都开始探索合适成年人参与制度的具体操作，并相继出台相关配套规定，明确合适成年人的地位并完善相关程序设计。一些地方通过新闻报道或研究报告反映出当地合适成年人参与制度的实践情况：

2014 年 5 月 25 日，广东省佛山市中级人民法院发布该省首份地级市未成年人刑事审判白皮书。白皮书显示，"近 5 年，佛山两级法院共受理未成年人刑事案件 3432 件 4438 人，未成年人犯罪形势严峻。该市未成年人刑事案件中，被告人'家'不完整的多达 900 余件，法定代理人到庭参加诉讼的不足 13%，非常不利于对未成年被告人的帮教。据统计，全市法院为 18.6% 的案件指定了合适成年人"。②

2015 年 1 月 1 日，人民法院报发表文章报道，"从 2011 年到 2014 年，四川省全省 21 个中院共审结 949 件未成年人刑事案件，其中法定代理人到庭 787 件，占全部未成年人案件的 82.93%；其他成年家属到庭 95 件，占全部未成年人案件的 10%；有关组织代表到庭 52 件，占全部未成年人案件的 5.48%；没有任何合适成年人到庭 15 件，占全部未成年人案件的 1.58%。"③

2015 年 5 月 28 日，浙江省高级人民法院发布了近五年来《浙江法院未成年人刑事审判工作报告》（白皮书）。白皮书指出，"浙江省各级法院处理的未成年人刑事案件过程中，针对未成年人法定代理人到庭难的问题，推动建立了未成年人社会观护团制度。社会观护员的主要职责是：一是担任合适成年人，在刑事诉讼中代为行使法定代理人的部分诉讼权利，并履行监督、

---

① 林志强、苏幼碧：《合适成年人参与制度的实践探索研讨会会议综述》，载《青少年犯罪问题》2008 年第 6 期。

② 林劲标、黄志庆、刘景景：《广东省佛山市中级人民法院未成年人刑事审判白皮书》，载 http：//www. chinapeace. gov. cn/2014 – 05/26/content_11118340. htm，访问时间：2018 年 3 月 21 日。

③ 罗登亮：《充分发挥合适成年人作用加强对未成年人司法保护》，载《人民法院报》2015 年 1 月 1 日第 8 版。

沟通、抚慰、教育未成年当事人的职责；二是担任社会调查员，单独或协助社区矫正机构开展社会调查，为司法机关公正处理和教育、感化、挽救未成年当事人提供重要依据。宁波中院社会观护员三年来共为近 900 名未成年犯罪嫌疑人、被告人提供观护工作，在没有法定代理人参加的未成年人案件中，社会观护员的参与率达到 100%。"①

2017 年 6 月 2 日，广东省人民检察院发布《2016 年广东未成年人检察工作白皮书》，白皮书显示，"2016 年，广东省检察机关审查起诉未成年人犯罪案件 4498 件 6031 人，起诉未成年人犯罪案件 3801 件 5072 人，案件总数占全年起诉刑事案件总数的 3.49%。2016 年广东省检察机关通知法定代理人到场 3259 人次，通知其他合适成年人到场 4437 人次。"②

2017 年 6 月 21 日，北京市第一中级人民法院发布该院《未成年人案件综合审判白皮书（2009.6－2017.6)》显示，"该院建立的'合适成年人备选人才库'中，有包括社区街道退休干部、专业社工、学校教师等在内的合适成年人共 43 名，组织合适成年人到场参加诉讼 21 次。"③

有的研究者还总结了各地的规范性文件。苏州地区的相关文件明确"（1）合适成年人享有参与审前社会调查、庭审活动的权利，可以代行法定代理人除独立上诉权外的其他诉讼权利，对讯问、审判中的不当行为有权提出异议。（2）合适成年人负有不对外泄露未成年人姓名、隐私等信息的义务。（3）合适成年人不到庭，不得开庭审判。（4）对不称职的合适成年人，根据合适成年人管理办公室作出的考评结论取消其合适成年人资格，且不得领取相应报酬。对于违反法律规定的，依法追究其相关责任。"上海地区的相关文件规定，"公安机关、人民检察院办案人员进行讯问或人民法院开庭审理前，发现涉罪未成年人的法定代理人存在无法通知的，有碍侦查的，身份不明的，已亡故或下落不明的，监护能力丧失或不足的，无法及时到场等

---

① 《浙江发布未成年人刑事审判白皮书》，载新华网，http：//www.xinhuanet.com/legal/2015－06/01/c_127862832.htm，访问时间：2018 年 3 月 21 日。

② 《广东省检察院发布〈2016 年广东未成年人检察工作白皮书〉》，载阳光检务网，http：//www.gd.jcy.gov.cn/xwtt/201706/t20170606_2001417.shtml，访问时间：2018 年 3 月 21 日。

③ 赵艳春：《北京一中院未成年审判庭成立 8 周年发布综合审判白皮书》，载 http：//www.mzyfz.com/cms/fayuanpingtai/xinwenzhongxin/fayuanxinwen/html/1071/2017－06－21/content－1276035.html，访问时间：2018 年 3 月 21 日。

情形，应当向涉罪未成年人送达《合适成年人参与刑事诉讼告知书》，并作必要的口头解释，由办案机关确定并通知合适成年人参与诉讼。"北京地区的相关文件明确："（1）合适成年人的来源包括团干部、司法社工、教师、居住地基层组织代表、律师和其他热心未成年人司法保护工作的人员。（2）市区预防青少年违法犯罪工作领导小组负责组建固定的合适成年人队伍，并承担人员招募、任务分配、服务记录、培训指导等日常管理，持全市统一印制的《合适成年人服务记录》上岗工作。（3）明确合适成年人到场服务的流程，并由市区预防青少年违法犯罪工作领导小组负责给予相关保障，将其作为一支志愿服务队伍进行管理，进行相应考核表彰。"成都地区的相关文件规定，"合适成年人在人大代表、政协委员、法律工作者、共青团干部等八类人员中选任，由未成年人保护委员会审查，并征求法院、检察院、公安机关意见，经公示无异议后，制作合适成年人名册，聘期一般为两年，期满经确认合格可续聘。公安、检察院办案人员综合考虑未成年人个人情况、帮教矫正需要和诉讼便利等，可在名册中选择并通知合适成年人参与诉讼。同时通知未成年人保护委员会，并在讯问或开庭审理时告知涉案未成年人，若有连续两次通知无正当理由不到场等情形的，未成年人保护委员会可劝其退出合适成年人名册。"①

## （二）合适成年人参与制度在实践中的问题

### 1. 合适成年人的选择顺位

根据《刑事诉讼法》规定，只有在"无法通知、法定代理人不能到场或者法定代理人是共犯时"，才可以通知未成年犯罪嫌疑人、被告人的其他成年亲属，所在学校、单位、居住地基层组织或者未成年人保护组织的代表到场。有研究者指出，立法精神倾向于将法定代理人作为参与案件的首选，在这种补救模式下，法定代理人是否到场是决定其他合适成年人是否参与案件的决定性因素，一旦法定代理人到场，便不再需要通知其他合适成年人到场。但实际案件中，法定代理人不一定是合适成年人的最佳人选，其到场的效果也不尽理想。对于部分涉案的未成年人来说，被羁押后最想见到的、最能安抚自己的是父母，对于这种情况，法定代理人的到场可以很好地发挥安

---

① 赵旭辉：《合适成年人到场的制度设计与实现路径》，载《公安研究》2013 年第11 期。

抚、监督等作用。但在涉案未成年人中，有些未成年人成长于不健康的家庭，其与父母之间的交流很少，甚至关系十分紧张，对于这类未成年人，通知法定代理人到场很可能会适得其反。①

还有研究者提出，该规定只是明确了法定代理人作为合适成年人的优先性，但成年亲属、未成年人所在学校、单位、居住地基层组织的代表、未成年人保护组织的代表之间的优先选择顺序未予明确。而在其他合适成年人的位阶关系上，研究者认为，基于保护未成年人的原则，其他成年亲属具有优先性。一方面，天然的亲属关系使其更愿意维护未成年人利益，另一方面，首先是亲属对未成年人情况比较了解，具有客观便利性。其次是教师，学校以教书育人为天职，教师比较了解其学生基本情况，相比于其他人员，未成年人所在学校老师具有担任合适成年人的优越性。最后是未成年人保护组织的代表，他们具有相对中立性，拥有专业知识和从业经验，可优先于未成年人所在单位、居住地基层组织的代表。②

还有研究者研究发现，司法机关在法律没有规定明确顺位关系的情况下，存在任意选择合适成年人，甚至不通知法定代理人而直接通知合适成年人到场的情况。这些被通知参与案件的合适成年人多为合适成年人专业户。这些司法机关的"首选合适成年人"大多较为配合讯问人员。③ 在 2012 年《刑事诉讼法》修改之后，各地纷纷出台相应实施细则，这种情况有所改善，在合适成年人的选择上，多采用随机抽签、排队预约的做法。

有研究者多年担任合适成年人，研究发现合适成年人到场制度的"顺位性"在司法实践中面临着被架空的风险，作为"替代性人选"的专职、兼职合适成年人甚至有异化为"优先性人选"的趋势。研究者认为，除人口流动、路途遥远等客观因素外，还有未成年人自主选择、办案人员职务行为的干预、法定代理人推卸责任三方面主观因素共同作用导致。研究者还提出，过于强调法定顺位也存在一定的潜在弊端，具体表现为：（1）可能违背涉案未成年人的个人意志；（2）考虑到法定代理人"专业"不足，反而可能损

① 谢安平、郭华主编：《未成年人刑事诉讼程序探究》，中国政法大学出版社 2015版，第 140－141 页。

② 谢登科：《合适成年人在场制度的实践困境与出路——基于典型案例的实证分析》，载《大连理工大学学报》2015 年第 36 期。

③ 何挺：《"合适成年人"参与未成年人刑事诉讼程序实证研究》，载《中国法学》2012 年第 6 期。

害未成年人的合法权益。[①] 针对以上问题，研究者提出以下建议：（1）在"单一到场模式"的制度框架下，仍然有必要赋予法定代理人优先到场权，但应考量合适成年人的适格性以及涉案未成年人的合理意志，增设法定代理人退出机制；（2）强调法定代理人诉讼参与的"义务性"，通过制度设计保证其积极履行到场义务；（3）改革办案机关的通知机制，设立区别于"送达"方式的"通知"方式，同时赋予涉案未成年人自主的"通讯权"。[②]

2. 对"也可以"一词的解释

对于询问对象是外来未成年人的，考虑到路途遥远、交通不便而无法到场、家庭不睦而拒绝到场、法定代理人外出打工、无固定居所等现实因素，法定代理人到场的难度大大增加。即使未成年人是本地人，也无法保证未成年人法定代理人的到场率。《刑事诉讼法》也作了相应规定，"无法通知、法定代理人不能到场或者法定代理人是共犯的，也可以通知未成年犯罪嫌疑人、被告人的其他成年亲属，所在学校、单位、居住地基层组织或者未成年人保护组织的代表到场，并将有关情况记录在案。"

有研究者指出，其中"也可以"一词解释的差异，为司法机关实行该制度提供了两种可能，法定代理人是共犯、无法通知或可以通知但法定代理人无法到场时，一种可能是司法机关通知其他合适成年人到场；另一种可能是司法机关"选择"不通知其他合适成年人，在没有法定代理人或其他代理人的情况下，对未成年人进行讯问。立法对于替代合适成年人在场制度的规定，应从司法机关"可以"从上述替代人员中选择通知的方向解读，而不应

---

① 研究者在文章中指出，考虑到法定代理人的文化水平等，法定代理人并不总是到场的最佳人选。根据中国预防青少年犯罪研究会课题组 2013 进行的抽样调查结果显示，受调查的 990 名未成年犯中，父亲的职业为农民的占 28.1%，为工人的占 27.5%，为个体劳动者的占 15.9%；母亲的职业为农民的占 37.4%，为工人的占 13.5%，无职业的占 13.1%，为个体劳动者的占 12.7%。该调查中 990 名未成年犯父母的文化水平如下：父亲的文化水平为文盲的占 3.8%，小学没毕业的占 17.8%，小学的占 20.7%，初中没毕业的占 21.2%，初中的占 15.7%，高中没毕业的占 6.6%，高中的占 8.4%，大专及以上的占 2.3%；母亲的文化水平为文盲的占 8.6%，小学没毕业的占 13.5%，小学的占 21.8%，初中没毕业的占 18.3%，初中的占 18.3%，高中没毕业的占 4.7%，高中的占 7.6%，大专及以上的占 1.5%。详情参见：路琦、董泽史、姚东、胡发清：《2013 年我国未成年犯抽样调查分析报告》，载《青少年犯罪问题》2014 年第 3、4 期。

② 李雪松：《合适成年人法定顺位的理论反思——基于刑诉法第二百七十条的分析》，载《时代法学》2017 年第 5 期。

理解为司法机关"可以"选择不通知。但在实践中，合适成年人的适用仍不具有强制性，属于选择性适用的诉讼制度。①

3. 缺乏配套制度的支持

有研究者提出，合适成年人制度作为一项新制度，总体上缺乏系统的配套制度支持，导致其在操作上具有单一性。合适成年人制度与刑事追诉制度、辩护制度以及证人制度等缺乏相互配合、协调，各类诉讼主体没有在制度一体化的层面形成保护未成年人特殊诉讼权益的整体效能。合适成年人参与制度的实施缺少法律以及司法解释在程序以及实体上的具体保障，主要体现在合适成年人队伍建设上。此外，司法机关内部具体工作机制也尚未统一，机构与部门间的壁垒难以打破，比如，针对同一案件，公、检、法聘请的合适成年人可能不是同一个人，而让未成年犯罪嫌疑人在短时间内去适应和配合这些不同的合适年人的工作，将给其造成诸多不便，这不但消耗人力物力，而且浪费时间和效率。②

4. 合适成年人在场的形式化问题

有研究者通过实证研究发现，合适成年人到场存在形式化倾向，无法发挥其应有的功能。主要存在以下几个问题：（1）合适成年人的地位与作用出现偏差。主要表现为：合适成年人保护未成年人权益的作用有时未被置于首要地位；合适成年人承担扩展职责干扰其履行基本职责；合适成年人与诉讼中的其他角色发生混淆。（2）讯问时合适成年人的在场作用趋于形式化，主要表现为：合适成年人与未成年人缺乏讯问前的有效交流；对合适成年人的权利限制过于严格；合适成年人在讯问过程中表现过于消极；合适成年人未能参与每次讯问或者侦查阶段的首次讯问；在一个案件中对同一未成年人的不同讯问未保证合适成年人同一；合适成年人由办案机关聘请使其中立性难以保障；具体案件确定合适成年人随意性较大、合适成年人在讯问笔录上的签名效力没有得到明确；管理、考核和培训机制不完善。③

---

① 杨飞雪、袁琴：《合适成年人参与制度的比较研究》，载《预防青少年犯罪研究》2014 年第 2 期。

② 张理恒：《位置与功能视野下合适成年人制度的困境与改造》，载《青少年犯罪问题》2015 年第 2 期。

③ 何挺：《合适成年人讯问时在场的形式化倾向及其纠正》，载《中国刑事法杂志》2012 年第 11 期。

## ⚖ 六、 合适成年人的法律地位

从英国 1984 年《警察与刑事证据法》对合适成年人的基本设定与规定来看，合适成年人被明确界定为保护未成年人的中立的第三方，他肩负着到场帮助未成年人、监督讯问人员、协助双方沟通的职责，并在客观上起着提高警察讯问所获得的口供的证据效力的作用。有研究者认为，合适成年人是"一个'偏袒'未成年人利益但不是与警方完全对立的角色，他试图通过一种非对抗的方式在刑事诉讼中实现儿童利益的最大化。"[①] 对于合适成年人的法律地位问题，仍存在很多争议，但理论界普遍认为，应当尽快通过立法明确合适成年人的法律地位，以使其在少年司法中更好地发挥作用。

### （一） 合适成年人与法定代理人的关系

对于合适成年人与法定代理人的关系，在 2012 年修改《刑事诉讼法》以前，有救济说、独立说与包容说三种立场。"救济说"认为，法定代理人有在询问时到场的优先性，合适成年人是法定代理人不能到场时的救济途径，在地方试点时期，上海便是这一模式的代表。"独立说"在司法实践中的代表是盘龙模式，这种观点认为，法定代理人不是合适成年人，合适成年人具有独立的诉讼地位，是未成年人权利的体现，与法定代理人的权力来源不同，法定代理人是否参加诉讼，并不会对合适成年人的参与有影响。"包容说"认为，法定代理人是合适成年人的一种，在许多案件中，法定代理人是"最合适的"，所以在这种情形下，优先选择法定代理人作为合适成年人参与案件。刑事诉讼法修改前的地方试点时期的同安模式即采用这一观点，对于非羁押讯问优先通知未成年人父母、监护人、近亲属，对于羁押讯问，法定代理人则没有明确的优先性。[②]

根据修改后的《刑事诉讼法》，可以将其规定的合适成年人理解为法定代理人不能到场时的补救措施。按照《刑事诉讼法》第 281 条第 1 款规定，

---

① 姚建龙：《权利的细微关怀："合适成年人"参与未成年人刑事诉讼制度的移植与本土化》，北京大学出版社 2010 年版，第 215 页。

② 姚建龙：《权利的细微关怀："合适成年人"参与未成年人刑事诉讼制度的移植与本土化》，北京大学出版社 2010 年版，第 217－222 页。

只有无法通知、法定代理人不能到场或者法定代理人是共犯时，才"可以"通知未成年犯罪嫌疑人、被告人的其他成年亲属，所在学校、单位、居住地基层组织或者未成年人保护组织的代表到场。

也有研究者指出，监护人虽然可能是未成年人最亲近的人，但是其在合适成年人在场制度下，却未必具有绝对的优越性。考虑到未成年人特殊的家庭环境、逆反心理等因素，需要根据个案及个体情况进行选择，而不能笼统地认为合适成年人在场制度是监护人在场权的补充而无条件地优先选择法定代理人或监护人作为合适成年人。① 有研究者赞同此种观点，认为该制度基于保护未成年人合法权益设立的特殊司法制度，在合适成年人选任中，这一价值追求便体现在将法定代理人排在第一顺位。②

### （二）合适成年人与律师的关系

对于合适成年人与律师的关系，有多余说、互补说与融合说三种立场。"多余说"认为，律师的介入可以替代合适成年人，这种观点随着各地合适成年人参与制度的建立逐渐退出舞台。"互补说"认为，律师的提前介入不能代替合适成年人参与制度，合适成年人参与制度是一种特殊的未成年人保护制度，合适成年人具有中立性，在法律地位上属于独立于警察和辩护人的第三方，这种观点也是英国合适成年人参与制度的基本立场。"融合说"认为，律师不能代替合适成年人，但可以作为合适成年人的来源，并在担任合适成年人这一角色中很有优势，不过本案律师不能作为本案涉及的未成年人的合适成年人。③

2010 年 8 月 28 日，中央综治委预防青少年违法犯罪工作领导小组、最高人民法院、最高人民检察院、公安部、司法部、共青团中央出台《关于进一步建立和完善办理未成年人刑事案件配套工作体系的若干意见》指出："法定代理人无法或不宜到场的，可以经未成年犯罪嫌疑人、被告人同意或按其意愿通知其他关系密切的亲属朋友、社会工作者、教师、律师等合适成

---

① 丁月：《合适成年人的法律地位分析》，载《黑龙江省政法管理干部学院学报》2015 年第 3 期。

② 佟晓琳：《未成年人刑事检察工作应探索建立合适成年人参与制度》，载《中国检察官》2011 年第 1 期。

③ 姚建龙：《权利的细微关怀："合适成年人"参与未成年人刑事诉讼制度的移植与本土化》，北京大学出版社 2010 版，第 222－226 页。

年人到场。"该规定中所确立的合适成年人的范围也包含律师。

## 七、 合适成年人参与制度的适用范围

### (一) 合适成年人参与制度的适用对象

合适成年人参与制度适用于涉及未成年人的刑事案件,《刑事诉讼法》第 270 条将合适成年人到场制度的适用对象扩大到未成年受害人、证人。涉案未成年人被讯问、询问与审判的年龄是确定合适成年人是否参与的最主要因素。如今我国刑事诉讼程序要求,讯问未满 18 周岁的未成年犯罪嫌疑人必须有合适成年人参与。刑事诉讼法修改之前,已经有的地区将适用范围扩展至讯问时已满 18 周岁但犯罪时未满 18 周岁的犯罪嫌疑人,基于扩大保护范围的考虑,有些地区将适用范围扩展至犯罪时未满 25 周岁的在校学生。[1] 有研究者认同这种做法,并提出,已满 18 周岁的在校生犯罪的以及有精神障碍的成年人犯罪的,也可以酌情适用合适成年人参与制度。[2]

### (二) 合适成年人参与制度的适用案件

2012 年修改《刑事诉讼法》之前,合适成年人参与制度主要适用于:(1) 已满 14 周岁不满 18 周岁的人犯罪,需要追究刑事责任的案件;(2) 根据《刑法》第 17 条规定由政府收容教养的案件;(3) 已满 16 周岁不满 18 周岁的人予以劳动教养的案件;(4) 已满 14 周岁不满 18 周岁的人违反治安管理规定,予以治安处罚的案件;(5) 18 周岁以下未成年人的收容教育案件;(6) 18 周岁以下未成年人强制戒毒案件。以下案件不适用合适成年人参与制度:(1) 未成年人明确反对合适成年人介入,合适成年人到场交流后,仍然拒绝,可能会适得其反的;(2) 有证据证明合适成年人的介入可能会妨碍刑事诉讼顺利进行的;(3) 合适成年人不宜参与的案件,如被害人也为未成年人的性犯罪案件等。[3] 主流观点认为,对于未成年人的保护,应不

---

① 何挺:《"合适成年人"参与未成年人刑事诉讼程序实证研究》,载《中国法学》2012 年第 6 期。

② 朱姝:《合适成年人参与制度的完善》,载《人民司法》2014 年第 13 期。

③ 姚建龙:《权利的细微关怀:"合适成年人"参与未成年人刑事诉讼制度的移植与本土化》,北京大学出版社 2010 年版,第 231－233 页。

区分户籍，对未成年人予以平等保护。对于涉及未成年人的刑事案件，只要满足未成年人身份认定的案件，无论未成年人户籍是本地或外地、是固定或流动，都应适用合适成年人参与制度。有研究者通过实证研究发现，由于城市化人口流动、文化教育程度差异等诸多原因，一些城市的外来未成年人犯罪率会高于本地未成年人犯罪率，在实践中，大部分合适成年人参与是由于外来未成年人的父母或其他法定代理人无法到场，主要适用于流动非本地户籍的未成年人。[①]

### （三）合适成年人参与阶段

在引入合适成年人参与制度之初，各地司法实践中，合适成年人讯问时在场的参与阶段主要有两类四种模式：一类是全程介入模式，即在侦查阶段、检察阶段和审判阶段都参与；另一类是只参与部分诉讼阶段。其中又分为三种模式：介入检察讯问模式（上海试点初期和厦门市同安区以及江苏、浙江两省采用）、介入公安讯问模式（昆明市盘龙区采用）、介入庭审模式（浙江省宁波市象山县和北京市东城区采用)[②]

有研究者发现，2012 年修改《刑事诉讼法》之前，合适成年人参与阶段也可以分为以下两种情形：（1）只参与部分诉讼阶段。合适成年人在检察阶段的参与较为普遍，即在检察机关审查批捕和审查起诉中讯问未成年人时到场。（2）全程参与，即在侦查阶段、检察阶段和审判阶段都参与。除了侦查和检察阶段讯问未成年人时合适成年人到场以外，在法庭审理过程中，合适成年人也到场并承担法庭教育的职责。因为参与的阶段不同，合适成年人的参与次数也有差别：仅在侦查阶段参与的，参与次数从开始时仅在首次讯问时参与一次扩展至参与数次；仅在检察阶段参与的，合适成年人一般会参与两次，即审查批捕讯问和审查起诉讯问时各参与一次；侦查、检察和审判阶段都参与的，一般在每一阶段至少参与一次。研究者就此指出实践中存在的两个问题：一是不能完整覆盖刑事诉讼的各个阶段；二是不能覆盖审前程

---

[①] 何挺：《"合适成年人"参与未成年人刑事诉讼程序实证研究》，载《中国法学》2012 年第 6 期。

[②] 姚建龙：《移植中的法律制度》，载姚建龙：《权利的细微关怀："合适成年人"参与未成年人刑事诉讼制度的移植与本土化》，北京师范大学出版社 2010 年版，第 7 页。

序的每一次讯问。①

2012 年《刑事诉讼法》修改以来，合适成年人的介入阶段已经明确，"在讯问和审判的时候，应当通知未成年犯罪嫌疑人、被告人的法定代理人到场"。研究者普遍认为，现行《刑事诉讼法》第 281 条中规定的"讯问"，应当是侦查和审查起诉阶段的每一次讯问，即合适成年人应参与到每一次的讯问和审理中。但也有研究者认为，合适成年人应全程参与未成年人刑事诉讼，但应征得未成年人同意。②

各地出台的落实合适成年人参与制度的规范性文件也对合适成年人参与的阶段予以了明确规定。例如，北京市自 2013 年 1 月 1 日起实施的北京市高级人民法院《关于在办理未成年人刑事案件中推行合适成年人到场制度的实施办法（试行）》第 19 条规定了合适成年人参与阶段，"除特殊情况外，办案机关对涉案未成年人进行多次讯问、询问、审理的，应当保证每次都由同一合适成年人到场。"

## 八、 合适成年人的选任与管理

### （一） 合适成年人的来源

根据《刑事诉讼法》的规定，合适成年人的来源有以下几类人员：（1）未成年犯罪嫌疑人、被告人的法定代理人；（2）未成年犯罪嫌疑人、被告人的其他成年亲属；（3）未成年人所在学校、单位、居住地基层组织或者未成年人保护组织的代表。研究者普遍认为，狭义合适成年人通常不包括监护人，而是其他成年人，特别是经过选拔、培训的专门合适成年人。

但在司法实践中，社会工作者经常作为其他合适成年人参与。社工担任合适成年人的优势主要在于其从事相应社会工作的专业性，其所具有的教育学、心理学知识和较强的沟通能力有助于履行合适成年人的职责。但社工作为合适成年人的缺点也十分明显，社工的工作量较大，同时大多都缺乏专门的法律培训。有研究者指出，在社工大规模参与情况下，很可能出现针对同

---

① 何挺：《"合适成年人"参与未成年人刑事诉讼程序实证研究》，载《中国法学》2012 年第 6 期。

② 杨飞雪、袁琴：《合适成年人参与制度的比较研究》，载《预防青少年犯罪研究》2014 年第 2 期。

一案件，合适成年人更换频繁的问题，这些都会影响合适成年人作用的发挥。社工参与需要成熟的社工体系和有力的资金保障等客观条件，也是制约社工参与的主要原因。①

就律师担任合适成年人是否恰当的问题存有不同观点。持反对观点的认为，律师的身份很难作为合适成年人，在诉讼中保持中立性，这对发挥合适成年人的作用有极大影响。② 还有研究者认为，在合适成年人制度发展初期，律师可以担任合适成年人，但不得作为辩护人参与诉讼的其他阶段，待合适成年人制度发展完善后，应当排除律师担任合适成年人。③ 大多数研究者认为，律师可以作为合适成年人，理由是律师的专业性能够有效监督办案人员，维护未成年人权益不被侵害。实践中，律师担任合适成年人的优势也得到了大部分人的肯定。④

在合适成年人来源问题上，还存在兼职合适成年人与专职合适成年人的区分。专职合适成年人是指设置专门的管理机构聘任合适成年人，将其作为独立的职业，按期发放工资，进行专门的管理培训。兼职合适成年人是指合适成年人有本职工作，需要参加诉讼时以合适成年人身份参与。兼职合适成年人通常只有少量补助或完全公益性参加，管理较为松散。⑤ 目前由于我国初步建立合适成年人参与制度，大部分地区都采用兼职合适成年人的形式。多数研究者认为，学校老师、共青团干部、妇联工作人员等社会工作人员或其他兼职合适成年人的参与，能够有效节约社会资源，在短时间内起到缓解合适成年人人员不足的作用，而且这些人员通常都有较为丰富的工作阅历和较强的沟通能力，在与未成年人的沟通上具有优势。但这些人员多有本职工作，无法保证按时到场，很可能出现人员更换频繁的情况，并且这些人员多

①　王文卿、丁可欣：《合适成年人参与制度的形式化——社会工作者的参与观察和反思》，载《社会工作》2016 年第 1 期。

②　姚建龙：《权利的细微关怀："合适成年人"参与未成年人刑事诉讼制度的移植与本土化》，北京大学出版社 2010 版，第 56－58 页。

③　俞楠：《律师担任合适成年人的适格性分析》，载《甘肃社会科学》2012 年第 2 期。

④　彭燕、刘晓辉：《检察机关建立法律援助律师担任合适成年人制度探究》，载《预防青少年犯罪研究》2012 年第 8 期。

⑤　姚建龙：《权利的细微关怀："合适成年人"参与未成年人刑事诉讼制度的移植与本土化》，北京大学出版社 2010 版，第 56－58 页。

数不具备法律背景与知识，很难履行监督职能。对此，研究者建议，可以通过合适成年人培训对此进行改善。①

### （二）担任合适成年人的条件

各地制定的落实合适成年人参与制度的规范性文件通常都对担任合适成年人的条件作出了规定。参考各地实施细则发现，研究者归纳的合适成年人的选任有以下几点硬性要求：（1）年龄。虽然各地对合适成年人的年龄要求不尽相同，也大多没有严格限制，但都规定必须年满 18 周岁，具有完全民事责任能力，也有个别地区要求年满 23 周岁以上。（2）性别。"男性和女性担任合适成年人各有优势，男性相对较为理性，能够中立地参与诉讼，客观履行职责；女性则更加柔和，容易让未成年人产生亲近感，便于交流。各地对于合适成年人的性别一般不做要求。"在女性未成年人讯问中，主流观点认为，应优先选择女性合适成年人。（3）知识背景。研究者普遍认为，从更好地履行合适成年人的职责出发，合适成年人可能需要涉猎以下几项专业知识：首先是法律知识。具备相关法律知识，是合适成年人保护未成年人权益不受侵犯、协助其理解诉讼行为、监督讯问程序是否合法的基础。访谈发现，一些非法律背景的合适成年人都谈到应当加强法律知识的培训。问卷调查也发现，大部分人员都认为合适成年人对法律知识至少要有一般了解，最好能达到较为熟悉乃至特别精通的水平。其次是心理学知识。合适成年人抚慰未成年人情绪和帮其舒缓心理压力的职责要求其具备一定的心理学知识，对未成年人的心理、性格、行为方式有一定了解，可以针对未成年人的特征进行沟通。最后是教育学知识。教育的功能在于引导而不是说教，侧重于让未成年人真正认识到自己行为的不当，培养其责任感，在思想上触动而不是简单地批评说教。很多地区的合适成年人来源中都包括学校老师。②（4）有一定的沟通能力，善于表达，思路清晰。与未成年人的沟通是合适成年人运用其各项专业知识的基础。良好的沟通可以促进未成年人与合适成年人的交流、增强信任感，发挥合适成年人的其他职能。（5）富有爱心，乐于助人，

---

① 何挺：《"合适成年人"参与未成年人刑事诉讼程序实证研究》，载《中国法学》2012 年第 6 期。

② 何挺：《"合适成年人"参与未成年人刑事诉讼程序实证研究》，载《中国法学》2012 年第 6 期。

品德良好，为人正派。

还有研究者提出，对于亲友合适成年人而言，品格优秀、具备完全行为能力和一定的法律知识即可。实践中，具备一定的法律知识可以高中以上文化程度为限，品格和行为能力情况可以由合适成年人所在单位或基层组织出具证明。对于社会合适成年人而言，应当具备完全行为能力、热衷于未成年人保护工作、具有较好沟通能力和优秀的道德品行、具有一定知识背景和社会阅历。实践中，宜由司法行政机关或关心下一代工作委员会、共青团组织等部门联合根据个人自愿报名和有关单位推荐来进行筛选、聘任，并进行必要的培训和管理。①

有研究者认为，以下几种情形的成年人不得担任合适成年人：（1）无民事行为能力或限制民事行为能力者；（2）与案件有关联的人，包括该案的犯罪嫌疑人或被告人、律师、被害人、证人、鉴定人、翻译人员等；（3）与案件司法程序有关的公职人员，如公安、检察院、法院中承办该案或与该案有接触的人员；②（4）正在被执行刑罚或依法被剥夺、限制人身自由的人；（5）已担任同案犯的合适成年人的人。③

### （三）具体案件中合适成年人的选任

有研究者发现，合适成年人队伍构成主要有三种模式：一是建立专职合适成年人队伍，如专业的司法社工、法律援助律师等；二是兼职合适成年人模式，由学校教师、机关干部等人兼职担任合适成年人；三是临时选任模式，即不经过事先聘任，临时聘请人大代表、居委会人员等。④司法实践中，具体案件的合适成年人选任主要是制定合适成年人名册，由办案机关从中选择。在一些地方实践中，办案机关内设置社工工作站，从工作站内确定合适成年人参与案件或将合适成年人的工作区域特定化，由固定的合适成年人负责特定的工作区域。但固定合适成年人负责固定的区域也存在问题。有研究者指出，如果固定的合适成年人对应着固定的区域，这些固定的合适成年人

---

① 韩索华、于伟香：《合适成年人制度研究》，载《法学杂志》2013 年第 7 期。

② 刘宗武：《反思与完善：我国合适成年人到场制度若干问题探讨》，载《辽宁行政学院学报》2015 年第 3 期。

③ 谢安平、郭华主编：《未成年人刑事诉讼程序探究》，中国政法大学出版社 2015 年版，第 143 页。

④ 韩索华、于伟香：《合适成年人制度研究》，载《法学杂志》2013 年第 7 期。

长期与当地司法机关接触，可能导致办案人员与合适成年人相互熟识，这并不利于对未成年人的保护。① 因此，具体案件确定合适成年人还涉及以下几个问题：②

一是同一未成年人在不同诉讼阶段的合适成年人是否保持同一。对此，研究者普遍认为，一般情况下，在同一案件中，合适成年人应当尽量保持一致。这种观点主要考虑了未成年人与合适成年人双方的信任关系。

二是共同犯罪案件中应当区分同案犯的合适成年人。考虑到同案犯之间存在的利害关系，多数地区在实践中明确要求，一名合适成年人不得担任两名以上同案未成年犯罪嫌疑人的合适成年人。

三是是否要求由女性担任女性未成年人的合适成年人。大部分地区对此作出了规定。研究者也大多支持由女性担任女性未成年人的合适成年人。

四是未成年人享有自由选择合适成年人的权利。合适成年人参与程序的启动具有单方性。在我国未成年人刑事诉讼中，未成年人对合适成年人的选择没有主动权，也没有申请权，合适成年人的选任由承办案件的司法机关单方面决定。考虑到未成年人的信赖程度，在选择合适成年人时，应尊重未成年人的意愿，这一点是儿童利益最大原则的体现。有研究者指出，对于同一案件，在更换合适成年人时，也应充分考虑未成年人的选择权。③ 2013年北京市高级人民法院《关于办理未成年人刑事案件中推行合适成年人到场制度的实施办法（试行）》第14条规定："办案机关通知合适成年人到场，应当事先征得未成年人本人或者其法定代理人的同意。如果未成年人或者其法定代理人提出异议且有正当理由的，可由有关部门更换另一合适成年人。"该条文明确保障了未成年人更换合适成年人的权利。

此外，还有研究者认为，无论是在合适成年人选任上，还是在其职能设置上，均应首先遵循儿童利益最大化原则，兼顾司法便捷，不能仅依办案人

---

① 何挺：《"合适成年人"参与未成年人刑事诉讼程序实证研究》，载《中国法学》2012年第6期。

② 杨飞雪、袁琴：《合适成年人参与制度的比较研究》，载《预防青少年犯罪研究》2014年第2期；何挺：《"合适成年人"参与未成年人刑事诉讼程序实证研究》，载《中国法学》2012年第6期。

③ 焦悦勤：《我国合适成年人参与刑事诉讼制度的缺失及其完善》，载《西北大学学报》2014年第44期；鲍俊红：《合适成年人到场制度的具体适用》，载《检察日报》2013年5月22日第3版。

员的意志选任，又不宜过分纵容未成年人的选择权；紧急情况下，合适成年人选任还要考虑就近原则。应完善法定代理人不宜到场的排除机制。除《刑事诉讼法》规定的三种情形外，如法定代理人品行不端、有犯罪记录、虐待未成年人、教育方法粗暴、与未成年人关系恶化等，都不适合担任合适成年人。实践中，对法定代理人的品行、与未成年人之间关系等情况查证较为困难。研究者提出，可以将"未成年人明确表示拒绝法定代理人到场并提出正当理由"视为法定代理人到场不符合未成年犯罪嫌疑人利益，由此排除该法定代理人到场，通知其他合适成年人到场。①

## 九、 合适成年人管理及配套制度

### （一）设立专门的合适成年人管理机构

研究者普遍认为，应当设立专门的合适成年人管理机构，负责合适成年人的选聘、日常管理、工作考核、定期培训、发放补贴或薪酬等工作。② 在试点阶段，有研究者发现，合适成年人参与讯问基本上是在政府或检察院的直接指导下进行的，独立性不强。③ 多数研究者认为，合适成年人管理机构依附于侦查机关或检察机关，很难保证其法律地位的中立性。另外，有研究发现，对于兼职合适成年人，实践中有地区通过多机关联合、检察机关主导的方式对合适成年人进行管理的做法。④ 有研究者建议由政府、团委、青少年保护组织等司法机关以外的第三方设置管理机构。⑤ 也有研究者建议该机构可设立在未成年人保护委员会中，在未建立未成年人保护机构的地区，可

---

① 韩索华、于伟香：《合适成年人制度研究》，载《法学杂志》2013 年第 7 期。

② 焦悦勤：《我国合适成年人参与刑事诉讼制度的缺失及其完善》，载《西北大学学报》2014 年第 44 期；赵旭辉：《合适成年人到场的制度设计与实现路径》，载《公安研究》2013 年第 11 期；何挺：《"合适成年人"参与未成年人刑事诉讼程序实证研究》，载《中国法学》2012 年第 6 期。

③ 杨飞雪、袁琴：《合适成年人参与制度的比较研究》，载《预防青少年犯罪研究》2014 年第 2 期。

④ 何挺：《"合适成年人"参与未成年人刑事诉讼程序实证研究》，载《中国法学》2012 年第 6 期。

⑤ 沈莉波、赵越：《合适成年人到场制度的观察与反思》，载《人民司法》2015 年第 15 期。

以设在当地民政部门或司法行政部门及其派出机构（司法局、司法所）。①

## （二）合适成年人值班制度

有研究者指出，在司法实践中，考虑到紧急情况和地域、时间等客观因素，对未成年人的讯问具有随时性，为保证合适成年人及时介入案件，需要建立配套的合适成年人值班制度，以便在法定代理人和成年亲属等人无法到场时，可以最大限度地保障未成年人在讯问程序中的合适成年人在场权。②

## （三）合适成年人考核、奖罚制度

建立合适成年人考核、奖罚制度十分必要。合适成年人消极到场、违反纪律、妨害正常办案的，或者给予未成年人不当引导的，办案机关可以向合适成年人管理机构提出纠正意见，改善目前我国合适成年人形式化、走过场的现状。如果合适成年人协助隐瞒事实或毁灭罪证，构成犯罪的，应依法追究刑事责任。此外，还有研究者提出了合适成年人待遇问题，认为合适成年人由于履行参与诉讼的职责所产生的交通费、伙食费等，国家应当予以报销。同时，合适成年人也有权得到相应的报酬。③

## （四）资金保障制度

合适成年人参与制度的运作离不开经费的支持，这些经费开支包括合适成年人队伍建设和个案开支。健全我国合适成年人参与制度，必须加大资金投入。对此，多数研究者认为，只有资金不依赖讯问机关时，才能彻底解决合适成年人队伍的独立性，并最终实现合适成年人参与诉讼的中立性，政府的财政拨款应是最重要的资金来源，同时，可以吸纳社会资金和社会公众的支持，如社会捐助、通过募捐建立专项基金。④ 有研究者建议，政府出面设

---

① 刘宗武：《合适成年人到场制度的实践与理论完善》，载《山东青年政治学院学报》2014 年第 30 期。

② 谢登科：《合适成年人在场制度的实践困境与出路——基于典型案例的实证分析》，载《大连理工大学学报》2015 年第 36 期。

③ 陈晓钟：《我国合适成年人制度实践路径的思考》，载《南京大学法律评论》2016 年第 1 期。

④ 陈晓钟：《我国合适成年人制度实践路径的思考》，载《南京大学法律评论》2016 年第 1 期。

立"合适成年人参与制度"专项基金，鼓励企业、团体、社会各方人士捐助，对捐助企业和个人实行税收优惠政策或税收抵免政策。① 还有研究者建议，寻求团委、慈善基金、未成年人保护机构等社会团体和非营利组织的帮助，缓解经费和人力投入的压力，如青少年保护机构提供适当资金等。② 还有研究者建议，可以通过聘用社会志愿者，获得人力帮助。③ 还有研究者建议，建立司法罚没专款专用机制，即从刑事案件的罚没缴款中重新划出一部分罚没款归专门机构，用于合适成年人参与制度的建设。④

### （五）看守所管理制度

有研究者指出，因看守所管理制度限制，法定代理人和合适成年人参加讯问或面见未成年人在实践操作中有诸多问题，这也间接导致了合适成年人参与制度的作用无法发挥。因此，有研究者提出，完善我国看守所制度，"可以规定合适成年人在进入看守所时，只要出具办案机关的参与讯问通知书及合法身份证件，看守所即应允进入。同时，应尽量提供专门的、人性化的讯问场所，按照未成年人的生理、心理特点，尽量不在合适成年人与未成年犯罪嫌疑人、被告人之间设置栏杆，尽量安排其相邻而非相向而坐，以免影响未成年犯罪嫌疑人和合适成年人的沟通协商。"⑤

### （六）合适成年人退出机制

还有研究者提出，为了确保合适成年人有效履职，应明确合适成年人退出条件及实施方式。合适成年人有以下情形时，应适用退出机制：（1）无行为能力或限制民事行为能力人；（2）因犯罪被依法判刑的；（3）经通知无正当理由两次以上不到场的；（4）到场后不积极履行职责而致未成年人权益

---

① 赵旭辉：《合适成年人到场的制度设计与实现路径》，载《公安研究》2013 年第 11 期。

② 焦悦勤：《我国合适成年人参与刑事诉讼制度的缺失及其完善》，载《西北大学学报》2014 年第 44 期。

③ 杨飞雪、袁琴：《合适成年人参与制度的比较研究》，载《预防青少年犯罪研究》2014 年第 2 期。

④ 杨飞雪、袁琴：《合适成年人参与制度的比较研究》，载《预防青少年犯罪研究》2014 年第 2 期。

⑤ 朱姝：《合适成年人参与制度的完善》，载《人民司法》2014 年第 13 期。

受到损害，后果严重的；（5）经培训考核不合格的。研究者建议，针对合适成年人队伍单独选任和共同选任两种情形，适用不同的退出机制，根据"谁建立，谁负责"的原则，单独选任由选任机构单独考核、决策是否退出；共同选任由发现单位提出退出动议，并报共同选任机构集体研究决策。研究者还提出，从正当性角度考虑，退出程序还应允许拟退出的合适成年人充分发表意见。①

## 十、 合适成年人的权利与义务

### （一）合适成年人的权利

关于合适成年人的权利，研究者普遍认为，合适成年人应享有如下权利：②（1）知情权。合适成年人有权向办案机关了解未成年人涉嫌的罪名，其心理特点、兴趣爱好、家庭情况、成长经历等基本情况及健康状况、权利义务知晓情况、合法权益有无遭受侵犯等情况。（2）与未成年人单独会见交流的权利。对此，部分研究者指出，应完善看守所会见制度，为合适成年人发挥其功能打好基础。（3）在司法机关讯问、审判未成年人时，有在场旁听的权利。（4）监督权（或程序异议权）。认为办案人员在讯问、审判中侵犯未成年人合法权益或有诱供、逼供等违法行为或不当行为时，可以提出纠正意见。若办案人员仍不停止违法行为，则合适成年人有记录、控告的权利。（5）查阅笔录签字权。合适成年人有权阅读讯问笔录、法庭笔录，核对无误后签字确认。发现笔录内容与讯问过程不符合或仅参加一次讯问却要求在多次讯问笔录上签字等情形，有权拒绝签字。（6）帮助教育未成年人的权利。（7）参加培训，获得必要的费用补贴的权利。

除了以上权利外，还有部分研究者提出，有向未成年人解释相关法律规

---

① 陈晓钟：《我国合适成年人制度实践路径的思考》，载《南京大学法律评论》2016年第1期。

② 田相夏、赖毅敏：《合适成年人参与未成年人刑事诉讼的理论与实践研讨会会议综述》，载《青少年犯罪问题》2009年第2期；何挺：《"合适成年人"参与未成年人刑事诉讼程序实证研究》，载《中国法学》2012年第6期。

定，并告知其相应法律后果的权利。① 还有研究者提出，合适成年人发现办案人员侵犯未成年人合法权益提出意见若未被办案机关采纳，有权向同级未成年人保护委员会或上一级司法机关提出意见或选择退出。②

### （二）合适成年人的义务

关于合适成年人的义务，研究者普遍认为，合适成年人应承担如下义务：③（1）遵守相关规定，按通知时间到场，参与讯问、审判程序；（2）到场向未成年人表明身份和承担的职责；（3）对司法机关的不当行为应及时提出纠正意见；（4）协助未成年人与办案机关的沟通，帮助安抚未成年人，消除未成年人紧张、对抗心理；（5）提供法律咨询，对未成年人不理解的语言行为及后果提供法律咨询，帮助未成年人正确理解讯问含义；（6）不得妨碍、干涉办案机关的正常司法活动，如不得与未成年人串供、向未成年人传递案件相关信息、帮助隐匿证据等；（7）遵守保密协议，不得泄露案情和未成年人的隐私。

此外，还有研究者提出，合适成年人参与刑事诉讼活动应当保持公正、廉洁。④ 未成年人对口供的合法性提出质疑时，合适成年人应出庭作证。⑤

在对合适成年人的监督方面，有研究者认为，合适成年人司法程序中与司法机关之间的监督是双向的，司法机关的监督主要体现在：（1）核实合适成年人身份；（2）对擅自不当发言、恶意传递消息、采用暗示或者引诱等妨碍未成年人如实作答等影响讯问正常进行的行为，办案人员应及时制止，劝阻无效的，应当带离现场并记录在案，并通知合适成年人管理机构，更换合

---

① 陈晓钟：《我国合适成年人制度实践路径的思考》，载《南京大学法律评论》2016 年第 1 期。

② 杨飞雪、袁琴：《合适成年人参与制度的比较研究》，载《预防青少年犯罪研究》2014 年第 2 期。

③ 姚建龙：《权利的细微关怀："合适成年人"参与未成年人刑事诉讼制度的移植与本土化》，北京大学出版社 2010 年版，第 209 - 214 页；谢安平、郭华主编：《未成年人刑事诉讼程序探究》，中国政法大学出版社 2015 年版，第 160 - 161 页。

④ 杨勇：《合适成年人参与刑事诉讼的立法规制》，载《人民检察》2015 年第 19 期。

⑤ 焦悦勤：《我国合适成年人参与刑事诉讼制度的缺失及其完善》，载《西北大学学报》2014 年第 44 期。

适成年人；（3）对存在泄露案件信息、串供、毁灭证据情节的，应当取消其参与诉讼的资格，并视情节轻重追究相应的法律责任。①

### （三）合适成年人的职责延伸

近年来，关于合适成年人的职责延伸问题的探讨也日益深入。部分研究者主张将合适成年人参与的职责延伸到矫正阶段。② 对此，有研究者认为，在涉罪未成年人被最终裁决或者宣判以后，合适成年人就完成了其使命，合适成年人的地位应是协助未成年人与办案人员的沟通，其根本作用在于抚慰未成年人和监督讯问人员，如果继续之后的工作，其法律角色就转变为监护人和社区矫正工作者。③ 还有研究者认为，这在一定程度上加大了合适成年人的工作量，浪费司法资源。还有研究者认为，"讯问与审判时在场是合适成年人的基本职责，而社会调查、风险评估和跟踪帮教等则是扩展职责，合适成年人履行扩展职责应当在不影响其履行基本职责的前提下进行。实践中，由于对合适成年人管理和考核机制不完善等原因，一些合适成年人更为重视社会调查、风险评估和跟踪帮教等具有更多积极外在表现形式的职责，而容易忽视讯问时在场这一外在表现形式相对消极的职责，并在两者发生冲突时选择前者。由于讯问时在场一般都先于社会调查等扩展职责的履行，合适成年人讯问时在场可能更多地考虑以后如何对其进行社会调查和风险评估等，也会干扰合适成年人在讯问时的中立地位，影响保护未成年人权益的效果。"④

## 十一、 合适成年人参与对证据效力的影响

我国《刑事诉讼法》及司法解释对于合适成年人未到场获得的未成年人

---

① 谢安平、郭华主编：《未成年人刑事诉讼程序探究》，中国政法大学出版社 2015 年版，第 163 页。

② 杨勇：《合适成年人参与刑事诉讼的立法规制》，载《人民检察》2015 年第 19 期。

③ 郝银钟、盛长富：《论未成年人刑事司法中的合适成年人参与制度》，载《湖南社会科学》2012 年第 5 期。

④ 何挺：《"合适成年人"参与未成年人刑事诉讼程序实证研究》，载《中国法学》2012 年第 6 期。

口供等言词证据的效力问题均无明确规定。我国现行《刑事诉讼法》虽然强化了司法机关通知合适成年人到场的义务，但并未明确司法机关违反该规定的后果。这方面的问题又集中体现于未成年犯罪嫌疑人、被告人的口供是否能够作为定案的依据，即公安司法机关在合适成年人未到场的情况下取得了未成年人的口供，具体又表现为未通知合适成年人到场、通知后合适成年人未到场以及合适成年人在讯问结束后补签讯问笔录，或仅参加了一次或几次讯问，但却在多次讯问笔录上签字等情况。

实践中各地对于上述情况的处理不尽相同，有些司法机关将其视为非法证据完全予以排除，有些则视为瑕疵证据，允许补正后采纳，还有些司法机关认为合适成年人到场与否并不影响供述的证明能力，而直接对其证据力进行审查，缺乏适用的统一性。①

主流观点认为，应借鉴英国的立法例，对于讯问未成年人时，应有合适成年人参加而没有参加的或合适成年人没有在讯问笔录上签字的，所获得的讯问笔录，其可靠性受到质疑，所得证据不应当作为定案依据。这种观点认为，合适成年人在场制度是保障未成年人诉讼权利的一项重要制度，而违反这一制度将严重侵犯未成年人的诉讼权利，构成重大违法，此时取得的未成年人供述、陈述、证人证言不具有证据能力，应予以排除。②

也有观点认为，应当区分非法证据与瑕疵证据分别处理。对于审查逮捕过程中，发现侦查机关在讯问未成年人时，未依法通知法定代理人或合适成年人到场的，但在侵犯未成年人合法权益和损害证据客观真实性两方面，均未达到与刑讯逼供或者暴力、威胁手段相当的程度，据此获取的言词证据属于瑕疵证据。应当要求公安机关补正或作出合理解释。对于确实存在违法行为的，应当及时纠正。必要时，可以要求重新制作笔录。③对瑕疵证据的补正，可以通过通知合适成年人到场，重新讯问未成年人等方式进行。但有研究者指出，在一些未成年人是被害人的案件，尤其是性侵害案件中，考虑到

---

① 谢登科：《合适成年人在场制度的实践困境与出路——基于典型案例的实证分析》，载《大连理工大学学报》2015年第36期。

② 施长征：《进一步细化合适成年人到场制度》，载《检察日报》2013年6月23日第3版；鲍俊红：《合适成年人到场制度的具体适用》，载《检察日报》2013年5月22日第3版；王远征、郝海燕：《违反法定代理人到场制度所获讯问笔录的效力》，载《中国检察官》2015年第11期。

③ 吴燕主编：《未成年人刑事检察实务教程》，法律出版社2016年版，第94页。

可能会对未成年人造成二次伤害，若被害人对陈述笔录无异议，则可认为未成年被害人认可其法律效力。研究者还建议，最高人民法院和最高人民检察院通过出台司法解释或指导性案例，将违反合适成年人在场制度获取的证据纳入刑事诉讼法所规定的非法证据范畴。①

还有研究者指出，合适成年人参与制度应当在沉默权制度的基础上建立和发展，而我国迄今依然没有建立沉默权制度。② 研究者指出，一方面，面对侦查人员的讯问，未成年人不能行使沉默权保护自己，必须如实供述，为侦查人员提供口供。另一方面，合适成年人的介入从客观上增强了侦查机关获取的证据的效力，势必助长侦查人员为了获取有效证据而千方百计利用合适成年人的"介入"打破未成年人的沉默，违背该制度保护未成年人利益的初衷。缺少沉默权制度配套运行的适当成年人参与制度，难以维护未成年犯罪人的合法权益，反而存在加剧侵犯未成年人权益的风险。③

## 十二、 合适成年人参与的具体流程

根据现阶段司法实践，研究者总结了合适成年人参与制度的具体流程，大致分为以下几个步骤：④

第一步，通知与到案。对于符合合适成年人参与制度的案件，讯问人员在讯问开始前，应当及时通知法定代理人或相应的合适成年人，合适成年人接到通知后应及时到场旁听讯问。

第二步，准备工作。合适成年人到场后，需要就参与讯问进行相应的准备工作，主要包括：办案人员核实其身份、向办案人员了解未成年人及案件的基本情况、向未成年人表明自己的身份和作用、与未成年人会面交流等。

第三步，旁听讯问。合适成年人应旁听整个讯问过程，从程序上保障未

---

① 谢登科：《合适成年人在场制度的实践困境与出路——基于典型案例的实证分析》，载《大连理工大学学报》2015 年第 36 期。

② 陈莹莹：《适当成年人介入制度在我国应该缓行》，载《行政与法》2010 年第 9 期。

③ 陈莹莹：《适当成年人介入制度在我国应该缓行》，载《行政与法》2010 年第 9 期。

④ 何挺：《"合适成年人"参与未成年人刑事诉讼程序实证研究》，载《中国法学》2012 年第 6 期。

成年人的权利，对未成年人不理解的内容进行解释，对其紧张情绪予以抚慰，协助其与讯问人员沟通。在讯问过程中如有程序不当的地方，合适成年人应提出意见。但有的地区规定了合适成年人在旁听讯问的过程中发言需经讯问人员允许，这也导致了合适成年人大多数情况下都以消极的方式在场旁听。

第四步，查看笔录与签字。讯问结束后，合适成年人查阅讯问笔录，核对无误后签字。

此外，有研究者指出，应设置合适成年人参与案件的前置程序，即首先通过调查户籍资料、询问涉案未成年人的方式确定其是否为未成年人，对于无法确定年龄并且通过体貌特征也无法辨别的，或骨龄鉴定表明其年龄在18岁上下的，应从有利于被讯问人的角度出发，通知合适成年人到场。对于第一次侦查讯问时才发现为未成年人的，应立即停止讯问，马上通知合适成年人到场，之后再继续讯问。[1]　其次，应设置告知与选择程序，针对法定代理人不能到场的情形，司法机关应第一时间告知未成年人其享有合适成年人在场权，若未成年人拒绝合适成年人参与案件、拒绝选择合适成年人的，应对其进行教育，若其仍拒绝，应尊重未成年人选择并将情况记录在案；若未成年人选择其他合适成年人，应当通知其他合适成年人到场。法定代理人可以到场，但办案人员了解到法定代理人与未成年人关系不和，未成年人不愿让其到场的，司法机关工作人员应与法定代理人商议，法定代理人同意其他合适成年人代替自己的，则通知其他合适成年人，法定代理人不同意的，则应尊重法定代理人意见，保证其在场。此外，还应设置回避程序，在合适成年人发现自己应当回避，即与未成年人或本案有利害关系的情况下，应申请回避，或由司法机关通知合适成年人管理机构及时更换人选。[2]

---

① 梁建军：《合适成年人到场制度：三个问题有待明确》，载《检察日报》2012年6月26日第3版。

② 谢安平、郭华主编：《未成年人刑事诉讼程序探究》，中国政法大学出版社2015年版，第157－160页。

# 第六章　附条件不起诉制度

2012 年修改《刑事诉讼法》时在未成年人特别程序中确立了附条件不起诉制度，该制度的确立为涉罪未成年人非犯罪化处理提供了新的制度途径，进一步深化了我国少年司法理念，完善了少年司法制度建设。现行《刑事诉讼法》第 282 条至第 284 条对附条件不起诉的适用范围、适用对象、适用程序、附加条件、监督考察程序等内容予以规定。在附条件不起诉入法之前，各地已经有了"缓起诉"或"诉前考察"等实践，其合法性与合理性存在争议。在附条件不起诉入法后，有关附条件不起诉与酌定不起诉的关系、适用对象与适用条件、附加条件的性质与分类、监督考察的程序等方面均存在不同观点，并形成了一系列研究成果。

## 一、附条件不起诉的含义和性质

### （一）附条件不起诉的名称与含义

附条件不起诉正式入法前，就其名称而言，在我国学术界曾出现过多种名称，如"暂时不起诉""起诉保留""缓起诉""起诉犹豫""暂缓起诉""附条件不起诉"等，其中使用比较多的是"附条件不起诉"和"暂缓起诉"。坚持使用"暂缓起诉"这一称谓的研究者认为，从法律效力来看，该制度的法律效果是待定的，并非是终局性决定，考验期结束后也可能起诉，也可能不起诉，因此，"暂缓起诉"这一称谓更能体现其制度内涵。[1] 而主张使用"附条件不起诉"这一称谓的研究者则认为，这一制度区别其他不起诉的显著特点是该制度对被指控的犯罪嫌疑人附加特定的条件，要求其遵守

---

[1]　孙力主编：《暂缓起诉制度研究》，中国检察出版社 2009 年版，第 9 - 10 页。

和履行，而"暂缓起诉"或者"起诉犹豫"等称谓并不能充分地体现这一点，由此"附条件不起诉"这一称谓更为贴切。[①] 最终立法机关在2012年修改《刑事诉讼法》时采纳了"附条件不起诉"这一名称。

我国《刑事诉讼法》或者相关司法解释都没有对附条件不起诉的概念作出界定。在学术界，有研究者认为附条件不起诉是指检察机关在审查起诉时，根据犯罪嫌疑人的年龄、性格、情况、犯罪性质和情节、犯罪原因以及犯罪后的悔改表现等，对罪行较轻的犯罪嫌疑人设定一定的条件，如果在法定期限内犯罪嫌疑人履行了相关义务，检察机关就应当作出不起诉决定。[②] 还有研究者认为附条件不起诉是指对符合起诉条件的未成年犯罪嫌疑人，在符合法律规定的情形时，检察机关暂时不对其提起公诉，同时为其设定一定的条件要其遵守，并根据考察结果最终决定是否提起公诉。[③] 虽然研究者对于附条件不起诉概念的表述不尽相同，但基本含义却是基本一致的。

### （二）附条件不起诉的性质

对于附条件不起诉究竟是一种起诉还是不起诉，研究者存在一些争议。第一种观点认为附条件不起诉是一种起诉制度。理由在于附条件不起诉是本应该起诉但由于罪行轻，犯罪嫌疑人悔罪才作出有条件的不起诉，所以附条件不起诉本身就是一个起诉性质的，不能将它视为不起诉。[④] 第二种观点认为附条件不起诉是一种不起诉制度。有研究者认为附条件不起诉是不起诉的一种，并认为该制度与法定不起诉、酌定不起诉、存疑不起诉并列构成了我国的不起诉制度体系。[⑤]

对于附条件不起诉的性质，更多研究者倾向于第二种观点。就制度目的而言，附条件不起诉是一种不起诉行为，该制度的出发点和落脚点是对触法未成年人非犯罪化处理，使其尽早从刑事诉讼中脱离出来，在开放的社会环境中进行教育矫治，并以此实现其复归社会的目的。检察机关为实现上述目

---

[①] 陈光中、张建伟：《附条件不起诉：检察裁量权的新发展》，载《中国检察》2006年第4期。

[②] 陈光中主编：《刑事诉讼法》，北京大学出版社2013年版，第435页。

[③] 赵兴洪主编：《刑事诉讼法学》，中国政法大学出版社2014年版，第250页。

[④] 苗生明、叶胜文主编：《附条件不起诉理论与实践》，法律出版社2015年版，第113页。

[⑤] 李辞：《论附条件不起诉与酌定不起诉的关系》，载《法学论坛》2014年第4期。

的，在附条件不起诉考察期限内对被附条件不起诉的未成年犯罪嫌疑人进行监督，敦促其履行和遵守附加条件，并对其进行针对性的考察帮教工作，从这一点来讲，检察机关作出附条件不起诉决定时，其所希望和追求的是被附条件不起诉人顺利回归社会，实现非犯罪化处理的意图。附条件不起诉的这一特性在全国人大法工委在《刑事诉讼法》条文说明和立法理由中也得到回应，"附条件不起诉制度给犯轻罪的未成年人一次改过自新的机会，避免执行刑罚对其造成的不利影响，有利于使其接受教育，重新融入正常的社会生活。"① 由此可见，附条件不起诉的出发点和落脚点是不起诉。

## 二、 附条件不起诉在我国的确立

### （一）入法前的尝试和争议

#### 1. 基层试点及其特点

20 世纪 90 年代前后，我国部分研究者在研究和介绍域外附条件不起诉相关制度的同时，建议借鉴域外相关制度，构建我国的附条件不起诉制度。基于学界的建议以及办案实践的需要，我国一些地区的基层检察机关开始在司法实践中尝试运用该制度。1992 年上海市长宁区检察院在一起盗窃案中，考虑到该案犯罪嫌疑人是未成年人、盗窃数额不大（盗窃数额 1000 元）、认罪态度较好等因素，创造性地以"诉前考察"的名义作出了延缓起诉，并设定三个月的考察期，在三个月考察期届满后，根据其良好的表现最终作出了免于起诉的决定。② 继上海长宁区检察院的相关探索之后，江苏省南京市浦口区人民检察院、北京市海淀区人民检察院、山东省蓬莱市人民检察院等也结合工作实际，出台了专门规范性文件，积极开展附条件不起诉试点工作。据统计，该制度在我国法律中被正式确立以前，全国已有 1/3 的基层检察机关对这项制度进行过相关的司法探索和实践。③ 在刑事诉讼法中确立附条件不起诉之前，由于各地试点工作属于自发探索的地方试点，并非在

---

① 全国人大常委会法制工作委员会刑法室编：《关于修改中华人民共和国刑事诉讼法的决定、条文说明、立法理由及相关规定》，北京大学出版社 2012 年版，第 107 页。

② 李巧芬、刘中发：《暂缓起诉的实践与探索》，载《人民检察》2006 年第 7 期。

③ 陈卫东主编、李奋飞副主编：《刑事诉讼法理解与适用》，人民出版社 2012 年版，第 624 页。

统一部署之中，因此，在附条件不起诉的适用对象、适用程序、附加条件、监督考察等方面既有相同之处，也有差异。①

第一，适用对象。各地附条件不起诉的适用对象主要是以未成年人为主，都是将附条件不起诉制度作为教育和挽救犯罪未成年人的主要途径来探索，但随着试点的深入开始将适用对象拓宽到一些特殊的成年人群体，如老年人、在校生、残疾人、怀孕和正在哺乳自己婴儿的妇女等。如北京市海淀区人民检察院于 2004 年制定的实施细则中明确规定附条件不起诉只适用于未成年人案件，但随着试点工作的深入推进，附条件不起诉的适用对象逐步扩展到成年人案件。可见，附条件不起诉起初都源自未成年人案件，但多数基层检察院并没有将未成年人案件与其他特殊主体的案件做严格区分。

第二，适用案件范围。从各地的相关实践可以看出，有些检察机关明确规定了附条件不起诉适用的案件范围，尤其明确规定了哪些案件不能适用附条件不起诉。有些检察院虽然在规范性文件中没有规定其适用的案件范围，但是在具体实践中，将其适用范围局限在以下几类案件：第一类是侵财类案件，如盗窃、抢夺等；第二类是伤害类案件，如故意伤害等；第三类是过失犯罪。

第三，适用条件。在这一方面，各地基本上将"犯罪事实清楚，证据确实充分；具有悔罪表现；可能判处的刑罚为三年以下有期徒刑"作为适用附条件不起诉的必备条件。有些检察机关在具体实践中，除了上述要求之外，还将"具有帮教条件""犯罪嫌疑人具有过失、被胁迫的""主观恶性较小的初犯、偶犯案件"作为条件之一。总体来说，各地探索中检察机关对适用附条件不起诉规定了更严格的适用条件。

---

① 关于各地试点附条件不起诉的情况，可以参见孙力主编：《暂缓起诉制度研究》，中国检察出版社 2009 年版，第 201 页；北京市海淀区人民检察院公诉课题组：《附条件不起诉制度实证研究》，载《国家检察官学院学报》2008 年第 6 期；张涛：《北京市海淀区人民检察院：对未成年人犯罪暂缓起诉》，载《人民日报》2004 年 5 月 23 日第 2 版；林莹、隋玉利：《蓬莱市附条件不起诉改革调查报告》，载《中国刑事法杂志》2009 年第 10 期；朱丽莎：《附条件不起诉制度的实践探索与制度构建》，载张智辉主编：《附条件不起诉制度研究》，中国检察出版社 2011 年版，第 337－338 页；杨飞雪主编：《未成年人司法制度探索研究》，法律出版社 2014 年版，第 80－90 页；高斌、王惠：《专家聚焦"附条件不起诉"》，载《检察日报》2007 年 12 月 7 日第 3 版；林琳：《"附条件不起诉"值得商榷》，载《工人日报》2007 年 12 月 17 日第 5 版。

第四，适用程序。就附条件不起诉的适用程序而言，各地在以下几个方面基本相同：一是以犯罪嫌疑人的同意作为适用附条件不起诉的前提条件，二是要听取被害人的意见；三是基本流程基本相同，即各地都规定承办人听取犯罪嫌疑人和被害人意见→提交部门领导和分管检察长同意→提交检委会讨论决定→监督考察结束后再提交检委会讨论作出最终决定。除了上述三点各地检察院基本相同外，各地检察官也有各自不同的特点。其一，山东省蓬莱市检察院和重庆市涪陵区检察院不仅规定要听取被害人的意见，还将被害人同意适用附条件不起诉作为前提条件。其二，有些检察院明确规定了听证程序，而且将其作为适用附条件不起诉决定程序的关键环节。其三，将上级检察院的审批意见作为附条件不起诉的决定性环节，如山东省蓬莱市检察院规定，附条件不起诉的监督考察结束后除报检委会讨论决定的之外，还要报上一级检察院审批。

第五，附加条件。对于附加条件，部分检察院作出了明确规定，但也有检察机关根据案件的具体情况灵活设定了附加条件。各地附加条件呈现出较大差异，有些检察院将完成某些任务作为适用附条件不起诉的附加条件，有的地方设置的附加条件从修复与被害人关系的角度设定，将赔偿被害人损失作为重要条件来考虑。

第六，考察帮教和期限。就考察帮教而言，各地附条件不起诉的考察帮教呈现出主体多元化、帮教社会化等特点。一是各地检察机关积极与团委、妇联、居委会、村委会和犯罪嫌疑人所在单位等部门联系，与他们签订帮教协议，从而实现考察帮教主体的多元化。二是考察帮教形式社会化。犯罪人的再社会化是附条件不起诉的目的所在，因此，各地通过各种社会化、开放式的方式开展帮教活动，如开展针对性的就业辅导、心理咨询、法制教育、面对面谈心等方式完成考察帮教活动。就考察期限而言，各地的考察期限并不一致，有检察院规定2至6个月，也有检察院规定6个月到1年，并且还规定可以延长3个月。

总体而言，试行附条件不起诉的各基层检察机关都是为了落实宽严相济的刑事政策，从本地实际出发，借鉴域外相关制度进行了体系性的探索。不可否认的是，在我国尚未确立附条件不起诉制度，其合法性面临巨大争议之时，各地依然进行了富有挑战性的有益探索，才使得附条件不起诉制度在我国生根发芽，逐步得到社会和立法部门的认可和肯定，为此制度的正式确立提供了宝贵的实践经验。

## 2. 入法前的争议

附条件不起诉在我国一些基层检察院试行之后，在理论界和实践部门均面临着比较大的争议，争议的焦点主要集中在附条件不起诉的合法性和合理性上。否定论者提出附条件不起诉（暂缓起诉）试验存在以下三个问题：一是没有法律根据，属于"违法试验"。二是各地试行的附条件不起诉适用于未成年人等特定群体，这不免有违反平等原则之嫌。三是附条件不起诉制度侵犯了法院的审判权。① 而大多数研究者支持这种试验，并针对上述质疑提出了以下几个观点：一是附条件不起诉的基层试验应当从改革的眼光来看，这种试验是一种阶段性试验，为了司法改革的深入推进，应当允许这种有益的探索和创新。二是附条件不起诉制度体现了宽严相济刑事政策，符合对未成年犯罪轻缓化处理的世界趋势，因此，对未成年犯罪嫌疑人适用附条件不起诉并不违反平等原则。三是附条件不起诉试验并没有侵犯法院的审判权，附条件不起诉是检察机关起诉权细化的表现。②

虽然支持者纷纷论证附条件不起诉（暂缓起诉）的合理性和必要性，但是由于法律规范的缺失，并且这种试点在一定程度上突破了法律规定，因此未能逃避被"叫停"的命运。早在 2004 年最高人民检察院出台的《关于严格依法履行法律监督职责，推进检察改革若干问题的通知》中明确指出暂缓起诉制度在部分检察院试点，虽然取得了一定的社会效益和法律效益，但是该制度并没有法律依据，目前不宜推广，各地不要再行新的试点。③ 另外，根据正义网于 2010 年 2 月 1 日报道，正义网络传媒和西南政法大学司法研究中心共同主办的中国司法改革年度报告（2009）发布暨司法改革学术研讨会上，最高检工作人员在会上透露和解释了为何叫停暂缓起诉的缘由。他指出"暂缓起诉对于推行司法体制改革也是起到推动作用的，但是很多检察院推行暂缓起诉一段时间以后也被叫停了。为什么呢？在法律规定上没有依据，法律明确规定了法律起诉的期限，在期限内必须作出起诉和不起诉的决

---

① 刘桃荣：《对暂缓起诉制度的质疑》，载《中国刑事法杂志》2001 年第 1 期；沈春梅：《暂缓不起诉不宜推行》，载《人民检察》2003 年第 4 期。

② 蒋安杰：《蓬莱市检察院"附条件不起诉制度"引发激烈争议——这样做是否侵犯了审判权》，载《法制日报》2007 年 12 月 6 日。

③ 于国旦、许身健：《少年司法制度理论与实务》，中国人民公安大学出版社 2012 年版，第 178 页。

定，而暂缓起诉会突破这一规定。"[1] 可见，附条件不起诉虽然在各地得到积极探索，但合法性问题始终是附条件不起诉普及推广的最大现实障碍。

### （二）正式入法及法律规定

在基层检察机关的积极探索和学界的呼吁下，2012 年修改《刑事诉讼法》时，附条件不起诉制度在第五编特别诉讼程序中被正式确立，成为我国未成年刑事案件诉讼程序的重要制度。该法用三个条文对附条件不起诉的适用范围、适用对象、适用程序、附加条件、考察期限和救济程序等内容予以规定。而 2013 年制定的《人民检察院刑事诉讼规则（试行）》第 492 条至第501 条和《人民检察办理未成年人刑事案件的规定》第三章第三节的第 29条至第 50 条对附条件不起诉制度的各个方面作出了较为细致的解释和规定，使得我国的附条件不起诉制度更具有规范性和操作性。

与入法前的试点和探索相比，刑事诉讼法在附条件不起诉的适用对象、适用范围、适用程序、附加条件和考察帮教及其期限等方面作出了较大改动。

第一，将附条件不起诉的适用对象限定为未成年人。附条件不起诉制度在刑事诉讼法中正式确立之前，各地检察院在实践探索中将其适用对象规定为未成年人、老年人、在校大学生、残疾人和怀孕或哺乳婴儿的妇女，即附条件不起诉的适用对象并没有严格的适用限制。2012 年修改后《刑事诉讼法》将附条件不起诉设置在第五编特别程序的第一章"未成年人刑事案件诉讼程序"中，而不是设置在作为普通诉讼程序的第二编第三章"提起公诉"之中，也就是说，修改后《刑事诉讼法》将附条件不起诉的适用对象严格限定为未成年犯罪嫌疑人，将已满 18 周岁的在校生、老年人等其他特殊群体统统排除在附条件不起诉制度的适用范围之外。

第二，对附条件不起诉的适用条件予以明确。首先，将附条件不起诉的适用范围局限于刑法分则第四章（侵犯公民人身权利、民主权利罪）、第五章（侵犯财产罪）、第六章（妨害社会管理秩序罪）规定的犯罪。其次，对犯罪的轻重而言，刑事诉讼法将附条件不起诉的适用范围限定在"可能判处一年有期徒刑以下刑罚"的案件，也就是说，刑事诉讼法规定的附条件不起

---

① 王丽丽：《最高检司改办官员：为何叫停"暂缓起诉"》，载 http://news. jcrb. com/jxsw/201002/t20100201_316773. html，访问时间：2018 年 3 月 23 日。

诉适用范围，无论在犯罪类型上还是犯罪的轻重幅度上均严格限制在一定的范围之内。再次，犯罪嫌疑人必须具有悔罪表现。修改后的刑事诉讼法明确规定适用附条件不起诉的犯罪嫌疑人必须具有悔罪表现。最后，就附条件不起诉的适用程序而言，刑事诉讼法规定检察机关适用附条件不起诉时必须征得犯罪嫌疑人及其法定代理人的同意，如果犯罪嫌疑人或其法定代理人不同意适用附条件不起诉时，检察机关只能作出起诉的决定。对于公安机关和被害人，该条款规定必须听取他们的意见，而没有规定必须征得他们同意。

第三，规范了附条件不起诉制度的附加条件。刑事诉讼法和《人民检察院刑事诉讼规则（试行）》对附条件不起诉所附加条件的内容均作了明确规定。《刑事诉讼法》规定被附条件不起诉人在监督考察期间应当遵守的义务和条件包括：（1）遵守法律法规，服从监督；（2）按照考察机关的规定报告自己的活动情况；（3）离开所居住的市、县或者迁居，应当报经考察机关批准；（4）按照考察机关的要求接受矫治和教育。而《人民检察院刑事诉讼规则（试行）》第498条对刑事诉讼法"按照考察机关的要求接受矫治和教育"作了进一步细化："（1）完成戒瘾治疗、心理辅导或者其他适当的处遇措施；（2）向社区或者公益团体提供公益劳动；（3）不得进入特定场所，与特定的人员会见或者通信，从事特定的活动；（4）向被害人赔偿损失、赔礼道歉等；（5）接受相关教育；（6）遵守其他保护被害人安全以及预防再犯的禁止性规定。"如果说刑事诉讼法前三项规定是每一个被附条件不起诉人应当遵守的义务和条件，那么《人民检察院刑事诉讼规则（试行）》第498条规定的六种情况则是针对被附条件不起诉人的具体案件情况和个人特点选择性适用。

第四，明确了考察帮教和考察期限。修改后的刑事诉讼法对附条件不起诉监督考察期间各考察帮教主体及其责任予以规定，进而为考察帮教工作的顺利进行提供了制度保障。根据刑事诉讼法规定，人民检察院是附条件不起诉监督考察的主要主体，未成年犯罪嫌疑人的监护人是监督考察的重要参与主体。同时，高检院《人民检察刑事诉讼规则（试行）》第496条在坚持人民检察院的监督考察主体地位的同时，将附条件不起诉监督考察的协助主体扩展到未成年犯罪嫌疑人所在学校、单位、居住地的村民委员会、居民委员会、未成年人保护组织等有关人员和单位。由此可见，附条件不起诉的监督考察主体由检察机关和其他相关单位或个人组成，其中，人民检察院是职权主体，它负责附条件不起诉的启动、主导监督考察帮教工作、评估考察帮教的效果以及作出最终决定，其他监督考察主体协助检察院做好具体的监督考察工作。另外，修改后的刑事诉讼法对附条件不起诉的监督考察期限予以明确，即确定了 6 个月至 1 年的考察期限。

对于刑事诉讼法的规定，有研究者认为刑事诉讼法不仅对附条件不起诉的罪名条件作了严格规定，还对刑罚条件也作出了苛刻的要求，并认为这会导致刑事诉讼法增设附条件不起诉制度的立法价值大打折扣。[①] 也有研究者认为附条件不起诉赋予检察院较大的自由裁量权，在附条件不起诉案件中检察官集追诉、社会调查、裁断、执行四重职能于一身，这种权力的过度集中存在侵犯未成年人人权的危险，因此认为对其刑罚条件作出严格的条件是合理的。[②] 还有研究者认为"适用未成年人附条件不起诉的条件还包括符合起诉条件及有悔罪表现，但对于什么情况属于悔罪表现，立法并未作进一步解释"，并认为这给司法适用带来了操作困难。[③] 也有研究者认为刑事诉讼法将检察院作为附条件不起诉监督考察的主体，但在刑事案件中，公检法司应分工负责、相互配合、相互制约。从工作分工上看，对被附条件不起诉的未成年犯罪嫌疑人的监督考察应是司法行政部门的工作职责。[④]

总体而言，多数研究者认为刑事诉讼法对附条件不起诉的案件类型和刑罚条件作出了较为严格的限制，并且法律规定的附条件不起诉的附加条件、监督考察程序比较笼统，缺乏操作性，而这必然影响附条件不起诉的使用率，可能对附条件不起诉应有功能的发挥产生消极影响。

### （三）入法后的实践状况

自正式入法以后，附条件不起诉制度得以在全国进行系统的适用，适用的数量也逐步增加。例如，2015 年 1 月至 2015 年 11 月全国检察系统作出附

---

[①] 彭玉伟：《未成年人刑事案件附条件不起诉制度探析》，载《预防青少年犯罪研究》2012 年第 5 期。

[②] 陈晓宇：《冲突与平衡：论未成年人附条件不起诉制度》，载《中国刑事法杂志》2012 年第 12 期。

[③] 张中剑：《检视与完善我国未成年人附条件不起诉制度若干问题探讨》，载《中国刑事法杂志》2013 年第 7 期。

[④] 彭玉伟：《未成年人刑事案件附条件不起诉制度探析》，载《预防青少年犯罪研究》2012 年第 5 期。

条件不起诉总人数为 3232 人，占全部案件总人数的 7.1%。[1] 从附条件不起诉适用的罪名类型来看，该制度的适用罪名主要集中在盗窃罪、抢劫罪、故意伤害罪、强奸罪、寻衅滋事罪、聚众斗殴罪等。从附条件不起诉的适用对象来看，各地区的情况也有所不同。在经济社会发达的特大城市和沿海地区，外来未成年犯罪人的比例在该地区全部未成年犯罪人总数中所占比例很高，由于对外来人员的监督考察工作比较难，而且还存在附条件不起诉后脱逃的风险，因此，很多检察机关对他们不愿意适用附条件不起诉。[2] 虽然，在中西部地区外地未成年人占全部未成年犯罪人总数的比例不高，但这些地区附条件不起诉的适用也不同程度存在着适用对象集中于在校学生、具有良好监护条件的未成年犯罪嫌疑人，对监护条件不好的未成年人适用附条件不起诉率偏低。

### 三、 附条件不起诉与酌定不起诉

在 2012 年修改刑事诉讼法时，立法机关对酌定不起诉制度未作任何改动的同时新增加了专门适用于未成年人的附条件不起诉制度，即在原先法定不起诉、证据不足不起诉（存疑不起诉）、酌定不起诉的基础上，增加了一种特殊的不起诉制度。法定不起诉是由于犯罪嫌疑人的行为不构成犯罪或者虽然构成犯罪，但具有某种法定事由而作出的不起诉，而证据不足不起诉是案件事实不清楚或证据条件欠缺而不符合起诉条件而作出的不起诉决定。对于这两种不起诉检察官毫无裁量余地，必须作出不起诉决定，在这一点上两者与附条件不起诉有着显著区别。而同样是检察官起诉裁量权范畴之中的酌定不起诉和附条件不起诉制度具有相同之处，学界和司法实践中对两者如何选择适用存在不少争议。

#### （一）附条件不起诉与酌定不起诉的相同点

有研究者认为附条件不起诉和酌定不起诉发轫于共同的理论基础，即两

---

① 《图说检察迎两会未成年人刑事检察：为青少年健康成长护航》，载最高人民检察院官方微博 https：//weibo.com/3263217425/DkfWkxpvm，访问时间：2018 年 3 月 23 日。

② 杨新娥主编：《4 + 1 + N：未成年人检察的实践与探索》，中国检察出版社 2015 年版，第 263 页。

者都是起诉裁量主义具体运用的途径。所谓起诉裁量主义，是指在符合法定起诉条件时，经过裁量也可以不起诉的立法原则。① 也有研究者认为附条件不起诉是相对不起诉的特殊形式，附条件不起诉可以看作是相对不起诉的一种特殊类型，因为检察官作出附条件不起诉决定也是基于其享有的自由裁量权，两种不起诉制度的法理基础和政策导向是相似的，只不过附条件不起诉受到更多条件的限制。②

## （二）附条件不起诉与酌定不起诉的差异

有研究者认为附条件不起诉与酌定不起诉在三个方面不同：一是附带处分不同；二是否需征得犯罪嫌疑人同意的要件不同；三是效果不同。③ 也有研究者从适用对象、适用范围、适用程序、考察内容、是否能撤销以及最终产生的法律效果等方面对附条件不起诉和酌定不起诉的区别予以阐述。④ 有研究者认为酌定不起诉决定是一种放弃起诉的活动，决定一旦作出就无法约束被不起诉人，并不利于被不起诉人悔罪、不利于发挥刑罚的特别预防功能；而附条件不起诉制度正是弥补了酌定不起诉的上述不足，附条件不起诉对犯罪嫌疑人设定附加条件和一定考验期。⑤ 也有研究者认为附条件不起诉与酌定不起诉在性质和地位上有所不同。从立法条文的所处位置来看，酌定不起诉与法定不起诉、存疑不起诉放在一起，进而共同组成传统意义上的不起诉制度。而附条件不起诉制度则是被单独安排在未成年人刑事案件诉讼程序专章中，从法条援引来看，附条件不起诉考察期过后作出的不起诉决定的法律依据是"未成年人刑事案件诉讼程序"一章的相关条文，而非"提起公诉"一章的相关条文。⑥

---

① 李辞：《论附条件不起诉与酌定不起诉的关系》，载《法学论坛》2014年第4期。
② 张莉：《相对不起诉制度适应新刑诉法修改之革新——以附条件不起诉制度的确立为视角》，载《中国检察官》2013年第6期。
③ 刘学敏：《检察机关附条件不起诉裁量权运用之探讨》，载《中国法学》2014年第6期。
④ 张莉：《相对不起诉制度适应新刑诉法修改之革新——以附条件不起诉制度的确立为视角》，载《中国检察官》2013年第6期。
⑤ 李辞：《论附条件不起诉与酌定不起诉的关系》，载《法学论坛》2014年第4期。
⑥ 程晓璐：《附条件不起诉制度的适用》，载《国家检察官学院学报》2013年第6期。

### （三）附条件不起诉与相对不起诉的选择

如上所述，附条件不起诉与酌定不起诉既有相似之处，又有区别，而且在未成年人刑事案件中存在适用范围相重合的现象。对于既符合附条件不起诉又符合酌定不起诉适用条件的未成年犯罪嫌疑人如何选择适用，目前有两种观点：第一种观点认为优先适用附条件不起诉，其理由在于附条件不起诉是专门适用于未成年犯罪嫌疑人的特殊诉讼制度，其目的是给予未成年人一个考验期，并针对其进行教育矫治措施，进而矫正涉罪未成年人。因此不能因为酌定不起诉制度可以立即决定不起诉，而放弃对未成年人适用附条件不起诉。在符合附条件不起诉条件的前提下，对未成年人优先适用附条件不起诉。[1] 第二种观点认为优先适用酌定不起诉。其认为检察机关行使裁量权时应贯彻谦抑原则，使未成年犯罪嫌疑人尽早脱离正式的刑事诉讼程序、减轻司法负担，在附条件不起诉和酌定不起诉的选择上应当优先选用酌定不起诉。[2] 对于附条件不起诉和酌定不起诉的选择问题，2012 年最高人民检察院《关于进一步加强未成年人刑事检察工作的决定》也明确规定对于既符合酌定不起诉的条件也符合附条件不起诉的，优先适用酌定不起诉。对此，也有研究者指出，该《决定》中规定"优先"不等于"一律"适用酌定不起诉，因此在两者的选择上应当从是否必要进行监督考察的角度选择适用。[3]

还有观点则认为附条件不起诉与酌定不起诉之间并不具有哪个优先适用的问题，也不能以可能判处的刑罚为区分的唯一标准。区分相对不起诉与附条件不起诉应当采用"是否具有通过附条件不起诉进行监督考察的必要性"这一标准。考虑到绝大部分涉罪未成年人都在某一方面存在偏差或陷入困境，需要提供相应的支持，从未成年人的身心特点与长远发展来看，即使其所涉罪行轻微，使其不受任何约束地尽快离开司法程序有时也并非最佳的选择。对于需要通过监督考察进行干预和教育的涉罪未成年人而言，如果仅仅因为他的涉罪行为轻微不需要判处刑罚或免除刑罚而适用相对不起诉，并因

---

① 张莉：《相对不起诉制度适应新刑诉法修改之革新——以附条件不起诉制度的确立为视角》，载《中国检察官》2013 年第 6 期。

② 刘学敏：《检察机关附条件不起诉裁量权运用之探讨》，载《中国法学》2014 年第 6 期。

③ 王涛、黄冬生：《正确区分附条件不起诉与相对不起诉》，载《检察日报》2016 年 2 月 22 日第 3 版。

此"错失"了通过附条件不起诉所营造的时间与空间施以教育和干预的机会，可能是一种错误的选择，甚至可能正是我们所要极力避免的"不教而宽"。①

## 四、 域内外附条件不起诉比较研究

附条件不起诉制度并非我国独创，而且该制度在我国的确立时间还相对较短，与之相比，在德国、美国、日本和我国台湾地区刑事司法中已经存在着与我国附条件不起诉极为相似的相关制度，而且其历史较长，如德国早在1974 年就在《刑事诉讼法》中正式确立了附条件不起诉制度。日本也在 19世纪 80 年代就赋予检察官对轻微案件作出暂缓起诉的裁量权，并以此解决该国犯罪数量大量增加与司法资源不足之间的矛盾。虽然各国和地区的称谓不尽统一②，但从制度设置和法律效果而言，上述国家和地区的相关制度与我国附条件不起诉相似。附条件不起诉制度在我国《刑事诉讼法》中正式确立以前，不少研究者发表研究成果介绍上述国家和地区刑事司法中的相关制度，并建议我国仿效域外建立我国的附条件不起诉制度。2012 年附条件不起诉制度在我国正式确立后，学界将其与域外国家和地区相关制度比较，为完善我国附条件不起诉提出相关建议。

### （一）适用条件比较

有研究者将我国附条件不起诉与德国、日本和我国台湾地区的相关制度进行比较，并认为上述国家和地区对附条件不起诉在适用对象、案件类型和刑罚条件等方面与我国的附条件不起诉制度有所区别，即上述国家和地区对附条件不起诉的适用对象、案件类型没有做限制，可以适用于任何人，对于刑罚条件日本没有做限制；德国规定适用于轻罪；我国台湾地区则规定"死刑、无期徒刑或最轻本刑 3 年以上有期徒刑以外之罪"，而我国附条件不起诉在适用对象（适用于未成年人）、案件类型（适用于刑法分则第四、五、

① 何挺：《附条件不起诉如何助推少年司法的整体发展?》，载《民主与法制》2017年第 12 期。

② 如德国称为"附条件不起诉"，日本称为"起诉犹豫"，美国称为"审前分流"，而我国台湾地区则称为"缓起诉"。

六章规定的犯罪）和刑罚条件（适用于可能判处一年有期徒刑以下刑罚的案件）方面做出了较为严格的限制，进而影响到该制度应有功能的发挥。① 还有研究者将我国的附条件不起诉与德国、美国、我国台湾地区刑事司法（成年司法）和少年司法制度中的相关制度进行比较后认为上述国家和地区少年司法中的相关制度案件适用范围和罪责条件都很宽，究其原因上述国家和地区少年司法中的相关制度的核心是教育矫正，只要未成年人有教育矫正的可能性都可以适用相关制度进行分流，助其顺利回归社会。与少年司法中的相关制度相比，上述国家成年人司法中的相关制度的适用范围和刑罚条件较窄，原因在于对成年人适用附条件不起诉时要考虑公共利益，要罪责权衡。与我国附条件不起诉相比，上述国家成年司法或少年司法中的相关制度的适用范围和刑罚条件比我国规定要宽，我国附条件不起诉的适用范围有拓宽的必要。②

### （二）程序条件比较

在适用附条件不起诉时，相关国家和地区都将相关诉讼主体和诉讼参与人的同意或没有异议作为适用该程序的前提条件。我国现行《刑事诉讼法》第282条第1款规定"对于未成年人涉嫌刑法分则第四章、第五章、第六章规定的犯罪，可能判处一年有期徒刑以下刑罚，符合起诉条件，但有悔罪表现的，人民检察院可以作出附条件不起诉的决定。人民检察院在作出附条件不起诉的决定以前，应当听取公安机关、被害人的意见。"该条第3款规定"未成年犯罪嫌疑人及其法定代理人对人民检察院决定附条件不起诉有异议的，人民检察院应当作出起诉的决定。"根据德国《刑事诉讼法》第153条a款规定，检察官在作出附条件不起诉时不仅要争取被指控人的同意，还须经过法院的同意，才可以适用附条件不起诉。我国台湾地区"刑事诉讼法"第253之二条规定"……检察官命被告遵守或履行前项第三款至第六款之事项，应得被告之同意。"可见，我国检察机关在适用附条件不起诉时不仅要经过未成年犯罪嫌疑人及其法定代理人的同意，还要听取公安机关和被害人

---

① 张友好：《功能·主体·程序：附条件不起诉制度省察》，载《政法论坛》2013年第6期。

② 肖中华、李耀杰：《未成年人附条件不起诉相关制度比较》，载《国家检察官学院学报》2015年第3期。

的意见。德国除了要征得被不起诉人的同意外还要经过法院同意，而我国台湾地区缓起诉制度只是对被告课予财务方面的负担和指示时需要被告人同意，对于其他负担和指示的缓起诉处分并不要求获取被告人的同意。

对于被不起诉人的同意，有研究者认为虽然附条件不起诉的出发点是非犯罪化处理，有利于被不起诉人复归社会，但并非绝对有利，尤其是附条件不起诉的附加条件对被不起诉人的人身自由和财产进行某种程度的限制。另外，附条件不起诉的执行需要被不起诉人的积极配合，因此，无论出于权利保障还是程序参与的考量，作出附条件不起诉时要求征得被不起诉人的同意有其合理性。[1] 对于其他制约性条件而言，德国的《刑事诉讼法》规定检察机关作出附条件不起诉时不仅要征得被指控人的同意，还须经过法院的同意，才可以适用附条件不起诉，而其他国家和地区则没有这样的规定，对此，有研究者认为德国《刑事诉讼法》规定的负担与指示具有一定的"刑罚性质"，因此德国的这种要求可以有效地应对和消除对检察官因作出附条件不起诉处分而可能存在的侵犯法院审判权的质疑，而我国的附条件不起诉是对未成年人的特别处遇措施，并不具有"惩罚"性质，因此并不存在侵犯法院审判权之嫌。[2] 也有研究者认为附条件不起诉是诉讼经济原则的产物，如果附条件不起诉的适用程序过于复杂，必然会消耗大量的司法资源。[3] 美国或我国台湾地区相关制度中，虽然也有"刑罚性质"的负担与指示，但由于这两者，尤其是美国采用当事人主义诉讼模式，在这一诉讼模式中，作为当事人的检察官有权处分自己的诉讼权利，而与被指控人签订审前分流协议被认为是诉讼权利的处分，并不存在侵犯法院审判权等问题。我国的附条件不起诉及其所附加条件被视为一种对触法未成年人的教育矫治措施，并不是"刑罚性措施"，而且我国刑事诉讼法规定的附加条件中也没有"缴纳一定数量的款项"等具有"财产性刑罚"性质的附加条件，因此，我国法律没有规定法院在附条件不起诉中的参与权。另外，与其他国家和地区的相关制度不同，我国刑事诉讼法规定，检察院适用附条件不起诉时还要听取被害人

---

① 张友好：《功能·主体·程序：附条件不起诉制度省察》，载《政法论坛》2013年第6期。

② 刘学敏：《检察机关附条件不起诉裁量权运用之探讨》，载《中国法学》2014年第6期。

③ 张友好：《功能·主体·程序：附条件不起诉制度省察》，载《政法论坛》2013年第6期。

和公安机关的意见，对于听取公安机关意见之要求，这是因为我国刑事诉讼中公安机关和检察院诉讼职能不同所决定的，在我国，普通刑事案件的侦查权主要由公安机关来行使，而检察院行使公诉权和监督权，检察院并不能直接主导侦查权，由此，为了尊重公安机关的侦查权，我国刑事诉讼法规定，检察机关作出附条件不起诉时要听取公安机关的意见，而德国、美国和我国台湾地区的诉讼制度中，一般检察官主导侦查权，因此在他们的相关制度中并没有听取公安机关意见的规定。

### （三）附加条件比较

无论是我国的附条件不起诉制度还是德国、美国和我国台湾地区的相关制度，都对被指控人附加一定的条件和期限，并要求其遵守或履行所附加的条件，其在考察期限内的履行情况直接影响到检察机关作出的终局性决定。① 附加条件是附条件不起诉区别于酌定不起诉的关键因素，其能否有效设定直接影响到附条件不起诉功能的实现。研究者对域内外附条件不起诉的附加条件进行了较多研究。有研究者认为德国、我国澳门特别行政区和我国台湾地区相关制度的附加条件分为指示和负担两个部分，其中，负担是指给被不起诉人规定的特定义务，其宗旨在于对已经实施的犯罪行为实现补偿任务，此类义务主要是要求赔偿被害人的损失、提供社会服务、向国库支付一定的款项等。而指示则是指出于特别预防的目的，为了防止其重新犯罪而设置的某些必须遵守的义务，如提交悔过书、争取被害人谅解、未经许可不得与特定

---

① 德国《刑事诉讼法》第 153 条 a 款规定"经负责开始法庭审理程序的法院与被指控人同意，检察院可以对轻罪暂不予提出公诉，并命令被告人履行下列事项：（1）作出一定给付以弥补行为所造成的损害；（2）向公益设施或国库支付一定数额的款项；（3）作出其他公益给付；（4）承担一定数额的赡养义务；（5）真诚努力地与被害人达成冲突调处，并修复其犯罪行为造成的全部或绝大部分损害，或者力求修复损害；（6）参加社会训练课程；（7）参加《德国道路交通法》第 2 条 b 第 2 款第二句规定的进修补习课程或该法第 4 条 a 规定的驾驶矫正课程。"我国台湾地区"刑事诉讼法"第 253 条之二规定的负担和指示包括："（1）向被害人道歉；（2）立悔改书；（3）向被害人支付相当数额之财产或非财产上之损害赔偿；（4）向公库或指定之公益团体、地方自治团体支付一定之金额；（5）向指定之公益团体、地方自治团体或小区提供 40 小时以上 240 小时以下之义务劳务；（6）完成戒毒治疗、精神治疗、心理辅导或其他适当之处遇措施；（7）保护被害人安全之必要命令；（8）预防再犯所为之必要命令。"

人员会见等。① 基于域外国家和地区附加条件的上述分类，有研究者认为我国相关法律没有对附加条件进行分类，也没有规定各附加条件的具体适用条件。因此，应当将我国附条件不起诉的附加条件区分为负担和指示，并将其视为考察被附条件不起诉人是否具有真实悔罪的具体途径。② 也有研究者认为附加条件作为域外国家和地区附条件不起诉制度的核心要素，并在制度设计中极为凸显附加条件的核心地位，并在司法实践中很重视附加条件的具体设定，而我国虽然刑事诉讼法及后续的司法解释对附加条件作出了规定，但其独立属性与核心地位未得到充分凸显，理论界对附加条件在附条件不起诉中的地位这一基本理论问题却缺乏足够关注。③ 也有研究者注意到附加条件对不同适用对象中的差别，并对域外适用于未成年人的附加条件和适用于成年人的附加条件进行比较研究，认为两者在诉讼理念上具有显著差别，就要求被不起诉人支付款项而言，如果要求未成年犯罪嫌疑人支付款项，其具有教育性质，如果要求成年犯罪嫌疑人支付款项，则其具备以罚款替代刑罚的制裁性质。④

## ⚖ 五、 附条件不起诉的适用对象和适用条件

我国现行《刑事诉讼法》第 282 条对附条件不起诉的案件适用范围和对象、刑罚幅度、程序条件等作出了明确规定，即依据该条规定我国附条件不起诉在适用范围上只能适用于刑法分则第四、五、六章规定的犯罪；就适用对象而言，只能适用于未成年犯罪嫌疑人；在刑罚幅度方面，只能适用于可能判处 1 年有期徒刑以下刑罚的案件。对此，我国多数研究者认为我国附条件不起诉的适用条件过于严格，如有研究者指出我国刑事诉讼法对附条件不起诉的适用对象、适用范围、刑罚条件等作出极其严格的限制，使得该制度

---

①　兰跃军：《论附条件不起诉》，载《法律科学》2006 年第 5 期。

②　兰跃军：《附条件不起诉再议》，载《甘肃政法学院学报》2015 年第 6 期。

③　何挺：《论附带处分于附条件不起诉之核心地位——以台湾缓起诉实践为样本的考察》，载《中国刑事法杂志》2017 年第 2 期。

④　肖中华、李耀杰：《未成年人附条件不起诉相关制度比较》，载《国家检察官学院学报》2015 年第 3 期。

没有多少"生存空间"。① 也有研究者指出该制度入法后并没有得到严格执行，适用率很低，究其原因主要是适用条件苛刻、社会支持体系不健全、程序烦琐等。②

**（一）适用对象：未成年人与成年人**

与德国和我国台湾地区的附条件不起诉制度普遍适用于成年人刑事案件不同，大陆的附条件不起诉制度只能适用于未成年人案件。从该制度在我国《刑事诉讼法》中的地位而言，附条件不起诉制度设置于刑事诉讼法第五编第一章"未成年人刑事案件诉讼程序"中，而不是在第二编第三章"提起公诉"里。将附条件不起诉的适用对象限定在未成年人是否合理，研究者持不同的观点。

一是肯定论。研究者指出未成年人相对于成年人更易受到"犯罪人"标签的影响，而旨在非犯罪化处理的附条件不起诉正是实现未成年人免于"犯罪人"标签的重要途径，将附条件不起诉的适用对象限定在未成年人具有现实合理性。③ 也有研究者认为我国专门适用于未成年犯罪嫌疑人的附条件不起诉体现了少年司法的理念，与《联合国少年司法最低限度标准规则》（北京规则）第 11 条规定的对涉嫌犯罪的未成年人"应酌情考虑在处理少年犯时尽可能不提交主管当局正式审判"的要求相吻合，是我国刑事诉讼法所确立的未成年人刑事案件"教育、感化、挽救"方针和"教育为主，惩罚为辅"原则的具体手段和途径。④

二是否定论。有研究者认为不仅只有未成年人需要回归社会，事实上，任何年龄段的人都有一个犯罪后再社会化的过程，在这个意义上，我国将附条件不起诉的主体范围严格限定在未成年人并不合理，进而主张将附条件不

---

① 张友好：《功能·主体·程序：附条件不起诉制度省察》，载《政法论坛》2013 年第 6 期。

② 程晓璐：《附条件不起诉制度的适用》，载《国家检察官学院学报》2013 年第 6 期。

③ 肖中华、李耀杰：《未成年人附条件不起诉制度的根基》，载《法治研究》2014 年第 5 期。

④ 张寒玉、王英：《落实附条件不起诉制度重点问题解析》，载《青少年犯罪问题》2016 年第 3 期。

起诉的适用对象拓宽到成年人案件。① 还有研究者认为将附条件不起诉的适用对象限定在未成年人有违反法律面前人人平等原则之嫌，因为除未成年人外，妇女、老年人、残疾人都是社会弱势群体，国家有专门立法保护。② 2018 年两会上，有全国人大代表还建议将部分醉驾案件纳入附条件不起诉范围。③

对于上述争论，比较折中的观点认为我国附条件不起诉制度确立的时间较短，经验相对匮乏，因此目前应当限定在未成年人，经过一段时间的适用后，积累经验，发现并解决其中的问题后再扩张适用于成年人。因此目前还不宜即刻将附条件不起诉制度扩张适用于成年人。④ 持肯定论的观点更多的从少年司法的理念出发，认为我国的附条件不起诉制度与外国的相关制度在理念和目的上有着较大区别，我国的附条件不起诉是我国宽严相济刑事政策在未成年人诉讼中的体现，是贯彻落实未成年人刑事案件"教育、感化、挽救"的方针和"教育为主，惩罚为辅"的原则的重要环节。附条件不起诉制度的目的是将触法未成年人以非犯罪化和非刑罚化的方式处理，以社会化方式进行教育矫治，以便帮他真诚悔罪和顺利回归社会。但肯定论者也未能说明为什么不能在成年人刑事案件领域适用附条件不起诉。否定论者虽然从法律公平的角度探讨该问题，但没有注意少年司法和成人司法的不同。

### （二）适用案件范围

根据我国《刑事诉讼法》的规定附条件不起诉制度只能适用于刑法分则第四章规定的侵犯公民人身权利和民主权利罪、第五章规定的侵犯财产罪、第六章规定的妨害社会管理秩序罪等案件，其余的不能适用。学界对于这种限制几乎一边倒地认为附条件不起诉的适用不应该有案件类型的限制。有研究者认为附条件不起诉与酌定不起诉一样，其适用范围不应有案件类型的限制，只要罪行较轻，行为人主观恶性不大，人身危险性较小的案件可就以对

---

① 张友好：《功能·主体·程序：附条件不起诉制度省察》，载《政法论坛》2013年第 6 期。

② 兰跃军：《附条件不起诉再议》，载《甘肃政法学院学报》2015 年第 6 期。

③ 陈建华：《建议将部分醉驾案纳入附条件不起诉范围》，载《检察日报》2018 年 3 月 17 日。

④ 张绍谦：《完善我国附条件不起诉制度的思考》，载《青少年犯罪问题》2016 年第 5 期。

其作出附条件不起诉的决定。① 也有研究者认为任何类型的犯罪都有一个社会危害性大与小的问题，不能简单地因某一类犯罪整体危害性较大而否定其还存在危害性相对较小的情形，因此，附条件不起诉的适用也不应该有罪名限制，域外国家和地区附条件不起诉制度也没有罪名限制。② 对于适用范围的完善有两种观点：一是取消附条件不起诉的一切罪名限制。比较主流的观点都持这种看法。二是适当拓宽罪名限制，如有研究者认为考虑到现阶段我国社会的接受程度和检察机关人员力量的实际情况，可以将附条件不起诉的适用范围拓宽到"过失犯罪"。③

### （三）刑罚条件

我国刑事诉讼法不但对附条件不起诉适用的罪名作出了限制，而且还对该制度的刑罚条件也作出了限制，即规定附条件不起诉只能适用于可能判处1年有期徒刑以下刑罚的案件。根据我国《刑法》规定1年有期徒刑以下刑罚包括1年以下有期徒刑（包括1年）、拘役、管制、单处罚金或没收财产等案件。这里的"1年有期徒刑以下刑罚"指的是法定刑还是宣告刑，由于刑事诉讼法没有明确规定，曾经一度在理论界引起争议。有人认为是法定刑，④ 如果将它理解为法定刑，那么我国《刑法》规定的法定刑1年以下的罪名案件主要有侵犯通信自由罪（第252条）；偷越国边境罪（第322条）；危险驾驶罪（第133条第2款）等极少数案件，而且危险驾驶罪是属于《刑法》分则第二章危害公共安全罪范畴，并不属于附条件不起诉适用的罪名要求。因此，如果认为《刑事诉讼法》规定的"1年有期徒刑以下刑罚"是法定刑，那么能适用该制度的罪名极其有限，确立该制度显得毫无意义。因此，多数研究者将其理解为宣告刑。对此，2013年高检院《人民检察院办理未成年人刑事案件的规定》第29条第（二）项规定："根据具体犯罪事

---

① 郑丽萍：《附条件不起诉之进一步构建——基于我国〈刑事诉讼法修正案〉思考》，载《法学杂志》2012年第9期。

② 张友好：《功能·主体·程序：附条件不起诉制度省察》，载《政法论坛》2013年第6期。

③ 郭斐飞：《附条件不起诉制度的完善》，载《中国刑事法杂志》2012年第2期。

④ 郭斐飞：《附条件不起诉制度的完善》，载《中国刑事法杂志》2012年第2期；张中剑：《检视与完善：我国未成年人附条件不起诉制度若干问题探讨》，载《中国刑事法杂志》2013年第7期。

实、情节，可能被判处一年有期徒刑以下刑罚"由此可见，刑事诉讼法第282条规定的"1年以下刑罚"应当是检察院根据案件事实和情节最终裁量的刑罚，也就是宣告刑。

对于适用附条件不起诉的刑罚幅度，2012年修改《刑事诉讼法》之际，多数研究者建议以"3年有期徒刑以下刑罚"作为适用附条件不起诉的刑罚条件，[①] 但出于确立一项新制度的初期应当谨慎的考虑，修改后的《刑事诉讼法》将"1年有期徒刑以下刑罚"作为适用该制度的适用条件。显然，这种过低的刑罚条件偏低于多数人的立法预期。其实，该制度入法之前，多数试点检察机关普遍将"3年有期徒刑以下刑罚"作为适用附条件不起诉的刑罚条件，而且也没有出现过大规模适用该制度的现象，更没出现过滥用该制度而引起混乱等不良现象。目前我国学术界和实践中都较一致地认为附条件不起诉制度"1年有期徒刑以下刑罚"的刑罚条件过低，应当有所提高。但是如何提高、提高幅度多少等问题，研究者的观点并不一致。目前对此问题，有两种比较具有代表性的观点：第一种观点认为应当以"3年有期徒刑以下刑罚"作为适用附条件不起诉制度的刑罚条件。[②] 第二种观点认为应以法定刑"5年以下刑罚"作为附条件不起诉的刑罚适用条件。[③] 第一种观点

---

[①] 对此陈光中建议："对于犯罪嫌疑人可能判处三年以下有期徒刑、拘役、管制或者单处罚金的案件，人民检察院根据犯罪嫌疑人的年龄、品格、境况、犯罪性质和情节、犯罪原因以及犯罪后的悔过表现、赔偿情况等，认为不起诉更符合公共利益的，可以确定一年以上、三年以下期间为对被不起诉人的考验期"。参见陈光中主编：《中华人民共和国刑事诉讼法再修改专家建议稿与论证》，中国法制出版社2006年版，第509页；陈卫东教授也建议增设附条件不起诉制度，并将"可能判处三年有期徒刑以下刑罚"作为适用附条件不起诉的条件。参见陈卫东主编：《模范刑事诉讼法典》，中国人民大学出版社2011年版，第340-341页。另外陈泽宪、熊秋红教授则建议增设专门适用于未成年人的暂缓起诉制度，并同样将"可能判处三年有期徒刑以下刑罚"作为适用暂缓起诉的条件。参见陈泽宪、熊秋红主编：《刑事诉讼法修改建议稿与论证——以被指控人的权利保护为核心》，中国社会科学出版社2009年版，第340页。

[②] 支持该观点的有：郑丽萍：《附条件不起诉之进一步构建——基于我国〈刑事诉讼法修正案〉思考》，载《法学杂志》2012年第9期；胡莲芳：《扩大附条件不起诉制度适用范围之补充证明——兼析对新刑诉法附条件不起诉制度局限之克服》，载《武陵学刊》2013年第2期。

[③] 杨新娥主编：《4+1+N：未成年人检察的实践与探索》，中国检察出版社2015年版，第154页。

最为普遍，也具有较大的合理性。如有研究者认为附条件不起诉的"3 年有期徒刑以下刑罚"条件与缓刑的适用条件一致，这两种制度的功能具有较大的相似性，即两者是有条件地不执行"追诉"或者"刑罚"，二者在节约诉讼资源、预防犯罪、改造罪犯等方面具有同样的功能，两者都将犯罪人置于开放的社会环境中考察监督，对考察对象进行教育矫治和帮教工作，并根据他们在考察监督期间的表现作出最终决定。因此将"3 年有期徒刑以下刑罚"作为附条件不起诉的刑罚条件较为合理。[①]

## 六、　附条件不起诉的适用程序

法律程序是在诉讼相关方的参与下作出某种决定的过程和方式，其意义在于通过促进双方意见疏通、加强理性思考、扩大选择范围、排除外来干扰来保障决定的成立和正确性。[②] 一般而言，我国附条件不起诉的适用程序包括建议、听取意见、审批等几个环节。

一是建议权。对于建议权的行使，我国《刑事诉讼法》未作明确规定。在司法实践中一般由基层检察机关的具体案件承办人行使建议权，具体而言，案件承办人在审查案件事实和证据的基础上，在听取诉讼当事人初步意见后，向部门负责人提出适用附条件不起诉的建议。可见，在我国检察机关依照职权主动启动附条件不起诉程序。对此，有研究者认为应当赋予未成年犯罪嫌疑人及其法定代理人、近亲属、辩护律师向检察机关提出书面申请的权利。[③]

二是听取意见程序。听取意见是决定适用附条件不起诉的重要程序条件。现行《刑事诉讼法》第 282 条第 1 款规定检察机关在拟适用附条件不起诉时要听取公安机关、被害人的意见，同时该条第 3 款规定未成年犯罪嫌疑人及其法定代理人对检察机关的决定有异议的，检察机关必须提出公诉。也就是说，检察机关在作出附条件不起诉决定之前要听取犯罪嫌疑人及其法定代理人、公安机关和被害人的意见，其中对公安机关、被害人意见是否采

---

①　兰跃军：《附条件不起诉再议》，载《甘肃政法学院学报》2015 年第 6 期。

②　季卫东：《法律程序的意义——对中国法制建设的另一种思考》，载《中国社会科学》1993 年第 1 期。

③　崔汪卫：《我国未成年人附条件不起诉制度之检讨》，载《上海政法学院学报（法治论丛）》2015 年第 5 期。

纳，由检察机关自行决定，但是犯罪嫌疑人及其法定代理人的意见对能否适用附条件不起诉具有决定性影响，犯罪嫌疑人的同意是适用附条件不起诉的前提条件。针对未成年犯罪嫌疑人对附条件不起诉决定的"异议"而言，有研究者认为"对立法上的'异议'条款，在实务中可采用以下两种解释方法：其一，'异议'的内容作狭义解释，即这里的'异议'仅指未成年人一方对案件处理方式的异议，即不同意适用附条件不起诉，而不包括对案件事实和定性的'异议'，在这种情况下，检察机关改用起诉就是顺理成章的唯一选择。其二，'异议'的内容作广义解释，但隐含了'异议不成立'这一潜台词，故对'异议'条款的全文应解释为：未成年人一方对人民检察院决定附条件不起诉有异议，（经审查异议不成立的）人民检察院应当作出起诉的决定"。① 对此，有研究者提出不同意见，认为只要提出"异议"就应当一律起诉，很可能会侵害未成年犯罪嫌疑人的权益，因此应当区分"异议"的内容，以做出不同的处理。②

就听取意见的方式而言，我国《刑事诉讼法》未作具体规定，就司法实践而言，全国各基层检察院主要采取两种方式：一种是单独听取各方意见（不采取听证程序）。该方式具有比较简单、封闭、成本较低等特点。另一种是召开听证会。多数研究者认为在现有两种听取意见方式中，无论是在合理性上还是现实效果上，听证会程序是最为理想的方式。有研究者认为附条件不起诉听证是公民参与附条件不起诉的有效方式，能够减弱检察机关附条件不起诉决定的行政属性，加强司法属性，增强外部监督，使附条件不起诉决定更具有说服力。③ 还有研究者指出在作出是否附条件不起诉的决定前，设置一个听证程序是必要的，因为在我国公诉程序中，对检察官起诉权的司法制约较为薄弱，听证程序有效弥补了这缺失。④ 但也有观点认为，目前附条件不起诉听证程序存在着规范性不足、参与听证会的诉讼相关方人数不均衡

---

① 柯葛壮：《附条件不起诉中"异议"权之保障》，载《法学》2013 年第 1 期。

② 王涛、黄冬生：《未成年人附条件不起诉适用疑难问题解析》，载《青少年犯罪问题》2015 年第 6 期。

③ 杨新娥主编：《4＋1＋N：未成年人检察的实践与探索》，中国检察出版社 2015 年版，第 157 页。

④ 刘方：《未成年人附条件不起诉程序的适用》，载《人民检察》2012 年第 16 期。

等问题，影响实质公平。[1] 还有观点认为，附条件不起诉听证程序应当符合程序正义与少年司法的双重标准，除了符合一般听证会的要求外，还应当体现少年司法的理念，包括：一是应当更多地体现为一种"家庭模式"；二是听取意见的主体所处的中立地位也应当有别于成年人案件，可以更为积极主动地参与到各方发表意见和讨论的过程中，引导各方达成一致意见，最终选择对未成年人最为适宜的方案；三是利害关系人的参与方式亦可能因未成年人的特殊性而有所变化；四是附条件不起诉听证程序不仅仅在于确定是否适用附条件不起诉，而且还应当就附条件不起诉如何具体开展进行讨论。[2]

## 七、 附条件不起诉的附加条件

### （一） 附加条件的分类

我国现行《刑事诉讼法》第 283 条第 3 款对被附条件不起诉未成年犯罪嫌疑人在考察期间应当遵守的义务作了规定。根据该条件规定这些义务包括：（1）遵守法律法规，服从监督；（2）按照考察机关的规定报告自己的活动情况；（3）离开所居住的市、县或者迁居，应当报经考察机关批准；（4）按照考察机关的要求接受矫治和教育。高检院《人民检察院刑事诉讼规则（试行）》第 498 条对此作了进一步细化：（1）完成戒瘾治疗、心理辅导或者其他适当的处遇措施；（2）向社区或者公益团体提供公益劳动；（3）不得进入特定场所，与特定的人员会见或者通信，从事特定的活动；（4）向被害人赔偿损失、赔礼道歉等；（5）接受相关教育；（6）遵守其他保护被害人安全以及预防再犯的禁止性规定。根据附加条件的内容可将其做不同的分类。

1. 两分法

有观点认为上述附加条件按其性质可以分为两类，即基本行为规范和附带处分。基本行为规范是所有被附条件不起诉人都应当遵循的普遍义务，《刑事诉讼法》第 283 条第 3 款的前三项属于此类。对于这一类附加条件检

---

[1]　北京市海淀区人民检察院课题组：《附条件不起诉实证研究报告》，载《国家检察官学院学报》2017 年第 3 期。

[2]　何挺、王丽：《未成年人附条件不起诉听证程序——以程序正义与少年司法双重要求为标准的分析》，载卞建林主编：《中国诉讼法判解》（第 10 卷），中国人民公安大学出版社 2016 年版，第 55 – 63 页。

察机关作出附条件不起诉之时要求所有犯罪嫌疑人遵守。附带处分并不是所有被附条件不起诉的犯罪嫌疑人应当遵守的义务，而是检察机关根据未成年人的个人特点和具体案情灵活设定。① 也有研究者认为我国附条件不起诉的附加条件可以分为绝对（应当）附加条件和酌定（可以）附加条件，其中，绝对附加条件包括第 283 条第 3 款规定四项情形。②

2. 三分法

有观点认为我国刑事诉讼法和《人民检察院刑事诉讼规则（试行）》中的附加条件按其性质和功能可以分为以下三类：一是教育矫治性附加条件。我国《刑事诉讼法》第 283 条第 3 款的第四项规定和高检院《人民检察院刑事诉讼规则（试行）》第 498 条规定的完成戒瘾治疗、接受心理辅导或者其他适当的处遇措施，接受相关教育等内容属于教育矫治类条件。二是修补性附加条件。修补性附加条件将修复性正义理念融入附条件不起诉之中，旨在将未成年犯罪嫌疑人与被损害的关系恢复到犯罪行为发生之前的正常状态。高检院《人民检察院刑事诉讼规则（试行）》第 498 条规定的赔偿被害人损失、向被害人赔礼道歉和向社区或者向公益团体提供公益劳动等条件属于修补性附加条件。三是制约性附加条件。《刑事诉讼法》第 283 条规定的遵守法律法规，服从考察主体的监督；按照考察主体的要求报告自己的情况；离开所居住的市、县或者迁居的，应当报经考察主体批准等附加条件和高检院《人民检察院刑事诉讼规则（试行）》第 498 条规定的不得进入特定场所，与特定的人员会见或者通信，从事特定的活动；遵守其他保护被害人安全以及预防再犯的禁止性规定等附加条件属于制约性附加条件。③

3. 四分法

有观点认为，高检院《人民检察院刑事诉讼规则（试行）》第 498 条规定的六项措施存在分类混乱、指向不明的问题，可以考虑按照以下四个方面价值取向进行归类：（1）赔偿被害人损失和修复双方关系的附带处分，包括向被害人道歉、向被害人赔偿损失等；（2）带有一定惩罚性质并弥补所实施

---

① 何挺：《附条件不起诉的核心要素应是附带处分》，载《检察日报》2014 年 11 月 12 日第 3 版。

② 王涛、黄冬生：《未成年人附条件不起诉适用疑难问题解析》，载《青少年犯罪问题》2015 年第 6 期。

③ 阿不都米吉提·吾买尔：《附条件不起诉中的"附加条件"》，载《国家检察官学院学报》2017 年第 3 期。

的行为对国家和社会所造成间接损害的附带处分，包括义务劳动等；（3）防止再犯的附带处分，包括戒瘾治疗、心理辅导、不得进入特定场所与特定的人员会见或者通信，从事特定的活动等；（4）帮助复归社会的附带处分，包括接受职业培训课程或相关教育等。只要符合这四个方面的价值取向且不违背法律的禁止性规定，检察机关即可以根据个案情况及相应的社会支持条件裁量选择并适当扩展。[①]

二分法主要是根据《刑事诉讼法》第 283 条和高检院《人民检察院刑事诉讼规则（试行）》第 498 条规定的具体要求来划分的，《刑事诉讼法》第 283 条是每一个被附条件不起诉人都应当遵守的附加条件，而高检院《人民检察院刑事诉讼规则（试行）》第 498 条规定的附加条件是检察机关根据被附条件不起诉人的具体情况选择适用。与此不同，三分法和四分法主要根据附加条件的内容及其实际作用来划分的。

### （二）附加条件的性质

对于附加条件的法律性质《刑事诉讼法》用"规定"来概括，高检院《人民检察院刑事诉讼规则（试行）》则用了"矫治和教育"。在学界对附加条件的法律性质主要有以下几种观点：

第一种观点认为附加条件具有实质制裁属性。支持该观点的研究者认为附条件不起诉中的附加条件对犯罪嫌疑人具有明显的强制性，其实质是对被附条件不起诉人的财产和人身自由所作出的实体处分，如要求被附条件不起诉人参加公益劳动、禁止从事特定活动等限制其人身自由措施具有明显的惩罚性质，其效果与刑罚的效果基本相同。[②] 如有研究者认为对被告人课予负

---

① 何挺：《论附带处分于附条件不起诉之核心地位——以台湾缓起诉实践为样本的考察》，载《中国刑事法杂志》2017 年第 2 期。

② 支持该观点的研究者较多，比较代表性的有：我国台湾学者蔡振荣认为检察机关对涉案当事人的负担和指示属于一种下令之处分，有强制当事人遵守之效果，由此可见，此种效果，足以影响当事人之身体及财产上之限制，应具有惩罚性之效果，参见蔡振荣：《缓起诉性质与刑事罚之关系》，载《月旦法学杂志》2008 年第 4 期；大陆学者刘磊认为缓起诉具有"实体处分""准刑罚"效果，参见刘磊：《慎行缓起诉制度》，载《法学研究》2006 年第 4 期；盛宏文和张玉飞等人则认为所附条件应具有"准刑罚的性质和功效"，其设定方式上应具有强制性和非协商性并应包含惩罚措施，参见张智辉主编：《附条件不起诉制度研究》，中国检察出版社 2011 年版，第 135 页。

担是该制度区别于相对不起诉的重要区别，无论检察机关对被告课予何种负担，虽然这些负担不是"刑罚"，但性质上可以说是实质的"制裁"（Sanktion），并且对被告权利产生影响。① 也有研究者认为附条件不起诉的附加条件具有"准刑罚"的性质和功效，设定方式上具有强制性和非协商性，并包含惩罚措施。② 也有反对的观点明确否定附加条件的实质制裁属性，认为我国的附条件不起诉适用于未成年人，其目的是教育未成年人，而非惩罚，对不法未成年人作出附条件不起诉的动因是通过教育性措施帮助未成年犯罪嫌疑人更好地改过自新，而非进行制裁，因此认为附加条件不具有惩罚性质。③

第二种观点是特别处遇措施说。该观点认为附条件不起诉中的附加条件并不是刑事惩罚措施，而是为了特别预防而采取的特别处遇措施。如有研究者认为"检察官决定为负担或指示，其负担或指示应附记于缓起诉处分之内。虽然指示与负担不是刑罚，但仍然是一种'特殊的处遇措施'"。④

第三种观点是教育矫治性措施。该观点认为我国的附条件不起诉只能用于未成年人，其立法目的是以社会化教育矫治方式来替代正式的刑事惩罚，并以此来避免犯罪和刑罚对未成年人带来的"标签"效应，促使其复归社会。由此可见，对触法未成年人进行社会化教育矫治措施是附条件不起诉制度的主要立足点和出发点，也是其非犯罪化功能实现的重要前提。⑤

## （三）附加条件设定的原则

附条件不起诉制度功能的实现有赖于检察机关设定合理有效的附加条件，保证其制度功能的发挥。因此，附条件不起诉附加条件的设定至关重要。有研究者认为检察机关设定附加条件时应当遵守以下三个原则，既合法性原则、合理性原则、针对性原则。⑥ 也有研究者认为附加条件的设定应遵

---

① 林钰雄：《刑事诉讼法》（下册），中国人民大学出版社 2005 年版，第 63 页。
② 张智辉主编：《附条件不起诉制度研究》，中国检察出版社 2011 年版，第 135 页。
③ 肖中华、李耀杰：《未成年人附条件不起诉制度的根基》，载《法治研究》2014 年第 5 期。
④ 张丽卿：《评析新增订之缓起诉制度》，载《月旦法学杂志》2002 年第 10 期。
⑤ 阿不都米吉提·吾买尔：《附条件不起诉中的"附加条件"》，载《国家检察官学院学报》2017 年第 3 期。
⑥ 阿不都米吉提·吾买尔：《附条件不起诉中的"附加条件"》，载《国家检察官学院学报》2017 年第 3 期。

守必要性原则和比例性原则。[1] 还有研究者认为应当遵守四个原则，既合法性原则、合理性原则、个别化原则、期待可能性原则。[2]

虽然表述不同，但对设定附加条件时应遵循的原则本质上并没有大的争议，基本上都认为附加条件的设定应当遵循合法性原则、合理性原则和针对性原则。合法性原则意味着检察机关设定的附加条件首先要符合法律规定，对于法律没有规定的附加条件不能设定。合理性原则的具体要求表现在以下几个方面：第一，所设定的附加条件要符合未成年人的实际情况，要考虑被附条件不起诉人的自身承受能力。第二，对被附条件不起诉人所设定的附加条件要与未成年犯罪嫌疑人的犯罪行为和罪责相匹配。第三，检察机关设定的附加条件不能高于法院对与此相同的罪行作出的惩罚，如果检察机关作出的附加条件高于法院可能判处的刑罚，部分未成年犯罪嫌疑人及其法定代理人不同意检察机关的附条件不起诉而要求检察机关提起公诉。附加条件的针对性原则是根据未成年犯罪嫌疑人的不同情况和不同特点，设定相应的附加条件，并进行有区别和有针对性的教育矫治。每一个未成年犯罪嫌疑人的犯罪原因、犯罪动机、个人行为习惯和社会认知等都有鲜明的个人特点。因此，检察机关对被附条件不起诉未成年犯罪嫌疑人所设定的附加条件应当根据其个人特点有所区别，做到"对症下药"，并以此保证附加条件功能的实现。

### （四）附加条件存在的问题及其完善

有研究者认为法律规范层面我国附条件不起诉附加条件存在以下几个问题：一是忽略了对被害人权益和处境的关注。即现有法律中的附加条件中，既无悔罪保证条件的规定，也无积极赔偿、赔礼道歉以取得被害人谅解的规定。二是过于强调诉讼保障功能。认为我国《刑事诉讼法》规定的部分附加条件与取保候审中被取保候审人应当遵守的义务相似，附加条件过分强调诉讼保障功能。三是将一般性义务与附加条件混同，减损了"悔过自新"的重

---

① 兰跃军：《附条件不起诉再议》，载《甘肃政法学院学报》2015 年第 6 期。
② 谭金生：《论附条件不起诉中的"条件"》，载《重庆科技学院学报》2014 年第 2 期。

要性。四是对"矫治和教育"的规定过于原则，可操作性偏低。[①] 也有研究者指出我国《刑事诉讼法》和相关司法解释中规定的附条件不起诉的附加条件在内容上有以下几点不足：一是过于强调监管和约束。二是有关帮教的附加条件缺失。三是部分附加条件过于笼统，难以操作。[②] 也有研究者具体指出我国《刑事诉讼法》第 283 条规定的附加条件中，第一项附加条件"遵守法律法规"是所有公民应当遵守的义务，并非被附条件不起诉人的特定义务，"服从监督"则是附加条件的应有之义，没有必要作为附加条件予以规定。至于第 283 条规定的第二、三项附加条件则是以限制被附条件不起诉人的人身自由，这与附条件不起诉的回归社会和恢复损害等功能定位相去甚远。[③]

附条件不起诉在我国确立的时间较短，存在一些不足也是难免的，对于上述缺陷，学界提出了一些改善建议。有研究者指出："考虑到我国附条件不起诉适用于未成年人，附加条件应充分考虑未成年人的身心特点，附加条件应当区别于一般缓刑、假释制度的约束规定。"[④] 对于部分原则性强、不易操作的附加条件，有研究者认为应当通过司法解释和地方性规定予以细化，对附加条件的主体、内容、方式等方面作出相对具体的、更具操作性的规定。另外，根据未成年犯罪嫌疑人的特点和实际需求应当规定具有教育和帮助作用的附加条件。[⑤] 为了更加完善我国附加条件，也有研究者提出了一些具体的建议，该学者认为附加条件可以分为负担和指示两类，其中负担可以包括：（1）尽力赔偿由于其犯罪行为给被害人造成的物质和精神损害，赔偿的额度以不超过民法上的赔偿请求为限；（2）根据犯罪嫌疑人的行为和人格，为有利于公益设施支付钱款；（3）提供其他公益性服务，服务形式可以

---

① 董林涛：《我国附条件不起诉制度若干问题的反思与完善》，载《暨南学报（哲学社会科学版）》2015 年第 1 期。

② 阿不都米吉提·吾买尔：《附条件不起诉中的"附加条件"》，载《国家检察官学院学报》2017 年第 3 期。

③ 张友好：《功能·主体·程序：附条件不起诉制度省察》，载《政法论坛》2013 年第 6 期。

④ 张中剑：《检视与完善：我国未成年人附条件不起诉制度若干问题探讨》，载《中国刑事法杂志》2013 年第 7 期。

⑤ 阿不都米吉提·吾买尔：《附条件不起诉中的"附加条件"》，载《国家检察官学院学报》2017 年第 3 期。

多样化，根据被不起诉人的具体情况设计，可以是一定量的义务劳动，也可以要求承担一定量的赡养义务等；（4）为有利于国库交付一定数额钱款。而且，只有在被不起诉人能够履行第（1）项补偿义务时，才能对他规定其他负担。指示的内容可以包括：（1）犯罪嫌疑人主动认罪，立悔过书，并亲自向被害人道歉等，取得被害人谅解或与被害人和解；（2）不得进入特定的场所；（3）不得与特定的人员会见或者通信；（4）不得从事特定的活动；（5）接受医疗检查、采取治疗措施戒除瘾癖或者矫正不正常心理，接受药物方面的检验；（6）将护照等出入境证件、驾驶证件交执行机关保存；（7）不得持有可能继续给他提供犯罪机会或诱惑的物品。[①] 还有的研究者在考察我国台湾地区缓起诉实践后认为，应当积极倡导社会团体和民间组织参与附带处分的实施。[②]

学术界对于附加条件中是否要增加"向国库或社会团体缴纳一定数额的款项"为内容的附加条件有争议。早在刑事诉讼法修改之前，有研究者提出借鉴德国和我国台湾地区的做法，在我国构建附条件不起诉时应当增加这一类附加条件。[③] 对此也有研究者提出不同的意见，认为我国的附条件不起诉适用于未成年人，未成年人没有实际支付能力，这类附加条件也没有较大的"教育矫治"功能。[④]

## 八、 附条件不起诉的监督考察

监督考察是实现附条件不起诉制度功能的重要环节。监督考察程序能否科学设定和运行不仅直接影响到检察机关对案件的最终处理，更为重要的是它是未成年犯罪嫌疑人能否真诚悔罪和接受教育矫治，能否顺利回归社会，实现再社会化的关键环节。

---

[①]　兰跃军：《附条件不起诉再议》，载《甘肃政法学院学报》2015 年第 6 期。

[②]　何挺：《论附带处分于附条件不起诉之核心地位——以台湾缓起诉实践为样本的考察》，载《中国刑事法杂志》2017 年第 2 期。

[③]　兰跃军：《论附条件不起诉》，载《法律科学》2006 年第 9 期。

[④]　谭金生：《论附条件不起诉中的"条件"》，载《重庆科技学院学报》2014 年第 2 期。

### （一）监督考察的主体

我国《刑事诉讼法》第 283 条第 1 款规定人民检察院是附条件不起诉监督考察的主要主体，未成年犯罪嫌疑人的监护人是监督考察的协助主体。同时，高检院《人民检察院刑事诉讼规则（试行）》第 496 条坚持人民检察院的监督考察主体地位的同时，将附条件不起诉监督考察的协助主体扩展到未成年犯罪嫌疑人所在学校、单位、居住地的村民委员会、居民委员会、未成年人保护组织等有关人员和单位。

1. 检察院在监督考察中的主体地位

对于检察机关的监督考察主体地位学界有不同的观点，分为否定论和肯定论。

一是否定论。反对意见认为虽然检察机关是监督考察的法定主体，但其并不是适格的监督考察主体，因为人民检察院自身的检察资源是有限的，无力承担繁重的监督考察工作，也会严重影响附条件不起诉的司法适用效果。[①] 也有观点认为检察机关既是决定机关、具体监督考察机关，又是监督考察后的处理机关，也就是说检察院在附条件不起诉中具有决定权、监督考察权、最后处理权，这种全部权力集于一身的做法不符合司法分权制衡的原理，不利于约束起诉自由裁量权，在实践中容易被滥用。[②] 对于何种机关比较适合行使监督考察权，比较主流的观点认为应由司法行政机关来行使监督考察权。有研究者认为在办理刑事案件过程中，公检法司应分工负责、相互配合、相互制约。从工作分工上看，对被附条件不起诉的未成年犯罪嫌疑人的监督考察应是司法行政部门的工作职责，由人民检察院作为监督考察的主体会有检察权入侵司法行政权之嫌。[③] 也有研究者认为附条件不起诉的监督考察和社区矫正机构具有较大的相似性，既两者在程序机制、制度目的、考察对象、考查内容和方式等方面都具有相似性，因此完全可以将附条件不起诉

---

① 彭玉伟：《未成年人刑事案件附条件不起诉制度探析》，载《预防青少年犯罪研究》2012 年第 5 期。

② 张绍谦：《完善我国附条件不起诉制度的思考》，载《青少年犯罪问题》2016 年第 5 期。

③ 彭玉伟：《未成年人刑事案件附条件不起诉制度探析》，载《预防青少年犯罪研究》2012 年第 5 期。

监督考察纳入社区矫正体系之中。①

二是肯定论。有研究者认为建立由人民检察院为主体、司法机关协助、被附条件不起诉人的监护人及相关单位参与的监督考察体系非常必要，在附条件不起诉制度中，作出附条件不起诉决定、监督考察、考验期满后的处理是一个自然延续的体系，人民检察院发挥着不可替代的作用。②

对于检察机关在附条件不起诉监督考察中的主体地位正反两方主要围绕检察机关是否适格的监督考察主体进行研究，反对意见认为检察机关作为国家专门的法律监督机关、唯一的公诉机关，其司法资源本来就非常紧张，如果再要求他们协调社会力量对被不起诉人进行监督考察，其效果非常有限。而肯定论者则认为检察机关作为附条件不起诉的决定机关和最终处理机关，它熟悉未成年犯罪嫌疑人的个人特点和案件情况，由其主导监督考察非常合适和必要。

2. 监督考察主体的分类

有研究者将监督考察的主体分为两类：一是处分主体。检察机关负有作出附条件不起诉处分以及在监督考察期间针对不同的情形作出相应处分的职责，可以称为监督考察的处分主体。二是参与主体。与处分主体相对应的则是监督考察的参与主体，即通过各种方式参与到监督考察过程中并共同推动监督考察顺利开展的机构与个人。通常参与监督考察的主体包括：社工机构与社工，心理咨询机构与心理咨询师，承担观护职责的企事业单位与其他机构及其提供的观护人，民政、教育等政府部门及其代表，团委、妇联等社会组织及其代表，社区、学校及其代表，公益组织与志愿者等。③ 也有研究者将监督考察的主体分为主要责任主体和辅助主体。该观点认为检察院是监督考察的主要责任主体，检察机关是该案件的审查机关，对案件情况、犯罪嫌疑人、被害人等案件当事人的犯罪动机、案发原因等情况都比较了解，检察机关在监督考察中积极联合相关组织和个人，确保监督考察工作顺利进行，有效开展监督考察工作。而辅助主体主要包括被附条件不起诉人的监护人、

---

① 熊正、司绍寒：《未成年人附条件不起诉监督考察纳入社区矫正可行性初探》，载《中国司法》2016 年第 7 期。

② 赵立、赵红星：《未成年人附条件不起诉监督考察机制探索》，载《人民检察》2015 年第 17 期。

③ 何挺、李珞珈：《附条件不起诉监督考察的主体：基于参与观察的研究》，载《国家检察官学院学报》2017 年第 3 期。

所在社区、学校或单位。辅助主体具有配合检察机关对被附条件不起诉未成年犯罪嫌疑人进行监督考察的义务。[①]

附条件不起诉监督考察主体的分类有助于我们较全面地理解各监督考察主体在监督考察工作中的地位和职责。学界和实践部门对附条件不起诉监督考察主体进行较为深入地探索，但是对各监督考察主体之间的关系、各监督考察主体的职责等方面有必要进一步深入研究。

### （二）监督考察的社会支持体系

有研究者认为离开社会支持体系就不可能有少年司法，少年司法人员工作的目的应该是使涉罪未成年人回归社会，帮教、监督、考察恰恰是少年司法工作中最重要的工作。从事少年司法职业，最重要的不是办案，而是做未成年人的工作。从这个意义来讲，没有社会支持体系就不会有少年司法，少年司法与社会支持有着天然的联系。[②] 也有研究者认为附条件不起诉监督考察是一项完全不同于传统办案审查证据和适用法律的工作，其本身"社会化"的特点决定了监督考察必然是一个多方主体参与和互动的过程。[③]

对于我国附条件不起诉监督考察中社会支持体系建设，有研究者认为我国附条件不起诉确立的时间较短，我国大部分地区，尤其是中部和西部地区，监督考察工作还是依靠检察机关本身工作人员和基层组织，我国社会化帮教力量对监督考察支持明显不足。[④] 对于我国附条件不起诉监督考察社会支持体系建设滞后的原因，有研究者认为未成年人刑事司法社会参与缺乏明确的法律依据，关于参与主体、参与内容等方面的法律规则相对缺乏，相关理论研究滞后，导致参与主体的范围不定、职责不明，合法地位遭受质疑。[⑤]

---

① 李伟作：《如何对被附条件不起诉人进行监督和考察》，载《中国检察官》2013年第10期。

② 宋英辉：《构建社会支持体系全方位保护未成年人：从六个方面着手推进》，载《检察日报》2015年6月29日第6版。

③ 何挺、李珞珈：《附条件不起诉监督考察的主体：基于参与观察的研究》，载《国家检察官学院学报》2017年第3期。

④ 王满生、陈宗玉：《未成年人附条件不起诉监督考察制度实施研究》，载《江西社会科学》2014年第11期。

⑤ 宋志军：《论未成年人刑事司法的社会支持体系》，载《法律科学》2016年第5期。

对于司法实践中的社会支持体系及其效果，有研究者认为刑事诉讼法和司法解释为监督考察期间可以开展的教育矫治措施提供了较大的空间，但实践中教育矫治措施常常限于法制教育、文化教育和心理辅导等少数几类，重要的原因之一就在于缺乏能够提供或支持相应教育矫治措施的社会参与主体，因为真正有效果的教育矫治措施应当是社会化和情景化的，而绝非口头的说教，而这种社会化和情景化的教育矫治措施的开展必然需要相应社会主体的支持与参与。[1]

与理论研究相比，附条件不起诉监督考察社会支持体系建设工作尚处于相对滞后状态，尤其是在广大中西部和农村地区社会支持体系的认识和运用更加匮乏，对于外地未成年犯罪嫌疑人、无监护人或监护条件欠缺的未成年犯罪嫌疑人的监督考察显得更加困难。不过也有基层检察机关充分利用自身优势，积极与社会力量合作构建了较为完整的社会支持体系，该检察院积极与爱心企业、图书馆、职业学校、饭店等社会力量合作，建立监督考察观护基地，为被附条件不起诉人提供了较好的观护条件。[2]

### （三）监督考察期限

我国现行《刑事诉讼法》第 283 条第 2 款规定监督考察期限为六个月以上一年以下。由此可见，检察机关对未成年犯罪嫌疑人适用附条件不起诉时可以在六个月至一年之间选择确定监督考察的具体期限。对于监督考察期限的法律规定，有研究者认为附条件不起诉监督考察的期限可以分为考验期间和履行期间两个层面。而我国刑事诉讼法和相关司法解释只规定了考验期限，没有规定履行期间，因此认为我国也应当像域外国家和地区一样规定考验期限和履行期间。[3] 对于监督考察期限的设定，有研究者认为考验期的长短应与所犯罪行的轻重、主观恶性和人身危险性的大小、日常表现及帮教条

---

① 何挺、李珞珈：《附条件不起诉监督考察的主体：基于参与观察的研究》，载《国家检察官学院学报》2017 年第 3 期。

② 北京市海淀区人民检察院课题组：《附条件不起诉实证研究报告》，载《国家检察官学院学报》2017 年第 3 期。

③ 张友好：《功能·主体·程序：附条件不起诉制度省察》，载《政法论坛》2013年第 6 期。

件等相适应，并可以根据考察期间的表现在法定期限范围内适当地缩短和延长。① 也有研究者更加具体地指出考察期限的设定可以考虑以下因素：一是教育挽救的需要；二是被附条件不起诉人个人不良习惯等个人情况；三是考验期的弹性设置，主要是为了鼓励被考察对象积极配合监督考察，根据其在考验期间的表现，可以在法定期限范围内适当缩短或延长考验期；四是注意特殊对象的需要。②

附条件不起诉监督考察期限的设置是一个技术问题，研究者的关注点主要集中在法律规定的合理性和具体考察期限的设定问题，对于法律规定考察期限的长短主流观点认为比较合理，也有研究者认为随着附条件不起诉刑罚条件和罪名条件的拓宽，监督考察期限也应当有所调整。③

---

① 王满生、陈宗玉：《未成年人附条件不起诉监督考察制度实施研究》，载《江西社会科学》2014 年第 11 期。

② 张寒玉、王英：《落实附条件不起诉制度重点问题解析》，载《青少年犯罪问题》2016 年第 3 期。

③ 郑丽萍：《附条件不起诉之进一步构建——基于我国〈刑事诉讼法修正案〉思考》，载《法学杂志》2012 年第 9 期。

# 第七章　未成年人犯罪记录封存制度

我国 2012 年修改《刑事诉讼法》时在未成年人特别程序中规定了犯罪记录封存制度，该项制度的确立顺应了少年司法的历史潮流，考虑了未成年人的特殊性以及国家、社会对于未成年人犯罪所应承担的责任，对于推进我国未成年人司法保护进程具有重大的现实意义。现行《刑事诉讼法》第 286 条对犯罪记录封存制度的适用范围、适用对象、封存模式、封存后果以及封存后的查询等内容予以规定。在犯罪记录封存制度确立之前，各地已有了未成年人轻罪犯罪记录消灭和未成年人相对不起诉污点限制公开等实践。在犯罪记录封存制度确立后有关犯罪记录封存制度适用对象、主体、程序、查询和效力、与相关法规和制度之间冲突以及救济机制与监督等方面均存在不同观点，并形成了一系列的研究成果。

## 一、 犯罪记录封存制度的概述

### （一）犯罪记录与前科消灭术语分辨

1. 犯罪记录

犯罪记录是专门国家机关制作和保存的公民犯罪和被处刑的信息，属于司法信息的一种。① 犯罪记录在客观上体现为一个司法统计数据库，其价值主要体现在四个方面：一是通过对犯罪人犯罪信息的合理登记与使用，实现对犯罪人犯罪情况的科学统计和合理评价，为国家有效预防和惩治犯罪，适时制定或调整刑事政策及其他公共政策，改进和完善相关立法和司法制度提

---

① 高一飞、高建：《犯罪记录查询模式比较研究》，载《西部法学评论》2013 年第 2 期。

供支持，进而推进和加强社会管理创新，促进社会和谐稳定发展。同时，也为刑法学尤其是犯罪学的研究提供了实证方面的支持与实践检验标准。二是通过合理利用犯罪人员的犯罪信息，提高社会防御犯罪的能力，降低有犯罪记录者再次实施犯罪、危害社会的风险，维护社会秩序和公共安全。如教育部门在录用教师时，可以通过查询犯罪记录，将因"故意犯罪受到有期徒刑以上刑事处罚"或者"受到剥夺政治权利"等不符合录用条件的人排除在教育系统之外，以免其危害学校或扰乱正常的教学秩序。此外，为保障公共利益免受犯罪侵害，维护国家机关的信誉，因犯罪受过刑事处罚的人常常被排除在公共服务领域之外。① 三是就某个特定个人的犯罪记录而言，它不仅为个案中的刑罚执行效果提供用于评价的参考数据，从而判断适用于具体犯罪人前罪的刑罚在量刑上是否有所不足，是否需要在犯罪人再次犯新罪时在后罪的刑罚的量上加以补足。四是犯罪记录保障法律制度的实施，为各项法律制度的贯彻执行提供信息基础，保障国家在国家刑事司法协助中国际义务的履行。②

2. 前科

前科作为一项刑罚制度，在很多国家得到确立。我国的法律法规也设置了较为全面的前科制度体系，对于具有前科者的资格剥夺、限制是极为全面的，前科制度散见于许多法律法规中。但是目前理论界对于前科的概念存在着分歧，主要有以下五种观点：一是"曾受处分说"。认为前科是指历史上因违反法纪而受过各种处分的事实。③ 二是"有期徒刑执行说"。认为前科是指曾因犯罪被判处有期徒刑以上刑罚且执行完毕的事实。④ 三是"定罪说"。认为前科是指曾经被宣告犯有罪行或者被判处刑罚的事实。⑤ 四是"科刑说"。认为前科是指曾被法院判处刑罚的事实⑥。五是认为凡是能对一个人未来产生影响的犯罪事实档案都应该属于前科，以下几种情节应属于前

① 李玉萍：《关于建立犯罪人员犯罪记录制度的意见理解与适用》，载《人民检察》2012 年第 16 期。

② 于志刚：《"犯罪记录"和"前科"混淆性认识的批判性思考》，载《法学研究》2015 年第 5 期。

③ 于志刚：《刑罚消灭制度研究》，法律出版社 2002 年版，第 631 页。

④ 喻伟主编：《刑法专题研究》，武汉大学出版社 1992 年版，第 709 页。

⑤ 马克昌主编：《刑罚通论》，武汉大学出版社 1999 年版，第 709 页

⑥ 孙膺杰、吴振兴主编：《刑事法学大辞典》，延安大学出版社 1989 年版，第 874 页。

科：（1）人民检察院对公诉案件认为依照刑法规定不需要判处刑罚或者免除刑罚而对其不起诉的；（2）人民法院对被告人定罪判刑的；（3）人民法院对行为已构成犯罪但具有免除刑罚情节而对其免予刑事处分的；（4）被判处拘役或 3 年以下有期徒刑宣告缓刑的；（5）执行期间予以假释的；（6）根据我国宪法和刑法规定予以特赦的。[①]

3. 犯罪记录与前科之间的关系

有学者提出，目前学界对于前科和犯罪记录的混淆性观点主要有以下四种[②]：错误认识一：在总结刑法第 100 条规定的制度名称时，虽然关于这一规定的制度名称已经形成通说即"前科报告义务"，仍然有部分学者将其称为报告受刑记录制度，[③] 或者将其总结为受过刑事处罚的人的诚实义务。[④]但是，关于"报告自己曾受过刑罚处罚"的性质究竟属于前科报告还是犯罪记录报告，该学者认为仍然有研究的价值与空间。错误认识二：直接将前科等同于犯罪记录，简单地误认为两者是同一概念。如将前科定义为被告人曾经犯有罪行或被判处刑罚的事实，即定罪记录。[⑤] 错误认识三：将前科的概念界定趋同于犯罪记录。具体表现在多数学者均将"前科"的定义局限在外延的界定上，完全忽视了对于"前科"内涵的本质界定，因而将概念的定义过于具体化，偏离了前科的法律本质。例如认为前科是指曾经被宣告犯有罪行或被宣告判处刑罚的事实。[⑥] 错误认识四：在前科消灭制度中混用前科与犯罪记录这两个概念。例如，一些学者认为，前科消灭是注销犯罪记录。[⑦]还有学者持相似观点认为，刑事污点的取消就是注销有罪宣告以及罪与刑的

---

① 赵惠：《论前科消灭制度》，载《河北法学》2000 年第 5 期。

② 于志刚：《"犯罪记录"和"前科"混淆性认识的批判性思考》，载《法学研究》2015 年第 5 期。

③ 候国云、白岫云：《新刑法疑难问题解析与适用》，中国检察出版社 1998 年版，第 170 页。

④ 刘家琛：《前科消灭制度研究》，载《法学研究》2001 年第 4 期。

⑤ 房清侠：《前科消灭制度研究》，载《法学研究》2011 年第 4 期。

⑥ 钱叶六：《前科消灭制度评析与设计》，载《内蒙古社会科学（汉文版）》2004 年第 5 期。

⑦ 党日红：《前科制度研究》，载《河北法学》2006 年第 3 期。

相关记录。① 该学者提出犯罪记录与前科之间的关系是一种特殊的前提与结果、评价与被评价的关系：犯罪记录是作为规范性评价对象存在的，它是前科的存在基础和前提；前科则是作为一种评价结论出现的，它是依据法律规范对于犯罪记录加以规范性评价而得出的结论。有犯罪记录不一定会有前科（如定罪免刑），但有前科一定有犯罪记录。②

### （二）未成年人前科消灭制度

域外多数国家在前科消灭制度中都有专门条文对未成年人前科消灭制度进行特别规定，主要呈现出以下几个特点③：

第一，前科消灭期限短期化。如 1996 年俄罗斯《刑法典》第 86 条规定了前科消灭的具体情形，规定针对未成年人的前科消灭应比照第 86 条规定的前科消灭期限相应予以缩短。

第二，前科消灭申请主体的多元化。不仅局限于未成年犯罪人本人，他们的监护人以及保护机构也可以提出申请。

第三，前科消灭程序的细致化。如根据德国《少年法院法》第 89 条，对于未成年人悔改表现的考察，应优先委托对被判刑人在执行刑罚后进行照料的机构，对被判刑人的行为及考验情况进行调查，少年法官也可以自行调查。调查时应听取被判刑人的意见；如被判刑人尚未成年，还应听取其监护人、法定代理人以及学校和主管行政当局的意见。调查结束后，还应当听取检察官的意见。

第四，前科消灭延期裁定期间法定化。未成年人前科消灭申请提出会产生两种结果：一是法官作出前科消灭的裁定；二是法官决定不予撤销前科。但是为了避免前科迟迟不能消灭，多数国家会对延迟的期间进行规定。

第五，前科消灭考验期内进行更生保护。更生保护是指对于刑满释放或者被赦免的人，应当组织机构对其进行帮助和保护，促进其自力更生，早入回归社会的制度。考察域外各国主要包括以下几种措施：（1）提供住宿场所；

---

① 徐茂：《刑事污点取消在中国的现状与发展构想》，载《青少年犯罪问题》2003年第 4 期。

② 于志刚：《"犯罪记录"和"前科"混淆性认识的批判性思考》，载《法学研究》2015 年第 5 期。

③ 翁跃强、雷小政主编：《未成年人刑事司法程序研究》，中国检察出版社 2010 年版，第 261 - 263 页。

（2）进行就学就业辅导；（3）生活辅导；（4）医疗及保健之提供；（5）金钱资助。

### （三）未成年人犯罪记录封存与前科消灭制度的区别

未成年人犯罪记录封存的本质是封存，不是消灭。封存是不予查询，但仍存在；消灭是彻底去除。未成年人犯罪记录封存制度，是指不完全消灭未成年人的犯罪记录，在不违背现行法律的情况下，通过技术性操作严格限制其犯罪记录被查阅、复制、调用，使前科对未成年人的影响保留在一定范围之内。[1] 犯罪记录封存的效力主要体现在以下几个方面：（1）犯罪记录限制查询；（2）前科报告义务免除；（3）刑事法律后果不变。犯罪行为引起的刑法上的不利后果并不因犯罪记录封存而消灭，犯罪记录封存并未将行为人在法律上视为从未犯过罪的人。[2]

前科消灭制度最早见诸 18 世纪末的法国、德国刑法中"恢复权利"的规定，这一规定又演变为刑罚领域的"复权制度"和"前科消灭制度"，逐渐为大多数西方国家所接受，当今世界许多国家都在其刑法典中或以单行法的形式对这一制度进行规定。[3] 前科消灭是指有前科者具备法定条件时，依法定程序宣告注销其犯罪记录，恢复正常法律地位的一种制度。其法律后果包括：（1）法律评价的改变。罪行记录注销后，当事人在法律上视为没有犯过罪的人。（2）合法权益的恢复。应当立即恢复当事人因犯罪和存在前科而丧失的政治权利、民事权利和其他合法权益。（3）社会保障。当事人在就学、就业等方面，应当与其他公民享有同样的待遇[4]。

从意义上看，未成年人犯罪记录封存制度的法律效力仅仅停留在"有限地封存"未成年人犯罪记录上，它只能削减和防范社会上对其非规范性的评价，但并不能抗拒法律法规的要求和效力，很难从法律和监管的评价机制中

---

[1]　马艳君：《未成年人犯罪记录封存制度实践设想》，载《法学杂志》2013 年第5 期。

[2]　马艳君：《未成年人犯罪记录封存制度实践设想》，载《法学杂志》2013 年第5 期。

[3]　贾宇、舒洪水等：《未成年人犯罪的刑事司法制度研究》，知识产权出版社 2015年版，第 139 页。

[4]　肖萍：《前科消灭制度研究》，载《刑法论丛》2008 年第 3 期。

排除犯罪记录。在实践中难以真正有效地起到消灭其犯罪污点的目的。[①] "消灭"的侧重点在于注销犯罪人员在司法档案中的登记,具体表现为将犯罪记录从数据库或登记卡中予以彻底清除,视为未曾有过该记录,将有前科的人变为无前科的人。"封存"侧重于对行为人犯罪的客观记载进行封存、拒绝查询和限制使用,仅是通过信息保密的方式控制犯罪记录的知晓范围,暂时性地消除对行为人的不利影响。[②] 封存意味着封闭式保存,相关犯罪记录受到严格保密,有条件地公开,而犯罪记录消灭意味着"曾经受过法院有罪宣告或被判定有罪的人在具备法定条件时,国家抹销其犯罪记录,使其不利益状态消失"[③]。

在我国未确立犯罪记录封存制度前理论界就应否建立前科消灭制度进行了一番争论。支持论者的论点主要包括:(1)符合人道主义精神;[④](2)有利于回归社会;[⑤](3)是去掉贴在未成年犯身上的犯罪"标签"的一剂良药;[⑥](4)有利于刑罚最终目的的实现[⑦];(5)符合刑罚趋轻原则;(6)符合国际潮流。[⑧] 否定论的观点主要包括:(1)治标不治本;(2)有违刑法基本原则;(3)不得将所有档案都销毁。[⑨]

犯罪记录封存制度确立后,许多学者对此制度给予了较高的评价。归纳起来,支持者的观点主要包括:(1)有利于弱化未成年人的犯罪标签心理;(2)有利于未成年人升学、复学;(3)有利于未成年人家庭和亲属关系的

---

① 黄磊:《"从封存到消灭"——我国未成年人犯罪记录封存制度研究》,华南理工大学 2015 年硕士学位论文。

② 章妍:《未成年人犯罪记录封存制度研究》,南京师范大学 2014 年硕士学位论文。

③ 张勇:《犯罪记录的负效应与功能限定》,载《青少年犯罪问题》2012 年第6 期。

④ 房清侠:《前科消灭制度研究》,载《法学研究》2001 年第4 期。

⑤ 党建红:《前科消灭制度研究》,载《河北法学》2006 年第3 期。

⑥ 吴宗宪:《西方犯罪学史》,警官教育出版社 1997 年版,第 719 页。

⑦ 赵慧:《论前科消灭制度》,载《河北法学》2000 年第5 期。

⑧ 柴建国:《关于我国未成年人前科消灭制度若干问题研究的讨论》,载《河北法学》2000 年第3 期。

⑨ 翁跃强、雷小政主编:《未成年人刑事司法程序研究》,中国检察出版社 2010 年版,第 268 页。

和谐;① (4) 秉持了宽严相济的刑事政策;(5) 体现了刑罚的功能——报应与预防的统一;(6) 契合了少年司法的发展趋势。②

但是,不少学者也对此制度展开了批评。例如,有学者认为,仅仅停留在"有限地封存"未成年人犯罪记录上,将导致该制度的重要价值和现实意义大打折扣。③ 学者提出应当无条件地保护未成年罪犯利益的建议。具体表现为:其一,急于用犯罪记录消灭制度替代犯罪记录封存制度;其二,不分犯罪类型消灭全部犯罪记录。④ 其理由可以概括为两点:一是全面消灭未成年人的犯罪记录似乎是世界上其他国家和地区的通行做法,因此我国也需要与之保持一致⑤;二是彻底消除未成年人所有的犯罪记录符合未成年罪犯利益最大化原则⑥。但是也有部分学者认为上述建议值得商榷。有学者指出:首先,虽然世界上很多国家和地区将未成年人的所有犯罪记录都做消灭处理,但是如若仔细考察,会发现仍有一些国家和地区对未成年人的犯罪记录采用封存模式,而且存在只封存或者消灭部分犯罪记录的事例⑦。如美国新泽西州规定,对于实施特定性犯罪以及对儿童进行性骚扰犯罪的少年犯,其犯罪记录不仅不能完全保密,而且应该在有关部门详细登记个人信息,例如住址、照片、驾驶证号码等⑧。其次,未成年罪犯利益最大化原则并不等于

---

① 宋英辉、何挺、王贞会等:《未成年人刑事司法改革研究》,北京大学出版社2013年版,第198–200页。

② 邓文婷、彭情宝:《未成年人犯罪记录封存制度的适用》,载《广西政法管理干部学院学报》2014年第1期。

③ 张丽丽:《从"封存"到"消灭"——未成年人轻罪犯罪记录封存制度之解读与评价》,载《法律科学》2013年第2期。

④ 张丽丽:《从"封存"到"消灭"——未成年人轻罪犯罪记录封存制度之解读与评价》,载《法律科学》2013年第2期。

⑤ 刘传稿:《论未成年人前科消灭制度的设立》,载《云南社会科学》2013年第5期;张丽丽:《从"封存"到"消灭":未成年人轻罪犯罪记录封存制度之解读与评价》,载《法律科学》2013年第2期;姚佳:《未成年人犯罪记录封存制度的新思考——从李天一案谈起》,载《浙江警察学院学报》2013年第2期。

⑥ 汪建成:《论未成年人犯罪诉讼程序的建立和完善》,载《法学》2012年第1期。

⑦ 例如,美国的阿拉斯加州、夏威夷州、伊利诺斯州、马里兰州、蒙大拿州、内布拉斯加州、新罕布什尔州、北达科他州、罗德岛州、佛蒙特州、西弗吉尼亚州等均采用的是犯罪记录封存模式,而非消灭方式。

⑧ 冯军主编:《比较刑法研究》,中国人民大学出版社2007年版,第436–437页。

无条件地保护已犯罪的未成年人。无条件地保护未成年罪犯的权益，将犯罪记录全部消灭，意味着公民的知情权完全被剥夺，公共安全完全被抛弃，而且无法对未成年人犯罪的现状与趋势进行研究，制定科学合理的未成年人刑事政策也就无从谈起。对那些"犯罪不知为何物"的未成年罪犯而言，甚至会起到诱发犯罪的作用，这无疑是一种司法纵容，副作用极其明显。最后，封存还是消灭，有限封存（或消灭）还是全部封存（或消灭），均是一个国家和地区对未成年罪犯权益和公共安全、公民知情权进行权衡的结果。[①] 此外，也有学者认为我国对未成年人犯罪记录选择封存而非消灭，主要原因在于：一是平衡社会公共利益与未成年犯罪人权益的重要举措。一方面帮助一部分少年顺利回归社会；另一方面也可以避免公共利益受到重复伤害，落脚于未成年犯罪人的人格矫治和重犯警示双重追求。二是实现"本国实际"到"国际经验"的平稳过渡。在我国现阶段社会实际和传统观念的影响下，从"犯罪记录报告制度"直接跨越到"未成年人犯罪记录消灭制度"步幅过大；将未成年犯罪人的权益保护彻底凌驾于公共安全保障之上的做法还不能被公众普遍接受。[②]

## ⚖ 二、 犯罪记录封存制度的入法根据

### （一） 未成年人犯罪记录制度的实践支撑

在理论界的探讨之下，2003 年 12 月，河北省石家庄市长安区法院在全国首开先河地提出了建立未成年人犯罪前科消灭制度的方案，并提出了具体措施——《"未成年人前科消灭"实施办法》。之后，随着少年司法理念的逐渐深入人心，中央政法部门自 2008 年开始出台一系列有关办理未成年人案件的文件，在此背景下，一些地方司法实务部门展开了试点，从各地的试点情况看，做法主要有两类，即未成年人轻罪犯罪记录消灭和未成年人相对

---

① 罗世龙：《我国未成年人犯罪记录封存制度之反思与完善》，载《暨南学报》2018 年第 2 期。

② 卢君：《"未成年人犯罪记录封存制度"的反思与完善》，载《法律适用》2014年第 11 期。

不起诉污点限制公开，一些地区还颁布了实施细则或意见。① 两种模式的基本状况如下：②

1. 未成年人轻罪犯罪记录消灭

（1）决定主体。各地做法各异，概括起来包括五种模式：①法院决定模式；②司法行政部门决定模式；③社会治安管理综合治理委员会办公室决定模式；④联席会议决定模式；⑤审查委员会决定模式。

（2）适用条件。包括两大类：一类是未成年人所盼刑期和考察期；另一类是未成年人在考察期间有悔罪表现、无违纪违法犯罪情况。具体如下：①刑期。普遍规定被判刑罚3年以下，有一些地方对刑期没有限制，还有个别地区对违法的未成年人也可以参考适用。②考察期。大致分为三种类型：第一，有考察期，这种类型可以细分为统一的考察期限和根据刑罚不同设定不同的考察期限两大类；第二，无考察期；第三，有考察期与无考察期相结合。③考察期的表现。各地基本一致，主要包括四个方面：一是遵纪守法；二是没有新的违法犯罪；三是没有发现漏罪；四是确有悔改表现。④禁止使用的情形。大致包括：累犯；危害国家安全；故意杀人；故意伤害致人重伤或者死亡；强奸；抢劫；贩卖毒品；放火、爆炸、投放危险物质等犯罪。

（3）适用程序。大致包括以下步骤：①申请。这是必经程度，只有未成年人主动提出申请，有关机关才能启动犯罪记录消灭程序。此外，在部分地区，在未成年人申请之前，还有告知程序。②初审。审查的内容主要包括：犯罪时是否未满18周岁；刑法是否执行完毕并符合相应的期限规定；是否属于不得适用前科消灭的情形；当事人在申请日前，是否有重新犯罪、劳动教养、少年收容教养、治安拘留、强制隔离戒毒、收容教育等情况；当事人所在学校（单位）、当地派出所以及生活社区就其悔改表现出具的证明材料，等等。③考察。受理后对未成年人进行一定期限的考察，审查其是否符合犯罪记录消灭的条件。不同地区在考察主体的设置上存在差异。④听证。该程序并不是各地普遍采用的程序，但此程序有利于充分吸纳未成年被告人和被

---

① 2009年乐陵市人民法院联合11个部门推出《失足未成年人"前科消灭制度"的实施意见和实施细则》、2010年《德州市未成年人轻罪犯罪记录消灭实施细则》、2007年四川彭州法院《少年犯"前科消灭"试行方案》等。

② 宋英辉、何挺、王贞会等：《未成年人刑事司法改革研究》，北京大学出版社2013年版，第189-197页。

害人的意见，有利于实现程序的公开公正。⑤决定。经考察或者听证后，有关机关决定未成年人是否符合犯罪记录消灭的条件。主要分为"有救济程序"和"无救济程序"两类。前者是决定机关在决定是否消灭犯罪记录后，决定书立即生效，当事人无救济权；后者是对于驳回当事人申请的，当事人还可以向决定机关的上一级机关或者有关单位申请复议或者决定。此外在实践中，有关机关作出决定后，主要采取两种文书，一是决定书，二是证明书。⑥解除。当未成年人犯罪记录消灭后又犯新罪、发现尚有未受追究的犯罪行为，或者因国家安全利益等特殊需要，原决定机关可以决定解除轻罪犯罪记录消灭。

2. 未成年人相对不起诉污点限制公开制度

（1）申请条件。基本条件包括：①属于犯罪时已满 14 周岁且不满 18 周岁未成年人（有些地方还包括在校大学生）；②被检察机关依据《刑事诉讼法》第 177 条第 2 款规定作出不起诉决定的。

（2）适用程序。分为"独立型程序"和"依附型程序"两大类，区分标准是以相对不起诉污点限制公开决定是否与不起诉决定同时作出，具体如下：①独立型程序，是指检察机关在作出不起诉决定后，设定一定的期限，并安排特定机构或者个人对未成年人进行考察，如能有效地落实考察措施和方案，则由检察机关决定适用刑事污点限制公开。该程序大致包括以下步骤：告知—申请—考察—评估—决定—通知；②依附型程序，即检察机关在作出相对不起诉决定时，同时依职权决定刑事污点限制公开。两种程序各有利弊。前者的优点在于设定一定考察期并安排特定机构或个人对未成年人进行考察和帮教，有利于未成年人认识到自己行为的违法性，有利于改造和回归社会。但缺点在于较长考察期限内未成年人不起诉污点是否消灭处于待定状态，在考察期内，复学和就业都会受到影响。后者的优点有三：一是能够短时间内确定相对不起诉污点是否限制公开，有利于未成年人尽快复学或参加工作；二是由检察机关依职权决定是否限制公开，而不需要未成年人及其法定代理人申请；三是作出的诉讼文书不向未成年人学校、单位和被害人送达，这有利于实现污点限制公开制度的初衷。但缺点在于对未成年人教育不够。

## （二）未成年人犯罪记录封存制度正当性的理论根据

学者们从国家主权、越轨心理、重新犯罪、再社会化、恤幼思想、儿童最大利益原则、未成年人特殊性、衔接未成年人轻罪免除报告制度、宽严相济原则、公平原则等角度论证了未成年人犯罪记录封存制度的正当性。笔者在此部分主要论述与犯罪记录封存制度联系最密切的"标签理论"和"双向保护原则"。

1. 标签理论

标签理论认为，社会上存在的犯罪现象是社会互动的产物，当某个人一旦被有社会意义的他人，如警察、教师、父母或周围的其他人，贴上标签，描述为偏差行为者或犯罪者时，他就会逐渐成为偏差行为者或犯罪者。[1] 标签理论在形成的过程中经历了四个发展阶段：标签的形成—贴标签—认同标签—标签强化。[2] 一个人被贴标签以后，会产生两方面的效应：一是形成难以改变的烙印；二是自我形象的修正。烙印会逐渐促使他人以此修正对被标签者形象的认识。人们对被标签者过去的行为均要重新评估，以符合他现在的身份，这个过程被称作"追溯既往的阅读"。个人形象的修正主要指被标签者当外在标签力量逐渐强化时，他亦会因此而重新审视、评估和衡量自我的身份。[3] 即一个人一旦被贴上"罪犯""刑释人员"等标签时，他会在煎熬中接受这种身份，然后按照这个身份的要求去行动[4]。标签使得犯罪人一直背负着沉重的刑罚负担，无法以正常的"社会人"身份和公民的法律地位重新生活，遭遇了来自社会的层层阻力和重重压力。这不利于保护社会利益，也违背了刑罚目的和人道主义，未体现对犯罪分子的谦抑关怀，违背了犯罪再社会化的宗旨。[5] 犯罪记录封存有利于弱化未成年人的犯罪"标签"心理，可以降低权威司法系统对犯罪反应的后遗效果，鼓励那些已经受到适当惩罚和业已康复好的罪犯努力生活，保证其顺利复学、升学、就业等，使

---

[1]　陈孜：《关于犯罪标签理论的评析》，载《法学杂志》2004 年第 5 期。

[2]　贺云翔等：《以标签理论预防未成年人犯罪之研究》，载《预防青少年犯罪研究》2013 年第 4 期。

[3]　陈孜：《关于犯罪标签理论的评析》，载《法学杂志》2004 年第 5 期。

[4]　张兵：《刑满释放人员的平等就业权刍议》，载《郑州轻工业学院学报》2011 年第 2 期。

[5]　贺云翔等：《以标签理论预防未成年人犯罪之研究》，载《预防青少年犯罪研究》2013 年第 4 期。

其顺利回归社会，降低未成年罪犯的再犯率。[①]

2. 双向保护原则

双向保护原则发端于《联合国少年司法最低限度标准规则》（北京规则），该公约指出，对未成年人选用刑罚要兼顾保护社会利益与保护违法犯罪未成年人的利益，要将少年司法视为有助于保护青少年和维护社会安宁秩序的有效手段，对违法犯罪未成年人适用刑罚，不仅应当根据本人的情况来对少年犯作出反应，并且应当确保对罪犯的情况和对违法行为、包括受害人的情况所做出的反应也要相衬。[②] 双向保护理念的基本内涵包括两个方面：首先，该原则强调应重视未成年人的保护。这是因为未成年人与成年人之间存在差异，他们的认知水平有限，尚未具备丰富的社会阅历与辨认能力，对于违法或犯罪行为的严重性认识得不够全面。他们的犯罪行为往往是由于家庭环境、社会风气以及受教育的程度等外界原因促成，而非其自身原因所致，而且未成年人尚处于成长期，相较于成年人，教育矫治的可能性较大。因此，刑事立法应当将未成年人与成年人区别对待，以宽容的态度对待未成年人，给予其改过之机会，帮助其顺利成长。其次，该原则还意味着要维护社会长久稳定。这要求立法者应当对未成年人犯罪情况进行区分。对犯罪较轻、悔过态度较好、懂得承担责任的未成年人，应当为他们顺利回归社会创造良好条件。对于再犯可能性极高和社会危害性、人身危险性极大的未成年人，在进行制度设计时应当考虑维护社会利益的需要。这并非意味着排除对这部分未成年人的教育、感化、挽救，而是考虑到其现实危害性而做出的制度安排。因此，在具体确立制度时既不能过于强调对未成年人的保护，一味地强调轻缓化处理，必然会对社会的正常秩序产生影响；反之，如果过分重视对社会秩序的维护，对涉罪未成年人仅仅依据事实、法律和证据进行处理，不考虑未成年人的特殊性，其结果必然不利于未成年人的矫治和回归社会。少年司法的制度设计必须坚定双向保护原则，在最大限度保护未成年犯罪人利益的前提下，兼顾社会利益，必须将一部分严重犯罪、屡教不改的未

---

① 张丽丽：《从"封存"到"消灭"——未成年人轻罪犯罪记录封存制度之解读与评价》，载《法律科学》2013 年第 2 期。

② 赵秉志主编：《犯罪总论问题探索》，法律出版社 2003 年版，第 100 页。

成年人筛选出去。①

## 三、犯罪记录封存制度的适用对象和适用主体

### （一）适用对象

根据《刑事诉讼法》第 286 条规定，适用未成年人犯罪记录封存制度需要满足两个条件：一是年龄限制。即犯罪时已满 14 周岁未满 18 周岁；二是刑罚条件，即被判处 5 年有期徒刑以下刑罚。如此规定，一方面是考虑到这部分未成年人主观恶性和人身危险性较低、社会危害性不大；另一方面是与《刑法修正案（八）》所规定的未成年人免除前科报告义务制度遥相呼应。但是目前理论界和实务界对于犯罪记录封存制度适用的对象范围存在很大争议。

1. 部分非犯罪记录能否封存

许多学者提出应当将一部分非犯罪记录予以封存，主要包括以下几种情况：

第一，违法的未成年人可以参照适用。如在地方试点中，太原市规定因治安拘留、强制戒毒等而有前科的未成年人，可以参照适用；瓮安县规定因参与"瓮安事件"② 受到治安行政处罚的未成年人以及未满 20 周岁的成年人也可以适用。③

---

① 宋英辉、杨雯清：《犯罪记录封存制度的检视与完善》，载《法律适用》2017 年第 19 期。

② 2008 年 6 月 28 日下午，因对贵州省瓮安某校初二年级女学生李某（1991 年 7 月生，瓮安县某乡人）死因鉴定结果不满，死者家属聚集到瓮安县政府和县公安局上访。在有关负责人接待过程中，一些人煽动不明真相的群众冲击县公安局、县政府和县委大楼，最终酿成严重打砸抢烧突发事件。事后，当局传唤调查涉案少年 259 人，依法处理违法犯罪少年 104 人。为了让涉案的未成年人更好地回归校园和社会，2009 年 6 月，经过一系列调研和专家论证后，瓮安县委制定了《关于对"628"事件涉案未成年人违法及轻罪犯罪记录消除的指导意见》等规范性文件，就未成年人违法及轻罪犯罪记录消除的政策、条件、方法、程序等进行了规范。参与"瓮安事件"的 104 名涉案青少年中已有 94 名青少年的违法及轻罪犯罪记录被消除。

③ 刘清生：《规范与事实之间的冲突与弥合：未成年人犯罪记录封存制度的未来走向》，载《中国刑事法杂志》2012 年第 6 期。

第二，未成年人被行政处罚的记录和刑事立案、采取强制措施应当封存。如根据"六部门"《关于进一步建立和完善办理未成年人刑事案件配合工作体系的若干意见》规定："不得公开未成年人的行政处罚记录和被刑事立案、采取刑事强制措施的记录。"① 亦有观点持否定意见认为适用犯罪记录封存的前提是未成年人的行为构成了犯罪，故在规范意义上，无论如何扩大解释也不能扩大到单纯的违法行为。但是，若该违法行为与应当封存记录的犯罪行为有牵连关系，不予封存可能导致犯罪记录也被公开，则这类违法行为所涉记录也应成为封存的内容②。

第三，对于因证据不足而采取的所谓罪疑不起诉以及法定不起诉案件，是否应实行记录封存存在不同观点。一种观点认为不应封存，主要理由是在司法实践中，被法定不起诉人和被证据不足不起诉人完全等同于无罪，但相对不起诉人在实践中通常被当作有罪之人看待，所以三种不起诉中，只有相对不起诉人才存在污点消灭的问题。③ 另一种观点认为虽然从理论上未成年人及其亲属完全可以以此向社会尤其是自己所处的环境宣布这一结论，从而鼓励未成年人的社会复归。就此而言记录的封存反而妨碍了无罪宣告这一功能的发挥，但是必须承认的是，社会公众的非规范性评价并不总是和司法机关的规范评价保持一致。由于社会公众对行为人犯罪事实的知悉以及社会上普遍存在着对犯罪人的敌视，导致在规范性评价之外还存在着另一种形式的评价即非规范性评价。在无罪推定观念尚未完全建立、很多公众仍然对有罪推定原则进行默认的背景下，这种非规范性评价甚至会"殃及"所有进入刑事司法程序的未成年人，考虑到这一点，在此情况下的记录封存当然具有与犯罪记录封存一致的积极效果。④

第四，关于宣告无罪案件是否应当封存。有学者指出宣告无罪的判决主要包括三类：一是经查证确实未实施犯罪行为的；二是实施了犯罪行为，但

---

① 宋英辉、何挺、王贞会等：《未成年人刑事司法改革研究》，北京大学出版社2013年版，第77页。

② 肖中华：《论我国未成年人犯罪记录封存制度的适用》，载《法治研究》2014年第1期。

③ 肖中华：《论我国未成年人犯罪记录封存制度的适用》，载《法治研究》2014年第1期。

④ 李宁：《新刑诉法背景下的未成年人犯罪记录封存制度——立法、问题与完善》，四川省社会科学研究院2014年硕士学位论文。

因情节、危害后果较轻等因素不认为是犯罪的；三是实施了犯罪行为，但因证据不足无法定罪的。结合审判实践经验来看，未实施犯罪行为而被宣告无罪的极少。大部分宣告无罪的案件，都是未成年人实际实施了犯罪行为，但因为数额、次数与证据等因素最终无法定罪。因此，即便宣告无罪，未成年人在法律上是无罪的，但如不封存相关记录，未成年人实施的违法行为仍可以为外界知悉，并同样可以对未成年人产生歧视的后果。因此，对宣告无罪的犯罪记录，应坚持一并封存的做法，对于确实因未实施犯罪行为而宣告无罪的，允许未成年人或其法定代理人申请不予封存。①

2. 定罪免刑犯罪记录能否予以封存

对于定罪免刑犯罪记录，许多学者认为应当封存，主要理由是：（1）"举重以明轻"的当然解释规则；（2）仅被宣告有罪而免除刑罚处罚，并不是不符合"被判处 5 年有期徒刑以下刑罚"这一限制条件，而是在符合这一条件的基础上在罪轻的"量"的方面更进一步；（3）一旦未成年犯罪人、犯罪嫌疑人因此而在入学、就业等方面遭受冷遇歧视，则会造成心理的不平衡。②

3. 判处 5 年有期徒刑以上刑罚的未成年人是否应当封存

法律对犯罪记录封存制度仅规定了刑罚的条件，即 5 年有期徒刑以下。许多学者和实务专家认为存在两个问题：一是封存范围过于狭窄；二是缺乏罪质的考量。

第一，封存范围过于狭窄。一种观点认为不应对犯罪记录封存制度设置刑罚要件。主要原因在于：一是违背犯罪记录封存制度的初衷。设立未成年人犯罪记录封存制度的目的是因为未成年犯在心理和生理上尚未成熟，具有很强的重塑性。二是来看不符合世界趋势。未成年人犯罪记录封存制度来源于国际公约中的未成年人利益最大化原则，那么未成年人触犯重罪还是轻罪并不是这一制度的主要考虑因素。三是从各国实践来看，无论是国际公约还是其他国家的立法例，都没有在未成年人犯罪记录封存上做轻罪和重罪的区分③。也有观点主张对因过失犯罪判处 5 年以上、7 年以下有期徒刑刑罚的

---

① 孟斌：《犯罪记录封存制度的可操作性完善——基于实践操作的体系性反思》，载《法律适用》2015 年第 5 期。

② 肖中华：《论我国未成年人犯罪记录封存制度的适用》，载《法治研究》2014 年第 1 期。

③ 汪建成：《论未成年人犯罪诉讼程序的建立和完善》，载《法学》2012 年第 1 期。

未成年人，可以允许他们主动向人民法院申请犯罪记录封存①。

第二，缺乏罪质考量。部分学者认为目前仅以被判处刑罚的年限来决定是否对未成年犯的刑罚记录进行封存，缺乏一定的合理性和灵活性。② 一些学者提出应当增设罪质条件考量规定。其主要依据包括：一是试点经验。正式立法之前的地方试点中有许多考量罪质的规定，如山东省乐陵市在当地推行未成年人前科消灭制度时，明文规定未成年人犯罪案件中涉嫌危害国家公共安全的犯罪、毒品犯罪、严重暴力犯罪的首犯、主犯以及累犯等均不适用前科消灭。③ 德州市在当地推行的轻罪犯罪记录消灭制度中对于累犯、因危害国家安全、故意杀人、故意伤害致人重伤或者死亡、强奸、抢劫、贩卖毒品、放火、爆炸、投放危险物质而判处刑罚的及其他主观恶性程度深的未成年人不适用轻罪记录消灭④。二是域外经验。域外也有许多关于罪质方面限制的规定，如越南刑法典中有规定除危害国家安全犯罪、破坏和平罪以及非人类罪外，其他犯罪在判决执行完毕后如果没有在考验期内犯新罪案籍就自动取消，而以上三种非自动取消案籍的犯罪由法院决定是否消灭案籍。⑤《德意志联邦共和国少年法院法》第 97 条规定：如果少年法官确认被判刑的少年行为已经无可挑剔、品行正派时，可以依职权或是依申请消灭其前科记录，但是涉及依普通刑法典第 174 条至第 180 条（妨害性自决权）或第 182 条（对未成年人的性滥用）所作的判决则不能消灭少年的前科记录。⑥《加利福尼亚福利规则》作规定，如未成年人犯有谋杀、放火、绑架、抢劫、性犯罪以及严重的暴力犯罪等犯罪的，不能封存该未成年人的犯罪记录。⑦ 加

---

① 缐杰：《未成年人犯罪记录封存制度的探讨》，载 http：//www. jcrb. com/xztpd/2014zt/201403/NVCGZW/YXJ/201403/t20140312 _ 1345496. html，正义网，访问时间：2015 年 3 月 12 日。

② 谢丽珍：《未成年人犯罪记录封存制度的反思与重构》，载《青少年犯罪问题》2013 年第 6 期。

③ 赵国玲主编：《未成年人司法制度改革研究》，北京大学出版社 2011 年版，第 423 页。

④ 裘培华：《封存制度试水 5 年不断完善》，载《检察日报》2012 年 9 月 12 日第 9 版。

⑤《越南刑法典》，米良译，中国人民公安大学出版社 2005 年版，第 27 页。

⑥《德国刑法典》，许久生、庄敬华译，中国方正出版社 2004 年版，第 211 页。

⑦ WelfareandInstitutionsCode707JustiaUSLaw.

拿大法律中也有关于性犯罪不能封存犯罪人犯罪记录的规定。由此可见，无论是我国地方的试点还是域外大多都规定了未成年人实施了严重危害公共安全或是触及人类基本道德底线的犯罪，其犯罪记录是不能被封存或是消灭的。

关于何种犯罪应当被限制封存。有论者提出应以犯罪类型和犯罪后的表现来决定是否对未成年人犯罪记录予以封存，如触犯危害国家安全、恐怖活动、黑社会性质等社会危害性大的犯罪，以及犯罪后不接受改造等，应将其排除在犯罪记录封存的适用范围之外[①]。也有论者认为有两类犯罪不能封存其犯罪记录：一是多次实施犯罪的人；二是特定性质的犯罪。如实施性犯罪的人多数都是为了满足自己不正常的性心理需求，对于这种不正常的心理，行为人自己也难以控制，因此，其再犯的可能性较其他类型的犯罪要大。[②]亦有论者持反对意见，认为犯罪记录封存制度不适用某些特殊犯罪是不妥当的，如果仅以这些罪行的性质较重为由而规定不予封存记录，无异于阻断了这些少年顺利回归社会的道路。[③]

4. 年龄上的适度延长

有论者建议将我国未成年人犯罪记录封存制度扩大到 14 岁到 21 岁。因为一般来说，从 14 岁到 21 岁正是人从中学开始到大学毕业这段时间的求学年龄。这个时期青少年正处于生长发育的青春期。域外也有类似的规定，如德国的《少年法院法》规定，犯罪记录封存主要适用于 14 岁至 18 岁的少年和 18 岁至 21 岁的青年。少年刑事审判程序的主要目的是实现对少年犯的教育，而不是单纯的惩罚。

5. 年满 18 周岁前后实施数个犯罪

关于年满 18 周岁前后实施数个犯罪行为构成一罪或者数罪的，其犯罪记录是否应当封存？有论者持否定态度，主要理由是：（1）如果连续实施数个行为构成一罪，不满 18 周岁时实施的犯罪行为无法单独评价，定罪量刑是综合衡量数个行为后作出的结果。（2）行为人的行为如构成数罪，由于数

---

① 卢宁、史华松：《限制犯罪记录流向社会公众的思索与实践——以将苏某基层法院未成年人轻罪犯罪记录封存试点为样本》，载《西华大学学报》2012 年第 5 期。

② 张铁军、张擎、王珊珊：《我国未成年人犯罪记录封存制度研究》，载《中国检察官》2015 年第 3 期。

③ 彭新林，毛永强：《前科消灭的内容与适用范围初探》，载《法学杂志》2009 年第 9 期。

罪一并审理、一并宣判，定罪量刑在同一份判决书中，免除不满 18 周岁时所犯的部分犯罪的报告义务，实践中没有可操作性。（3）行为人实施数个犯罪行为构成一罪或者数罪，表明其人身危险性较一般的初犯、偶犯要大，对他们在前科报告义务方面作出相对严格的要求，有利于更好地保护社会利益，体现刑法惩罚犯罪、保护人民的目的。①

亦有论者认为跨越 18 周岁前后实施犯罪行为构成一罪或数罪的情况比较复杂，认为具备下列情形的一般应当予以封存：（1）跨越 18 周岁前后实施的犯罪行为被认为"情节轻微，依照刑法规定不需要判处刑罚或者免除处罚的"，人民检察院依照《刑事诉讼法》第 177 条的规定作出酌定不起诉决定的，应当对全部犯罪记录予以封存。（2）跨越 18 周岁前后实施的犯罪行为构成一罪被判处拘役或者 3 年以下有期徒刑，宣告缓刑的；或者判决宣告前跨越 18 周岁前后实施的犯罪行为构成数罪，数罪并罚被判处拘役或者 3 年以下有期徒刑宣告缓刑的，应当对全部犯罪记录封存。（3）被附条件不起诉的未成年犯罪嫌疑人，在考验期内成年且实施新的犯罪，在提起公诉后，如果数罪并罚被判处 5 年有期徒刑以下刑罚，且考验期内所犯罪行轻微的，一般应作出对全部犯罪记录予以封存的决定。（4）因不满 18 周岁时实施的犯罪被宣告缓刑，在缓刑考验期限内犯新罪（犯新罪时已成年）或者发现判决宣告前还有成年后实施的犯罪没有判决，如果撤销缓刑，实行数罪并罚后决定执行的刑罚在 5 年有期徒刑以下，且成年后实施的犯罪比较轻微的（当然，被撤销缓刑后实行数罪并罚，即使被判处 3 年以下有期徒刑，依照刑法规定也不可能再次被宣告缓刑）。（5）因不满 18 周岁时实施的犯罪被判刑，假释考验期限内又犯新罪（犯新罪时已成年）或者发现判决宣告前还有成年后实施的犯罪没有判决，如果撤销假释，实行数罪并罚后决定执行的刑罚在 5 年有期徒刑以下，且成年后实施的犯罪比较轻微的。（6）跨越 18 周岁前后实施的犯罪行为构成一罪被判处 5 年有期徒刑以下实刑，如果主要的犯罪事实是在不满 18 周岁时实施的，或者不满 18 周岁时实施的犯罪情节明显重于成年后实施的犯罪情节，或者不满 18 周岁时实施的犯罪数额明显多于成年后实施的犯罪数额的。（7）行为人不满 18 周岁的犯罪之判决宣告以后、

---

① 张军主编：《刑法修正案（八）条文及配套司法解释理解与适用》，人民法院出版社 2011 年版，第 140－141 页；沈志先主编：《未成年人审判精要》，法律出版社 2012 年版，第 140 页。

刑罚执行完毕以前，发现其成年后实施的犯罪漏判，如果按照《刑法》第70条、第69条的规定数罪并罚后决定执行的刑罚仍在5年有期徒刑以下，且成年后实施的犯罪比较轻微的。（8）行为人不满18周岁的犯罪之判决宣告以后、刑罚执行完毕以前，发现其成年后实施的漏罪行为与已经判决认定的犯罪事实属于同一案件的，应当适用审判监督程序，撤销原审判决，重新审理作出裁判，而不实行数罪并罚，如果再审判处行为人5年有期徒刑以下刑罚，而行为人成年后实施的犯罪比较轻微的。（9）行为人不满18周岁的犯罪之判决宣告以后、刑罚执行完毕以前，于成年时又犯新罪，如果按照《刑法》第71条、第69条的规定数罪并罚后决定执行的刑罚仍在5年有期徒刑以下，且成年后实施的犯罪比较轻微的。①

### （二）适用主体

刑事诉讼法设立未成年人犯罪记录封存制度后，在条文中并没有明确规定适用主体。根据一些试点地区的调查报告显示，学者们总结出我国在试点过程中产生过五种决定机关模式：一是法院决定；二是司法行政部门决定；三是综治办决定；四是联席会议决定；五是审查委员会决定。"未成年人相对不起诉污点限制公开制度"则由检察院负责实施。②

目前理论界和学术界存在一系列争论。第一种观点认为，"所有知晓未成年人犯罪记录的机关、单位及个人都是未成年人轻罪记录封存的适用主体，包括人民法院、人民检察院、公安机关、未成年犯管教所、知晓未成年人犯罪记录的有关单位或组织、当事人、辩护人、诉讼代理人以及其他知悉未成年人犯罪记录的个人。如果这些诉讼参与人不严格保密这些诉讼文书，封存未成年人的犯罪记录将根本无法实现。③第二种观点认为，有权启动未成年人犯罪记录封存的只有法院和检察院。④第三种观点认为，要准确界定

---

① 肖中华：《论我国未成年人犯罪记录封存制度的适用》，载《法治研究》2014年第1期。

② 宋英辉、何挺、王贞会等：《未成年人刑事司法改革研究》，北京大学出版社2013年版，第203－204页。

③ 曾新华：《论未成年人轻罪犯罪记录封存制度——我国新〈刑事诉讼法〉第275条之理解与适用》，载《法学杂志》2012年第6期。

④ 刘清生：《规范与事实之间的冲突与弥合：未成年人犯罪记录封存制度的未来走向》，载《中国刑事法杂志》2012年第6期。

未成年人犯罪记录封存制度的适用主体范围。首先，应当注意法的适用和法的遵守主体不可混同，必须将犯罪记录封存制度的适用主体和遵守犯罪记录封存制度的义务主体加以区分。未成年人犯罪记录封存制度的适用主体，应当是依照国家法律规定，将该项制度应用于具体案件的机关。在我国，拥有法律适用职权（实际上就是司法权）的组织只有司法机关，其他组织和个人均无权适用法律。未成年人犯罪记录封存制度的适用主体包括公安机关、国家安全机关、检察机关（检察院）、审判机关（法院）、刑罚执行机关（包括未成年犯管教所在内的监狱、由公安机关设立的拘役所、看守所）和司法行政机关在司法机关对犯罪记录作出封存后，有关单位、组织和个人，都应当予以遵行和配合。① 第四种观点认为，未成年人轻罪记录的封存义务机关主要是检察机关而非审判机关，因为需要封存的主要是对未成年人决定不起诉的有关案宗材料，并且未来推进法院审判制度改革要求所有刑事判决均在网上公开，同时要求审判机关封存未成年人犯罪记录势必存在难题和困惑。② 亦有论者同意此观点，认为"应由检察机关作为审核的唯一主体，因为作为法律监督机关，检察机关能够纵览刑事诉讼的整个流程，审核主体的唯一性也能保证查询程序的高效、规范、统一。③ 第五种观点认为未成年人犯罪记录封存的审查决定主体以原审人民法院最为适合，审查决定权是广义上审判权的延伸。原审法官应该对未成年犯罪人是否真心悔过有更为真切的直观感受，由其独任裁决是否封存未成年人的犯罪记录不仅节约了一定的审判资源，而且也具有一定的说服力。④ 第六种观点认为，应该"由犯罪行为所在地的法院成立评审办公室，对未成年人前科消灭的申请进行审查。"⑤ 在我国一些地区未成年人犯罪记录封存的试行办法中有规定封存领导小组办公室对

---

① 肖中华：《论我国未成年人犯罪记录封存制度的适用》，载《法治研究》2014 年第 1 期。

② 田宏杰、温长军：《超越与突破：未成年人刑事检察工作机制研究——兼及未成年人刑事案件公诉体系的构建》，载《法学杂志》2012 年第 11 期。

③ 未成年人犯罪问题研究课题组：《未成年人犯罪记录封存制度的构建与检察监督》，载《政治与法律》2012 年第 5 期。

④ 山东省高级人民法院：《未成年人轻罪犯罪记录消灭制度专题研究》，载《山东审判》2010 年第 4 期。

⑤ 代海军：《未成年人刑事记录限制公开制度问题研究》，载《江苏警官学院学报》2012 第 5 期。

申请人提交的材料进行调查、核实或是听证①；亦有学者同意此种做法，认为执行未成年人轻罪记录封存制度是一项复杂的系统工程，需要公安局、法院、检察院、司法局、综合治理办公室、教育局、人力资源和社会保障局、民政局等相关单位的共同协调配合，需要多部门形成联动机制。②

## 四、 犯罪记录封存制度的程序

每个案件的办理，都需要经过从公安机关的调查，到检察院的起诉，再到法院的判决，要经历多个环节，而每个环节都要有相关内容的法律文书保存在公、检、法等机关中，但是目前我国关于封存的启动方式、启动时间、封存的具体内容、监督、解封等都缺乏相关规定。

### （一）犯罪记录的内容

从理论上讲，犯罪记录是指国家专门机关对犯罪人员情况的客观记载，③或者是行为人犯罪事实及承担责任的法律后果的记录④。有学者认为，由适用主体各自职能及相关诉讼活动的性质决定，不同的司法机关形成、接收的犯罪记录内容会有所不同。犯罪记录封存的范围一般情况下应包括侦查机关、检察机关、审判机关在刑事诉讼过程中生成的法律手续、诉讼文书以及所有证据材料，甚至还包括让他人知悉后可能引起他人确定、推测、怀疑行为人曾经在未成年时实施过犯罪的材料。⑤ 亦有观点认为封存的对象不应当

---

① 在地方试点中青岛市法院的做法由综治部门牵头，公安、检察、法院、司法行政、教育、人力资源和社会保障、共青团等相关单位组成的协调监督委员会，采取定期召开联席会议的方式，对未成年人轻罪记录封存情况进行总结、评估，提出进一步改进的工作措施。

② 牛传勇：《未成年人轻罪记录消灭程序的构建》，载《中国少年司法》2011 年第 1 辑。

③ 娄超：《未成年人犯罪记录封存的制度分析与配套设计》，载《预防青少年犯罪研究》2012 年第 12 期。

④ 于志刚：《"犯罪记录"和"前科"的混淆性认识的评判性思考》，载《法学研究》2010 年第 3 期。

⑤ 肖中华：《论我国未成年人犯罪记录封存制度的适用》，载《法治研究》2014 年第 11 期。

局限于犯罪信息的载体，强调知悉犯罪信息主体的保密义务也同样是犯罪记录封存的重要方面。因此犯罪记录封存的对象，实质上应当包含两部分：一是对犯罪信息载体的封存；二是对知悉犯罪信息主体的保密。对犯罪信息载体的保密，主要是通过档案管理实现。而对知悉犯罪信息主体的保密主要是通过程序限制、赋予保密义务实现的，如案件不公开审理、不组织旁听，经法院许可旁听的人签署保密承诺书等。① 实践中，有些司法机构将犯罪记录内容解释为"诉讼档案"或"因诉讼形成的材料"。② 如一些法院出台的联合规范将犯罪记录范围界定为包含公安机关、检察院与司法机关的诉讼档案与电子档案。如江苏省高院将犯罪记录界定为从侦查到刑罚执行完毕的全部案件材料，包括电子档案。③

犯罪记录档案本身可分为纸质档案和电子档案，其封存模式也不尽相同。纸质档案的封存比较明确，主要是将未成年人的犯罪记录单独保存，未经审批不得随意公开、明示；电子档案的封存则通过在计算机查询系统中专门标注、设置查询权限等形式实施。相对而言，电子档案的封存面临一些"瓶颈"，如公安机关的户籍及前科记录管理涉及违法犯罪人员查询系统、案（事）件系统、网上办案系统、综合查询系统、公安档案查询系统等一系列内容。实现犯罪记录的封存，要求对上述多个查询系统一并作程序修改，这在实践中尚存在一定的技术障碍。④

### （二）封存的启动时间

2012 年修改《刑事诉讼法》时并未明确规定犯罪记录封存制度的启动时间。配套的规范性文件，对未成年人犯罪记录封存起始时间的规定如下：2013 年 1 月 1 日起施行的《公安机关办理刑事案件程序规定》第 320 条第 1 款规定："未成年人犯罪的时候不满 18 周岁，被判处 5 年有期徒刑以下刑罚的，公安机关应当依据人民法院已经生效的判决书，将该未成年人的犯罪记录予以封存。"2013 年 1 月 1 日起施行的《人民检察院刑事诉讼规则（试

---

① 孟斌：《犯罪记录封存制度的可操作性完善——基于实践操作的体系性反思》，载《法律适用》2015 年第 5 期。

② 参见广州市中级人民法院《未成年人刑事诉讼档案封存工作管理规定》第 2 条。

③ 参见江苏省《未成年人犯罪记录封存工作实施意见》第 1 条第 3 款。

④ 未成年人犯罪问题研究课题组：《未成年人犯罪记录封存制度的构建与检察监督》，载《政治与法律》2012 年第 5 期。

行)》第 503 条也规定："犯罪的时候不满 18 周岁，被判处 5 年有期徒刑以下刑罚的，人民检察院应当在收到人民法院生效判决后，对犯罪记录予以封存。"人民法院当庭宣判的，应当在自次日起 5 日之内将判决书送达人民检察院；定期宣告判决的，应当将判决书立即送达人民检察院。所以人民检察院收到的判决书，并不是生效的判决书。

理论界关于封存的启动时间主要包括三种观点：第一种观点建议犯罪记录封存制度的起始时间为判决生效后。① 第二种观点从最大程度对未成年犯罪人进行特殊保护的角度出发，认为各个司法机关唯有及时且全方位地封存有关犯罪记录，方能有效达到消除犯罪记录对未成年人不利影响之目的。因此，封存未成年人犯罪记录的时间，应当结合诉讼程序的特点和规律确定。由于各司法机关形成、接收有关犯罪记录的时间有先后，所以，作出封存的时间也必然会有差异。从犯罪记录封存制度的价值目的出发，各个司法机关在自己职能对应的诉讼阶段结束后，应当及时地、在最短的时间内对本部门保留的涉及未成年人犯罪的各种卷宗材料予以封存。其后，在任何时间后收到有关犯罪记录材料，也都应当及时封存，做到"随收随封"。② 也有实务专家提出相似观点，认为应当建立未成年人犯罪记录封存制度的前置程序，即刑事诉讼程序启动之日至法院作出判决之前，公安机关、检察机关、审判机关对认为罪行轻微、可能判处 5 年有期徒刑以下刑罚的未成年人涉案材料单独装订，相关信息严格保密，非经批准不得对外披露的工作制度。③ 第三种观点认为，犯罪记录封存的时间应当在刑罚执行完毕或者在缓刑考验期满、宣告有罪免刑的决定生效后一定期限内。但有观点认为这种主张既不能完全满足司法实践各种案件的不同需要，也不利于全面、真正地实现犯罪记录封存制度价值与立法宗旨。④ 如果判决前没能进行有效的信息保护，则犯罪记录的封存已然没有了实际的意义。审前程序和审判程序正是犯罪信息的

---

① 马晓、张玉林：《四个方面补强未成年人犯罪记录封存制度》，载《人民检察》2014 年第 23 期。

② 肖中华：《论我国未成年人犯罪记录封存制度的适用》，载《法治研究》2014 年第 1 期。

③ 郑小敏：《浅论检察环节的未成年人犯罪记录封存》，载《中国检察官》2013 年第 17 期。

④ 肖中华：《论我国未成年人犯罪记录封存制度的适用》，载《法治研究》2014 年第 1 期。

形成阶段，犯罪信息处于十分活跃的状态，也容易为公众获知。在公安机关、检察机关没有形成"提前保密"或"随时堵漏"的对接机制，庭审开始后的封存能走多远我们不得而知。[①]

### （三）封存的启动方式

关于未成年人犯罪记录封存制度的启动模式，主要有两种做法：一是依职权决定模式；二是当事人申请模式。在 2012 年修改《刑事诉讼法》之前，多数法院要求未成年人提起封存申请，经人民法院审核符合条件的才予以封存。以北京市门头沟法院为例，该院要求刑罚执行完毕后 3 年内未再犯罪的，可以申请封存犯罪记录。[②] 2012 年修改后的《刑事诉讼法》则规定，对于未成年人犯罪记录"应当"予以封存，这种规范属于命令规范，对于司法机关来说，封存犯罪记录既是职权，也是命令性的职责。因此目前我国应当一律采取职权主义模式。[③] 部分学者支持此种封存模式。有的观点认为封存机关主动封存，既能够保证封存的及时性，也便利封存机关之间的沟通与协调。[④] 亦有观点认为采取职权主义模式可以减少司法裁量的随意性，突出未成年人保护的特殊性。[⑤] 但也有学者持反对意见，认为对自由裁量权的担忧不能成为阻却考察未成年罪犯的理由，因为绝对的、机械的法律适用早已被历史所抛弃。一定权限的自由裁量权是法律适用的客观要求，也是实现个案公正的必要条件。[⑥]

针对封存启动方式的完善，主要存在三种观点：第一种观点从规则的周

---

① 李宁：《新刑诉法背景下的未成年人犯罪记录封存制度——立法、问题与完善》，四川省社会科学研究院 2014 年硕士学位论文。

② 北京、广东、福建、浙江 4 省市均明确规定，保管被封存的档案的机关，根据法律规定封存犯罪记录。

③ 肖中华：《论我国未成年人犯罪记录封存制度的适用》，载《法治研究》2014 年第 1 期。

④ 孟斌：《犯罪记录封存制度的可操作性完善——基于实践操作的体系性反思》，载《法律适用》2015 年 5 期。

⑤ 刘清生：《规范与事实之间的冲突与弥合：未成年人犯罪记录封存制度的未来走向》，载《中国刑事法杂志》2012 年第 6 期。

⑥ 罗世龙：《我国未成年人犯罪记录封存制度之反思与完善》，载《暨南学报（哲学社会科学版）》2018 年第 2 期。

密性与实践多样性考虑，有学者提出应当分情况予以考虑。其一，对于 2012 年修改后的《刑事诉讼法》实施之前，符合犯罪记录封存条件的案件，应由当事人提出封存申请。修改后的《刑事诉讼法》并没有涉及对其实施之前，符合封存条件的犯罪记录如何处理的问题。对于刑事诉讼法实施前的未成年人犯罪记录，没有必要全部依职权封存。可以对那些仍实际影响、制约当事人生活的案件，允许当事人自己提出申请，由封存机关审核决定是否封存。其二，对于封存有异议的案件应允许检察院行使监督权，提出封存建议。犯罪记录封存数量大、涉及部门多、程序烦琐，为了防止封存中出现错误，给利害关系人提供救济的途径、赋予检察院一定的监督权是非常必要的。[①] 第二种观点建议采取"多元化"启动模式：提出此种观点的学者认为一旦未成年人犯罪记录封存的对象得到适当扩展，现有立法的"依职权自动封存模式"将显得较为滞后和被动。尤其是将被检察机关处以相对不起诉的未成年人、被判处 5 年以上有期徒刑的未成年人纳入这一"保护圈"，必须对启动方式进行多元化改造。具体包括：其一，法院职权启动模式。无论犯罪时 2012 年修改后的《刑事诉讼法》是否生效，犯罪时不满 18 周岁，被判处 5 年以下有期徒刑的未成年人的犯罪记录，对未成年人作出最终裁判的法院都可主动启动封存程序。对于在修改后的《刑事诉讼法》生效前作出的上述生效裁判，法院应当进行全面整理，逐一进行封存。其二，检察院职权启动模式。无论犯罪时 2012 年修改的《刑事诉讼法》是否生效，未成年人被检察院处以相对不起诉的，检察院应当主动启动封存程序，具体流程与法院职权启动模式一致。其三，当事人申请和法院决定模式。对于被判处 5 年以上有期徒刑的未成年人，一般都是严重犯罪，人身危险性相对较大，其犯罪记录是否封存需要通过本人或其法定代理人申请，并由法院决定。为此，法院在决定是否封存时，可以采用听证、设置考察期限等方式，还可邀请检察院派员参与和监督，发表监督意见。[②] 第三种观点建议采用当事人申请和法院、检察院决定的模式。当事人申请是必经的程序，即当事人需要提供一些证明自己改过自新、品行端正的证明材料。法院、检察院应当进行实质性的审

---

① 孟斌：《犯罪记录封存制度的可操作性完善——基于实践操作的体系性反思》，载《法律适用》2015 年 5 期。

② 刘清生：《规范与事实之间的冲突与弥合：未成年人犯罪记录封存制度的未来走向》，载《中国刑事法杂志》2012 年第 6 期。

查。通过申请人所在单位、社区等了解其矫正恢复的状况，考察申请人是否已经得到再教育，人身危险性是否已经消除，再犯可能性是否足够小。唯有得出肯定答案后，方能做出封存的书面决定，并制作封存决定通知书，通知掌握该申请人相关记录的主体在规定时间内完成封存。[①]

关于申请的主体，一种观点提出未成年人及其监护人、法定代理人、近亲属、所在的社区和学校都可以向作出判决的人民法院申请封存[②]。亦有观点提出应当增加律师作为申请主体，该构思来源于法律援助制度，未成年人是属于法律援助辩护的对象之一，其目的是保障未成年人利益最大化。同理，适用此制度也是一样，他们中的大多数还只是在校学生，并没有很多主见，心智也没有很成熟，需要他们的监护人或者律师代为指导。[③]

### （四）封存的具体程序

2012 年修改《刑事诉讼法》时对于未成年人犯罪记录封存制度的适用程序未作任何规定。有学者提出，该制度的适用程序主要应当包括以下四步：第一步，人民法院在对被判处 5 年有期徒刑以下刑罚的未成年人案件作出判决时或者人民检察院在对未成年人案件作出相对不起诉决定、附条件不起诉决定时，同时依职权作出《未成年人犯罪记录封存书》或者《未成年人不起诉记录封存书》；第二步，人民法院在向有关单位和个人送达判决书的同时还应送达《未成年人犯罪记录封存书》，并将《未成年人犯罪记录封存书》送达公安机关以及其他有关单位或者个人；人民检察院在送达《不起诉决定书》时，同时送达《未成年人不起诉记录封存书》；第三步，有关机关和单位在接收到《未成年人犯罪记录封存书》或者《未成年人不起诉记录封存书》后，应当根据档案管理制度对未成年人的犯罪记录进行密封保存；有关个人在接收到《未成年人犯罪记录封存书》或者《未成年人不起诉记录封存书》后，应当对有关未成年人犯罪记录的诉讼文件及相关材料保密；第四步，有关机关、单位和个人如果未依法封存未成年人的犯罪记录，

---

① 罗世龙：《我国未成年人犯罪记录封存制度之反思与完善》，载《暨南学报（哲学社会科学版）》2018 年第 2 期。

② 汪建成：《论未成年人犯罪诉讼程序的建立和完善》，载《法学》2012 年第 1 期。

③ 孙鑫：《论我国未成年人犯罪记录封存制度的完善》，安徽大学 2015 年硕士学位论文。

未成年人及其法定代理人可以提起民事诉讼。[①]

### （五）封存考验期的设置

虽然世界上大多国家和地区选择犯罪记录消灭模式，但是它们基本都会设置一定的限制条件，以在未成年罪犯保护与社会保护之间达成平衡。[②] 目前学界和实务界对于封存考验期的问题，主要围绕两个方面进行争论：第一，是否应该设置考验期；第二，考验期考察的内容。

#### 1. 是否应设置考验期

根据我国《刑事诉讼法》286 条的规定只要满足犯罪记录封存制度的两个条件就应当毫无例外地适用封存制度，无论其犯何种罪，亦无论其是初犯还是惯犯[③]。有论者提出三点支持理由：其一，目前我国以形式要件作为未成年人轻罪犯罪记录封存的适用条件，主要是考虑到该制度适用的普遍性，同时体现了对适用主体自由裁量权的压缩，能够做到适用过程中的平等性，体现了法律面前人人平等的原则。其二，未成年人轻罪犯罪记录封存不应设定实质要件，理由是实质要件的设定极易使适用主体的自由裁量权膨胀，且会使犯罪记录封存制度的运行产生高昂的成本，效率比较低。其三，对于是否应设置考验期这个问题，应当看到国外设置考验期都是针对犯罪记录消灭而言的，即经过考验期考察的，可以使未成年犯的犯罪记录消灭，而我国目前采用的是犯罪记录封存制度。[④]

但是也有许多学者和实务部门专家支持设置考验期。支持理由主要有三点：第一，确立犯罪记录封存制度应当关注、不能回避的一个议题是，如何更加科学地将一部分确实不适合进行犯罪记录封存的人筛选出去，以确保未成年人保护与社会保护之间的最佳平衡。目前我国未成年人犯罪记录封存的条件规定只有宣告刑一个标准——不需要涉罪未成年人申请、不需要考察、不论罪名。从比较研究的视野看，这种类型的犯罪记录封存制度是罕见的，

---

[①]　曾新华：《论未成年人轻罪犯罪记录封存制度——我国新〈刑事诉讼法〉第 275 条之理解与适用》，载《法学杂志》2012 年第 6 期。

[②]　姚建龙：《社会排斥理论与未成年人犯罪记录封存制度改革》，载《青年探索》2015 年第 2 期。

[③]　肖中华：《论我国未成年人犯罪记录封存制度的适用》，载《法治研究》2014 年第 1 期。

[④]　李馥君：《未成年人轻罪犯罪记录封存制度》，兰州大学 2014 年硕士学位论文。

某种程度上并不利于促进涉罪未成年人重新融入社会，也不利于社会安宁。不兼顾社会保护的儿童保护，并不是真正的儿童保护主义①。第二，适用考察制度可以同时起到预防和威慑作用，符合诉讼经济理念。考察期作为封存与否的分水岭，既能暗示未成年人应遵纪守法，努力保持和巩固改造效果，努力培养自己健康向上的精神风貌，又能准确识别那些改造成效低、再犯可能性大的未成年人，对于这部分人而言，考察期失败后，其犯罪记录就不该被封存，这一方面可以警示行为人继续接收社会改造，另一方面也可以为周边公民提供未成年人的危险性预警，可谓一举两得。② 考验期缺失，有可能会导致部分未成年人重新犯罪及未成年人犯罪率的整体上升。③ 第三，没有任何限制的自动封存，不利于保护未成年罪犯的利益。封存犯罪记录的初衷是为了保护未成年人走向社会后在就业、入学等方面能够不受歧视，获得平等的生存机会，减少再犯的可能性。可是，如果未成年罪犯不思悔改、人身危险性高、再犯可能性大，那封存又有何意义？将没有矫正好的未成年人的犯罪记录自动封存，不仅不能帮助未成年罪犯回归社会，反而会葬送未成年罪犯的前途。封存犯罪记录的真正目的在于给业已真心改过的未成年罪犯一个形式上的清白之身，使之能够像正常人一样融入社会。④ 封存犯罪记录是为已经矫正良好的未成年罪犯提供补救的机会。犯罪记录封存制度只是作为保护未成年罪犯利益的配套制度，根本之策在于矫正与治疗。只有当未成年罪犯接受教育与改造，不具有人身危险性后，封存其犯罪记录才会真正保护其利益。⑤

2. 考验期考察的内容

域外前科消灭制度基本都设置了考验期，启动未成年人犯罪记录封存的

① 姚建龙：《社会排斥理论与未成年人犯罪记录封存制度改革》，载《青年探索》第 2015 年 2 期。

② 李宁：《新刑诉法背景下的未成年人犯罪记录封存制度——立法、问题与完善》，四川省社会科学研究院 2014 年硕士学位论文。

③ 张铁军、张擎、王珊珊：《我国未成年人犯罪记录封存制度研究》，载《中国检察官》2015 年第 3 期。

④ 王明明：《未成年人前科消除制度论——兼评刑事诉讼修正案（草案）第 95 条犯罪记录封存制度》，载《中国人民大学学报》2011 年第 6 期。

⑤ 罗世龙：《我国未成年人犯罪记录封存制度之反思与完善》，载《暨南学报（哲学社会科学版）》2018 年第 2 期。

实质条件主要是考量未成年犯罪人在犯罪、判刑乃至刑罚执行完毕后是否真心悔过，不再具有危害社会的可能性。如在美国加利福尼亚州法律中规定，申请封存记录要满足三个条件：第一，成年后没有犯过重罪或有关道德的轻罪；第二，已经接受恢复性矫正，回归社会；第三，已经缴纳罚金或者其他钱款。① 在韩国要消灭犯罪记录必须是未再犯被剥夺资格以上犯罪，同时还必须赔偿被害人的损失。还有一些国家规定犯罪人在前科期间能诚实劳动，并用取得的合法收入维持其生活和赡养家庭成员，或者能模范遵守法律，用实际行动证明自己已改造好。② 综合域外经验，有学者提出，通常情况下考量犯罪人是否真心悔过的方式包括以下几种：第一，有犯罪记录者在一定的考察期内未再犯新罪。多数国家都采用此种标准。第二，有犯罪记录者在一定的考察期内未犯较严重犯罪。日本刑法典中规定，只要犯罪人在前科存续期间未犯被判处死刑、惩役、监禁、罚金这几类刑罚的新罪的，即使犯了被判处拘留、科料等刑罚的新罪，前罪的前科仍按时消灭。第三，有犯罪记录者在一定的考察期未犯新罪，同时还履行了法定义务。③ 有学者亦建议在未来的立法中应增加 1 年到 3 年封存考验期限，同时从实质上考察未成年罪犯是否"行为无可挑剔""已具备正派品行""已经得到再教育"。④

## （六）解封问题

刑事诉讼法并没有规定犯罪记录封存的解除，但是现实中确实存在未成年罪犯又犯新罪或者发现漏罪时原有封存的犯罪记录如何处理的难题。相关司法解释对此问题进行了规定，主要有《人民检察院刑事诉讼规则（试行）》第 506 条⑤；2012 年公安部发布的《公安机关办理刑事案件程序规定》

---

① 傅芳：《前科消灭：犯罪记录封存与禁止传播》，兰州大学 2013 年硕士学位论文。

② 喻伟主编：《刑法学专题研究》，武汉大学出版社 1992 年版，第 371 页。

③ 于志刚：《刑罚消灭制度研究》，法律出版社 2002 年版，第 712 页。

④ 罗世龙：《我国未成年人犯罪记录封存制度之反思与完善》，载《暨南学报》2018 年第 2 期。

⑤ 《人民检察院刑事诉讼规则（试行）》第 506 条规定："被封存记录的未成年人，如果发现漏罪，且漏罪与封存记录之罪数罪并罚后被决定执行五年有期徒刑以上刑罚的，应当对其犯罪记录解除封存。"

第 320 条第 3 款①；《人民检察院办理未成年人刑事案件的规定》第 65 条规定②，不过这些规定远未能解决相关问题。

1. 解封条件

有学者对这些规定作了相关的限制解释：（1）所谓被决定执行 5 年有期徒刑以上刑罚，不应包括 5 年有期徒刑。（2）发现漏罪的时间可以是在罪犯仍属于未成年人期间，也可以是在罪犯已经成年之后，但是必须发生在前罪判决宣告之后、刑罚执行完毕以前。（3）在罪犯又犯新罪的场合，情况变得更为微妙：前罪判决宣告之后刑罚尚未执行完毕之前，如果犯新罪时该罪犯仍未成年，且并罚后所判处刑罚超过 5 年有期徒刑，应解除前罪记录封存；如果犯新罪时该罪犯已经成年，即使并罚后所判处刑罚超过 5 年有期徒刑，也不应因为新罪和前罪并罚的因素而改变前罪记录的封存。③

亦有观点提出对于未成年时实施犯罪行为，犯罪记录被封存后又实施新的犯罪行为，在这样的情况下，应当对此时的犯罪行为进行性质上的具体分析。首先，对于有一罪是过失犯罪的未成年人，在其所犯之罪刑期加起来虽然是在 5 年或 5 年以上有期徒刑的，不必非要对其进行解封，应该综合考虑该未成年人的悔罪表现、是否具有严重的社会危害性、过去在学习生活中的表现情况来判定分析，不一定都要对其采取犯罪记录解封程序；其次，对于那些故意犯罪且屡教不改，具有明显社会危害性的未成年犯，则坚决实施解封程序，绝不手软。④

2. 解封主体

关于解除封存的主体，有学者建议应当完全根据职权至上的原则，谁主管谁就有权进行解释，当然如果这一问题既涉及审判机构又涉及检察机构，

---

① 2012 年公安部发布的《公安机关办理刑事案件程序规定》第 320 条第 3 款规定："被封存犯罪记录的未成年人，如果发现漏罪，合并被判处五年有期徒刑以上刑罚的，应当对其犯罪记录解除封存。"

② 根据 2013 年高检院发布的《人民检察院办理未成年人刑事案件的规定》第 65 条规定，未成年人实施新罪，且新罪与封存记录之罪数罪并罚后被决定执行 5 年有期徒刑以上刑罚的，应当解除其封存的犯罪记录。

③ 林维：《刑法解释的权力分析》，中国人民公安大学出版社 2006 年版，第 406 页。

④ 任巍巍：《未成年人"刑事污点限制公开"制度研究》，载《中国检察官》2011 年第 11 期。

仍然应当坚持审判解释优先的原则。[1]

3. 解封程序

解封是否需要单独的程序，以及决定机关是否应当制作《解除未成年人犯罪记录封存通知书》，实践中存在一定分歧。

一种意见认为应当制作《解除犯罪记录封存通知书》，否则有部分单位无法知悉哪些案件需要解封。另一种意见认则为不必制作《解除未成年人犯罪记录封存通知书》，各单位根据自己掌握的情况自行解封即可。有论者认同上述观点，认为从实际可操作性看，制作《解除未成年人犯罪记录封存通知书》的难度较大，不易于实践的落实。原因在于：首先，解除封存可能涉及多个部门，无法逐一送达；其次，近年来未成年人犯罪、流动人口犯罪的比例一直较高，未成年人犯罪免除前科报告义务，再犯罪地与原犯罪地不在同一地方，容易因信息沟通不畅导致无法解封。该论者认为解封程序最终解决并非通知书的制作与送达问题，而是公检法机关在信息沟通上的畅通，避免因地域、工作职权范围的不同而导致无法解封。[2]

### （七）共犯案件中未成年人犯罪记录封存

部分学者认为分案起诉模式是最有利于保障未成年人权利的做法。因此，有观点指出未成年人与成年人共同犯罪的案件应以分案审理为原则、以并案审理为例外，仅在分案审理有可能导致案件事实查明或影响司法公正的前提下，才能进行并案审理。[3] 但是一些学者提出分案审理模式忽视了共同犯罪案件的特殊性，暴露出一系列问题，具体如下：（1）从证据方面来看，未经法庭上质证的证据不得作为定案的依据；（2）从诉讼成本来看，东部沿海一些地方刑事犯罪呈现高发态势，案多人少矛盾本已十分突出，在此背景下，强制性地将未成年人刑事案件分开，必然增加司法机关业务量，耗费有限的司法资源，降低诉讼效率；（3）从犯罪记录完整性来看，虽然经过分案移送、审理，未成年犯罪人的卷宗材料表面看的确独立出来了，但是在成年犯罪人的卷宗材料中，依然肯定会存有未成年犯罪人的犯罪信息，如此不彻

---

[1]　林维：《刑法解释的权力分析》，中国人民公安大学出版社 2006 年版，第406 页。

[2]　孟斌：《犯罪记录封存制度的可操作性完善——基于实践操作的体系性反思》，载《法律适用》2015 年第 5 期。

[3]　牛雨薇：《未成年人犯罪记录封存制度研究》，辽宁大学 2014 年硕士学位论文。

底性、分散性的分案移送，审理模式的价值则完全失效，不利于未成年人犯罪信息的集中封存。①

## 五、犯罪记录封存制度的查询和效力

### （一）犯罪记录查询

2012 年修改《刑事诉讼法》时规定了犯罪记录封存的两个特例：一是"司法机关根据办案需要"进行查询；二是"有关单位根据国家规定"进行查询。如何准确理解这两个特例，关系到司法实践中封存制度如何运用，对此理论界和实务界存在许多争议。

1. 关于"司法机关根据办案需要"

对于"司法机关"如何界定，主要有两种观点：第一种观点认为，"司法机关"通常仅包括人民检察院和人民法院。② 第二种观点建议此处有权查询犯罪记录的司法机关应作扩大理解，包括公安机关。③

关于"办案需要"的界定，主要包括四种观点：第一种观点从国际条约角度界定"办案需要"，根据《北京规则》查询的例外应仅限于需要办理的案件与未成年人犯罪记录封存案件有直接关系，不查询将无法查明案件事实、及时破案，由办案人或者经授权的人进行查询。④ 第二种观点认为包括办理刑事案件、民事案件和行政案件。这样的理解既是在权衡社会利益和涉罪未成年人个人利益后的选择，也是正确查明案件事实的需要。⑤ 第三种观点从保护未成年人合法权益的原则出发，认为不宜对案件性质做扩大解释，

---

① 高峰：《未成年人犯罪记录封存中几个实务问题探讨与完善》，载《贵州警官职业学院》2014 年第 2 期。

② 陈光中主编：《中国司法制度的基础理论问题研究》，经济科学出版社 2011 年版，第 12－16 页。

③ 王頔、邢晓晨：《宽严相济视野下未成年人犯罪记录封存制度研究》，载《湖北警官学院学报》2015 年第 9 期。

④ 崔汪卫：《论未成年人犯罪记录封存制度的适用》，载《中国青年研究》2014 年第 2 期。

⑤ 王頔、邢晓晨：《宽严相济视野下未成年人犯罪记录封存制度研究》，载《湖北警官学院学报》2015 年第 9 期。

宜将其限制为"司法机关侦查犯罪案件需要"。此外，对"需要"一词亦应做狭义解释，立法宜确立"最后手段原则"以界定"需要"的外延，即只有在司法机关穷尽所有手段仍无法查证并作出决定时，方可查阅未成年犯罪记录。① 第四种观点认为"案件"应仅仅限于刑事案件和与其对应的附带民事诉讼案件，不应扩展至其他民事行政案件。②

2. 关于"有关单位根据国家规定"

目前理论界和实务界对于"国家规定"的界定存在分歧。一种观点认为，对于《刑事诉讼法》中的"国家规定"的范围，必须予以严格限定，可以参照《刑法》第96条的规定。即"国家规定"包括全国人民代表大会及其常务委员会制定的法律和决定、国务院制定的行政法规、规定的行政措施、发布的决定和命令。③ 也有观点提出"国家规定"应限定为全国人民代表大会及其常务委员会制定的法律，其他行政法规等均不属于"国家规定"的范围。同时，应当要求有关单位在根据"国家规定"请求查询时附上"国家规定"的具体依据。④

关于"有关单位"，主要有以下几种观点：第一种观点认为根据《刑法》第30条的规定，"单位"包括公司、企业、事业单位、机关和团体。第二种观点建议对"有关单位"作列举式规定，如公安机关、检察机关、司法机关、政府性的人事档案机关及党组织等，从而排除某些单位以"有关单位"的名义侵害未成年犯罪人的利益⑤。第三种观点提出除了党政机要部门、特定勤务兵种和其他特定岗位的招录单位之外，一般的公务员与事业单位的招录、普通兵种的入伍招录单位无权查询未成年人的犯罪封存记录。⑥

---

① 庄乾龙：《论未成年人犯罪记录封存制度》，载《中国青年政治学院学报》2014年第4期。

② 李章仙：《"封存"还是"消灭"？——评新刑诉法犯罪记录封存条款》，载《预防青少年犯罪研究》2015年第2期。

③ 曾新华：《论未成年人轻罪犯罪记录封存制度——我国新〈刑事诉讼法〉第275条之理解与适用》，载《法学杂志》2012年第6期。

④ 邓文婷，彭情宝：《未成年人犯罪记录封存制度的适用》，载《广西政法管理干部学院学报》2014年第1期。

⑤ 房清侠：《前科消灭制度》，载《法学研究》2001年第4期。

⑥ 李章仙：《"封存"还是"消灭"？——评新刑诉法犯罪记录封存条款》，载《预防青少年犯罪研究》2015年第2期。

专家们对有关单位根据国家规定可以查询犯罪记录提出了完善的建议。第一种观点认为如果采取与刑法规定保持一致会使未成年人犯罪记录封存制度的意义大打折扣。该学者提出可以考虑以下两条途径：一是限定"有关单位"与"国家规定"的范围；二是修改立法中有关有犯罪前科者职业禁止的规定。第一条途径的缺陷是可能造成"单位"之间的不公平，且与刑法中的规定不能保持一致；后一种方法可在与刑法规定保持一致的同时，切实维护未成年人的合法权益。该学者更倾向于采用第二种方法。①第二种观点建议应逐步取消但书中"有关单位根据国家规定进行查询"的规定②。第三种观点提出对于适用范围有两种合理的立法模式：一是概括式加否定式列举；二是只进行肯定式列举。若立法机关意图在大范围内适用，可以采取第一种方式，即先通过概括对适用范围做个原则性的规定，再对不适用的采用否定式列举加以排除，其余的就是可以适用的范围；若立法机关仅计划在小范围内适用，可以采取第二种方式，即只有肯定式列举的内容为适用范围。③

3. 查询的申请方式及程序

修改后的《刑事诉讼法》并未规定查询的申请方式，高检院《人民检察院刑事诉讼规则（试行）》规则规定申请应采取书面要式，最高院司法解释亦未规定申请方式，只是原则性规定需要"说明理由"。

有学者对查询的具体程序进行了构建，具体如下：第一，查询申请的审批程序。犯罪记录封存机关对被封存的记录有保管义务，因此对于查询的申请，必须履行审核义务。我国各地做法不尽相同，详尽程度也各有差异，但例外查询主要包括三个方面：一是核实申请查询人的个人信息；二是审核申请查询的书面申请与法律依据；三是封存机关的内部决定是否准予查询。第二，查询后的保密义务与依法使用的义务。对封存信息的保密是贯彻犯罪记录封存始终的义务，任何知悉被封存信息的主体都必须依法遵守保密义务，防止擅自向外界披露被封存的信息。作为犯罪记录封存的例外规定，查询机

---

① 庄乾龙：《论未成年人犯罪记录封存制度》，载《中国青年政治学院学报》2014年第4期。

② 朱锡平：《宜教不宜罚：未成年人轻罪记录封存制度的走向选择》，载《青少年犯罪问题》2013年第6期。

③ 朱世海、高秉政：《澳门与内地未成年人刑事司法制度比较研究》，载《青少年犯罪问题研究》2014年第4期。

关必须根据法律规定的用途使用获悉的封存信息。同时在查询时应签署承诺书，因查询知悉被保存信息的自然人、法人应保证不对外披露查询知悉的信息。第三，司法机关与一般单位的查询范围应当有所区别。对司法机关为办理案件需要申请查询的，档案封存机关依法可以允许其查阅、摘抄、复制相关案卷材料。对司法机关以外的机关、单位申请查询的，原则上不应当允许其查阅卷宗，而应当审核申请的法律依据与用途，分别通过告知是否受过法律处分、被判处的罪名、刑期、提供裁判文书的方式满足其需求。① 亦有学者建议为防止犯罪记录泄露，应改变目前的多头管理模式，统一由一个部门进行管理，受理查询申请、审查查询申请、提供申请查询的信息等。对于不符合查询条件的单位，应拒绝其请求。杜绝出现查询主体在一个机关被拒绝而在另一个机关却查询到犯罪记录的情形。②

地方的实践也各具特色。有的地方建立了查阅审批机制，设置查询的权限，未成年人犯罪记录信息非经法定程序和保密级别不能被检索，如广州、南京地区对未成年人犯罪电子档案实施权限管理③。也有地方探索分级查询机制，根据单位的性质、未成年人犯罪的严重程度、查询事由的重要性等因素设定查询层级，不同性质的查询单位、不同性质的查询事由以及不同严重程度的被查询犯罪记录对应不同层级的查询权限。④

4. 犯罪记录系统

现代国家为了保障犯罪记录制度能够充分发挥作用，一般是采取信息化处理的方式建立全国性的犯罪记录，并由一个部门统一主管。例如，在德国，根据《联邦中央档案记录法》的规定，所有生效的有罪判决均被记录在联邦中央档案记录中，由联邦检察总长负责，所有法院及官署机构都有义务将应当登录的裁判、认定及事实通知联邦中央记录机关。负责登记和管理犯罪记录的主体应当能够及时、全面地掌握有关犯罪的情况，也有能力、有条

---

① 孟斌：《犯罪记录封存制度的可操作性完善——基于实践操作的体系性反思》，载《法律适用》2015 年第 5 期。

② 王强强：《宪法视野下未成年人犯罪记录封存制度的完善》，载《四川大学法律评论》（第 17 卷），法律出版社 2017 年版。

③ 朱锡平：《宜教不宜罚：未成年人轻罪记录封存制度的走向选择》，载《青少年犯罪问题》2013 年第 6 期。

④ 卢君：《"未成年人犯罪记录封存制度"的反思与完善》，载《法律适用》2014 年第 11 期。

件管理好犯罪记录并为其他主体提供查询服务。①

我国现阶段，还没有建立起全国统一的犯罪信息管理机制，犯罪信息的管理主体与记录载体都极为分散，导致实践中对未成年人犯罪记录的封存并非由某个机关单独完成，也使犯罪记录的查询难以规范，相关法律法规的实施难以保障。有学者将目前我国犯罪系统的现状归纳为以下三点：一是信息共享机制不健全。司法实践中，犯罪记录制度首先表现为散存于公安部"全国违法人员信息资源库"、最高人民检察院"全国行贿犯罪档案查询系统"以及最高人民法院"中国裁判文书网"三大犯罪记录信息系统，各系统之间缺乏互联共享性能，实践中完全依靠三机关之间自觉遵从的信息通报传输机制。二是犯罪记录数据不全。三是未成年人保护机制不健全。②

为了加强对犯罪人员信息的有效管理，2012 年"两高三部"印发的《关于建立犯罪人员犯罪记录制度的意见》指出，"依托政法机关现有网络和资源，由公安机关、国家安全机关、人民检察院司法行政机关分别建立有关记录信息库，并实现互联互通，待条件成熟后建立全国统一的犯罪信息库。为保障犯罪人员的犯罪信息能够得到及时登记，应当建立犯罪人员信息通报机制。但是由于《意见》中的规定较为原则，可操作性不强，我国在犯罪记录信息的统计与查询中依然面临多重困境。有观点认为从管理便利的角度看，可以将犯罪人员信息系统交由公安机关统一管理，信息库的更新、使用均由公安机关进行，其他机关在作出有关犯罪记录的决定之时应该同时送达至公安机关，以便其对信息库及时更新。此外，应尽快打破信息系统的地方化局面。③ 亦有观点建议由司法部牵头，公检法司共同组建。在我国与世界各国签订的刑事司法协助协定上，均有要相互提供犯罪记录的规定，根据国际惯例或者国际公约，国际刑事司法协助的主体主要是司法部。④

---

① 李玉萍：《〈关于建立犯罪人员犯罪记录的意见〉理解与适用》，载《人民检察》2012 年第 16 期。

② 林国、李含艳：《组建涵盖未成年人的全国犯罪记录查询系统之构想》，载《商品质量》2013 年第 7 期。

③ 刘晓萌：《未成年人犯罪记录封存实证研究》，西南政法大学 2014 年硕士学位论文。

④ 于志刚：《构建犯罪记录查询制度之思考》，载《人民论坛》2010 年第 23 期。

## （二）封存效力问题

### 1. 司法机关查询后应用已封存记录的界限

司法机关基于办案需要可以查询已封存的犯罪记录，但是查询之后应用的界限，仍是实务界争议的焦点。

关于已封存的犯罪记录能否作为定罪前科的问题，主要存在三种观点：第一种观点认为，犯罪记录封存不等于前科消灭，因犯罪所受刑罚而导致的法律后果并不因犯罪记录封存而消灭。如果司法机关仅能查询而不得使用该犯罪记录，则查询的目的难以实现，也就是实际的犯罪记录消灭。① 第二种观点认为，犯罪记录封存是对未成年人的"教育、感化、挽救"方针的体现，为未成年人去除犯罪标签、重新回归社会创造有利条件，应当视为没有犯罪前科。支持此种观点的主要理由有：第一，封存的前科不作为法律评价是严格司法的应然要求；第二，封存的前科不作为法律评价是司法公正的内在要求；第三，封存的前科不作为法律评价系司法公开的必然要求。如果要对封存的前科记录予以法律评价，已封存的犯罪前科必然要经过控辩双方的公开质证，不仅辩护人、现场旁听人员能获知本应保密的封存记录，且以视频、图文等方式直播庭审过程，实际上是将应保密的封存记录公之于众。② 第三种观点认为，对于查询的记录应当区别对待，若被封存的犯罪记录系案件主要事实的定案依据，或能直接影响审判结果，应当允许司法机关将该记录作为证据使用，但是对于使用时的公开性应当予以限制。如果被查询的犯罪记录并不能证明案件主要事实或者仅仅作为品格证据存在，则应将其予以封存，不得作为案件证据予以使用。③

### 2. 是否构成毒品再犯

由于现行法律没有对未成年人能否构成毒品再犯做出定论，理论和实务界的专家便从各自的立场出发，依据不同的解释逻辑和价值理念，得出了两种截然不同的结论。

---

① 《犯罪记录封存制度规定有待细化》，载 http：//news. 163. com/17/0508/11/CJTLH7RR00018A OQ. html，访问时间：2017 年 6 月 5 日。

② 黄晓丽等：《已封存的犯罪记录应否作为定罪前科之探析》，载《中国检察官》2016 年第 12 期。

③ 《犯罪记录封存制度规定有待细化》，载 http：//news. 163. com/17/0508/11/CJTLH7RR00018AOQ. html，访问时间：2017 年 6 月 5 日。

支持构成毒品再犯者认为：第一，根据罪刑法定原则，在《刑法》第356 条对毒品再犯的构成要件的规定没有排除未成年人可构成毒品再犯的可能性的情况下，应当认定未成年人构成毒品再犯。① 第二，未成年人犯罪记录封存和免除前科报告义务不等于未成年人犯罪前科消灭，累犯和毒品再犯的属性不同，不能因未成年人不构成累犯便当然推出其也不构成毒品再犯的结论②。第三，从我国毒品犯罪的环境来看，目前毒品犯罪日趋严重，并且向未成年人蔓延的趋势明显。在这种形势下，对实施毒品犯罪已成为习惯的犯罪人而言，其改造可能性变小，故保留犯罪记录是打击、预防毒品犯罪，对毒品犯罪形成高压态势的需要，与目前的毒品犯罪立法、司法精神相一致。第四，与一般累犯相比，毒品再犯体现出更强的主观恶性和难改造性，从重处罚能实现特别预防的目的，必要且必须。③

反对构成毒品再犯者认为：第一，犯罪记录被封存后应处于一种绝对保密状态，即便司法机关为办案需要或者有关单位根据国家规定可以进行查询，查询单位也应将查询所获知的犯罪记录情况予以保密，不得对此加以利用。第二，对未成年期间所实施较轻犯罪行为进行犯罪记录封存，不予重复利用和评价，将更有利于未成年人之成长与发展，也更能体现我国处理未成年人犯罪的立法精神；最后不将被告人认定为毒品犯罪再犯，符合国际司法实践——《联合国少年司法最低限度标准规则》相关规定。④ 第三，根据有利于被告人的类推解释原则，对不满 18 周岁的人不能以毒品再犯从重处罚。⑤ 第四，未成年人不构成毒品再犯符合罪责刑相适应原则，刑事责任能力主要反映的是行为人对其自身行为的认识和控制能力，其受行为人生理和智力两方面因素的影响。在没有精神疾病等病理性因素导致行为人刑事责任能力减弱或丧失的情况下，刑事责任能力判断的主要依据是主体的年龄大小，人的认知和控制能力会随着年龄的增长而增强。在具体的刑罚安排上，对未成年犯罪

---

① 吕哲如：《论未成年人可构成毒品再犯》，载《中国检察官》2016 年第 12 期。

② 乔梅、高蕴嵘：《未成年人毒品犯罪前科应作为认定毒品再犯的依据》，载《人民检察》2016 年第 7 期。

③ 吕哲如：《论未成年人可构成毒品再犯》，载《中国检察官》2016 年第 12 期。

④ 《已封存的犯罪记录不得作为再犯认定依据——重庆三中院裁定姚勇贩卖毒品案》，载中国法院网，https：//www. chinacourt. org/article/detail/2014/11/id/1482316. shtm，访问时间：2017 年 6 月 6 日。

⑤ 周光权：《论量刑上的禁止不利评价原则》，载《政治与法律》2013 年第 1 期。

人做出有别于成年犯罪人的处罚规定，便是罪责刑相适应原则的应有之义。强调未成年人保护优先的原则，从而抵消毒品犯罪从严惩处的负面影响。①

### 🔨 六、犯罪记录封存制度的救济机制和监督

#### （一）封存制度的救济机制

"无救济便无权利"，缺乏救济措施，必定会影响制度的实施效果，还可能导致形同虚设。目前我国刑事诉讼法和相关司法解释均未设置相应的救济条款，若出现犯罪记录的泄露或应当封存而未封存的情况，未成年人如何追责成了一个问题？关于这一问题理论界和实务界展开了积极讨论，主要包括以下三方面的内容。

1. 未成年人犯罪记录的性质

一部分学者支持将犯罪记录视为隐私权的客体。② 认为隐私权的保护有利于当事人改过自新，也利于当事人融入正常的社会生活，同时也是尊重人性尊严与人格自由发展的需要。

隐私权是指自然人享有的私人生活与私人信息秘密依法受到保护，不被他人非法侵扰、知悉、搜集、利用和公开的一种人格权，而且权利主体对他人在何种程度上可以介入自己的私生活，对自己是否向他人公开隐私以及公开的范围和程度等具有决定权③。

一些学者不支持将犯罪记录作为隐私权加以保护，主要存在四种观点：第一种观点"增加犯罪成本说"。认为犯罪人的隐私不需要保护，即使由此而让罪犯的亲属、后代蒙受一定羞耻，这是不可避免，也是有必要的，是一种犯罪成本的增加。④ 第二种观点"公共利益阻却说"。该说认为公共利益可以对抗公民的隐私权，这是一项公认的原则，所以为了公共安全，不应予

---

① 王思维：《论未成年人不应构成毒品再犯》，载《青少年犯罪研究》2017 年第 4 期。

② 于志刚：《关于犯罪记录予以隐私权保护的思索》，载《河南大学学报》2010 年第 9 期。

③ 张新宝：《隐私权的法律保护》（第 2 版），群众出版社 2004 年版，第 21 页。

④ 郝铁川：《罪犯的隐私权保护》，载《法制日报》2004 年 6 月 24 日。

以保护。① 第三种观点"社会防卫说"。该说认为从罪犯的隐私权和公众安全之间的矛盾出发认为行为人的犯罪记录不应当作为隐私，而应当为公众所知悉，以实现预防犯罪的目的。② 第四种观点"犯罪代价说"。犯罪记录本身不存在涉及隐私的问题，犯罪后除了刑法之外自然会存在其他不利后果。这是客观存在的，甚至不包括在法律内，这也是犯罪人应该承担的。③

支持将犯罪记录作为隐私权客体的学者认为若将犯罪记录排除在隐私权范畴之外会使非规范性评价及标签效应无限扩大；同时这是放纵法律评价之后的道德审判。犯罪记录有转化为隐私权客体的可能性：第一，犯罪记录转化为私人信息是犯罪记录制度法律本质中的应有之义；第二，社会公众对犯罪事实关注度的下降推进了犯罪记录向私人信息的转化；第三，可以促进犯罪人回归社会，从根源上预防犯罪等；④ 第四，犯罪记录被列为隐私权内容的过程是一个利益考量的过程⑤。在犯罪人个体利益与社会公共利益的博弈中，相比成年人而言，国家和社会对更容易矫治的未成年人给予了更大的包容和宽恕，犯罪记录因此成为未成年人的一项隐私。⑥ 但是，也有观点提出并非所有的前科资料在任何时候都应被纳入隐私的保护范围，应具体问题具

---

① 《论媒体侵权与罪犯隐私》，载 http：//www. chinajianyu. cn/html/fagui/200903/29 - 1862. html？jdfwkey = ejpdm，访问时间：2017 年 5 月 25 日。

② 于志刚：《关于犯罪记录予以隐私权保护的思索》，载《河南大学学报》2010 年第 9 期。

③ 曾祥生等：《聚焦全国第一份"行贿黑名单"记录档案》，载《民主与法制时报》2003 年 10 月 14 日第 2 版。

④ 于志刚：《关于犯罪记录予以隐私权保护的思索》，载《河南大学学报》2010 年第 9 期。

⑤ 从社会目的来看，结合前文中关于广义的犯罪记录封存制度的讨论，即使是对被判处的刑罚在 5 年有期徒刑以上的未成年人犯罪案件，也应当在诉讼过程及诉讼之后注意保护未成年人的隐私。按照官方文件的规定，对未成年人的治安管理处罚等行政处罚记录也属于隐私保护的范围。2010 年 8 月中央"六部门"发布《关于进一步建立和完善办理未成年人刑事案件配套工作体系的若干意见》规定："对未成年犯的档案应严格保密，建立档案的有效管理制度；对违法和轻微犯罪的未成年人，有条件的地区可以试行行政处罚和轻罪记录消灭制度。非有法定事由，不得公开未成年人的行政处罚记录和被刑事立案、采取刑事强制措施、不起诉或因轻微犯罪被判处刑罚的记录。"

⑥ 张子敏、花秀骏：《我国未成年人犯罪前科封存制度的实施及其完善》，载《人民司法》2012 年第 23 期。

体分析。①

2. 未成年人犯罪记录封存制度的追责主体

《关于建立犯罪人员犯罪记录制度的意见》有关于违规处理犯罪人员记录责任的规定。该《意见》明确规定了三类人员在违反规定时应承担相应后果：（1）负责提供犯罪人员信息的部门及其工作人员应当及时、准确地向犯罪人员信息登记机关提供有关信息；不按规定提供信息，或者故意提供虚假、伪造信息，情节严重或者造成严重后果的，应当追究相关人员的责任。（2）负责登记和管理犯罪人员信息的部门及其工作人员应当认真登记、妥善管理犯罪人员信息；不按规定登记犯罪人员信息、提供查询服务，或者泄露犯罪人员信息，情节严重或者造成严重后果的，应当追究相关人员的责任。（3）使用犯罪人员信息的单位和个人应当按照查询目的使用有关信息；不按规定使用犯罪人员信息，情节严重或者造成严重后果的，应当追究相关人员的责任。② 有观点建议应当增加律师作为追责主体③。也有观点建议将媒体和个人泄露未成年人犯罪信息的行为也纳入犯罪的范畴④。

3. 具体救济途径

理论界认为，可以探索建立未成年人犯罪记录封存"多位一体"责任追究和赔偿机制。第一，如果泄露者是负有保密义务的国家工作人员，可以追究其行政责任。第二，针对律师，可以在民事责任和行业规范上进行双重规制。⑤ 第三，如果侵权人泄露信息的行为造成了刑法上的危害后果时，可以依据《刑法》253 条之一⑥，以出售、非法提供公民个人信息罪来追究其刑

---

① 李锋：《论刑事诉讼中的隐私权保护》，西南政法大学 2007 年硕士学位论文。

② 李玉萍：《〈关于建立犯罪人员犯罪记录的意见〉理解与适用》，载《人民检察》2012 年第 16 期。

③ 刘晓萌：《未成年人犯罪记录封存实证研究》，西南政法大学 2014 年硕士学位论文。

④ 如法国《未成年人犯罪法》规定，"任何机构及个人均不得以书籍、新闻媒体、广播、录像或其他方式公开青少年法庭的庭审，否则可判处 6000 欧元的罚金……如果判决系在未成年被告人在场的情况下公开作出，则媒体亦不得公开该未成年人的姓名，违反此一规定的机构或个人将科处 3750 欧元的罚款。"

⑤ 刘晓萌：《未成年人犯罪记录封存实证研究》，西南政法大学 2014 年硕士学位论文。

⑥ 《刑法》第 253 条之一规定："违反国家有关规定，向他人出售或者提供公民个人信息，情节严重的，处三年以下有期徒刑或者拘役，并处或者单处罚金；情节特别严重的，处三年以上七年以下有期徒刑，并处罚金。违反国家有关规定，将在履行职责或者提供服务过程中获得的公民个人信息，出售或者提供给他人的，依照前款的规定从重处罚。"

事责任，如果泄露者是负有保密义务的国家工作人员，还可以同时追究其渎职责任，构成想象竞合犯，责一重论处。① 第四，对于他人恶意宣扬、散布未成年人已被封存的犯罪记录内容，侵犯隐私、破坏名誉，以及在求学、就业等方面歧视或者变相歧视未成年人的，允许未成年人以隐私权被侵犯提起诉讼，法院也应当受理。反歧视之诉可以说是确保未成年人犯罪记录封存制度运转顺畅并发挥功效的最有力的保障。

针对如何进行救济，有论者建议应当建立依职权和依申请相结合的救济模式。具体构想如下：第一，依职权救济机制，是指人民法院、人民检察院发现违反未成年人犯罪记录封存制度的单位及个人，依职权主动对该未成年人实行救济。第二，依申请救济机制，是指未成年犯罪人及其近亲属发现有关单位及个人泄露、侵犯未成年犯罪人的身份信息，而向司法机关提出申请，由司法机关裁量后作出是否对其进行救济。②

### （二）封存制度的监督

法律责任的追究需要相应的监督制度，对于监督的主体和程序目前学者和实务部门专家的立场大致分为两种：一种观点认为检察机关本身也是犯罪记录封存的重要主体，由其实行检察监督本来就面临"谁来监督监督者"的"硬伤"，影响监督的公正性。持这种观点的学者建议建立统一的未成年人犯罪记录封存管理监督机构③。也有学者持相似观点认为建立一个统一的监督管理机构不仅有利于协调诸多部门的封存工作，而且在监督上也更具中立性。④ 另一种观点则认为检察机关作为国家法律监督机关，在犯罪记录封存的启动、适用合法性以及执行规范性等环节理应具有监督的权利和义务。⑤

---

① 薛胜男：《我国未成年人犯罪记录封存制度研究》，辽宁大学 2014 年硕士学位论文。

② 陆利振、孙本雄：《完善未成年人犯罪记录封存制度之我见》，载《四川警察学院学报》2015 年第 4 期。

③ 庄乾龙：《论未成年人犯罪记录封存制度》，载《中国青年政治学院学报》2014年第 4 期。

④ 李章仙：《"封存"还是"消灭"？——评新刑诉法犯罪记录封存条款》，载《预防青少年犯罪研究》2015 年第 2 期。

⑤ 对此问题的论述可参见上海市闸北区人民检察院未成年人犯罪问题研究课题组：《未成年人犯罪记录封存制度的构建与检察监督》，载《政治与法律》2012 年第 5 期；马艳君：《未成年人犯罪记录封存制度实践设想》，载《法学杂志》2013 年第 5 期。

检察机关应该从以下几个方面加强对未成年人犯罪记录封存制度的监督：
（1）法律适用方面的合法性监督；（2）封存制度运行是否规范进行监督。
具体包括：一是事前监督，以实现犯罪记录封存履责部门的管理规范化；二
是事中监督，以监督特殊情况下查询和公开犯罪记录的合法性和合理性；三
是事后监督，为犯罪记录封存提供制度保障，通过不定期跟踪回访涉罪未成
年人、与履责部门或单位沟通，实时监测封存或公开犯罪记录给涉罪未成年
人造成的影响。[①]

　　在检察机关如何履行监督权方面，有观点提出主要有以下几种方式：
（1）检察建议。在对执行未成年人犯罪记录封存制度的情况进行监督的过程
中，尤其要重视发现制度执行不规范、不到位的"一类问题"，有针对性地
制发检察建议，督促、帮助执行单位制定整改措施、健全工作制度。对于存
在的如泄露未成年人信息等违法行为，还可以建议相关单位根据《未成年人
保护法》的相关规定，给予行政处分。（2）纠正违法通知。如发现相关单位
存在不应当公开而予以公开，或者应当公开而不予公开的情形，可及时书面
通知执行部门纠正。（3）监督立案。如行为人的行为已经符合《刑法》第
253 条之一的规定，构成出售、非法提供公民个人信息罪的，应监督公安机
关立案侦查。（4）刑事侦查。对国家机关工作人员在执行未成年人犯罪记录
封存制度过程中，滥用职权或者玩忽职守，对应当封存的犯罪记录不予封
存，并且因违法公开未成年人犯罪记录而造成严重后果，构成犯罪的，检察
机关应当依法立案侦查，追究其刑事责任。[②]

### 七、 与相关法律法规和制度之间的关系

　　法律的有效性与立法程序和法律文化存在着密切联系。与相关法律的衔
接程度如何，是尊重还是背离社会事实，能否合理引导社会事实，这是现代

---

[①]　王頔、邢晓晨：《宽严相济视野下未成年人犯罪记录封存制度研究》，载《湖北
警官学院学报》2015 年第 9 期。

[②]　郑小敏：《浅论检察环节的未成年人犯罪记录封存》，载《中国检察官》2013 年
第 9 期；马艳君：《未成年人犯罪记录封存制度实践设想》，载《法学杂志》2013 年第 5
期；未成年人犯罪问题研究课题组：《未成年人犯罪记录封存制度的构建与检察监督》，
载《政治与法律》2012 年第 5 期。

法律能否获得生命力的关键。① 从未成年人犯罪记录封存来看，这一制度在实施时，除了面临的上述一些内部程序上的质疑和规定缺失外，还具有诸多来自外部的问题亟待解决。

**（一）与相关法律、行政规章的冲突**

1. 与相关法律法规的对接问题

根据《刑事诉讼法》第 286 条和《刑法》第 100 条的规定，免除未成年犯罪人的前科报告义务，被判处 5 年以下刑事处罚的犯罪记录采取封存制度，但是在实践中效果却大打折扣。除了制度本身规定的问题，还存在着与部分法律法规、行政规章不协调的问题。犯罪所带来的后果不仅体现在刑事法律上，还包括非刑事上的评定，主要是民事上对于资格的限定。据有关学者初步统计法律、国务院法规和行政规章，其中含有从业资格限制的规范达51 条之多，这仅涉及全国层面的法律法规，如果算上各个地方行政规章和个地方行政部门的实施细则、整顿通知，资格限制之多恐怕还计算不过来。② 虽然刑事诉讼法确立了未成年人犯罪记录封存制度，但是有关单位仍然可以根据"国家规定"进行查询。一旦依据这些法律法规查询出未成年人的犯罪记录，那么对其进行就业限制就是合法的。在这些法律法规中，根据时间的长短可以分为终生禁止和规定时间内限制。前者例如《公务员法》第 24 条、《检察官法》第 11 条等；后者如《公司法》第 146 条、《会计师法》第 10 条等。根据犯罪的种类可以分为针对所有类型的犯罪和针对特定类型的犯罪。③ 除了法律明文规定对存在前科的未成年人在就业方面造成的限制外，我国严格的政审制度也对未成年犯罪人造成了巨大的限制。④

针对职业资格限制问题，许多学者提出了解决途径。第一种观点提出针对不同性质的职业应有不同的考量。主要职业可以分为以下几类：第一类是

---

① ［德］哈贝马斯著：《在事实与规范之间：关于法律和民主法治国的商谈理论》，童世峻译，三联书店 2003 年版，第 8 - 34 页。

② 袁婷：《公民职业资格该不该受限》，载《民主与法制时报》2011 年 1 月 31 日第A06 版。

③ 宋英辉、杨雯清：《犯罪记录封存制度的检视与完善》，载《法律适用》2017 年第 19 期。

④ 王强强：《宪法视野下未成年人犯罪记录封存制度的完善》，载《四川大学法律评论》（第 17 卷），法律出版社 2017 年版。

与国家公权力有关的职业，即公务员行业，如法官、检察官等。这些职业的从业人员是国家公权力的具体代行者，他们代表了国家权威，有着独立于其他职业之外的特殊性，因此不宜任用曾犯过罪的人员。第二类是对道德和职业操守具有较高要求的职业，如教师、律师、医生等。由于这类职业与公共利益密切相关，也不宜任用具有犯罪记录的人，除非是过失犯罪，不能仅因年少时的一时疏忽或过于自信就认为行为人不具备道德情操。① 第三类则是除前两类以外的其他职业，这些职业不应当限制犯罪记录已被封存的人从事相关工作。② 第二种观点提出可以根据未成年人所判刑期的长短以及罪行的社会危害性等情况适当放宽特殊行业的准入条件；在某些并不直接涉及国家安全或者法律公平正义的行业，如医生、会计等，可以考虑取消有犯罪记录的未成年人的准入限制，无条件地接纳已经改过自新的主体。③ 第三种观点提出应对其他法律与刑事法律进行衔接性修改，但不可一味地修改其他法律以化解犯罪记录封存制度与职业禁止的冲突，这样不免走向刑罚个别化的极端，应该既保证犯罪记录封存的效果，也有效服务于社会秩序对特定职业的需求。④ 第四种观点提出采取差异化的处理方法，考虑罪质的区别和职业的内在需求。⑤

2. 与行政规章等规定的衔接问题

除了就业上的限制，公安机关的相关规定与犯罪记录封存制度之间也存在冲突，主要表现在以下几个方面：（1）公安机关的《重点人口管理规定》将五类 20 项人员规定为公安机关的重点管理人员。其中第四类就是因故意违法犯罪被刑满释放、解除劳动教养不满 5 年的。针对这些被纳入重点人口管理范围内的人员，公安机关会深入社区、街道等进行调查走访，了解重点人口的相关信息，进行重点控制和定期的帮助教育，未成年人犯罪记录即便进

---

① 张铁军、张擎、王珊珊：《我国未成年人犯罪记录封存制度研究》，载《中国检察官》2015 年第 3 期。

② 陈敬根、牛汉：《未成年人犯罪记录封存制度：实践考察与未来走向》，载《大连海事大学学报》2017 年第 4 期。

③ 周津锋：《未成年人前科封存制度的合理性及完善——以新〈刑事诉讼法〉为视角》，载《法治论坛》2012 年第 4 期。

④ 李章仙：《"封存"还是"消灭"？——评新刑诉法犯罪记录封存条款》，载《预防青少年犯罪研究》2015 年第 2 期。

⑤ 王彬：《就业中的前科歧视》，上海交通大学 2009 年博士学位论文。

行了封存，其效果也令人怀疑。① （2） 与公安机关出具无犯罪记录证明的制度矛盾。根据相关规定，公安机关有义务在公民从事特定行业时出具有无违法犯罪记录证明。因此，即使未成年人犯罪记录被封存，当其从事特定行业时，公安机关还是无法出具其无违法犯罪历史的证明。（3） 与公安机关的户籍管理制度相冲突。我国现行户籍制度是计划经济时代的产物，每位公民的出生、上学、结婚、就业、迁移等无不受到户籍制度的制约。户籍与公民的政治、经济、文化教育权利挂钩，记载了该公民的违法犯罪情况及服刑情况。在我国户籍制度改革之前，未成年人犯罪记录封存制度难以有效实现。此外，我国目前还没有建立犯罪信息登记、查询的专门制度，行为人犯罪信息散见于人事档案、户籍登记和其他相关人事资料中。这对未成年人犯罪记录封存制度提出了严重挑战。②

针对公安机关重点人口管理与犯罪记录封存制度的冲突，有学者建议公安机关应当加强对办理未成年人案件的警务人员的培训，使其树立少年司法理念。在进行治安管理行为时，应当将保护未成年人隐私作为首要考虑的因素，严禁采用泄露未成年人信息的方式方法，并建立追责机制。对重点人口的管理应建立定期审查和排除机制。对于经过一定时期，回归社会较好的未成年人，应从重点人口中予以排除。③

针对犯罪记录封存制度与户籍制度之间的冲突如何缓和。第一种观点认为我国的体制决定了短期内无法实施这类方式。所以在未成年人犯罪记录封存的考察期届满以前，我国可以规定犯罪记录暂时不予记入人事档案与户籍当中。如果未成年人的犯罪记录最终被予以封存，那么犯罪信息将不再载入人事档案与户籍之中。④ 第二种观点认为适当调整户籍制度和人事档案制度，把其中的有犯罪记录相关的内容分离出来，由档案管理部门进行单独管理。使户籍制度单纯地成为表明公民身份的制度，人事档案制度单纯地成为表明公民学习、工作基本情况的制度。与未成年人犯罪情况相关的各项记录，不

---

① 王东海：《未成年人犯罪记录封存制度的中国实践：适用与走向》，载《中南大学学报》2013 年第 5 期。

② 刘清生：《规范与事实之间的冲突与弥合：未成年人犯罪记录封存制度的未来走向》，载《中国刑事法杂志》2012 年第 6 期。

③ 宋英辉、杨雯清：《犯罪记录封存制度的检视与完善》，载《法律适用》2017 年第 19 期。

④ 刘晓萌：《未成年人犯罪记录封存实证研究》，西南政法大学 2014 年硕士学位论文。

再出现在人事档案中。① 有专家提出建立未成年人专门的卷宗、档案库。②
第三种观点支持建立未成年犯罪人的档案库，并提出由司法行政机关独立进
行保管比较合理，一是可以制约公检法等机关滥用权力，二是司法行政机关
作为公权力机关可以利用自身的权威很好地保护未成年犯罪人的犯罪记录，
维护未成年犯罪人的合法权益。③ 第四种观点建议采取未成年人卷宗、档案
专项保管机制，专柜密封存放，专人保密管理，档案封面不得注明未成年人
的任何身份信息，只标以代号，如江苏常州和盐城阜宁、响水建立了专门的
未成年人犯罪档案④。对于所有涉及犯罪记录封存的纸质档案，在卷宗上标
注"封存"字样。⑤

　　3. 与有关政策的衔接

　　在刑事诉讼法确立未成年人犯罪记录封存制度之前，中央政法部门已出
台了一系列文件，这些文件对于刑事记录范围有更宽泛的规定，如 2010 年 8
月《关于进一步建立和完善办理未成年人刑事案件配套工作体系若干意见》
中将未成年人的行政处罚记录和被刑事立案、采取刑事强制措施的记录都列
为不得公开的范围。如何处理两者的关系？ 有观点提出可以从两方面加以考
虑：其一两者的调整对象不同，刑诉法调整的是刑事诉讼活动，涉及的是与
定罪和处刑相关的事项；中央政法部门出台的文件更具有宏观指导性，所涉
及的范围必然相对宽泛；其二从有利于未成年人成长角度考虑，两者在各自
调整的范围内发挥保护未成年人的作用。从理论上讲，既然犯罪记录应当封
存，其他刑事记录更是可以封存。⑥

---

　　① 牛雨薇：《未成年人犯罪记录封存制度研究》，辽宁大学 2014 年硕士学位论文。

　　② 樊荣庆：《司法保护和社会保护是共识更是共同的责任——在涉罪未成年人刑事
记录封存专题研讨会上的点评》，载《犯罪研究》2011 年第 5 期。

　　③ 亢晶晶：《理性对待未成年人前科消灭制度》，载《北京青年政治学院学报》
2012 年第 7 期。

　　④ 朱锡平：《宜教不宜罚：未成年人轻罪记录封存制度的走向选择》，载《青少年
犯罪问题》2013 年第 6 期。

　　⑤ 陈冲：《未成年人犯罪记录有条件消灭制度实证调研报告——以上海地区为范
本》，载《广东青年干部学院学报》2011 年第 1 期。

　　⑥ 宋英辉、何挺、王贞会等：《未成年人刑事司法改革研究》，北京大学出版社
2013 年版，第 201 页。

4. 与教育层面既有制度的冲突

根据教育部《2010 年普通高等学校招生工作规定》第 9 条之规定："考生所在学校或单位（没有工作单位的考生由乡镇、街道办事处）应对考生的政治态度、思想品德做出全面鉴定，并对其真实性负责。鉴定内容应完整、准确地反映在考生报名登记表或省级招办另设的专门附加表中。对受过刑事处罚、治安管理处罚或违纪处分的考生，要提供所犯错误的事实、处理意见和本人对错误的认识及改正错误的现实表现等翔实材料，并对其真实性负责。"可见，规章对在出具、审定考生的报名资格证件、证明、体检、档案等材料中弄虚作假、徇私舞弊的教育系统工作人员，规定了各种责任。实践中，存在前科的未成年人即便通过了高等教育考试也会被学校拒绝录取。教育层面类似的规定不胜枚举。教育部门的规范性文件实质上侵犯了存在前科的未成年人受教育的基本权利，未成年人犯罪记录封存制度被既有的高等教育录取制度架空，在教育领域，未成年人犯罪记录封存制度也没有取得应有的效果。[1]

## （二）与相关审判制度的协调

### 1. 与司法公开之间的关系

《刑事诉讼法》第 285 条规定[2]未成年人案件采取不公开审理的方式，但是根据《刑事诉讼法》188 条[3]第 2 款的规定不公开审理要公开宣判。犯罪记录封存与司法公开之间的矛盾主要体现在三个方面：第一，未成年人刑事案件不公开审理，但宣判却要求公开，是否有违不公开审理的初衷，犯罪记录的封存是否会因为公开宣判而导致前功尽弃。[4] 第二，封存制度的例外性

---

① 王强强：《宪法视野下未成年人犯罪记录封存制度的完善》，载《四川大学法律评论》2017 年第 2 期。

② 《刑事诉讼法》第 285 条规定："审判的时候被告人不满十八周岁的案件，不公开审理。但是，经未成年被告人及其法定代理人同意，未成年被告人所在学校和未成年人保护组织可以派代表到场。"

③ 《刑事诉讼法》188 条规定："人民法院审判第一审案件应当公开进行。但是有关国家秘密或者个人隐私的案件，不公开审理；涉及商业秘密的案件，当事人申请不公开审理的，可以不公开审理。不公开审理的案件，应当当庭宣布不公开审理的理由。"

④ 温小洁：《我国未成年人刑事案件诉讼程序研究》，中国人民公安大学出版社2003 年版，第 115 页。

规定赋予了司法机关因办案需要可以对记录进行查询的权力，司法机关因办案需要调取到的未成年人已封存的记录，如果被用于其他案件的举证质证环节，或者引用于裁判文书当中，势必对封存记录进行了某种程度的公开，恐怕会伤及封存制度的核心价值①。第三，从刑事诉讼法对不公开审理以及未成年人犯罪记录封存的年龄要求的规定可以看出，二者之间可能存在冲突。假设未成年被告人在实施犯罪行为时未满 18 周岁，但是在对其进行审判时已经超过了 18 周岁，并且最后法院对其判处的刑罚是 5 年以下有期徒刑。如果对该案件按照规定进行了公开审理，这将会导致犯罪记录封存的效果大打折扣。

　　针对以上问题，学者和实务专家们提出了一些建议：第一，对不公开审理的未成年人刑事案件，应当遵守其衍生规则。即同时要求不公开宣判、不公开诉讼材料、对初犯或者轻微罪行案件确立前科消灭制度、媒体报道中隐去未成年被告人的姓名和身份信息。② 第二，严格限制诉讼参与人的范围；增加关于诉讼参与人保密义务的规定；赋予法官在不公开审理案件时签发"禁言令"的权力。③

　　2. 二审、再审与犯罪记录封存制度

　　刑事诉讼法虽然规定了上诉不加刑程序，但并不彻底。在以下两种情形下法院可以作出加刑判决：（1）第二审人民法院发回原审人民法院重新审判的案件若有新的犯罪事实，人民检察院补充起诉的或者人民检察院提出抗诉的或者自诉人提出上诉的；（2）人民法院根据审判监督程序提起再审。若法院根据上述理由对实施犯罪记录封存的未成年犯进行二审或者再审后作出的判决超过 5 年有期徒刑的，该如何处理呢？有学者认为，根据犯罪记录封存制度，一审犯罪事实仍应封存，对二审或再审犯罪事实则应公开。但也有观点提出一审犯罪事实与二审或再审犯罪事实同属一个犯罪事实，且二审或再审犯罪事实才是"真实事实"，法院对一个犯罪事实只能做出一次评价，否则违反了禁止重复评价原则。若对二审或再审犯罪事实继续进行封存，则又

---

① 娄超：《未成年人犯罪记录封存的制度分析与配套设计》，载《预防青少年犯罪研究》2012 年第 12 期。

② 高一飞、李维佳：《审判公开的限度——以未成年人刑事审判为例》，载《法律科学》2013 年第 2 期。

③ 乐宇歆：《新媒体背景下涉案未成年人的隐私保护》，载《青少年犯罪问题》2014 年第 5 期。

不符合犯罪记录封存条件。如此，会出现左右不是的局面。①

3.5 年为界，影响了判决

自未成年人犯罪记录封存制度实施以来，已有很多未成年犯从该制度中获益，该制度以"被判处五年有期徒刑以下刑罚"为唯一判断标准，可能会不适当地影响司法判决。我国《刑事诉讼法》《刑法》及有关司法解释均明确规定，司法机关在处理未成年人犯罪案件时应遵循"惩罚为辅，教育为主"的原则。最高人民法院《关于审理未成年人刑事案件具体应用法律若干问题的解释》第 11 条第 1 款规定②；对未成年罪犯量刑应当依照《刑法》第 61 条的规定③，结合刑法关于已满 14 周岁不满 18 周岁的未成年人应当从轻或减轻处罚的规定和未成年人犯罪记录封存制度。法官及包括检控方在内的控辩双方可能都会受未成年人定罪量刑政策的倾向性影响，形成适用低于 5 年有期徒刑的刑罚的司法合力，从而架空上述 5 年以上有期徒刑的刑罚，且该司法行为很难受到监督制约。有观点建议：审判机关本身应谨慎公正裁判外，检察机关应切实负担起法律监督责任，对未成年人犯罪法定刑幅度涵盖 5 年有期徒刑的从轻或减轻处罚幅度进行谨慎监督，既要维护未成年犯的合法权益，又不能背离刑法基本原则。④

### （三）与少年司法相关制度间的关系

#### 1. 与社会调查制度之间存在冲突

由于相关的司法解释中缺少对于调查工作程序以及调查方式、调查报告样式以及内容的规定，再加上调查报告内容本身具有的全面性、实践中参与人员的多样性等特点，使司法机关在对未成年被告人进行社会调查时，可能

---

① 庄乾龙：《论未成年人犯罪记录封存制度》，载《中国青年政治学院学报》2014 年第 4 期。

② 最高人民法院《关于审理未成年人刑事案件具体应用法律若干问题的解释》第 11 条第 1 款规定："对未成年罪犯适用刑罚，应当充分考虑是否有利于未成年罪犯的教育和矫正。"

③ 根据《刑法》第 61 条的规定，并充分考虑未成年人实施犯罪行为的动机和目的、犯罪时的年龄、是否初次犯罪、犯罪后的悔罪表现、个人成长经历和一贯表现等因素。

④ 庄乾龙：《论未成年人犯罪记录封存制度》，载《中国青年政治学院学报》2014 年第 4 期。

造成未成年人犯罪情况在其生活范围内扩散。[①] 针对此问题，许多专家提出了完善建议，有学者提出首先需要明确两种制度设立初衷具有一致性，即都是为了保护未成年人的利益，实现对犯罪未成年人的教育、感化、挽救之目的。

协调好两者的关系，避免因社会调查而透露未成年人犯罪信息，应当在以下方面作出规范：（1）确立侦查阶段为社会调查制度的启动阶段，后一阶段的调查只需对前一阶段进行适当的补充和完善，以避免多次重复调查。（2）对社会调查人员的资格作出明确要求，建立专业调查人员队伍。考虑到我国社工人数较少，地域之间差距大的情况，可以采取岗前培训的方式，使社会调查员树立少年司法理念，提升沟通方式方法和收集分析资料的能力等；（3）规范调查的方式方法。一方面，社会调查员在进行调查工作时，应着便装，不使用带有单位标识的车辆，地点的选取应当尊重相关人员的意见，以保护未成年人隐私作为首要因素予以考虑。同时，引入医学、心理学、精神鉴定等方式，对涉罪少年进行心理测评。注重对涉罪少年人身危险性和再犯可能性进行风险评估。（4）选取恰当的调查对象，调查前需要谨慎考虑是否有必要进行，并且要考虑到未成年人及其法定代理人的意见。（5）明确社会调查人员的保密义务。[②] 亦有观点提出：（1）要注意控制参与人与知情人的范围；（2）可以通过签署保密协议的形式来对相关人员进行约束；[③]（3）考虑由辩护律师充当社会调查员可以有效解决这一问题，律师可以在闲谈中获取社会调查所需要的信息，避免侦查人员与社会成员过多接触，既节约了司法资源，又能为律师的辩护提供证据。[④]

2. 与社区矫正、帮教之间的冲突

2011 年《刑法修正案（八）》将社区矫正正式纳入刑法中，在入法之前，这项制度已经实行了将近 7 年。社区矫正主要是通过社区矫正机构执行禁止令、审批外出和变更居住地等措施来加强对未成年社区服刑人员的监督管理，定期到社区、学校进行核查，定期或者不定期要求未成年人到社区矫

---

① 牛雨薇：《未成年人犯罪记录封存制度研究》，辽宁大学 2014 年硕士学位论文。

② 宋英辉、杨雯清：《犯罪记录封存制度的检视与完善》，载《法律适用》2017 年第 19 期。

③ 牛雨薇：《未成年人犯罪记录封存制度研究》，辽宁大学 2014 年硕士学位论文。

④ 宋英辉、甄贞主编：《未成年人犯罪诉讼程序研究》，北京师范大学出版社 2011 年版，第 130 页。

正机构汇报情况，要求定期参加公益劳动等。社区矫正更有利于未成年人身心的发展，防止未成年人由于监禁刑所造成的犯罪思想交叉感染，同时又保证其不与社会隔离，避免被贴上罪犯的"标签"。相较于成年人，未成年人对于父母的依赖、对于家庭的需求更甚，他们需要父母、学校的引导和正常的交往。青少年时期正是学习知识、技能的重要时期，采取社区矫正的方式对未成年人来说意义重大。但是对于犯罪记录已经封存的未成年人而言，社区矫正既达不到应有的矫治效果，还会造成未成年人犯罪信息的泄露，主要原因是：第一，受制于人财物的匮乏，社区矫正难以做到由专业人士负责，各地都是仅由几名兼职人员负责开展社区矫正，这就使工作流于形式且专业度不够，难以发挥真正的作用，很多时候甚至产生了"虽是好心但是不利于未成年人的结果"。第二，社区矫正要求未成年犯罪人遵守一定的规则，参与一定矫正活动，同时要求询问特定人员来了解未成年人情况，这些方法会在一定程度上泄露未成年犯罪人的案件信息和其个人的隐私。第三，社区矫正工作人员往往缺乏专业性，不了解未成年人的身心状况，在社区矫正过程中缺乏足够的耐心和科学的沟通技巧。这些状况导致司法实践中许多家长不愿意未成年犯罪人到社区矫正机构进行改造，尤其是犯罪记录已经被封存的未成年犯罪人的家长。家长认为孩子的犯罪记录信息好不容易被隐瞒，绝不能因为社区矫正而被周围人知道。①

　　缓和两者之间的冲突，首先应该厘清两者之间的关系，目前主要有三种观点：第一种观点指出社区矫正机构承担着教育矫正和监督管理职责，在采取矫正措施时必然会对未成年社区服刑人员的有关信息在一定范围内公开，这是由于履行法定职责所产生的结果。第二种观点指出在当前社会环境中，接受社区矫正的未成年人身份公开后，社会对他的歧视很难避免。因此应当对社区矫正进行限制。② 第三种观点指出社区矫正与犯罪记录封存两种制度在目的上是同一的，所不同的是，社区矫正通过积极的监督管理和教育矫正来帮助未成年人回归社会，而犯罪记录封存制度是通过封存犯罪档案、材料等以消除可能给未成年人带来的消极影响。相对于社区矫正这一积极的保护

---

① 杨雯清：《犯罪记录封存制度的失灵与应对》，载《铁道警察学院学报》2017年第6期。

② 《未成年社区矫正应体现特殊性专业性》，载《法制日报》，http://news.ifeng.com/a/20170103/50512782_0.shtml，访问时间：2017年6月20日。

制度而言，犯罪记录封存则是一种消极的未成年人保护制度。①

为协调两者之间关系，学者和实务专家提出了许多解决途径。有观点指出，社区矫正机构可以根据未成年人的特点，制定更能保障未成年人权益的矫正方案，如对其矫正宣告不公开进行，在不影响学习的前提下要求其定期汇报情况和参加公益劳动等，采取更为灵活的方式和措施进行监督管理和教育帮助。② 具体而言：第一，社区矫正机构应当在具体执行过程中最大限度地减轻可能对未成年人产生的消极影响，寻求更适合未成年人的矫正方法。未成年人心理承受能力和抗压能力都比较弱，容易产生叛逆、抑郁等消极情绪，这恰恰是导致犯罪的主要原因。所以应当将矫治的重点放在心理问题上，聘请心理专家为社区矫正的少年进行心理治疗。第二，社区矫正人员应实现专业化，应该通过遴选，挑选具有专业知识的人员担任矫治员。专业性强的矫治员通过自己的工作能够在最短时间内对犯罪未成年人的矫正产生最大的疗效，同时这些人员也更懂得如何保护未成年人的隐私。第三，在社区矫正的过程中如需访问特定人，工作人员一定要着便装，同时要注意访问的方法，尽量减少泄露未成年人相关信息。第四，签订保密协议，通过签订协议来约束参与人员，一旦随意泄露未成年人的相关犯罪信息则需要承担相应的责任。③ 第五，应该在《社区矫正法》中增加未成年社区矫正人员的矫正宣告不公开进行，矫正档案不对外公开。对被判处 5 年有期徒刑以下刑罚的未成年社区矫正人员，矫正期满后应当对其矫正档案予以封存。④

### （四）与媒体失范报道之间的关系

媒体的报道既是公众获取相关信息的主要方式，又是有力的司法监督手段。然而，实践中，有的媒体在报道未成年人案件上根本不顾及法律的底线

---

① 曾志滨：《未成年人社区矫正与犯罪记录封存制度关系研究》，载《预防青少年犯罪研究》2014 年第 2 期。

② 曾志滨：《未成年人社区矫正与犯罪记录封存制度关系研究》，载《预防青少年犯罪研究》2014 年第 2 期。

③ 杨雯清：《犯罪记录封存制度的失灵与应对》，载《铁道警察学院学报》2017 年第 6 期。

④ 《未成年社区矫正应体现特殊性专业性》，载《法制日报》，http://news.ifeng.com/a/20170103/50512782_0.shtml，访问时间：2017 年 6 月 20 日。

和行业的规范，往往将焦点放在如何吸引眼球、汇聚更多的关注、增加点击量，而我国法律在媒体报道，尤其是涉及未成年人案件的报道方面，尚缺乏具体的可操作性规范。如此一来，在商业利益面前，未成年人的权益变得微乎其微，有的媒体在案件还未审判之前，就将获知的或者编造的信息不作任何处理即予以发布。例如李某某强奸案、重庆女孩虐童案、合肥少女毁容案等，都存在过度报道的问题。[①]

我国规制媒体报道未成年人犯罪案件的立法主要体现在两部法律中：一是《未成年人保护法》第 58 条规定了新闻报道、影视节目、公开出版物、网络等不得披露该未成年人的姓名、住所、照片及可能推断出该未成年人的资料。《未成年人保护法》第 39 条还对未成年人隐私的保护做出了特别规定。二是《预防未成年人犯罪法》第 45 条再次强调新闻报道、影视节目、公开出版物不得披露未成年人的相关信息。上述法律法规仍过于宽泛，规定了禁止公开却未指明禁止的具体对象，而且也没有规定相应的法律责任，难以发挥实质性作用。即使出现了媒体的不实报道，受害人也难以获得相应的救济。媒体报道的现状使大量涉罪少年的信息被曝光，这意味着后期的犯罪记录封存已经失去了意义。

综合学者和实务专家的观点，媒体报道失范的主要原因在于：（1）法律规定过于原则，不具有操作性。（2）媒体自身的原因：其一，为了追求更大的经济利益与社会效益；其二，法律知识的匮乏。[②]（3）司法机关和相关人员（如律师）不当泄露相关信息；[③]（4）我国目前缺乏相关的制度，如未成年人案件新闻发言人制度、责任追究机制、补救制度等。[④]

关于这一问题，理论界和实务界专家提出了许多建议。

第一，立法角度。建议：（1）我国应当打破现有分散、抽象立法的现

---

① 宋英辉、杨雯清：《犯罪记录封存制度的检视与完善》，载《法律适用》2017 年第 19 期。

② 张兵：《对未成年人刑事案件媒体报道的反思》，载《新疆警察学院学报》2015 年第 4 期。

③ 罗小确：《由李某某案析未成年犯罪嫌疑人权益保护问题》，湖南大学 2014 年硕士学位论文。

④ 苏婉婷：《未成年人犯罪报道的法律规制研究》，燕山大学 2015 年硕士学位论文。

状，制定《信息保护法》，在其中设立未成年人信息保护专章①；（2）建立《媒体法》对媒体和公民报道未成年人犯罪的内容和方式进行限制②。

第二，媒体角度。建议：（1）从业人员应当提高职业素养，作为媒体人，要尊崇基本的传媒伦理原则——真实、善意、最小伤害原则③。尽量少报道或不报道涉案的情节、未成年人的信息，即使需要报道，也应使用模糊的词语来表达；④（2）媒体从业人员应当知法守法，将具备基本法律知识作为准入资格，在新闻院校设置必要的法学课程；（3）加强行业自律和监管。⑤

第三，司法角度。建议：（1）发挥人民检察院的法律监督职能，对于一般侵犯未成年当事人名誉的，可函发检察建议，责令整改；⑥（2）建立司法人员保守职业秘密制度；（3）制定统一的新闻发言人制度；（4）制定更严密和严格的惩罚措施，确定责任主体和具体的救济方式；（5）仿效域外及其他地区赋予司法机关针对媒体的缄口令⑦、在域外，美国对违反职务秘密保守义务的双方律师通过律师协会惩戒程序和藐视法庭罪来进行制裁，对违反职务秘密的法官除丧失审理本案的资格外，还会通过法官弹劾程序来予以惩戒并依相关法律起诉、审理、判决和处罚。⑧ 我国台湾地区规定："侦查人员倘若违反'侦查不公开原则'之规定，又故意或过失泄露因侦查活动知悉之应秘密事项者，应负刑法上公务员泄密罪。"⑨

但是亦有观点指出，在具体操作时，既要切实保障未成年犯罪嫌疑人与被告人的合理隐私权，亦要充分考虑媒体报道与司法公正间的良性互动，还

---

① 张兵：《对未成年人刑事案件媒体报道的反思》，载《新疆警察学院学报》2015年第4期。

② 苏婉婷：《未成年人犯罪报道的法律规制研究》，燕山大学2015年硕士学位论文。

③ 王军：《传媒法规与伦理》，中国传媒大学出版社2010年版，第240－255页。

④ 何秋红：《我国媒体侵犯未成年人隐私权现象研究》，载《吉林省教育学院学报》2009年第12期。

⑤ 张兵：《失序与规范：对未成年人刑事案件媒体报道的反思》，载《浙江警察学院学报》2015年第2期。

⑥ 张兵：《对未成年人刑事案件媒体报道的反思》，载《新疆警察学院学报》2015年第4期。

⑦ 苏婉婷：《未成年人犯罪报道的法律规制研究》，燕山大学2015年硕士学位论文。

⑧ 唐芳：《刑事司法报道规制研究》，西南政法大学2005年博士学位论文。

⑨ 傅美惠：《论侦查不公开与无罪推定》，载《刑事法杂志》2006年第2期。

要周全被害人及其家属与社会公众对案件的善意关注。对故意杀人、故意伤害致人死亡及强奸等恶性案件，其不公开审理原则以及由此而来的限制报道，未来或可考虑适当扩充主审法官自由裁量权，试点媒体报道申请令状制，一案一论。总之，应审慎酌处未成年人最佳利益与社会最佳利益间的冲突、博弈与磨合。①

①　张鸿巍：《未成年人刑事案件媒体报道的尺度》，载《预防青少年犯罪研究》2014 年第 6 期。

# 第八章　未成年人刑事和解与恢复性司法

　　《刑事诉讼法》在第五编特别程序中的第二章明确规定了当事人和解的公诉案件诉讼程序，学界与实务界将其称为"刑事和解"①。其中，第288条规定了刑事和解的适用条件、第289条是自行和解的内容，第290条规定了关于和解的效力。刑事和解适用的范围，即以因民间纠纷引起，涉嫌刑法分则第四章和第五章规定的可能判处3年有期徒刑以下刑罚的故意犯罪案件以及除渎职犯罪以外的可能判处7年有期徒刑以下的过失犯罪案件为基本准则。以双方自愿进行和解，犯罪嫌疑人、被告人真诚悔罪，通过积极赔偿被害人所受到的损失并进行赔礼道歉等其他方式从而得到被害人的宽恕和谅解作为适用刑事和解的两大前提条件。在5年内曾经故意犯罪或者渎职犯罪作为不能适用刑事和解的例外情形。以主持制作刑事和解协议并对双方当事人达成刑事和解的合法性和自愿性进行审查规定了公检法三机关对刑事和解的审查责任。然而，我国法律规定并未区分成年人与未成年人，未成年人刑事和解属于刑事和解的类型之一，故具有诸多共性，但基于适用对象等方面的不同，未成年人刑事和解也具有其特殊性。

　　恢复性司法开始被学者与司法实务界关注是近几十年的事，文献上多以1975年在加拿大试行的转向制度配套方案作为当代修复式司法实践的滥觞。恢复性司法一词是由美国学者 AlbertEglash 于1977年发表的 Beyond Restitu-

---

　　① 关于刑事和解的研究，可参考《我国刑事和解的理论与实践》（北京大学出版社2009年版）、《刑事和解实证研究》（北京大学出版社2010年版）以及《刑事和解制度研究》（北京大学出版社2011年版）三本书籍。前两本书侧重于"发现"，通过调查、实验等方法发现刑事和解的现实状况，第三本书侧重于通过思辨分析与比较，对刑事和解制度的各项基本要素进行研究，提出构建我国刑事和解制度的建议。

gion：Creative Restitution 一文中提出来的。① 2002 年 7 月 24 日，联合国经济与社会理事会通过了《运用恢复性司法方案于犯罪问题的基本原则》，明确恢复性司法是指运用恢复性过程或目的实现恢复性结果的任何方案。② 2007年 1 月，联合国儿童权利委员会通过的《少年司法中的儿童权利》规定："少年司法尤其应推行诸如转化和恢复性司法替代措施，将为缔约国提供处置触法儿童可采用的有效方式""处理触犯刑法儿童的方式应在于促进他的尊严和价值感，目的是使他们重返社会"。在我国，并没有正式的法律文件引用"恢复性司法"这一提法，然而有诸多研究者认为刑事诉讼法中刑事和解、暂缓起诉、前科消灭是恢复性司法理念结合中国国情的具体化。③ 因此，在我国的司法语境下，刑事和解与恢复性司法往往被同时提及，但由于刑事和解既有规范性文件予以规定，也有理论界与实务界丰富的研究与探索，故本章综述以未成年人刑事和解为主、未成年人恢复性司法为辅展开。

## 一、 未成年人刑事和解与恢复性司法概述

### （一）刑事和解与未成年人刑事和解释义

针对刑事和解的概念，理论界存在不同认识。主要有以下几种观点：

第一，刑事和解是一种以协商合作形式恢复原有秩序的案件解决方式，它是指在刑事诉讼中，加害人以认罪、赔偿、道歉等形式与被害人达成和解后，国家专门机关对加害人不追究刑事责任、免除处罚或者从轻处罚的一种制度。④

第二，刑事和解的基本内容是：经由办案机关或者其他机构、人员主持，加害人与被害人在平等、自愿的基础上进行对话、协商，通过赔礼道歉、赔偿、补偿、公益劳动和宽恕等方式达成双方的和解，从而修复被犯罪破坏的社会关系；办案机关在当事人达成和解协议的基础上，综合考虑案件

---

① 孙华红、元冰凌、赵刘佳：《论未成年人恢复性司法的构建——以检察机关的实践为样本》，载《预防青少年犯罪研究》2016 年第 5 期。

② 宋英辉、许身健：《恢复性司法程序之思考》，载《现代法学》2004 年第 3 期。

③ 肖灵：《未成年人恢复性司法理念的中国实践》，载《四川理工学院学报（社会科学版）》2011 年第 1 期；孙华红、元冰凌、赵刘佳：《论未成年人恢复性司法的构建——以检察机关的实践为样本》，载《预防青少年犯罪研究》2016 年第 5 期。

④ 陈光中、葛琳：《刑事和解初探》，载《中国法学》2006 年第 5 期。

情况，特别是犯罪的危害性、加害人悔过、赔偿情况及被害人态度，作出撤销案件、不起诉决定或者在量刑上从宽处理及在执行程序中适用减刑假释。其目的在于通过非刑罚化措施或轻缓化刑罚的修复性处理方式，化解、缓和当事人之间的矛盾，维系社会关系的和谐。①

第三，刑事和解的基本内涵是，在犯罪发生后，经由调解人的帮助，使被害人与犯罪人直接协调，解决刑事纠纷。刑事和解的目的是恢复被犯罪人所破坏的社会关系、弥补被害人所受到的伤害以及恢复犯罪人与被害人之间的和睦关系，并使犯罪人改过自新、复归社会。②

第四，刑事和解，又称加害人与被害人的和解（即 Victim - Offender Reconciliation，简称 VOR），是指在犯罪后，经由调停人，使加害者和被害者直接洽谈、协商，解决纠纷冲突。③

第五，刑事和解（Victim - Offender Mediation），也称为被害人与加害人的和解、被害人与加害人会议、当事人调停或者恢复正义会商。其基本含义是在犯罪发生后，经由调停人（通常是一名社区自愿人员）的帮助，使被害人与加害人直接商谈、解决刑事纠纷；对于和解协议，由司法机关予以认可，并作为对加害人刑事处分的依据。④

第六，刑事和解是指刑事案件中的被告人和被害人双方通过谅解、赔偿等方式，平等、全部或部分圆满解决了已然犯罪的实体方法。⑤

对于未成年人刑事和解的概念，主要有以下三种观点：

第一，未成年人刑事和解是指被害人与未成年加害人在调停人（既可以是公检法机关，也可以是第三调停人）的主持下，未成年人真诚悔过并给予被害人一定赔偿后，获得被害人谅解，在对未成年人予以相应教育后，对其

---

① 宋英辉主编：《刑事和解制度研究》，北京大学出版社 2011 年版，第 4 页。
② 甄贞、陈静：《建设和谐社会与构建刑事和解制度的思考》，载《法学杂志》2006 年第 4 期。
③ 刘凌梅：《西方国家刑事和解理论与实践介评》，载《现代法学》2001 年第 1 期。
④ 向朝阳、马静华：《刑事和解的价值构造及中国模式的构建》，载《中国法学》2003 年第 6 期。
⑤ 李卫红：《试论刑事和解与恢复性司法的关系》，载《中国青年政治学院学报》2009 年第 5 期。

不起诉、从轻或减轻处罚，甚至免除处罚的一种制度。①

第二，未成年人犯罪案件的刑事和解，是指在刑事诉讼活动中，被害人与加害人以认罪、赔偿、道歉等方式达成谅解后，司法机关不再追究加害人刑事责任或者对其从轻、减轻处罚的一种案件处置方式。其目的和价值在于恢复被犯罪破坏的社会关系，在公共利益、被害人利益和未成年加害人利益之间寻求一种平衡，顺应构建社会主义和谐社会的历史潮流。从司法实践来看，以刑事和解方法办理未成年人犯罪案件，能够最大限度地实现法律效果和社会效果的统一。②

第三，未成年人犯罪刑事和解是指在未成年人犯罪的轻微刑事案件中，通过犯罪人、被害人以及他们的家庭（特别是父母或其他监护人）、司法机关及社区的共同参与，犯罪人与被害人就犯罪行为及后果自愿洽谈、协商，犯罪人以认罪、道歉、赔偿以及社区服务等形式与被害人达成和解，从而获得减轻或者免除处罚的纠纷解决方式。从案件开始，到刑罚执行完毕，刑事和解制度可贯穿始终。③

### （二）恢复性司法与未成年人恢复性司法释义

恢复性司法是从英文 restorativejustice 翻译过来的。不同的国家或地区有不同的译法，比如日本称为"修复性司法"，我国香港特区将其翻译为"复合公义"，我国台湾地区则将其理解为"修复式正义"。"恢复性司法"是联合国的标准翻译。根据联合国经社理事会 2002 年第十一届会议题为《恢复性司法》的秘书长报告中的意见："恢复性司法是承认犯罪不仅经常影响受害者和社区的未来，而且还影响涉案罪犯的一种概念。它寻求尽可能利用受害者和社区的积极和资源参与方式，恢复受犯罪影响的所有当事方的一切权益。"由于恢复性司法所涉及的内容较为广泛，学界就其性质的理解存在较大分歧，主要有以下几种常见的理解：

一是司法理念。有许多学者在探讨恢复性司法问题的时候，虽未明确界

---

① 于国旦、许身健：《少年司法制度理论与实务》，中国人民公安大学出版社 2012年版，第 65 页。

② 顾凤岭、周博文：《公安机关实施未成年人犯罪之刑事和解制度研究》，载《公安研究》2010 年第 9 期。

③ 张鸿巍、瞿广恒、闫晓玥：《恢复性司法事业下的未成年人犯罪刑事和解探析》，载《广西大学学报（哲学社会科学版）》2014 年第 1 期。

定恢复性司法的含义，但从行文中能感觉到他们是在司法理念的意义上使用这一词语。如有学者从确立新型的犯罪观，发挥犯罪人、被害人在解决刑事矛盾中的能动作用等方面阐述了倡导恢复性司法的意义。①

二是司法模式。恢复性司法是指与特定犯罪有利害关系的各方共同参与犯罪处理活动的司法模式；或恢复性司法是一种通过恢复性程序实现恢复性后果的犯罪处理方法。所谓恢复性程序，是指通过犯罪人与被害人之间面对面地接触，并经过专业人士充当中立第三者的调解，促进双方当事人的沟通与交流，并确定犯罪发生后的解决方案的程序规则。所谓恢复性结果，是指通过道歉、赔偿、社区服务、生活帮助等使被害人因犯罪所造成的物质损失、精神损害得到补偿，使被害人因受犯罪影响的生活恢复常态，同时也使犯罪人通过积极的负责任的行为重新取得被害人及其家庭和社区成员的谅解，并使犯罪人重新融入社区。② 恢复性司法是一种崭新的司法模式，是对传统的国家司法模式的替代，它强调通过社区劳动、赔偿、道歉等形式，将犯罪对受害人所造成的各种损害，恢复到犯罪前的常态。不仅如此，这一模式还试图帮助犯罪人矫正，促使加害人重建羞耻，使其尽快地融入到社会当中，以期能从根本上实现犯罪预防。③

三是司法活动。有学者认为，恢复性司法是对刑事犯罪通过在犯罪方和被害方之间建立一种对话关系，以犯罪人主动承担责任消弭双方冲突，从深层次化解矛盾，并通过社区等有关方面的参与，修复受损社会关系的一种替代性司法活动。④

四是反应过程。有美国学者认为，恢复性司法是对犯罪行为作出的系统性反应，着重于治疗罪行给被害人和社会所引发的危害。我国也有学者认为，恢复性司法是一种所有与犯罪有关的人走到一起共同决定如何解决所造

① 孙国祥：《刑事一体化视野下的恢复性司法》，载《南京大学学报（哲学·人文科学·社会科学版）》2005 年第 4 期。

② 张庆方：《恢复性司法——一种全新的刑事法治模式》，载陈兴良主编：《刑事法评论》，中国政法大学出版社 2003 年版，第 433 页。

③ 李卫红、程国栋：《共青团在未成年人刑事和解案件中的作用》，载《江苏警官学院学报》2012 年第 1 期。

④ 冉诗玉、彭德贵：《论恢复性司法在未成年人犯罪中的应用》，载《重庆文理学院学报（社会科学版）》2012 年第 5 期。

成的后果即对未来的影响的过程。①

有研究者认为，恢复性司法最早是被运用于未成年人案件中的。就未成年人恢复性司法而言，存在不同的认识。第一，未成年人恢复性司法是指利用调解、协商的方式处理未成年人的犯罪问题。它是一种由未成年人犯罪各方利害人共同参与犯罪处理活动的司法模式，强调的是恢复和整合因犯罪和被害造成的社会关系的破坏，恢复原有和谐的社会关系和秩序。对未成年人适用恢复性司法是完善未成年人司法制度的重要举措。② 第二，未成年人恢复性③司法是指以在实现修复破损的社会关系和促进涉罪未成年人顺利回归社会的目的下，运用调解、赔偿、矫治、分流等修复的方式，抚平被害人的伤痛、消除涉罪未成年人再犯可能性的一种司法选择模式。同时，恢复性司法运用于少年司法领域，符合刑事政策潮流，利于实现双向保护目的；摒弃传统司法处遇的负面效应，利于涉罪未成年人回归社会；促进涉罪未成年人真诚悔罪，实现预防再犯的目的。

### （三）刑事和解与恢复性司法的关系

学者对刑事和解的探讨，大多与"恢复性司法"或"恢复正义"（restorative justice）这一概念相伴相随。针对两者之间的关系，主要有以下几种观点：

1. 刑事和解是恢复性司法的适用形式④

有观点认为，恢复性司法在世界各个国家地区的实践模式多样，根据参与主体的不同，恢复性司法过程可分为三种主要类型：刑事和解模式（Victim‐Offender Mediation）、家庭小组会议模式（Family Group Conferencing）、圆桌会议模式（Sentencing/Peace‐Making Circles，也称量刑圈模式）。⑤ 刑

---

① 邵军：《恢复性司法的利弊之争》，载《法学》2003 年第 5 期。

② 刘立霞、尹璐：《未成年人恢复性司法研究》，载《青少年犯罪问题》2006 年第 3 期。

③ 孙华红、元冰凌、赵刘佳：《论未成年人恢复性司法的构建——以检察机关的实践为样本》，载《预防青少年犯罪研究》2016 年第 5 期。

④ 宋英辉主编：《刑事和解制度研究》，北京大学出版社 2011 年版，第 36－37 页。

⑤ 对三种模式的介绍，参见［美］霍华德·泽尔：《恢复性司法》，章祺、闻刚、徐青果、钟连福译，载王平主编：《恢复性司法论坛》（2005 年卷），群众出版社 2005 年版，第 393 页；［美］丹尼拉·塞拉德：《恢复性司法的实证研究》，何挺译，载《中国刑事法杂志》2008 年第 5 期；张庆方：《恢复性司法研究》，载王平主编：《恢复性司法论坛》（2005 年卷），群众出版社 2005 年版，第 305－308 页。

事和解是恢复性司法适用范围最广泛的一种形式。在调解者的主持下，被害人得以与加害人会面，述说犯罪如何影响其生活，表达感受和需要，加害人在此过程中真正了解犯罪的影响，同时被给予机会主动承担责任。被害人和犯罪者的家庭成员可以参加，但他们通常被视为次要的辅助角色。代表社区的人可以作为促成者和（或）监督人，但他们不参加会谈。成功的刑事和解就是使得被害人和加害人就如何修复犯罪所带来的损害达成一致。

2. 刑事和解与恢复性司法既高度重合又存在差别

有观点认为，刑事和解与恢复性司法一方面具有高度的重合性，这可能源自于两点因素：其一，从发生学上看，"恢复性司法"与"刑事和解"系出同源。"恢复性司法"的最早出现，乃是在20世纪70年代后期。当时，加拿大安大略省出现了第一个现代意义上的"犯罪人—被害人和解程序"，而"恢复性司法"一词就是用来描述这一程序。其二，在"恢复性司法"的成长与壮大过程中，尽管孕育出形形色色、纷繁芜杂的运作模式，但是，它始终以"犯罪人—被害人和解"为其核心模式。另一方面，两者之间还是有着一些微妙差别。主要显现在以下几点：第一，参照系上的差别。"恢复性司法"乃是对传统司法予以全面反思的产物，因此，学者们总是在与传统"报应型司法""矫正型司法"相对应的立场来适用这一术语。"刑事和解"这一概念则是更多地强调某种新的刑事纠纷解决思路，强调将传统的民事解纷方式——和解，引入刑事领域。第二，层次定位上的差别。"恢复性司法"始终以"刑事和解"作为其理念、价值的形成中心。恢复性司法的理论框架、基础价值及核心观点，都是围绕着刑事和解提炼和抽象而成。刑事和解更多地定位为"形而下"的制度安排，而"恢复性司法"则不仅包含"形而下"的制度安排，而且包含"形而上"的理念支撑和价值关怀。第三，外延上的差别。"犯罪人—被害人和解"与"刑事和解"应当有所区分。前者是恢复性司法的一种核心模式。国内在翻译这一概念时使用"刑事和解"概之，拓展了其内涵。中国语境中的"刑事和解"，似乎任何"以和解解决刑事纠纷"的形式，都可纳入这一范畴。如果在宽泛意义上使用"刑事和解"这一概念，在所谓"最高模式"的进路下把握这一概念，其与恢复性司法的外延几乎已等同。①

---

① 杜宇：《理解"刑事和解"》，法律出版社2010年版，第28－33页。

### 3. 恢复正义是刑事和解的理论基础

恢复性司法的理论与实践兴起于 20 世纪 70 年代的西方国家。恢复正义理论试图通过以被害人心理健康和重建为目标，对正义的整体观念为基础的早期社会规范的恢复来重构对犯罪行为的回应。[①] 恢复正义构成了当今西方刑事和解最重要的理论基础。两者之间的辩证关系为，恢复正义是目标，刑事和解是途径。作为恢复正义最重要的司法形式，刑事和解最大限度地体现了恢复正义的具体要求。刑事和解的意义在于，在传统的刑罚体系之外为加害人的侵害责任提供了一种新的承担方式。刑事和解的特殊预防作用只是次要的、附属的价值，全面恢复正义才是它的根本目的；同时，刑事和解强调自愿与合意，不具有强制性与惩罚性。[②]

### 4. 刑事和解与恢复性司法是实体与程序的关系

有观点认为，刑事和解是一种实体方法，是类似于刑罚的一种方法，是对犯罪人实体权利的处置，是通过国家公权力对私权利的让渡，赋予和解主体处置其实体权利的自由。而恢复性司法是一种程序，是通过各种合理的路径的设置来试图实现刑事和解的价值理念，西方恢复性司法的表现方式有被害人—加害人会谈、家庭成员会议、圆桌会议等，其目的都在于通过诸种方式实现和解双方基于自由意志对自身权益的自由处置，以期达到受害人的谅解、犯罪人的悔悟，从而化解矛盾和纠纷的目的，刑事和解的车沿着恢复性司法的辙便能到达目的地。刑事和解实际上赋予和解主体双方自由处分自身权益的权利，但需要突破国家司法模式的现实瓶颈，解决传统国家司法模式下的困惑。恢复性司法正是绝佳的途径，它通过被害人—加害人会面、诉说、第三方参与等方式的设计，使得和解主体在遵守程序规则设计的同时实现和解主体权利的规范行使，达到对受害人的关注、对加害方谅解的目的。而且恢复性司法更重要的价值在于将这一程序延续到后期的帮教，它不是在和解主体行使完国家让渡的权力之后就告完结，而是对受害方持续的关注，对加害方设置后续的社区矫正，引导社会力量的介入帮助等一系列的措施，使得刑事和解的初衷和价值理念能够落到实处，付诸实践，尤其是对未成年

---

① 蒋石平：《刑事和解的法制化构建》，中国政法大学出版社 2015 年版，第 1 页。

② 马静华：《刑事和解的理论基础及其在我国的制度构想》，载《法律科学》2003年第 4 期。

人案件，后期的帮教程序对其重返社会至关重要。[1]

### （四）未成年人刑事和解的历史发展

1. 域外未成年人刑事和解的历史发展

域外刑事和解绝大多数起源于未成年人领域，随着发展推及到其他案件中。域外未成年人刑事和解起源于 1974 年加拿大某市针对两个实施一系列破坏性行为的青少年所做的判决。两个年轻人以砸坏窗户、刺破轮胎等方式侵犯了 22 名被害人的财产。在缓刑官及宗教组织的居中调处下，安排年轻人与被害人会见，年轻人通过对话会认识到自己的错误，随后积极向被害人赔礼道歉并支付赔偿金，获得被害人的谅解。法官最后做出了缓刑的判决，使年轻人既免于牢狱之灾，又达到了教育的目的。[2]

英国的刑事和解制度主要运用于少年犯罪案件的处理，最早在刑事司法中引入刑事和解制度的是英格兰和威尔士的牛津警察局。[3] 1998 年《犯罪与妨害治安法》和 1999 年的《青少年司法与刑事证据法》正式把刑事和解制度纳入到青少年司法系统内。[4] 第一次被起诉的青少年要求在法庭之外移送给青少年帮助小组通过协商的恢复性工作使其改正错误重新做人。警察机关是整个和解过程的主导机关。在案件侦破之后，警察机关发起一个由被害人、犯罪嫌疑人以及其他与案件有关的人士参与的圆桌会议。在和解协议达成之后，未成年人就不必再移送法庭进行审判。[5] 有学者总结英国未成年人刑事和解的特点如下：一是和解是由志愿组织提供的活动，而不是由当地司法机构提供；二是调解人是通过招募而来的，对调解人通过审查、培训之后，合格的才能拿到全国公开大学网社区调解技巧资格证书；三是被害人出于各方面考虑，可以委托代理人与加害人会谈；四是英国的被害人—加害人

---

① 李卫红、程国栋：《共青团在未成年人刑事和解案件中的作用》，载《江苏警官学院学报》2012 年第 1 期。

② 朱妙、李振武：《刑事和解以未成年人保护为中心》，载《探索与实践》2012 年第 12 期。

③ 王运生、严军兴：《英国刑事司法与替刑制度》，中国法制出版社 1999 年版，第138－150 页。

④ 龚佳禾主编：《刑事和解制度研究》，中国检察出版社 2007 年版，第 282 页。

⑤ 张庆方：《恢复性司法———一种全新的刑事法治模式》，载陈兴良主编：《刑事法评论》，中国政法大学出版社 2003 年版，第 433 页。

调解的经费来自公共机构（如内政部、卫生部等）和私人组织资助等。①

美国于 20 世纪 70 年代后期在印第安纳州首次由"门诺派中央委员会"与"囚犯与社会委员会"建立了刑事和解项目，但直到 20 世纪 90 年代才被美国律师协会认可。在美国，刑事和解主要应用于财产犯罪和轻微的人身犯罪，且基本上只用于未成年人，目的是保护未成年犯罪人并使其在一个宽容的环境中继续成长，而法院则是居中的调停人。② 美国刑事和解的特点有：一是非官方调解组织发挥主导作用。美国刑事和解机构种类多，大体包括与宗教性质有关的调解组织、以社区为中心的私人非营利性机构、司法矫正机构和缓刑部门以及纠纷和解中心。二是调解组织的资金来源也有多种途径，包括宗教团体、慈善捐助、政府资助等。③

新西兰通过召开家庭小组会议达成刑事和解的方式是西方刑事和解的经典范式。现代家庭小组会议模式于 1989 年的《儿童、青年人及其家庭法》中引入新西兰。该模式的特点是重视刑事执法机构、被害人与加害人的家庭成员的共同参与。该模式最初作为青少年法庭处理案件的替代模式，应用于未满 17 岁的犯罪人案件。近年来，一直有要求拓宽这一概念的呼吁，或对之做出变化以适用于成年人犯罪的案件。④

德国的刑事和解制度是西方国家未成年人刑事案件和解制度的典范。《德国少年法院法》对未成年人刑事和解制度作出了具体规定，修订《德国刑法典》之后，在未成年人刑事和解的基础上又增加了成年人刑事和解。德国 1990 年少年刑事法将刑事和解规定为一种刑事转处措施。如果少年检察官决定实施未成年犯罪嫌疑人与被害人之间调解或者协商的教育措施，那么依照检察官的决定，未成年人与被害人达成和解后，法院就可放弃对其的追诉。⑤

域外未成年人刑事和解为我国刑事和解的理论框架和制度体系甚至具体

---

① ［意］安娜·迈什蒂茨、西蒙·盖蒂《欧洲青少年犯罪被害人—加害人调解——15国概览及比较》，林乐鸣等译，中国人民公安大学出版社 2015 年版，第 53 页。

② 丁寰翔、刘友冰主编：《未成年人司法制度的构建与实践——以尤溪法院为主要视点》，中国民主法制出版社 2012 年版，第 63 页。

③ 马静华、苏镜祥、肖仕卫、莉莎：《刑事和解理论基础与中国模式》，中国政法大学出版社 2011 年版，第 141 – 142 页。

④ 王一俊：《刑事和解》，中国政法大学出版社 2010 年版，第 76 页。

⑤ 《德意志联邦共和国少年法院法》第 10、45、47 条。

概念提供了技术性启示。有观点认为，第一，坚持未成年人刑事和解制度/模式的独立性。域外刑事和解脱胎于少年司法实践，它的出现是为了解决现行少年司法体系在处理青少年犯罪案件方面效果不理想的问题。在实践中，这种独立性既表现为在青少年处理体系中未成年人刑事和解的优先选择性，还表现为刑事和解阵营中未成年人刑事和解的独特功能。与成年人刑事和解主要具有的解决纠纷、降低司法成本、提升司法效率等功能不同，教育未成年人改邪归正、更好地促使其回归社会，才是域外国家未成年人刑事和解的最大依归。第二，和解程序的充分性和适宜性。与未成年人刑事和解理念相适应，和解程序的设计既突出了"保护被害人利益"的目标，也凸显了少年司法"保护未成年人"的追求，既体现了对全面恢复正义的价值追求，也体现了对未成年人的特殊保护。这种全面性和适宜性主要表现在：首先在案件的适用范围上，适用于大多数青少年犯罪案件，包括较为严重的犯罪，而不仅限于轻微刑事案件；其次在和解程序的协调人方面，注重协调人的专业性和适应性；最后注重和解程序展开的充分性，既注重参与主体的自愿性，又力求实现加害方与被害方的坦诚交流，既考虑到了被害人的心理修复需求，也注重加害方反思自己罪行的责任意识，为和解协议的达成凝聚共识。第三，协议内容的全面性和社区作用的实质性。和解协议的内容全面反映了恢复性少年司法的整体价值追求，既有关于被害人物质补偿和心理补偿两方面的约定，也考虑到了加害恢复的需要，使加害人通过实际行动表达悔罪、承担责任，还考虑到了社区的需要。①

有观点认为，第一，在域外未成年人刑事和解程序中，社会自治力量发挥了较大的作用。一般都是社区设立的刑事调解服务委员会，这些机构都是非营利性性质的，这给司法机关减轻了很大的压力，在司法实务过程中，很多案件不需要经过司法机关审理，交由调解机构调解就可以解决纠纷，化解干戈，减轻了法院、检察院的压力。第二，英美法系国家调解机构的经费来源非常广泛，包括私人捐助和政府自助而且私人捐助占很大比例，这就可以有效地避免政府的干预，可以在一定程度上做到调解的独立性和自治性。第三，和解的适用范围非常广泛，意大利的未成年人刑事和解包括杀人犯。第四，刑事和解区分成年人与未成年人。未成年人具有其特殊性，应当在法律

① 苏镜祥、马静华：《论我国未成年人刑事和解之转型——基于实践的理论分析》，载《当代法学》2013 年第 4 期。

中给予特别的对待，在和解过程中，采取面对面的恢复性司法模式，吸收多类型的参与主体，并在会谈中把教育、改造的目标实现等。①

2. 中国未成年人刑事和解的历史发展

我国尚无专门的未成年人刑事和解制度，但刑事和解的实践与制度的发展与未成年人密切相关。2003 年开始，以人民检察院为主导的刑事和解在全国迅速开展试点工作，主要对未成年犯罪及轻伤害案件等轻微刑事犯罪，在对被害人进行经济赔偿及取得被害人谅解的前提下，不再追究其刑事责任。即在轻罪中已经逐步开始实行刑事和解制度，未成年人和成年在校学生是刑事和解适用较为集中的对象。② 2003 年，北京市朝阳区人民检察院制定了《朝阳区人民检察院轻伤害案件处理程序实施细则（试行）》，规定检察人员对于移送审查起诉的轻伤害案件，应当听取被害人一方意见。同时应当告知被害人及其委托人，如果犯罪嫌疑人认罪，可以与犯罪嫌疑人就赔偿问题进行协商，达成一致意见的，可直接获得相应的赔偿。检察机关可对犯罪嫌疑人作出相对不起诉的决定。该规则的出台和施行，使部分轻伤害案件走上了和解而非诉讼的道路。此后大规模的未成年人和解试点推开，截止 2008 年 6 月，全国至少有 24 个省、自治区、直辖市都有关于未成年人刑事和解的试点，各级政法机关共制定了 56 份有关未成年人刑事和解的文件，在 2007 年，试点达到高潮。随着一系列规范性文件的相继出台，上海市检察机关也逐步开始对未成年人刑事和解制度进行相关探索。从上海检察机关目前的司法实践来看，由于审查批捕阶段时间有限，且自身职能上也有局限性，刑事和解主要还是发生在公诉阶段。据统计，2009 年上海全年经刑事和解后相对不起诉的共 34 人，占相对不起诉总人数的 30. 4%。从 2006 年 1 月至 2007 年 7 月，上海市基层检察系统适用刑事和解的 41 名未成年犯罪嫌疑人中，无一例再犯罪。③ 可见，中国刑事和解最初的试验与探索也主要集中在未成年人领域。湖南省规定刑事和解的适用范围是轻微刑事案件与未成年人刑事案件。无锡市公、检、法、司四机关联合出台的《关于刑事和解工作的若干

---

① 禹慧文：《未成年人刑事和解的制度研究》，内蒙古大学 2017 年硕士学位论文。

② 黄立侯：《论我国未成年人犯罪刑事和解制度》，载广西法院网，http://gxfy. chinacourt. org/article/detail/2014/11/id/2474836. shtml，访问时间：2014 年 11 月 15 日。

③ 胡峥：《"刑事和解"有待立法破题》，载《民主与法制时报》2008 年 8 月 11 日第 10 版。

意见（试行）》也规定，未成年人犯罪适用刑事和解，并未限制案件范围；上海、昆明、广州也有类似规定，而山东烟台出台《烟台市检察机关平和司法程序实施纲要》规定适用于可能判处 3 年以下有期徒刑的未成年人轻罪案件。

2005 年最高人民法院《关于审理未成年人刑事案件具体应用法律若干问题的解释》第 19 条第 2 款规定："被告人对被害人物质损失的赔偿情况，可以作为量刑情节予以考虑。"2006 年《人民检察院办理未成年人刑事案件的规定》第 21 条（2013 年新修订为第 27 条）规定了未成年人犯罪情节较轻，有悔罪表现，并且已经就民事部分履行赔偿的，可以不起诉或者采取刑罚之外的其他处罚方式。2007 年最高人民法院《关于为构建社会主义和谐社会提供司法保障的若干意见》第 19 条强调"教育、感化"的方针。2010年最高人民法院《关于贯彻严宽相济刑事政策的若干规定》第 34 条认为对"未成年人犯罪案件"和其他"主观恶性不深"的案件予以从宽考量。刑事和解立法化之前，这些法律规定和一些地方性法律规定是我国未成年人刑事和解实践上的主要依据和指导。

## ⚖️ 二、 未成年人刑事和解的理论基础

### （一） 一理论说

有学者认为，构建和谐社会理论是刑事和解的最根本的理论基础。和谐社会理论所要求的价值多元化，及其所要求的实现社会和谐而需要的解决矛盾的方式的多元化，从根本上为刑事和解提供了理论支持。而刑事和解所体现的重在修复关系、解决矛盾、实现安定有序及解决案件方式的多元性，恰好契合了构建和谐社会理论的要求。同时，该观点还认为，刑事和解体现的价值多元与手段多样是刑事和解正当化的法理基础。刑事和解与罪刑法定、罪刑相适应的刑罚运用原则并不矛盾，相反，它更有利于刑罚运用原则的全面贯彻；刑事和解与普通程序的差异性，表明了其相互之间的互补性；刑事和解体现的刑事案件解决机制对多元化价值的追求，是对传统刑事司法二元

价值的补充。①

## （二）二理论说

一是报应正义到恢复性正义的嬗变。刑事和解理论沿袭了刑事实证学派犯罪人是刑事司法制度的受害者之主张，认为犯罪者在支付其犯罪行为的对价之后有重新回归社会的权利，国家应当为犯罪者的回归创造条件和提供便利，而社会则有接纳犯罪者回归并为其提供一个适合其回归的环境之义务。报应性正义关照之下的报应性司法其实就是用另一种社会性伤害代替已有的社会伤害。而恢复性正义关照之下的恢复性司法认为犯罪是个人对个人的侵害，关注的是应该如何消除犯罪造成的影响。在未成年人司法领域，刑事和解作为一种新的刑事思潮，其最大的理论价值就在于正义的恢复，即通过兼顾被害人利益的保护与未成年加害人的社会复归，最终在根本上实现社会关系的全面恢复。

二是程序主体性原理。该原理要求在刑事纠纷的解决过程中，应当充分尊重作为程序主体的人格尊严和意志自由以及对程序的选择权。正是承认和尊重被害人和加害人的程序主体地位，将程序主体性原理作为刑事和解制度的基础，才使得刑事和解制度得以发生。刑事和解符合程序主体性原理的要求，即充分尊重被害人的主体性地位，被害人与未成年加害人承认各自的主体地位，国家承认被害人、加害人的程序主体地位。②

## （三）三理论说

一是儿童福利理念。儿童福利理念强调儿童利益最大化，同时其对未成年人犯罪的司法分流和对未成年人权利的保障也有关注。国家和社会有义务保障和教育未成年人，进而对未成年人权利行使司法、家庭、国家和社会全面、综合的保护。该理论在未成年人刑事和解领域主要体现在用教育处分替代刑罚的适用上。适用"教育处分"来保障未成年人的合法权益，通过教化，而不是惩罚，来体现出对未成年人充分的重视，帮助他们恢复正常生

---

① 宋英辉、郭云忠等：《我国刑事和解实证分析》，载《中国法学》2008 年第 5 期；宋英辉、向燕：《我国刑事和解的正当性解构》，载《河北法学》2008 年第 5 期。

② 马柳颖：《未成年人犯罪刑事处遇制度研究》，知识产权出版社 2009 年版，第 265－268 页。

活，保护未成年人的成长以及发展等。

二是国家亲权理论。该理论的精髓在于以"保护"优于"刑罚"的立场来处理未成年人犯罪与偏差问题，国家才是未成年人的最高监护人，对未成年人犯罪的宽容心要大于成年人犯罪。未成年人刑事和解的内涵就包括了"教育优先于惩罚"。首先，未成年人犯罪的特点决定了其与成年人犯罪的社会危害性相比要小；其次，国家作为未成年人的最高监护人，理应保障未成年人的合法权益，在未成年人出现犯罪行为后，优先"保护"其次才是"刑罚"，通过教育来替代惩罚，这正是国家亲权理论在未成年人刑事和解中的表现方式。

三是恢复性司法理念。恢复正义认为的国家刑事司法应当以解决纠纷为目的，焦点是维护被害人的权利以及满足被害人的要求，达到公平正义。未成年人刑事和解的方式是通过提供被害人与未成年加害人面对面协商的机会，从而达到解决双方矛盾纠纷，修复被破坏的关系。[1]

### （四）四理论说

一是未成年人特殊保护与优先保护。未成年人的辨认控制能力差，其主观恶性小，对社会的危害性也轻。所以司法机关可以将未成年人所具有的特殊身份作为法定情节，在量刑中处以较轻的刑罚。未成年阶段是预防再犯的最佳时机，其重新改过的可能性也最大。基于未成年人主体的特殊性，有必要在未成年人犯罪的刑事案件中采用刑罚的替代机制，双方当事人如果通过刑事和解达成谅解，就可以作为量刑的减轻情节加以考量，尽量避免刑罚可能产生的人身监禁，有利于未成年人重返社会。

二是恢复性司法理念。主要表现为在以下方面：其一，纠纷的灵活性。灵活性体现在纠纷解决程序的灵活与自治，形式、阶段、过程等均可自由协商，从而使未成年人脱离那一套规范公正、丝丝入扣的诉讼流程。其二，纠纷的实质性。当事人直接坦诚相待，被害人可能认识到原来自己漫不经心的行为或言论伤害了对方，埋下冲突的隐患，心灵上的互相谅解会实质性地解决矛盾与纠纷。其三，纠纷的温和性。刑事和解通过施害者实际的、积极的行动和努力，认真对其行为造成的损害进行补偿，双方所展现出的人性的力量和宽恕、谅解的力量对被害人和加害人两者、乃至整个社会都有着非常大

---

① 禹慧文：《未成年人刑事和解的制度研究》，内蒙古大学 2017 年硕士学位论文。

的好处。

三是刑法的谦抑性理念。未成年人是特殊群体，需要优先与特殊保护。在处以宽缓化刑罚也能够达到维护社会秩序，至少不会增加社会危险和人们的恐惧时，应当最大限度地为他们提供回归正常生活的机会和健康成长的社会氛围。未成年人的有些行为虽然有害，但如果动用刑罚有时并不能有效地抑制这种行为，可能会导致交叉感染，而采取刑事和解反而更为有效。

四是"利益兼得"的私力合作模式。刑事和解制度能最大限度地实现各方利益的最大满足，即"利益兼得"。其一，加害方—被害方利益的契合。刑事和解既可以让未成年加害人重返社会，又可以解决被害人的赔偿难题。其二，司法机关的收益—诉讼效率提高。刑事和解能够实现案件繁简分流，让未成年人免遭烦琐的程序纷扰，提高诉讼效率。其三，社会和谐的达成。刑事和解程序的运用，使得被害人与加害人通过面对面地交流，获得加害人真诚的道歉和谢罪，也有了获得高额经济赔偿的可能。[①]

## 三、 未成年人刑事和解的价值

对未成年人刑事和解价值的研究，主要有"三价值说"与"四价值说"两种观点。

### （一） 三价值说

第一种观点认为，未成年人刑事和解的价值包括如下三个：一是有利于未成年犯罪人的教育改造。一方面，同意和解并与被害人达成和解协议的未成年罪犯不必进入刑事诉讼程序或被判处短期监禁刑，甚至不被判处监禁刑，这符合现代刑法的谦抑性要求。而对于未成年罪犯来说，以轻刑代替重刑，以民事或行政手段代替刑事处罚就更具有必要性和重要性。实行和解可以克服将未成年人关押在监狱或劳动场所导致"交叉感染"的缺陷，其做法使未成年犯罪人实现再社会化的难度变小。另一方面，一般情况下犯罪人在案件发生后会招致被害人社区的怨恨，通过刑罚处罚后也很难回归社会，而和解的过程是被害人与犯罪人协商讨论的过程，未成年犯罪人只要能真诚悔悟、积极赔偿、消除危害后果，一般情况下都能得到被害人的原谅。二是有

---

[①] 解思辛：《未成年人刑事和解制度研究》，南京师范大学 2014 年硕士学位论文。

利于被害人权益的维护。刑事和解制度给予被害人维护权益的主动权，特别是在未成年人犯罪案件中，被害人与未成年犯罪人直接对话，叙说被不法侵害的痛苦，有助于减轻被害人的焦虑与仇恨，尽快恢复心理与情绪，从被害的阴影中解脱出来。三是有利于提高诉讼效率。刑事和解使案件不再通过刑事诉讼程序解决当事人冲突，而是被害人与加害人直接商谈解决刑事纠纷，实现了案件的繁简分流，减少了法院、监所和看守所等机关的工作压力和人财物的大量投入，也减少了因上诉、申诉、重新犯罪等带来的成本支出，有利于整体上节约司法资源。①

第二种观点认为未成年人刑事和解具有以下三个价值：一是对被害人具有心理抚慰功能。刑事和解确立了被害人在案件处理过程中的主体地位，是实现被害人救济的重要手段。刑事和解为被害人提供了较为理想的情感宣泄方式，通过双方对犯罪情节的共同分析、重构，在叙说者和被叙说者之间产生共鸣，被害人具有了负面情感宣泄的渠道，加害人的道歉和认罪对其心理亦产生抚慰作用。二是为失足未成年人创设自新机会。刑事和解的直面性能够帮助未成年人真诚悔罪，缓和未成年犯罪人的对立抵触情绪与建立客观认知。刑事和解以一种相对宽松、人性化的方式唤起加害人的责任感，用预防性的、恢复性的刑事政策取代惩罚性的、报应性的刑事处置，使未成年人易于尽快融入主流社会。三是对社会产生预防犯罪的效能。刑事和解能够帮助未成年人正视罪错，并通过协商、补偿程序恢复被破坏的社会关系，化解矛盾，避免"二次冲突"，对犯罪及重新犯罪的预防具有积极意义。②

### （二）四价值说

有观点认为，未成年人刑事和解主要包括以下四个价值：一是有利于未成年人重返社会。为了更有利于未成年犯罪人重返社会，一方面在处罚的方式上要更加强调社会改造，注重教育和引导，对其进行心理矫正，让其能更健康地成长；另一方面在案件的处理方式上要避免传统审判方式的弊端，注重运用刑事和解的方式，通过犯罪人和被害人双方面对面的交流，使未成年

---

① 贾宇、舒洪水等：《未成年人犯罪的刑事司法制度研究》，知识产权出版社 2015 年版，第 155－156 页。

② 国家法官学院编：《全国专家型法官司法意见精粹·未成年人犯罪卷》，中国法制出版社 2015 年版，第 85－86 页。

犯罪人体会到自己给别人造成的损害以及自己应承担的法律责任，真诚悔过。司法机关根据刑事和解协议对未成年犯罪人从宽处罚，或者不作为犯罪处理，有利于其顺利重返社会。二是有利于保护被害人的权益。对未成年人犯罪适用刑事和解，促使未成年人的监护人或者亲属积极进行赔偿，能够有效补偿被害人的损失。被害人由于其意愿能够得到尊重，在协商过程中能掌握更多的主动权和决定权，心理上也易于得到安慰。三是有利于落实宽严相济的刑事政策。宽严相济的刑事政策要求对未成年人犯罪应坚持教育为主、惩罚为辅的原则和教育、感化、挽救的方针进行处理。显然，对未成年人犯罪适用刑事和解有利于落实我国的基本刑事政策。四是有利于促进社会和谐。作为一种合意型的纠纷解决机制，在刑事和解过程中犯罪人与被害人可以自由协商，达成协议后双方的满意度较高，既有利于改善犯罪人与被害人之间的关系，也能在一定程度上缓和社会矛盾，促进社会和谐。①

有观点认为，未成年人刑事和解的价值有以下四点：一是对未成年被告人教育感化和再社会化。刑事诉讼法重在惩罚犯罪、保障人权，而未成年人刑事和解制度的特点是重在保障人权，以惩罚犯罪为辅，体现了教育、感化、挽救的方针政策，以及在定罪量刑时的特殊照顾。对未成年人的父母来说，给予未成年人一次再社会化机会，也就是给予父母一次再教育的机会。二是对被害人的补偿，帮助其恢复正常生活。刑事和解制度要求加害人和被害人保护并重，未成年人的刑事和解制度尤为突出。立法之所以帮助受害人恢复正常生活，被告人得其谅解，是为了实现司法公正，权利自由和和谐的社会秩序。三是实现司法经济化、正义多样化。刑事和解体现的是个人本位价值观，它强调加害人对受害人的侵害，在此基础上进行补偿。司法实践中给予受害人以补偿，体现在国家控制下的公民对个人本位的认可和积极参与公共事务的管理，是对加害人和受害人权益的维护和司法监督。从微观上看，刑事和解不仅能够让被告人顺利回归社会，且能够满足受害人的物质和精神需求，注重受害人的主体权益保障，有利于快速解决刑事办案的需求，进而恢复受损的社会和谐。四是区别对待，个别化处理。未成年加害人的犯罪特点整体上具有相似性，但在具体个案中犯罪原因却丰富多样。针对未成年人刑事和解采取多样化处理和教育管理方式，具体个案具体选择和解程序和教育程序，并且团结社会各组织单位。具体单位具体分配承担未成年加害

---

① 陆海：《未成年人刑事和解制度探讨》，载《江汉论坛》2013 年第 5 期。

人的教育挽救工作，由具体单位参与制定未成年人的教育挽救计划，并落实该计划的实施，以此帮助未成年人顺利回归社会。[①]

## 四、未成年人刑事和解的模式

### （一）国家主导型模式与社会/社区主导型模式

有观点认为，未成年人刑事和解形成了国家主导型模式与社会/社区主导型模式两种。国家主导型模式以国家本位控制犯罪的理念为基础。该模式强调借助国家的主导力量推进刑事和解的进行，也即国家在整个和解程序中占有绝对的主动权。通过国家控制和解程序的进行，使得刑事和解这种"非正常"的犯罪回应机制同正统的刑事司法体系能够得以紧密结合。采国家主导型模式的代表国家为德国。国家司法权不仅表现在协议效力审查方面，当和解协议的履行受到障碍而无法继续实施的，检察官或法官便会重新介入，监督协议的履行。若协议无法履行，司法程序便重新恢复。社会/社区主导型模式强调社会团体、民间组织等多元力量参与到未成年人刑事和解的全过程，以克服国家主导模式的不足，帮助未成年人实现再社会化。采取社会主导型模式的代表国家为芬兰。刑事和解一旦交由社会组织处理后，国家便不再介入。刑事和解的推进以及刑事和解效力的审查，最终都由社会组织予以确认。协议一旦达成，诉讼程序便告终结。和解协议达成后对履行状况的跟踪，也交由相应的社会组织完成。[②]

### （二）专门模式与混合模式

有学者根据未成年人刑事和解程序中司法权力的组织形态特点，将其分为专门模式与混合模式。专门模式是指为适应未成年人的身心特点，和解程序仅适用于未成年人，并由专门机关或部门主持；混合模式则不区分和解适用对象（成年人和未成年人），主持机关也不具有专门性。根据未成年人刑事和解程序的功能特点，可划分为以"教育、感化、挽救"未成年人为基本

---

① 袁丽、李文倩：《未成年人刑事和解制度研究》，载《西部法律评论》2016 年第 5 期。

② 国家法官学院编：《全国专家型法官司法意见精粹·未成年人犯罪卷》，中国法制出版社 2015 年版，第 103 页。

功能需求的教化模式和以被害人利益为中心、通过赔偿被害人以恢复其所遭受的损失的补偿模式。[①]

### （三） 专门/教化模式与混合/补偿模式

有观点认为，以程序结构为一端，以程序功能为另一端，未成年人刑事和解可以有四种理论模式：专门/补偿模式、专门/教化模式、混合/补偿模式、混合/教化模式。尽管教化回归与被害补偿都是未成年人刑事和解的重要目标，但实践的观察发现两者很难并重。

一般而言，专门程序与教化回归相联系，而被害补偿是混合程序的主要功能。由此可以确定两种实际的模式，即专门/教化模式和混合/补偿模式。专门/教化模式，是基于未成年犯罪嫌疑人或被害人之身心特殊性，由专门的机关或人员主持和解程序，在功能上侧重于教化，以"教育、感化、挽救"未成年犯罪嫌疑人或被告人。该模式具有以下特征：程序主持机关（人员）的专门性；程序目的/功能上的教化性；适用范围的扩展性；和解教化过程的情景性；相关措施的配套性。混合/补偿模式，则是指以"被害人保护"为中心，由司法机关在处理日常案件过程中，通过刑事和解的形式解决被害人补偿问题。与专门/教化模式相比，这种模式所保护的基本价值不是未成年人的身心特点，而是被犯罪损害的被害人的利益，其基本特征也不再是程序的专门性和功能的教化性，而是程序的混合性与功能的补偿性。该模式的具体特征为：程序主持者的非专门性；程序目的的补偿性；案件适用范围的有限性；和解过程的功利性。[②]

### （四） 被动确认型模式、委托加确认型模式与主动促成型模式

有观点认为，目前我国未成年人刑事和解不起诉主要有三种工作模式，即被动确认型模式、委托加确认型模式以及主动促成型模式。

第一，被动确认型模式。是指检察机关被动确认的和解方式，即被害人与犯罪嫌疑人自行达成刑事和解协议，再由检察机关进行确认，并作出是否

---

① 苏镜祥、马静华：《论我国未成年人刑事和解之转向——基于实践的理论分析》，载《当代法学》2013 年第 4 期。

② 马静华、苏镜祥、肖仕卫、黎莎：《刑事和解理论基础与中国模式》，中国政法大学出版社 2011 年版，第 189 – 199 页。

不起诉处理的决定。这种模式具有几个鲜明的特点：一是适用案件往往社会危害性不算严重，但与被害方的人身伤害、物质损失密切相关，争议的焦点也都围绕这些问题；二是协商的过程完全由当事人及其法定代理人双方主导，检察机关不介入协商的过程；三是检察机关对和解协议的确认，令和解协议具备了实质上的法律效力，一方面检察机关要接受和解协议的约束，另一方面检察机关据此决定是否终止追诉程序。

第二，委托加确认型模式。是指检察机关对于那些加害方与被害方具有和解意愿的未成年人刑事案件，委托基层人民调解组织进行调解，对于经过调解达成协议的，检察机关予以审查确认，并最终作出是否不起诉的决定。这一模式的特点主要有：一是有明显的程序转换机制；二是此种模式具有广泛的社会参与性，在调解过程中，调解组织可以深入社区，邀请相关社区、学校人员参与促成调解。

第三，主动促成模式。是指检察机关通过与加害方、被害方的沟通、交流、教育、劝解工作，说服双方就经济赔偿标准、赔礼道歉等事项达成协议，从而促使被害方同意放弃追究加害方刑事责任或者同意对加害人从轻处理的纠纷解决方式。这一方式是我国检察机关使用最多的一种刑事和解的工作方式。该模式具有以下几个特点：一是这种模式下检察机关主导性最强，包括和解的启动、调解会议的召集、调解、协议的确认；二是和解的协商程序与确认程序没有明确界分。①

### （五）社区调停模式、转处模式、替代模式、教会模式与家庭群体会议模式

有观点认为，域外未成年人刑事和解模式有五种：一是社区调停模式（Community model）。在犯罪发生后，犯罪者被司法机关逮捕之前，由特定的社区调停组织而非司法机关主持犯罪者与被害者之间的调解。二是转处模式（Division model）。在司法机关已经启动刑事司法程序之后，在程序终结之前将案件交由社会上的纠纷调解中心处理，而不通过刑事司法程序来解决犯罪者与被害者之间的纠纷。三是替代模式（Alternative model）。该模式在尊重被害人意志的基础上，通过改变对犯罪者的刑罚处罚而使纠纷得到解决。其典型是勒令犯罪者对被害者进行刑事赔偿、赔礼道歉，或为社区提供服务。

---

① 古芳：《从物质补偿到精神层面的谅解与恢复——我国未成年人刑事案件和解制度的发展方向》，载《人民检察》2015 年第 7 期。

四是教会模式（Church model）。在美国其典型是由们诺教派组织的刑事和解方案，该模式的目的是将犯罪看作是必须治愈的社区创伤，强调的重点是治疗、重建正确的关系，手段是补偿而不是报应。五是家庭群体会议模式（Famil ygroup conference model），又称新西兰模式，尤其重视被害人、加害人家庭成员的参与。家庭会议的参加人员包括加害人和其家庭成员及他们所邀请的任何人、被害人及其代理人、一名被害人的支持者、一名警方代表和调停员，多数时候也有一名社区工作者或律师到场。家庭会议的主要目标是讨论对侵害行为的最佳处置计划：确定加害人是否承认罪行，了解侵害行为的性质、侵害行为对被害人的影响、犯罪的原因，提出建议并讨论决定相应的和解结果。家庭群体会议通常在一个非正规的环境如社区办公室中进行，有时也在当事人一方家中进行。在达成口头协议之后，其他人员返回并重新开始会议。加害人及其亲属正式向被害人致歉，参与协议的一名代表会概括介绍协商的情况，然后所有人员讨论这些意见。当在座的所有人达成一致意见后，协商结果被详细记录下来，会议宣告结束。①

## 五、 未成年人刑事和解的案件范围与条件

### （一）适用范围

关于未成年人犯罪案件适用刑事和解的范围，学界对于轻微刑事案件，以及一些主观恶性不大的过失犯、偶犯、初犯适用刑事和解能够达成一致意见，但是对于重罪案件能否适用刑事和解问题则有不同的看法。

有观点认为，恢复性未成年人司法原则上所有的未成年人犯罪案件都可以适用。② 只要恢复性司法计划工作人员的技能和资源允许，应该取消在犯罪类型等方面的限制条件，适用于未成年人实施的所有犯罪类型。③

有观点认为，恢复性司法程序的关键在于犯罪人与被害人之间的和解，

---

① 汤火箭：《我国未成年人犯罪刑事和解制度的构建与论证》，载《人民检察》2004 年第 10 期。

② 曾建东：《恢复性司法视角下未成年人司法的反思与构建》，载《法治论坛》2010 年第 1 期。

③ 林维、仝蕾：《论未成年人恢复性刑事司法的构建》，载《中国青年政治学院学报》2006 年第 4 期。

因此适用恢复性司法的案件范围应以有具体被害人的犯罪类型为限。但这并不意味着所有有具体被害人的犯罪都可以适用恢复性司法程序。正如联合国预防犯罪和刑事司法委员会《关于恢复性司法的专家会议报告》中所指出的那样："在恢复性司法模式应用于重罪时，应当非常谨慎，因为对于这些案件而言，修复伤害并非总是可能……"从各国的实践来看，目前恢复性司法程序主要适用于较轻的犯罪和过失犯罪。可以考虑对我国刑法中的过失犯罪及最高刑在 3 年有期徒刑以下的犯罪适用恢复性司法程序。

恢复性司法必须基于犯罪人真诚的悔过才能发挥积极的作用。对于那些用貌似"恢复性"的结果以达到规避正式法律、逃避刑事处罚的未成年"惯犯"来说，恢复性司法已经丧失了其应有的意义。因此认为，对于无较深劣迹或犯罪前科，系初犯、偶犯或者是共同犯罪中的从犯、胁从犯的未成年犯罪人可以适用恢复性司法；对于有过违法犯罪记录的主观恶性较深、客观危害较大的未成年犯罪人在适用恢复性司法时就要慎重行事，或者考虑运用其他刑事司法措施处理。①

有观点认为，对未成年人犯罪案件不应进行限制，原则上都可以适用刑事和解。当然一些侵犯国家、社会公共利益的案件和主观恶性大、累犯、惯犯、团伙作案的犯罪案件应排除在外。对未成年人犯罪案件应适当拓宽适用范围，原因在于：首先，未成年人由于心智发育尚不成熟，自控能力较低，即使实施了犯罪行为，其主观恶性、人身危险性也往往小于成年人，所造成的社会危害相对较轻，而且未成年人可塑性强，对其应主要采取教育矫正的方法。其次，未成年人刑事司法"教育、感化、挽救"方针与"教育为主、惩罚为辅"的原则具有普遍指导意义，并不排除涉嫌重罪的未成年人。况且，刑事和解结果并不必然导致刑事诉讼程序的终结，对于重罪案件，如果确有追究刑事责任必要的，可以在达成和解后将和解作为从轻处罚的情节予以考虑。所以，对于未成年人犯罪案件适用刑事和解的范围可以适当拓宽，适用和解是首先考虑的原则。②

有观点认为，未成年人犯罪刑事和解的案件范围不应以刑法分则章节的形式加以限制。立足于未成年人保护的特殊立场，根据未成年人的心智特点

---

① 刘立霞、尹璐：《未成年人恢复性司法研究》，载《青少年犯罪问题》2006 年第 3 期。

② 王一俊：《刑事和解》，中国政法大学出版社 2010 年版，第 211 页。

和行为特点，未成年人犯罪适用刑事和解的案件除了刑事诉讼法规定的《刑法》第四、五章外，也应当包括初犯、偶犯、犯罪情节较轻的寻衅滋事、聚众斗殴、敲诈勒索等对公共利益损害相对较小的刑事案件。[1]

有观点认为，在刑事诉讼法规定的基础上，应当将适用刑事和解的未成年人案件范围适当扩展到包括初犯、偶犯、犯罪情节较轻微的、对公共利益损害相对较小的刑事案件。[2]

### （二）适用条件

根据联合国《关于在刑事事项中采用恢复性司法方案的基本原则》第7条和第8条规定，适用恢复性司法程序，至少包括以下两个条件：一是加害人的有罪答辩；二是被害人与加害人的双方自愿。

有观点认为，对未成年人犯罪案件进行恢复性司法需要满足以下几个必要条件：（1）案件的基本事实已经查清，即可以确定犯罪事实已经发生、犯罪行为系加害人所为。（2）未成年犯罪人有罪答辩并真诚悔罪。如果是否有罪的问题还需要恢复性司法程序来解决，那么就会增强一个事实证明和举证责任的分配问题，而对这些问题的解决并不是设计恢复性司法模式的初衷。（3）只有在被害人和未成年人自愿同意的情况下才可适用。不应以不公平的手段强迫和诱使被害人或未成年人参加恢复性司法程序或接受恢复性司法结果，也不得以当事人不能达成协议或不履行协议为由在刑事司法程序中作为加重处罚的理由。当然，为全面有力保护未成年人，司法机关应向各方参加人对未成年人恢复性司法进行详细说明，使他们深刻理解恢复性司法的真正意义，并促使他们主动参与到恢复性未成年人司法程序中来。[3]

有观点认为恢复性司法制度的适用条件包括：（1）有罪证据充分。这里的证据充分并不必然要求达到定罪阶段的证据充分的标准，但至少要达到起诉时证据充分的标准。强调证据充分是为了最大限度地避免"错误恢复"的发生。（2）当事人自愿。恢复性司法旨在以"追求恢复、追求和谐"的全

---

① 王卫明、王胜：《冲突与选择：未成年人刑事案件和解程序适用》，载《青少年犯罪问题》2013年第2期。

② 张鸿巍、瞿广恒、闫晓玥：《恢复性司法视野下的未成年人犯罪刑事和解探析》，载《广西大学学报（哲学社会科学版）》2014年第1期。

③ 曾建东：《恢复性司法视角下未成年人司法的反思与构建》，载《法治论坛》2010年第1期。

新理念解决犯罪所造成的危害性后果。犯罪（嫌疑）人选择恢复性司法意味着承认自己有罪，被害人选择恢复性司法则意味着放弃追究犯罪人的刑事责任，二者各有利弊得失，因此要以当事人的自愿选择作为启动恢复性司法程序的必要条件。（3）有专业的机构及人员。未成年人恢复性司法程序的运转需要以专门的未成年人司法或准司法机构的存在为前提，如在澳大利亚有未成年人审判会议、未成年人司法中心等。建议在司法机关和人民调解委员会之外，由司法局牵头并调动社区力量另设机构，作为适用未成年人恢复性司法程序的专门组织。在人员选任方面，应由社区内受过法律、心理及相关培训的专业人士担任。[①]

## ⚖ 六、 未成年人刑事和解的主体

### （一）参与主体

有观点认为，未成年人刑事和解案件应当适当拓宽参与人的范围，具体应当包括以下人员：被害人及其法定代理人或监护人，委托代理人，近亲属；未成年加害人及其法定代理人或监护人；调停人；未成年加害人就读学校的教师、校长或工作单位的代表，或户籍所在地的居委会或村委会的代表；司法机关人员；经双方当事人同意参加和解的其他人员。在未成年人刑事和解案件中应注重监护人的参与，未成年加害人的监护人参与刑事和解，除了能维护未成年人的合法权利外，还具有其他更为积极的作用。监护人的参与使得刑事和解较容易达成和解协议。同时，未成年加害人的监护人参加刑事和解有利于对未成年加害人的情感教育。监护人参与刑事和解会对未成年人的犯罪行为及其原因、后果有更深刻的认识，有利于对未成年人以后行为的纠正改造，并且有利于预防重新犯罪。[②]

有观点认为，根据我国的实际，恢复性未成年人司法一般要有以下几方参加：一是主持人，主要指公检法等机关从事未成年人司法工作的机构和人员；二是被害人及其法律咨询者；三是被告人及其法律咨询者，如律师；四

---

① 刘立霞、尹璐：《未成年人恢复性司法研究》，载《青少年犯罪问题》2006 年第 3 期。

② 王一俊：《刑事和解》，中国政法大学出版社 2010 年版，第 211 – 212 页。

是社区，一般是学校、居委会等代表担任该角色；五是其他人员，包括遭受犯罪影响的被害人、犯罪人的家庭成员、朋友等。在司法机关的主持下，被害人、被告人和社区这三方，缺一不可。①

有观点提出，刑事和解是基于国家对个人部分权利的让渡，应该减少公权力色彩的介入。共青团是兼具政治性和社会性的社会团体，有必要也有条件参与到未成年人刑事和解案件中。共青团践行和解应从以下几个方面进行：（1）创立专项计划。创立由共青团牵头或支持的一系列旨在服务青少年、服务社会的专项计划、活动。可以考虑由共青团牵头组织"未成年人刑事和解计划"，在此框架下制定详细的和解步骤和措施，包括联系相关专家和科研院所、组织专门的和解团队、建立和解和帮教基金等。（2）组建专门团队。共青团对青年志愿者团队具有极强的号召力和丰富的经验。（3）设立专项基金。由共青团负责向社会筹集资金建立未成年人刑事和解补偿基金，同时联系其他以青少年为帮助对象的基金组织，充分挖掘社会资源为未成年人服务更具现实意义。②

## （二）主持主体

针对主持刑事和解或恢复性未成年人司法的机构与人员，有以下不同意见：

有观点认为可以由人民调解委员会组织未成年犯罪人与被害人、社区等人员协商，达成协议。③

有观点认为，鉴于恢复性未成年人司法的过程专业性、结果权威性，并为了对之进行有效监控，防止权力被滥用，应当由国家司法机关里的专职未成年人司法机构和人员组织各方进行协商，并根据达成协议情况，作出司法处理结果。公检法机关要进一步调整充实未成年人司法的专门机构，并对相关人员进行恢复性司法业务培训，提高恢复性未成年人司法的水平，更好地

---

① 王少华、储翔昱：《论恢复性司法在中国未成年人司法改革中的应用》，载狄小华、刘志伟主编：《恢复性少年司法理论与实践》，群众出版社 2007 年版，第 483－484 页。

② 李卫红、程国栋：《共青团在未成年人刑事和解案件中的作用》，载《江苏警官学院学报》2012 年第 1 期。

③ 莫洪宪、郭玉川：《论我国未成年人恢复性司法的构建》，载《青少年犯罪问题》2009 年第 2 期。

保障未成年人合法权益。①

有观点明确提出，未成年人的和解对话应当由代表国家行使审判权的法官主持。②

有观点认为，在未成年人刑事和解中，在确立司法人员主导的前提下，可以考虑吸收未成年人心理学方面的专家参与主持。③

有观点认为，可以由人民调解员来充当恢复性司法程序的第三人，从而使其在刑事司法机构之外保持相对的独立性与中立性。作为恢复性司法调剂额的协调人必须具备的基本素质包括良好的沟通技巧、独特的倾听技术（这种倾听要求倾听人有耐心和对沉默的高度忍受力）、解决问题的能力和谈判技巧；进行适当领导的能力；良好的组织能力。对调解员进行心理学方面的培训，能够使当事人取得良好的心理恢复效果。此外，专门机关例如法院、检察院对其活动进行监督与司法控制是不可缺少的。调解人员对恢复性程序期间非公开进行的讨论具有保密义务，且事后不得对外透露。④

### （三）存在的问题及解决途径

有观点认为，公安机关构建未成年人犯罪刑事和解制度目前存在诸多问题。主要表现为：（1）绩效考评的掣肘明显。在公安机关的绩效考评目标体系中，存在不切实际、与宽严相济刑事司法政策不相吻合的问题。为了考评不得不放弃从宽政策。在选用强制措施时，公安机关往往积极采用羁押性强制措施，致使刑事和解制度适用率低、运行不畅，影响了其功能发挥。（2）配套制度设计滞后。未成年人刑事和解在实践层面缺乏指导性与可操作性。在适用刑事和解制度上，还缺乏激励约束机制的建设。（3）非监禁化矫正机制的缺失。限于条件限制，难以对未成年人适用刑事和解。⑤

---

① 曾建东：《恢复性司法视角下未成年人司法的反思与构建》，载《法治论坛》2010 年第 1 期。

② 谢萍：《未成年人刑事和解对话会——从"一纸协议"到恢复、治疗、协商并融》，载《青少年犯罪问题》2011 年第 3 期。

③ 陆海：《未成年人刑事和解制度探讨》，载《江汉论坛》2013 年第 5 期。

④ 林维、仝蕾：《论未成年人恢复性刑事司法的构建》，载《中国青年政治学院学报》2006 年第 4 期。

⑤ 顾凤岭、周博文：《公安机关实施未成年人犯罪之刑事和解制度研究》，载《公安研究》2010 年第 9 期。

有观点认为，未成年人案件承办检察官在刑事和解中的地位尚待厘清。未成年人案件承办检察官在刑事和解中的身份和职责存在矛盾：一方面，根据刑事诉讼法及相关司法解释规定，其负有促成当事人和解、推动矛盾纠纷化解的责任，有义务对当事人提出的和解要求提供法律咨询；另一方面，作为起诉方，检察官还要承担积极的犯罪追诉之责。刑事和解追求的"息诉"与传统追诉主义的"追责"要求之间存在矛盾。这种矛盾在未成年人案件刑事和解程序中表现得尤为明显和复杂。检察官因为这些困惑而无从选择，导致刑事和解适用比例较低，无法发挥其应有的作用。①

有观点认为，在未成年人刑事和解中，国家公权力机关的角色定位存在矛盾。刑事诉讼法规定双方当事人和解的，公安司法机关应当听取当事人和其他有关人员的意见，对和解的自愿性进行审查，并主持制作和解协议。国家公权力机关的主要作用在于对刑事和解进行程序性审查，而不对其实质内容进行干涉。"主持制作和解协议"的"主持"应作何理解直接关系到国家公权力机关承担的是形式审查的作用还是处于实质程序主导者的地位，法律并未明确规定。②

有观点认为，未成年人刑事和解忽视了第三方社会主体的参与。在西方国家，刑事和解的主导者主要为社会第三方，包括社区、中介机构、调解组织等。这些主体具有中立性的特点，避免了公权力机关对主体意愿的干预。在我国司法实践中，律师、村民委员会、居民委员会、学校、机关、团体等，往往在刑事和解中起到主导者的作用，然而刑事诉讼法对此并未作出相关规定。由此可见，立法者对和解主体各方的角色定位不甚明确。③

为解决上述问题，第一种观点认为，应当提升侦查阶段适用刑事和解的效率和质量。具体路径有：一是更新诉讼理念，变从重从快为宽严相济。在有力打击和震慑犯罪、张扬法治威严的同时，高度重视依法从宽的一面，彰显人文关怀，最大限度地化消极因素为积极因素，从根本上缓解社会冲突，减少社会对抗，预防未成年人犯罪发生。二是加强制度设计，变一般倡导为

---

① 古芳：《从物质补偿到精神层面的谅解与恢复——我国未成年人刑事案件和解制度的发展方向》，载《人民检察》2015 年第 7 期。

② 李卫红、程国栋：《对新刑事诉讼法中和解条款之反思——以涉未成年人刑事案件为视角》，载《江西警察学院学报》2012 年第 4 期。

③ 李卫红、程国栋：《对新刑事诉讼法中和解条款之反思——以涉未成年人刑事案件为视角》，载《江西警察学院学报》2012 年第 4 期。

具体规范。要重新审视现行目标管理考评体系，对于制约阻碍宽严相济刑事司法政策及刑事和解制度贯彻适用的考核目标，应予以废止。特别是要在制定刑事和解制度适用细则的同时，增强其适用的强制性和约束力，保证在司法实践过程中无条件地贯彻适用。此外，要建立奖励机制，将贯彻刑事和解制度纳入业绩考核指标范畴，强化监督，兑现奖惩。三是突破现有制度框架，变强制羁押为社区矫治。根据宽严相济刑事司法政策及建立恢复性司法制度的需要，限制羁押性强制措施的运用，做到对未成年人刑事犯罪案件特别是非对抗性犯罪、初犯、偶犯、过失犯、弱势群体犯罪，在依法惩治的同时，更加注重教育、挽救、矫治工作，加注重社会矛盾的化解。加大社区矫正工作力度，建立专门机构，整合相关社会团体、民间组织、社会志愿者的力量，对非监禁处理的未成年罪犯进行教育改造，促其顺利回归社会，促进社会治安秩序的良性循环。[①]

第二种观点认为，应当加强主持协调主体的专业性。在未成年人犯罪案件刑事和解过程中强化社区矫正机构、社区等社会第三方作为协调人的专业化程度。首先，应明确调解人的选任标准；其次，无论是专职调解人员（如法官、人民调解员）还是社会组织人员（如社会工作者），都必须进行专门的培训才能从事刑事和解相关工作。定期举行培训班，让长期办理未成年人案件的检察官、法官以及具有社会学、心理学专业背景的人民调解员参加学习。[②]

第三种观点认为，在和解过程中，应当考虑吸纳社会第三方，不仅限于律师、村民委员会、居民委员会、社区、学校、社团等第三方，应该给予社会第三方更多的发展空间。对于未成年人案件来说，后期帮教程序中，社会第三方的作用更为凸显。[③]

第四种观点认为，针对公权力机关在未成年人刑事和解过程中的角色定位，其应定位于程序的引导者与监督者，主要负责告知和解主体各方权利所在，引导他们熟悉并参与和解的各个步骤，同时也负责对和解过程中任何违

---

① 顾凤岭、周博文：《公安机关实施未成年人犯罪之刑事和解制度研究》，载《公安研究》2010 年第 9 期。

② 刘宏璎、刘君：《论我国未成年人刑事案件的和解》，载《甘肃政法学院学报》2016 年第 6 期。

③ 李卫红、程国栋：《对新刑事诉讼法中和解条款之反思——以涉未成年人刑事案件为视角》，载《江西警察学院学报》2012 年第 4 期。

法、违规行为进行监督。基于公权力的性质，公权力机关任何轻微的、无意的举动，都可能会对主体双方带来错觉，因此绝对不能对和解的实质内容进行干涉，否则难以保证和解的自愿性与和解效果，所以"主持和解协议"应当理解为是程序上的引导，并对和解协议的制作进行监督，而非实质上的主导者。另外，和解是一个复杂而漫长，甚至烦琐的过程，法官应该尽可能地消极、中立，否则动辄被拖入这一复杂的过程中，有违诉讼效率原则。①

## 七、 未成年人刑事和解的适用阶段

从各国情况来看，许多国家的恢复性司法适用于实施犯罪之后至刑事司法程序结束的各个阶段，但也有不少国家只适用于量刑阶段。② 研究者主要存在以下几种不同观点：

有观点认为应将未成年人恢复性司法适用在判决前的阶段。在未成年人经过严肃的法庭审判之前，通过运用恢复性司法使他们认识到自己的错误，真诚忏悔，做出补偿，这样既有利于改造未成年人，又照顾到受害者因犯罪行为所受到的伤害。③

有观点认为对未成年人犯罪案件适用刑事和解应置于审判阶段。刑事和解是以行为人的行为触犯刑法、应承担刑事责任为前提的。而刑事责任的认定，只能由法院进行。同时，法院的中立性和专业水平是其主持刑事和解的业务基础。④

有观点认为刑事和解程序的适用应当限制在审查起诉阶段。因为侦查阶段的主要任务是调取、收集证据，审判阶段进行刑事和解无实际意义。⑤

有观点认为恢复性未成年人刑事司法应贯穿于整个刑事司法的侦查、起

---

① 李卫红、程国栋：《对新刑事诉讼法中和解条款之反思——以涉未成年人刑事案件为视角》，载《江西警察学院学报》2012 年第 4 期。

② 莫洪宪、郭玉川：《论我国未成年人恢复性司法的构建》，载《青少年犯罪问题》2009 年第 2 期。

③ 莫洪宪、郭玉川：《论我国未成年人恢复性司法的构建》，载《青少年犯罪问题》2009 年第 2 期。

④ 李雅琴：《未成年人犯罪适用刑事和解探析》，载《前沿》2010 年第 9 期。

⑤ 孙宝民：《刑事和解在我国的适用及构建》，载《刑事和解在我国的适用及构建》2007 年第 4 期。

诉、审判和执行的全过程。在未成年人刑事司法的任一过程，只要当事人双方同意，就可以组织进行恢复性司法程序，在取得未成年人深刻认识到错误、真诚悔改、有效赔偿及被害人与社区谅解等效果后，根据不同的阶段可以作出相应的有利于未成年罪犯回归正常学习成长道路的处理结果。[①]

有观点认为不应当限制恢复性司法措施的适用阶段，应当在对被害人最适合的阶段适用恢复性司法措施。其适用的时间选择主要取决于被害人的个人特征，例如被害人对情绪的控制程度、被害人创伤性情绪的恢复性状况等。在被害人的创伤性情绪得到一定恢复，能够对自己的情绪有一定控制之后，就可以开始采取恢复性司法措施。[②]

## 八、 加害人履行义务的方式

### （一）具体方式

有观点认为，在未成年人刑事和解中，不能忽视但也不宜过分强调经济赔偿。刑事和解的特点之一就是重视被害人的权利，因此对被害人的经济赔偿不能忽视，并在对未成年罪犯的处理上予以体现。目前我国刑事和解的调解结果多以经济补偿为主。如果没有经济补偿，被害人及其家属一般不愿接受刑事和解。而对于司法机关而言，衡量刑事和解是否成功的一项重要指标也是有无赔偿情况。但在未成年人审判领域，刑事和解制度可能导致家庭赔偿能力强的未成年罪犯适用，但大多数未成年罪犯家庭条件都不好。所以，刑事和解在未成年人审判中应当突出刑事和解的叙说程序，刑事和解教育、感化、修复被犯罪行为破坏的社会关系的功能。在未成年人刑事和解中，尽力赔偿也应当作为刑事和解的一项重要内容，但对是否有赔偿和赔偿到位率的把握应宽于成年人刑事和解。[③]

有观点认为，加害人履行义务的方式应强调实现犯罪嫌疑人、被告人的真诚悔罪和被害人的内心谅解，避免过于重视一次性的经济赔偿。一方面，

---

① 曾建东：《恢复性司法视角下未成年人司法的反思与构建》，载《法治论坛》2010 年第 1 期。

② 郭建安、郑霞泽主编：《社区矫正通论》，法律出版社 2004 年版，第 527 页。

③ 温景雄、狄小华、张薇主编：《少年罪错司法防治的最新动向》，群众出版社2010 年版，第 252 – 253 页。

应当强化赔礼道歉的实质性，原则上应要求道歉必须当面和口头进行，只有在极特殊的情况下才能采用书面形式。另一方面，应当建立多元化、因案制宜、因人制宜的义务履行方式，包括一次性赔偿；分次、分期赔偿；劳务补偿；让加害人从事一定的公益劳动（部分案件可以由政府和办案机关先行给予被害人经济救助）。多元化的履行方式对于未成年罪犯尤为重要。一般来说，未成年人本身并没有经济来源，如果通过经济赔偿的方式进行和解，就要依靠父母或者其他亲属代为赔偿。代为赔偿的方式使得加害人本人逃避了对被害人所应当承担的赔偿责任，将赔偿责任转嫁给其父母或者其他亲属。这样，即使案件最终能够通过刑事和解的方式予以解决，但在很大程度上也起不到刑事和解的应有效果。就未成年人而言，可以优先探索社会服务的适用。社会服务，是指在限定的期限内由加害人为社会提供一定时间的无偿劳动或服务。社会服务的方式多种多样，可以是打扫卫生、收发报纸、邮件、维持交通秩序、到敬老院照顾老人等任何有意义的内容。加害人参与社会服务，一方面通过切身的行动承担了对被害人和社会的责任，弥补了对被害人和社会所造成的损害；另一方面也通过参与社会的方式，使加害人本人早日摆脱此前的犯罪阴霾，使其重新确立对生活的热爱向往；重新获得社会公众的认可和接受，不致因为犯罪而影响到其价值观和个人前途。[①]

### （二）存在的问题及解决方式

针对加害人履行义务的方式，研究者认为存在诸多问题。

有观点认为，和解手段单一、标准不明，部分和解程序异化为赔偿程序，[②] 和解效果受到质疑。司法机关出于办案效率、司法资源配置等因素的考量，多以赔偿数额来衡量加害方和解的诚意；双方当事人进行和解的过程也往往就是就赔偿数额进行讨价还价的过程，缺乏感情交流以及加害方的诚心忏悔、悔过。这背离了刑事和解制度设计的初衷。由于刑事和解的最终结果是被害人获得经济补偿并且原谅加害人，加害人因此得到司法机关对自己从宽处罚、免于处罚、不起诉的决定，这种决定的得出，法官有很大的自由

① 高景惠、孙威、王巍：《未成年人犯罪专业化公诉样本》，中国检察出版社 2014 年版，第 150 – 151 页。

② 张鸿巍、瞿广恒、闫晓玥：《恢复性司法事业下的未成年人犯罪刑事和解探析》，载《广西大学学报（哲学社会科学版）》2014 年第 1 期。

裁量权，以上几个方面，都导致了被害人与其他社会大众产生加害方"花钱买刑"、司法机关有所偏倚的印象。① 该制度适用的目标不在于赔偿，而在于加害人通过真诚悔过来获得被害人的谅解，进一步修复被伤害的社会关系。因此，除赔偿损失外，赔礼道歉、恢复原状等有助于加害人获得被害人谅解的方式也应当作为刑事和解的有效途径。②

有观点认为，刑事和解缺乏明确标准造成和解效果不佳。目前，我国并未就刑事和解出台统一的可供参考的赔偿标准，司法实践中被害人借机"漫天要价"的现象时有发生，特别是在未成年人案件中，其法定代理人出于避免未成年人背负"犯罪人"标签的目的，会尽力满足被害方的赔偿要求。尽管这种和解具有一定的自愿性，但弊端也是显而易见的，一方面未成年人是否能够通过这种赔偿获得教育或者产生回归心理值得研究，另一方面虽然双方一时达成了金钱赔偿协议，但被害方仍然可以利用未成年人家长的急切心情而反悔并进一步提高赔偿数额，导致和解协议的稳定性不强。③

因此，有观点认为，明确被害恢复的物质与心理双重标准，既要追求物质损害的赔偿，也要注重心理创伤的修复；强化加害恢复的目标，并且树立加害恢复的双重评估标准，即既要通过结果的刑罚化处理方式或减轻刑罚方式，也要将加害恢复的目标贯穿于和解过程，通过程序实现对加害方"教育、感化、挽救"的目的。④

## 九、 未成年人刑事和解的程序

### （一）具体程序设计

关于未成年人恢复性司法制度的适用程序设计，主要存在以下几种不同

---

① 刘宏瓒、刘君：《论我国未成年人刑事案件的和解》，载《甘肃政法学院学报》2016 年第 6 期。
② 古芳：《从物质补偿到精神层面的谅解与恢复——我国未成年人刑事案件和解制度的发展方向》，载《人民检察》2015 年第 7 期。
③ 古芳：《从物质补偿到精神层面的谅解与恢复——我国未成年人刑事案件和解制度的发展方向》，载《人民检察》2015 年第 7 期。
④ 苏镜祥、马静华：《论我国未成年人刑事和解之转向——基于实践的理论分析》，载《当代法学》2013 年第 4 期。

观点：

第一种观点认为具体程序设计应当包括以下几点：一是办理未成年人案件的公安机关认为未成年犯罪嫌疑人符合适用恢复性司法程序的，应当向检察机关提出书面建议。检察机关认为符合相关条件后，应当询问当事人及其法定代理人是否同意适用恢复性司法程序。二是当事人自愿就适用恢复性司法程序达成协议后，相关司法机构将案件移交给未成年人恢复性司法的专门执行机构。由调解员确定会议的时间和地点，并在会议前找未成年犯和受害人谈话，确使双方认识到具体犯罪行为的性质和影响，同时他们对恢复性司法的面谈程序有初步了解。三是参加恢复性面谈程序的一般包括未成年犯罪人、受害人和司法代表三方人员。未成年犯一方有未成年犯及其监护人、法律顾问；受害人一方有受害人及其支持人；司法代表一方包括调解人、司法机关人员。首先由调解人介绍在座的参与者及其与该犯罪的关系和他们参加的原因。随后调解人应先询问犯罪人在犯罪当时的想法和感受，让其辨认在犯罪中伤害的人，然后向受害人、在场的受害人的支持者，最后向犯罪者的监护人、法律顾问询问相关问题。之后，调解人应当指出面谈的重点是就怎样修复这些伤害达成协议，并围绕协议的达成在各参与者之间促成建设性的对话。[1]

第二种观点认为未成年人恢复性司法模式的运作程序应当包括：一是对是否适用恢复性司法程序进行评估。二是在主持者的主持下，双方及其父母、近亲属见面，并邀请社区代表或社区团体代表参加，一起协商协议，达成共识。三是协议落实。[2]

第三种观点认为和解对话会应当包含以下内容：对话会的主持法官应当首先介绍对话会的参与人员、案件的基本事实及召开这次讨论会的目的；然后由受害人充分陈述自己遭受侵害时的感受和受到的损害，让未成年被告人明白其犯罪给被害人所带来的痛苦。最后经过协商，双方达成一个相互认可的关于弥补被害人损失，以及同意对未成年被告人从宽处罚的方案。[3]

---

① 刘立霞、尹璐：《未成年人恢复性司法研究》，载《青少年犯罪问题》2006 年第 3 期。

② 莫洪宪、郭玉川：《论我国未成年人恢复性司法的构建》，载《青少年犯罪问题》2009 年第 2 期。

③ 谢萍：《未成年人刑事和解对话会——从"一纸协议"到恢复、治疗、协商并融》，载《青少年犯罪问题》2011 年第 3 期。

第四种观点认为未成年人案件刑事和解的程序包括：首先是和解的提出与受理。刑事诉讼法规定刑事和解可以适用侦查阶段、起诉阶段及审判各个阶段。办理案件的司法机关根据案件情况也可以提出和解建议，双方当事人根据意愿决定是否采纳。其次是和解案件的筛选与审查。当双方当事人或者其家属、代理人或辩护人提出和解申请时，司法机关应当依照法律规定的条件对案件进行筛选、审查。特别需要注意的是，应查明加害人是否作有罪答辩且其认罪态度是否良好。再次是和解的准备。刑事和解的参与主体应该是案件当事人双方，即加害人和被害人及其家属、代理人或辩护人，也可以吸收司法机关以外的人参加，如人民调解组织。最后是和解陈述与协商、签订和解协议。司法机关应创造条件使被害人和犯罪人直接对话，在平和的环境中讨论犯罪行为对各自生活的影响，被害人倾诉，犯罪人认错、表达歉意，最终双方达成和解协议。如果发现不能达成和解协议的情况，应当中止和解过程，进入正常的司法审判程序。①

### （二）存在的问题

有观点认为，和解程序缺乏操作性。法律对和解程序的规定过于粗糙且笼统，缺乏可操作性。例如，和解协议如何启动，是由法官告知还是双方律师告知；和解过程应该遵循怎样的步骤，是由法官召集有和解意愿的双方进行协商，还是由律师或者其他主体牵头，私下进行协商；法官如何就和解的自愿性进行审查，审查的内容与形式如何限定；公权力机关主持制作和解协议的程序和步骤为何等。②

有观点认为，和解协议达成过程采取的是"背靠背"形式。③有些地区的人民调解组织，缺少具有专业知识的调解员；有些充当调解员角色的法官，为了节省办案时间和精力，在对未成年人犯罪案件刑事和解进行调解时，不举行调解会议，只是在被害人与加害人双方之间传达想法，分别劝

---

①　贾宇、舒洪水等：《未成年人犯罪的刑事司法制度研究》，知识产权出版社2015年版，第160－161页。

②　李卫红、程国栋：《对新刑事诉讼法中和解条款之反思——以涉未成年刑事案件为视角》，载《江西警察学院学报》2012年第4期。

③　谢萍：《未成年人刑事和解对话会——从"一纸协议"到恢复、治疗、协商并融》，载《青少年犯罪问题》2011年第3期。

说，直至双方当事人最终达成一致意见，签订补偿协议。①

## 十、 未成年人刑事和解的处理结果

### （一） 实行轻缓刑政策

有观点认为，应当坚决贯彻"教育为主、惩罚为辅"和"宽严相济"的政策原则，坚决对未成年人实行轻缓刑政策。主要途径有：超越"有罪必究"的观念，通过粗疏法网，淡化未成年人危害行为罪与非罪的界限，将未成年人的一些犯罪行为除罪化；对未成年人犯罪侦查过程中的强制措施，以不捕为原则，以逮捕为例外，实现非监禁化；对未成年人实施依法应判处 3 年以下有期徒刑的犯罪，以不诉、免刑为原则，以起诉或者判刑为例外；对未成年人实施依法应当判处 3 年以上 10 年以下有期徒刑的犯罪，适用非监禁刑为原则，判处死刑为例外；对未成年人危害行为构成犯罪情况下，能轻则轻，以减轻为原则；对未成年人罪犯从宽适用减刑和假释。②

### （二） 明确和解协议的效力

有观点认为，应当明确未成年人犯罪刑事和解协议的效力。和解协议中，应当规定未成年犯罪人履行协议的期限；在规定期限内，如果没有履行或者部分履行协议的内容，或者未成年犯罪人通过实施虚假行为骗取被害人的信任并签订和解协议，这种行为从根本上违反了刑事和解的适用前提，应当由司法机关撤销该和解决定，宣布和解协议无效，案件重新进入普通诉讼程序。如果在协议履行完毕后，当事人反悔，被害人表面原谅了未成年犯罪人，可是一旦得到经济赔偿，既不承认已达成的和解协议效力，反而要求追究未成年犯罪人的刑事责任，由于这种情况下被害人缺乏和解的意思，违反了自愿原则，所以司法机关应当宣布所达成的刑事和解协议无效，将案件重

---

① 刘宏璎、刘君：《论我国未成年人刑事案件的和解》，载《甘肃政法学院学报》2016 年第 6 期。

② 曾建东：《恢复性司法视角下未成年人司法的反思与构建》，载《法治论坛》2010 年第 1 期。

新纳入普通诉讼程序进行处理。① 有观点认为，刑事和解协议并不必然具有法定效力，法官或检察官应对刑事和解协议进行审查。首先，刑事和解应以案件事实已经查明、证据确实充分为客观前提；其次，刑事和解应以犯罪嫌疑人的"认错"与当事人双方的和解自愿为基本前提。最后刑事和解案件中不可忽视的一点是，犯罪仍然是对公共利益的侵害，国家对于犯罪的处理具有最终的决定权。②

### （三）和解协议效力不同说

有观点认为，不同的恢复性司法模式所达成协议的效力是不同的。一般而言，未纳入司法裁决的协议不具有终局的效力，犯罪人可以再次起诉。而被纳入司法裁决的协议具有终局效力。如果当事人之间没有达成协议，案件将按照一般刑事司法程序处理。③

### （四）存在的问题

有观点认为，和解协议的性质缺乏法律依据，效力得不到有效保障。刑事诉讼法规定由公安机关、人民检察院、人民法院主持制作和解协议书，但并没有对刑事和解协议的性质进行明确。针对当事人达成和解协议后、全部履行完之前是否能反悔并未作出规定，即对刑事和解协议的效力未予以明确。对于法院确认协议无效、双方没有达成和解协议的情况如何处置也没有明确。④

## 十一、未成年人刑事和解的监督与救济

### （一）全面监督

有观点认为，结合刑事和解制度参与主体的特征，犯罪人与被害人达成

---

① 张鸿巍、瞿广恒、闫晓玥：《恢复性司法事业下的未成年人犯罪刑事和解探析》，载《广西大学学报（哲学社会科学版）》2014 年第 1 期。

② 谢小剑：《检察制度的中国图景》，中国政法大学出版社 2014 年版，第 268 页。

③ 莫洪宪、郭玉川：《论我国未成年人恢复性司法的构建》，载《青少年犯罪问题》2009 年第 2 期。

④ 张鸿巍、瞿广恒、闫晓玥：《恢复性司法事业下的未成年人犯罪刑事和解探析》，载《广西大学学报（哲学社会科学版）》2014 年第 1 期。

的和解协议应当经过司法机关背书，由司法机关审查双方当事人达成的和解协议是否自愿、合法。如司法机关在审核协议时发现有违当事人自由意志或法律规定的情形下，应赋予其撤销和解协议的权力。以公权形式保障和解协议的真实有效与公平正义。同时，根据刑事和解协议的契约性质，犯罪人和被害人双方可以互相监督对方是否已履行刑事和解协议所规定的内容。如果一方没有履行和解协议，另一方有权向司法机关举报、控诉。此外，亦应赋予双方当事人不服刑事和解决定时进行申诉的权利。具体而言，如果当事人是出于压力或者其他不能自主表达其真实意愿的原因而作出刑事和解决定的，当事人有权向司法机关提出申诉，由司法机关对刑事和解的过程以及刑事和解协议的内容进行司法审查，并作出是否合法的判断。社区在刑事和解协议的履行过程中亦扮演着监督者的角色，要检查、监督未成年犯罪人履行协议的情况和矫正改造的进展，帮助未成年犯罪人顺利回归社区。①

## （二）检察监督

有观点认为，对未成年人刑事和解依法进行法律监督是检察机关应尽的职责。检察机关对和解的监督贯穿始终：检察院对法院刑事和解的启动有异议的，可以提起复议；在和解过程中认为案件不符合和解条件的，应当建议法院终止和解程序；和解达成后，认为和解协议违反法律规定的，应当建议法院认定协议无效；认为法院根据和解协议作出的从宽处罚违反法律规定的，应当依法提出抗诉。若发现和解过程中法官有徇私枉法、滥用职权、贪污受贿等行为，构成犯罪的，要依法追究刑事责任。②

## （三）全程监督

有观点认为，完善未成年人刑事和解的监督机制应注意以下几点：一是对制度的启动进行监督。对未成年人刑事和解适用的监督要从和解启动就开始，无论和解在哪一阶段启动，检察机关都应严格监督未成年人刑事和解案件能否启动或者和解的启动是否合法，是否有金钱、人情等社会因素介入以

---

① 张鸿巍、瞿广恒、闫晓玥：《恢复性司法事业下的未成年人犯罪刑事和解探析》，载《广西大学学报（哲学社会科学版）》2014年第1期。

② 李志芳：《未成年人刑事和解制度之完善——以法院审判阶段为视角》，载《福建法学》2014年第3期。

促成未成年人刑事和解的启动。二是对和解过程进行监督。首先，在立案及侦查阶段，检察机关可以派员监督侦查机关处理未成年人刑事和解的全过程。其次，在审查起诉阶段不仅依靠检察机关监督，还应完善内部监督机制和外部监督机制。再次，在审判阶段，检察机关主要监督法院因刑事和解而做出从轻或减轻处罚的相关依据是否正当、合法。最后，在执行阶段，监督主要侧重于审查未成年犯罪人及其家属提供的信息是否属实，被害人在此阶段愿意参与和解的具体原因，以及未成年犯罪人的悔悟程度。三是对和解后续进行监督。一方面对刑事和解协议的履行情况进行监督，另一方面把未成年犯罪人置于社会中对其进行改造和矫正。①

## 十二、 未成年人刑事和解的配套机制

未成年人刑事和解制度在解决未成年人犯罪方面能够更有效地发挥作用，也有待于未成年人法律援助、社会矫治等配套制度的完善。未成年人刑事案件和解过程中，确保经济困难的未成年被告人获得律师帮助，将有助于在达成和解协议过程中保障被告人的合法权利不受损害。社会矫治制度则可以保证刑事和解后被告人能够得到较好的矫正和帮教，顺利回归社会，降低再犯率，使刑事和解达到应有的目的。②

### （一） 建立定期回访和帮教制度

对于经过刑事和解被免于刑事追诉或从轻处罚的未成年犯罪人应当建立定期回访和帮教制度，对未成年人刑事和解后的教育矫正进行后续跟踪，保证和解达到更好的效果。刑事和解后，法官、检察官应对未成年加害人进行定期或者不定期的跟踪回访，真实了解未成年加害人的学习、生活状况，根据其表现，掌握未成年加害人的思想动态，确保彻底消除犯罪隐患，并且与其法定代理人、所在的社区基层管理机构、学校达成帮教共识，针对不同情况，制定有效的帮教和回访方案，形成家庭、社会、学校和司法机关对未成

---

① 王统：《现实与重构：“中国式”的未成年人刑事和解制度》，载《四川警察学院学报》2017 年第 4 期。

② 国家法官学院编：《全国专家型法官司法意见精粹·未成年人犯罪卷》，中国法制出版社 2015 年版，第 102 页。

年人的共同教育、感化、挽救的局面，充分保证刑事和解实施效果。①

### （二）建立污点限制公开/前科消除制度

在刑事和解后，对于符合条件的未成年人可采取污点限制公开制度。这能够促使其改过自新，重新开始正常人的生活，摆脱犯罪"标签"的影响。具体来说，"限制公开"包含三方面的含义：一是封存后一旦再犯，可以撤销封存；二是犯罪记录材料即使不进入涉案未成年人的人事档案，而在刑事卷宗内，已然作为前科存在；三是封存前必须经过一段时间的考察，考察不合格的不予封存。上海市检察机关在建立污点限制公开制度上已经进行了有益的尝试并积累了一些经验，也取得了较好的社会效果。②

依据恢复性司法的理念，应以未成年人前科消除为原则，以个别罪行不消除为例外，以达到全面恢复性未成年人健康成长道路的目的。③

### （三）建立刑事被害人救助制度

从刑事和解实践情况来看，加害人有无赔偿能力已成为和解能否顺利进行的决定因素。建立刑事被害人救助制度，可以弥补加害人赔偿的不足，使被害人愿意接受和解，也可以适度减轻真诚悔罪而无经济实力的加害人的赔偿负担，有利于促使和解的关注重点从物质赔偿转移到关系修复和教育感化。具体可以由国家设立专项救助基金，通过国家税收、财政拨款、社会捐助等渠道筹集。④

### （四）完善未成年人社区矫正制度

未成年人刑事和解制度的一个重要价值取向即矫治未成年犯罪人，使其重返社会，故在和解程序实施后，必须关注未成年犯罪人的矫正和回归工作。建议针对未成年人的心理和生理特点，配备专业的未成年人社区矫正人员，制定有效的矫正计划，落实公益劳动、思想教育、法治教育、技能培

---

① 王一俊：《刑事和解》，中国政法大学出版社 2010 年版，第 212 页。

② 王一俊：《刑事和解》，中国政法大学出版社 2010 年版，第 212 页。

③ 曾建东：《恢复性司法视角下未成年人司法的反思与构建》，载《法治论坛》2010 年第 1 期。

④ 李志芳：《未成年人刑事和解制度之完善——以法院审判阶段为视角》，载《福建法学》2014 年第 3 期。

训、心理矫正、就业指导等矫正项目和措施。同时，法院应积极与法定代理人、社区、学校达成帮教共识，对未成年人的教育矫正进行后续跟踪，保证和解达到更好效果。① 有观点认为，刑事和解制度尚未形成完整体系，后续矫正措施衔接不紧密。刑事诉讼法尚未对达成刑事和解后的犯罪人尤其是未成年人设置配套的矫正程序，也没有做到与社区矫正制度衔接。在达成和解后，未成年犯罪人可能会获得不起诉、从轻、减轻或免于刑事处罚等轻缓化处理；但假如没有科学配套的后续矫正措施，仅仅通过未成年人内化而实现其悔改自新及更生重建的目标会很难实现。② 因此，有观点认为，在未成年人犯罪案件刑事和解过程中，应当强化社区矫正机构、社区等社会第三方作为协调人的专业化程度。首先应明确调解人的选任标准，其次无论是专职调解人员（如法官、人民调解员）还是社会组织人员（如社会工作者），都必须进行专门的培训才能从事刑事和解的相关工作。定期举行培训班，让长期办理未成年人案件的检察官、法官以及具有社会学、心理学专业背景的人民调解员参加学习。③

### （五）社会调查

有观点认为，公安司法机关办理未成年人刑事案件后，应当及时启动社会调查工作，自行或委托社会组织对未成年人的个人情况、家庭情况、成长经历、犯罪原因进行综合性调查，以准确判断未成年人的社会危险性，同时了解其家庭经济情况，以掌握未成年人及其监护人的赔偿能力，为有针对性地开展刑事和解提供充分、翔实的依据，提高和解的达成率，同时，也避免对一些主观恶性较深的未成年人"盲目"和解，造成轻纵犯罪的后果。④

---

① 李志芳：《未成年人刑事和解制度之完善——以法院审判阶段为视角》，载《福建法学》2014 年第 3 期。

② 张鸿巍、瞿广恒、闫晓玥：《恢复性司法事业下的未成年人犯罪刑事和解探析》，载《广西大学学报（哲学社会科学版）》2014 年第 1 期。

③ 刘宏璎、刘君：《论我国未成年人刑事案件的和解》，载《甘肃政法学院学报》2016 年第 6 期。

④ 陈卓雅、朱妙、朱洪天：《刑事和解与少年司法制度的融合与完善》，载《预防青少年犯罪研究》2013 年第 5 期。

# 第九章　未成年人法庭审理与法庭教育

长期以来，刑事司法制度基本上是以成年人犯罪为视角的，并没有针对未成年人犯罪设置专门的诉讼程序。直到 1899 年美国伊利诺伊州制定了世界上第一个少年法规并且创建了世界上第一个少年法院以后，世界各国在借鉴美国经验的基础上才逐渐将未成年人犯罪案件与成年人犯罪案件区别开来，并构建了相对独立的未成年人刑事诉讼程序。与西方国家相类似，我国未成年人刑事案件诉讼程序的产生与发展也是从法院系统开始的，其标志是1984 年 11 月上海市长宁区人民法院少年刑事案件合议庭的成立。经过 30 余年的改革发展，我国已经初步探索建立了适应未成年人身心特点的审判程序与审判方式。但是，同联合国少年司法准则以及司法实践需要相比，我国现行的未成年人刑事案件审判程序仍然存在诸多问题。本章拟就我国未成年人刑事案件的审判原则、审判方式、法庭设置、法庭教育以及暂缓判决等问题进行初步探讨。

## 一、未成年人刑事案件审判原则与制度

### （一）不公开审理原则

不公开审理原则，也有学者称其为秘密审判原则[1]，是指未成年人刑事审判程序不向社会公开，不允许群众旁听，不允许新闻媒体采访，报纸等印刷品不得刊登未成年被告人的姓名、年龄、职业、住址及照片等相关资料。[2]

---

[1]　徐美君：《未成年人刑事诉讼特别程序研究——基于实证和比较的分析》，法律出版社 2007 年版，第 201 页。

[2]　宋英辉、甄贞主编：《未成年人犯罪诉讼程序研究》，北京师范大学出版社 2011年版，第 199 页。

也有学者认为，未成年人刑事案件不公开审判，是指少年法庭审理未成年人刑事案件时，禁止不特定的人（公众）旁听。但是，不公开审判不否定特定利害关系人的出席。一般来说，未成年人刑事案件审判过程中到庭人员除了法官、检察官、未成年人外，为了儿童福利或教育等目的需要，可以邀请未成年人的父母、朋友、老师、被害人或律师等人员到场参与。① 还有学者提出，对于未成年人刑事案件不公开审判，也有因对司法信息以各种方式公开的限制从而产生的未成年人刑事审判不公开的衍生规则，如诉讼材料不公开、判决方式不公开、媒体报道受限制。②

关于不公开审理的原因，有学者认为，对于未成年人犯罪案件审判程序采用不公开审理原则，主要是基于未成年人正处于成长时期，其生理、心理均与成年人不同。不公开审理原则是为了加强对未成年被告人身心的特殊保护，保证刑事诉讼活动的顺利进行，避免审判公开对未成年人造成负面影响。考虑到未成年人的未来，从法律上保护他们的隐私权，使其名誉不因刑事追诉而受到影响，促进其顺利回归社会。③

有学者指出，对于未成年人刑事案件，不公开审理也不能绝对化，应当考虑未成年人刑事案件涉及重大罪行的（可能判处 5 年有期徒刑以上刑罚）、未成年人案件已经被公众知晓而无秘密可保守的、未成年人一方申请的，可以公开审理。即所有未成年人案件，都只应当规定"一般不公开审理"，与其他利益平衡后，法官也可以决定公开审理。④

还有学者认为，根据我国法律规定，未成年人犯罪案件的宣判应当公开进行。但是，公开宣判有违实行不公开审理原则的初衷，同时破坏了法律条文的内在逻辑性。为了巩固审理成效，将对未成年被告人不利的因素减小到最低限度，应在立法上明确规定，对于不公开审理的未成年人案件应当不公

---

① 高维俭、梅文娟：《未成年人刑事案件不公开审判的比较研究》，载《预防青少年犯罪研究》2014 年第 1 期。

② 高一飞、李维佳：《审判公开的限度——以未成年人刑事审判为例》，载《法律科学》2013 年第 2 期。

③ 宋英辉、甄贞主编：《未成年人犯罪诉讼程序研究》，北京师范大学出版社 2011 年版，第 199 页。

④ 高一飞、李维佳：《未成年人刑事案件不公开审判及其限度》，载《青年研究》2013 年第 4 期。

开宣判。①

有学者在考察未成年人不公开审理制度的基础上指出，应当建立被告方申请公开审判制度。这是因为，不公开审判存在潜在的危险，而建立被告方申请公开审判的制度，赋予其申请公开审判的权利，是防范不公开审判潜在危险的一种有效的制度设计。在我国设计该制度时需要考虑以下三个方面的内容：其一，申请公开审判的主体。从申请公开审判制度的目的出发，可以将申请公开审判的权利赋予未成年被告人及其合适成年人。当被告人及其合适成年人对是否申请公开审判的意见不一致时，法庭通常应当尊重被告人的意见。但是如果法庭认为未成年被告人在该问题上的判断能力明显不足，则应当根据其合适成年人的意见决定是否同意公开审判的申请。其二，申请公开审判的时间、方式与事由。对申请公开审判的时间，法律不宜限制。通常情况下，从人民法院受理案件之日起至任何时间，申请人均可向法庭提出申请。一旦法庭根据申请决定案件公开审判的，在法律上，由不公开审判状态转换为公开审判状态应当自法庭作出决定时开始，但是对此前已经进行的程序事项不具有溯及力。由于申请不公开审判不仅关系到被告人重要诉讼权利的放弃，还可能直接影响被告人的其他利益，故原则上应当以书面方式提出。申请人确实无书写能力，也无其他方式提供书面申请的，应当在其他见证人见证的情况下，由法庭记录在案后，可视为具有同等效力。放弃不公开审判是被告人的权利，申请公开审判应当遵循"零事由原则"，即申请人不需要说明理由，而只需表达要求公开审判的意思即产生申请的法律效力。但是，法庭认为公开审判可能影响到其他未成年人的利益的，或存在其他不能公开的法定事由的，可以决定不予公开审判。其三，申请公开审判的效力。不公开审判是法律赋予未成年人的权利，权利的行使与放弃应当充分尊重权利人的意愿。应当在立法上明确被告人或其合适成年人申请公开审判的行为的绝对效力，即只要被告人或其合适成年人申请公开审判，法庭应当无条件接受，除非同时存在其他不应当公开审判的法定事由，或者可能损害其他人的利益。公开审判申请的效力仅及于法庭在公开与不公开审判方式的选择

① 温小洁：《未成年人刑事案件审判中诸多问题之探讨》，载《中国刑事法杂志》2000 年第 5 期；刘文春、沈德咏：《试论少年刑事案件审判原则》，载《人民司法》1991 年第 4 期。

上，不影响其他程序的适用。①

　　还有学者认为，应当建立违反不公开审判制度的惩罚制度。从制裁制度的法理上讲，对违反诉讼程序的行为，可从程序上给予制裁，即宣告某一程序以及由该程序产生的结果无效，或可在实体上给予制裁，即对行为人施以惩罚，或可兼采二者。但是就违反不公开审判制度的行为而言，程序性制裁实质上无意义。我国未涉及违反不公开审判制度的制裁问题，从保障不公开审判制度的切实实施的角度讲，应当也必须建立合理的惩罚制度。对违反不公开审判制度的行为，视其情节轻重，可以给予罚款、拘留，直至以泄露国家秘密罪或其他合适的罪名追究刑事责任。②

### （二）分案审理制度

#### 1. 分案审理的目的与作用

　　分案审理，是指出于对未成年人生理和心理特点的考虑，对未成年人与成年人共同犯罪的案件采用分开审理的方式。③ 分案审理的目的有二：一方面是为了给予少年被告人特别的程序保护，防止其遭受不必要的"法庭污染"，并有针对性地开展教育和挽救工作；另一方面是将未成年被告人从严厉的刑事惩罚体系中剥离出来，实现对未成年人与成年人的区别对待。对于未成年人与成年人的共同犯罪，原则上应当分别审理，只有在无法查明案件事实真相的情况下才可以同时审理。④ 分案审理的作用主要体现为：对未成年人与成年人共同犯罪案件，将成年人与未成年人分开审理，给予未成年被告人特别的保护，防止法庭的二次污染；对于未成年人之间的共同犯罪，分案审理能够有效解决未成年之间相互指控，导致难以查明案件事实的情形，保障公正审理。⑤

---

① 曾康：《未成年人刑事审判程序研究》，西南政法大学 2007 年博士学位论文。
② 曾康：《未成年人刑事审判程序研究》，西南政法大学 2007 年博士学位论文。
③ 宋英辉、甄贞主编：《未成年人犯罪诉讼程序研究》，北京师范大学出版社 2011 年版，第 200 页。
④ 宋英辉、甄贞主编：《未成年人犯罪诉讼程序研究》，北京师范大学出版社 2011 年版，第 200 页。
⑤ 欧佳：《我国未成年人刑事案件分案审理制度研究》，湘潭大学 2014 年硕士学位论文。

## 2. 分案审理与分庭审理

关于分案审理与分庭审理，二者之间相同之处在于：均为保护未成年人的合法权益；均处于审理阶段，对未成年人适用特别程序。二者之间的不同点则主要体现为：第一，标准不同。分案审理是以生理年龄为标准，分为未成年人与成年人两个案件。我国立法上规定未成年人是已满 14 周岁不满 18 周岁的少年。18 周岁以上的人犯罪，属于成年人刑事犯罪。未成年人案件与成年人案件构成两个独立的新案件。而分庭审理是将未成年被告人与成年被告人分别开庭审理可见，实质仍视为同一个案件。第二，审判组织不同。分案审理中由专门的少年法庭或者长期审理少年案件的审判员分别审理未成年人案件与成年人案件，对未成年人进行特别程序审理，成年人则适用普通程序审理。而分庭审判是由同一审判组织对未成人与成年人分别开庭审理，从事少年审判工作的审判人员同时还要兼顾审理普通刑事案件的责任。第三，判决形式不同。分案审理是由两个不同的审判组织各自独立地对案件作出两份判决，而分庭审理则是由同一审判组织在综合了对未成年人庭审部分以及成年人庭审部分的基础上，形成一个统一的整体判决。①

通过对比分案审理与分庭审理可见，分案审理更能适应我国的司法现状。从审判效果来看，分案审理更能保护未成年人的利益，让未成年人受到教育、感化，且不会受到交叉感染；如果适用分庭审理，审判人员还要兼顾成年人的审判，无形间加重了审判人员的任务，不利于对未成年人的保护。从量刑效果看，分案审理由不同的审判组织进行审理，能够使未成年人与成年人的量刑更加客观公正。分庭审理是由同一组织进行，难以避免少年审判人员对未成年人的偏爱保护，而加重成年人的量刑，难以实现量刑平衡。由此可见，选择分案审理更能维护未成年人的利益，实现审判的公正。

## 3. 分案审理的特点

有学者认为，分案审理的特点有：第一，适用范围为涉及未成年人共同犯罪案件。根据刑事诉讼客体理论与案件关联性，其适用范围为未成年人与成年人共同犯罪案件以及未成年人之间共同犯罪案件，分案审理处于审判阶段，以未成年人、成年人为适用主体。第二，分案的启动主体为检察院或法院。未成年人分案审理制度的启动主体，需要分情况探讨。首先，未成年人

---

① 欧佳：《我国未成年人刑事案件分案审理制度研究》，湘潭大学 2014 年硕士学位论文。

与成年人共同犯罪案件，启动机关为检察院。2012 年最高人民法院《关于适用〈中华人民共和国刑事诉讼法〉的解释》规定了检察机关分案起诉的由未成年人与成年人共同实施的犯罪，法院可以合并或者分案审判。在司法实务中，目前有少年法庭的法院选择分案审理，个别没有设置少年法庭的法院才选择合并审理，法院分案审理的未成年人案件都经过检察院的分案起诉，笔者由此可以认为分案起诉是分案审理的前提，检察机关将一个案件分成两个独立的案件，分别向法院起诉，只有在检察机关分案起诉的情况下，法院的分案审理才有合理的依据。其次，未成年人之间实施的共同犯罪，法院为启动机关。对于都是未成年人参与的共同犯罪案件，如何分案审理，我国法律并没有规定。笔者认为一般情形下应当合并审理，分案审理作为例外情形，体现在法院的审理阶段，法院作为启动主体对不适宜合并审理的案件主动进行分案审理，确保案件审理的公正性。第三，一般由不同审判组织先后进行分案审理。对未成年人部分与成年人部分，一般是由不同审判组织分别审理。审理组织的不同可以避免由一合议庭同时审理中对未成年人带来的伤害，以保障被告人的诉讼权益。第四，适用不同的审判程序。在未成年人刑事案件分案审理中，未成年被告人统一适用未成年人刑事诉讼程序审理，在法庭布局、庭审氛围上都与成年被告人有所不同，体现对未成年人的关怀，实现庭审教育的作用，而对成年被告人适用普通刑事诉讼程序审理，使程序更加趋于公正合理。第五，在两次庭审后，作出两份判决书。经过两次不同审判组织的审判，根据审判对象的不同，最后依据犯罪情节轻重、社会危险性大小依法作出两份判决书。①

4. 分案审理存在的问题及解决思路

有学者提出，我国分案审理原则缺少法律依据。虽然在《未成年人保护法》、《预防未成年人犯罪法》、最高人民法院《关于审理未成年人刑事案件的若干规定》和最高人民检察院《人民检察院办理未成年人刑事案件的规定》中均有有关分别处理的规定，但是均只是对审前羁押的未成年人和对法院判决徒刑的未成年人与成年人分别羁押和管理的规定，而对于审判阶段的

---

① 欧佳：《我国未成年人刑事案件分案审理制度研究》，湘潭大学 2014 年硕士学位论文。

分案审理没有明确的法律规定。①

针对上述问题，有学者指出，为了适应国际上未成年人司法的发展趋势，保护未成年人不受"犯罪污染"，以及解决未成年人与成年人审理原则和程序上的冲突，我国应当通过立法确立未成年人的分案审理原则，使其有法可依。为了保护未成年人的合法权益，以及迅速有效地查明案情、惩罚犯罪的需要，对于审判程序分离原则应采取原则性和灵活性相结合的做法。在审判阶段，只要不影响案件的正常审理，就应当分案处理。② 在庭前准备阶段，法庭如果已经判断认为该案不适宜分开审判，则应该合并审判。但如果已经分案审理，在审理过程中，由于分案而使案件无法正常审理时，则可以恢复合并审理。对合并审理的案件，应给予未成年被告人相应的特殊保护措施，如审理时可以暂时性回避等。③

### （三）寓教于审原则

寓教于审原则，是指在审判阶段，针对未成年人犯罪行为对社会的危害和应当受刑罚处罚的必要性，导致犯罪行为发生的主观、客观原因及应当吸取的教训，正确对待裁判结果等内容对未成年罪犯进行教育，促使其认识到自身的错误，并积极投入到改造中，尽早回复社会。④ 也有学者指出，寓教于审原则要求司法机关在办理未成年人刑事案件过程中，保障未成年人的诉讼权利，并使其能够获得法律帮助，同时结合未成年人的基本情况，如身心发育情况、成长环境等有针对性地进行教育改造。不能简单地追求罪过与刑罚相适应，应更加注重审理的结果与未成年人的感化、改造的挽救效果相结合，实现教育的主体、教育的内容和手段多元化、处理案件的方式温柔化、案件的审理结果轻量化。⑤

---

① 宋英辉、甄贞主编：《未成年人犯罪诉讼程序研究》，北京师范大学出版社 2011年版，第 204 页。

② 温小洁：《我国未成年人刑事案件诉讼程序研究》，中国人民公安大学出版社 2003 年版，第 90 页。

③ 宋英辉、甄贞主编：《未成年人犯罪诉讼程序研究》，北京师范大学出版社 2011年版，第 205 页。

④ 徐美君：《未成年人刑事诉讼特别程序研究——基于实证和比较的分析》，法律出版社 2007 年版，第 198 页。

⑤ 张译夫：《论我国未成年人刑事审判制度》，吉林大学 2013 年硕士学位论文。

有学者认为，寓教于审原则的价值体现在以下几个方面：第一，寓教于审原则有助于案件的审理，使少年法庭能够查清事实，准确适用法律；第二，寓教于审原则有助于形成教育、挽救犯罪少年的有利条件与环境，使被告人真诚悔罪，痛改前非，争取重新做人，从而达到教育、感化、挽救未成年被告人的根本目的。①

也有学者指出，寓教于审原则一方面对未成年被告人给予惩罚，使他们认识到一旦自己的行为触犯了刑法，给社会造成了危害，是要受到法律制裁的，让他们感受到法律的威慑力；另一方面在审判阶段又同时对未成年被告人进行教育，用爱心呼唤这些迷途的孩子，使他们在思想上得到悔悟和转变，让他们明白即使承受了刑罚的制裁，只要悔过自新，社会并不会抛弃他们，这又让他们感受到了法律的亲和力。②

### （四）全面调查原则

全面调查原则，是指人民法院在审理少年刑事案件时，不仅要对少年被告人的犯罪事实进行调查，而且还要对少年被告人犯罪的主观、客观原因和相关因素进行调查，以便采取相应的有针对性的审理方法和正确定性量刑。③

有学者指出，全面调查不仅包括调查行为事实，即调查未成年人做了什么，而且要调查未成年人为什么这么做。调查既包括以犯罪构成为核心的法律因素和条件，也包括其人格状况、性格特征、家庭、社会背景等非法律因素。未成年人审判程序中的全面调查是以庭审前对未成年被告人的人格调查为基础，在法庭调查阶段予以当庭调查，接受控辩双方的质询。如果双方对调查结果有较大分歧，则需要人格调查员出庭。④

有学者指出，由于全面调查的主体具有多重性，既可以是公安机关、检察机关，也可以是人民法院。如果公安机关、检察机关和法院协调不好相互

---

①　宋英辉、甄贞主编：《未成年人犯罪诉讼程序研究》，北京师范大学出版社 2011 年版，第 201 页。

②　徐美君：《未成年人刑事诉讼特别程序研究——基于实证和比较的分析》，法律出版社 2007 年版，第 198 页。

③　宋英辉、甄贞主编：《未成年人犯罪诉讼程序研究》，北京师范大学出版社 2011 年版，第 202 页。

④　宋英辉、甄贞主编：《未成年人犯罪诉讼程序研究》，北京师范大学出版社 2011 年版，第 202 页。

间的关系，则很有可能出现重复调查或调查的遗漏。如果以某个机关调查为主，其他机关调查为辅，则可以避免浪费司法资源或掌握材料不全现象的发生。从全面、及时地掌握每一个未成年犯罪嫌疑人或被告人情况的要求来看，全面调查工作应起始于侦查阶段，公安机关是全面调查的首要主体。这是因为，对未成年人犯罪案件是否立案或立案后对犯罪嫌疑人是作治安处罚，还是逮捕、移送审查起诉都需要公安机关作出决定。在作出这些决定之前，除了要查证未成年犯罪嫌疑人的犯罪事实和有无从轻、减轻、从重处罚的情节以外，还应掌握并考虑未成年犯罪嫌疑人的犯罪原因、有无帮教条件等情况，这样才能做出恰当的处理。这些在侦查阶段必须完成的工作是检察机关或人民法院无法胜任的。检察机关如果认为公安机关的全面调查不够详尽，还可以作补充调查。但由于其起始时间晚、审查起诉时间短，故在司法实践中由检察机关承担全面调查的主要任务是不合适的。法院更不适合成为全面调查的主要主体，因为法院庭前的审查是程序性审查而非实体性审查，而且人民法院介入刑事诉讼的时间更晚。当然，法院就开庭时的当庭教育作些针对性的补充调查还是必要的和可行的。[①]

### （五）迅速简化审判原则

迅速简化审判原则，又被称为"迅速简化原则""迅速简约原则"或者"迅速简易原则"。该原则的主要核心思想是尽快结案，尽量缩短未成年人的诉讼时间。以此尽量减少因诉讼引起的未成年人情绪紧张、心理压力大以及可能出现的"交叉感染"等不利因素。[②]

有学者指出，迅速简化审判原则要求未成年人犯罪案件的审判程序中，尽量简化不适合未成年人的程序，避免不必要的重复，使庭审紧凑。未成年人对指控的事实无异议的案件，法庭可以简化法庭讯问的环节，直接进行法庭质证。质证中对证据也可以分组简要概括的方式进行。对于已经查明基本事实的案件，没有必要对细节进行深入的调查。对在质证中已经辩论过的问题，不必在法庭辩论阶段再行辩论。在法庭教育程序中，各个参与教育者之

---

① 廖明：《浅谈未成年人犯罪案件侦查的全面调查原则》，载《青少年犯罪问题》2004 年第 4 期。

② 廖明：《浅谈未成年人犯罪案件侦查的全面调查原则》，载《青少年犯罪问题》2004 年第 4 期。

间要从不同角度分别进行教育，避免重复。①

　　还有学者谈及，对少年案件实现迅速简约原则是为了保证少年尽早摆脱诉讼过程的困扰，避免少年因漫长的诉讼过程承受过重的心理负担，以致产生抵触、厌倦情绪，对其教育和改造产生不良影响。少年心理、生理都不成熟，在异化环境的压制下极易产生焦虑、紧张、恐惧情绪。使少年过长时间处在这样的状态下，容易造成身心伤害，同时长时间的诉讼会使其受到"犯罪污染"和"标签效应"的影响。但是在贯彻这一原则时，要注意"度"的把握，迅速简约是在保证诉讼公正的前提下实现程序的快捷、简便，而不是一味地追求效益，损害公正。第一，迅速简约不能草率从事，不是超越法定的程序走审判便利主义的道路。迅速简约的目的不是便利司法机关而是为保护少年。司法机关应严格遵循少年司法程序的规定，不能逾越程序办案。第二，迅速简约不能忽视对少年权利的保护。迅速简约是加快案件进程，简化不必要的司法程序，这一原则仍要求保障少年的权利，对少年权利特设的司法程序和司法措施不能简化。②

　　应当说，学术界对未成年人刑事案件审判原则的研究较为全面，但研究的深度还有待进一步加强，特别是对于上述审判原则如何在实践中得到有效落实，最大限度地避免司法过程对未成年被告人身心的伤害，仍然是目前亟待解决的重要问题。

## 二、　未成年人刑事案件审判方式

### （一）我国未成年人刑事审判方式的演变

　　有学者认为，从历史上来看，我国刑事审判方式因为刑事诉讼法的变化和少年司法制度的发展而大致可以分为三个时期。

　　第一个时期从新中国成立以后到 1984 年上海市长宁区人民法院设立少年法庭之前。在这个时期，由于我国尚未针对未成年人犯罪案件构建专门的少年司法制度，因此，未成年人犯罪案件审判完全遵照 1979 年刑事诉讼法

---

① 邹川宁主编：《少年刑事审判若干程序问题研究》，法制出版社 2007 年版，第205 页。

② 胡昊昕：《少年刑事司法程序研究》，中国政法大学 2008 年博士学位论文。

的规定，采用超职权主义的审判方式。

第二个时期从 1984 年上海市长宁区人民法院设立少年法庭之后到 1996 年全国人大修改刑事诉讼法之前。在这个时期，随着少年司法制度的诞生，我国未成年人犯罪案件审判方式开始有所变化，即在 1979 年刑事诉讼法规定的超职权主义审判方式的基础上添加了一些适合未成年人犯罪案件审判需要的做法。为了维护少年被告人的合法权益，依法惩罚和教育少年罪犯，保障无罪的少年不受刑事追究，逐步建立和完善具有中国特色的少年刑事审判制度。这一时期未成年人刑事案件审判方式的变化主要体现在以下几个方面：第一，审判组织的组成充分考虑未成年人的身心特点；第二，实行全面调查制度；第三，少年法庭应当根据少年被告人的生理和心理特点，注重疏导，寓教于审，惩教结合；第四，营造缓和的法庭气氛；第五，允许合适成年人参加刑事审判活动；第六，对未成年被告人讲明相关政策和法律。

第三个时期从 1996 年全国人大修改刑事诉讼法至今。我国刑事庭审方式改革在保留某些职权主义做法的基础上，大量吸收了当事人主义的积极因素，弱化了法官在刑事审判过程中的绝对主导作用，强化了控诉方的举证责任以及控辩双方在庭审中的作用，从而有助于调动和发挥控辩双方在庭审活动中的积极性。在这种情况下，我国未成年人犯罪案件审判方式又开始增加了对抗制审判方式的某些因素。①

### （二）我国未成年人刑事案件审判方式存在的问题及其完善

我国未成年人刑事审判方式一方面受制于刑事诉讼法规定的刑事庭审方式，另一方面又具有自己的特点。这两方面之间存在着矛盾，影响着少年法庭审判模式的发展。

有学者认为，首先，刑事庭审在改革中不断增强的对抗性已经和少年法庭所应具有的庭审方式相背离。由于少年法庭的被告是未成年人，限于其在生理上和心理上发展尚不成熟，在庭审过程中容易受到过于严肃的法庭氛围的威慑，而未成年人是否能够理解专业化的法律术语也是一个问题，控辩双方激烈争执、法官消极中立，这些都不利于未成年人参与到庭审中去，就会形成这样一个局面，未成年人成为局外人，只是在等待法官最后的判决，沦

---

① 宋英辉、甄贞主编：《未成年人犯罪诉讼程序研究》，北京师范大学出版社 2011 年版，第 202 页。

为法庭审理的一枚棋子，无法争取属于自己的权利。其次，因为现行刑事庭审方式强调增强对抗性，对于法官要求消极中立即可，对于法官便不会要求其具备法学、犯罪学、社会学、心理学等知识，对于少年法庭法官的素质要求本就低于国际准则，这样进一步降低了法官职权作用，限制了法官在少年法庭审理中所应发挥的能动作用，这样对于已经不能真正参与到庭审中的未成年人来说，就无法获得法官的帮助，无异于剥夺了其仅有的获得参与庭审的希望。再次，在这样的庭审方式下，为贯彻"教育为主，惩罚为辅""寓教于审"等原则而设置的法庭教育环节自然也无法发挥设置者所预想的作用。未成年人在法庭审理过程中被"虚置"，没有充分参与进法庭过程，法庭教育又主要是针对未成年人的犯罪原因及社会危害等进行，显然我们要担心这样的教育对未成年人来说能否真正有效，法庭教育有流于形式、走过场的危险。[①]

还有学者指出，我国现行未成年人犯罪案件审判方式在发展过程中仍然存在诸多问题，主要包括以下几个方面：第一，未成年人犯罪案件与对抗制审判方式改革存在矛盾；第二，通过"良性违法"甚至"恣意造法"的路径改革未成年人犯罪案件审判方式与现代法治原则相悖；第三，全国各地法院采取的未成年人犯罪案件审判方式存在较大的差异性；第四，某些未成年人犯罪案件审判方式改革措施本身存在一定的不合理性。[②]

针对上述未成年人犯罪案件审判方式存在的问题，有学者指出，现行少年法庭的庭审方式受制于刑事庭审方式，对于未成年人真正参与审判、法官积极作用的发挥以及法庭教育的效果等产生了不利影响。因此，在对少年法庭的庭审方式进行改革时，必须使之具有不同于刑事庭审方式的内涵。我国少年法庭的庭审方式的改革应按照职权主义的模式进行，少年法庭的任务不在于对未成年人进行定罪量刑，而在于为了未成年人的幸福而对其权益进行保护。职权主义的庭审方式就是要强调法官在整个法庭程序中的能动作用，应当由法官负责推进法庭程序，根据未成年人和案件的具体情况，做出对未成年人最为合适的判决，并在审判过程中切实保护未成年人依法享有的诉讼权利。在法官发挥对庭审的控制作用的情况下，必须完善对法官素质的要

---

① 张莹：《论未成年人犯罪案件的审判模式》，西南政法大学 2010 年硕士学位论文。

② 宋英辉、甄贞主编：《未成年人犯罪诉讼程序研究》，北京师范大学出版社 2011年版，第 212 页。

求，法官应当只负责未成年人案件，并且具有心理学、社会学、犯罪学以及法学等知识，完善少年法庭的审判员、人民陪审员的选任、培训、升迁等制度。我国少年法庭的庭审方式除应具有以上职权性的特点外，在程序上还应具有非正式性的特点，这也是由少年法庭审判模式本身的性质所决定的。少年法庭的主要任务既然在于保护未成年人使其顺利回归社会，那么，就不能拘泥于过于固定正式的程序。非正式的法庭程序更能发挥法官的职权作用，使法官不再束缚于拘谨的法庭程序，可以根据未成年人的具体特点进行审理，对于教育矫正未成年人更为有效。庭审方式的职权性和非正式性能够营造一种宽松缓和的氛围，有利于缓解法庭本来所具有的严肃性和紧张性，未成年人在法官的帮助下，能够真正理解法庭程序，真正参与进诉讼过程，可以表达自己的意见。未成年人真正参与进法庭程序，才能够接受法庭对其的教育改造，法庭教育环节才能发挥其效用。合适的法庭氛围是少年法庭区别于成年人法庭的最显著的标志。当少年法庭的庭审方式按照职权主义和非正式性的模式改革时，可能会出现法官比较大的能动性损害法律公正的危险，因此，应当保证少年法庭获得基本的法律的正当程序，职权主义的庭审模式并不完全剔除对抗制的因素，法庭仍然需要正当的程序，少年法庭应实现法律的公平和正义。[①]

### 三、 圆桌审判

#### （一）圆桌审判的特点与价值

有学者认为，圆桌审判是指将审理成年人的方台坐阵式的审判区改为圆缓的圆桌设置，所有的庭审参与人员，包括法官、未成年被告人均围坐在一张圆桌相向而坐审理。[②] 也有学者指出，所谓圆桌审判方式就是采用灵活性与严肃性相结合的原则，改法台式审理为圆桌式审理，灵活运用与未成年人生理、心理特点相适应的方式进行审判的一种庭审方式。[③]

---

① 张莹：《论未成年人犯罪案件的审判模式》，西南政法大学 2010 年硕士学位论文。

② 徐美君：《未成年人刑事诉讼特别程序研究——基于实证和比较的分析》，法律出版社 2007 年版，第 214 页。

③ 陈建明：《论圆桌审判在少年刑事审判中的运用》，载《青少年犯罪问题》2005年第 8 期。

　　对于圆桌审判的特点，有学者认为主要包括以下几个方面：第一，审判的气氛更缓和；第二，法官与未成年被告人的距离更近；第三，未成年被告人的身边有人陪伴。也有学者提出，圆桌审判的特点在于通过对以往审判庭布局形式的改变，对庭审中审问的语气、重点、态度以及庭审程序的控制和掌握，由过去的棱角割据式，改为圆缓相近式，从而营造一个缓和、宽松且又不失法律严肃性的庭审气氛，实现形式与内容的统一，争取最佳的庭审效果。①

　　还有学者认为，圆桌审判的特点主要体现在以下几个方面：第一，审判者位置平易化。审判者是决定少年被告人罪行的人，在少年被告人眼中是令其敬畏和神秘的。如果法官高高在上，俯视被告人，庄严肃穆，给少年心理带来的是莫大的压力。而圆桌式审判，法官与少年被告人处于同一平面，都端坐在相对较为随意的圆桌式审判台旁，隐去了法庭上的等级与身份上的对立，营造出法官的平易，拉近了少年被告人与法官之间的距离，这种法庭设置对少年被告人心理的舒缓作用不是语言等其他手段可以达到的。第二，庭审现场非武装化。普通的刑事审判中，枪械和警械的使用、手铐脚镣等戒具的佩带、法警的看押和值庭等武装化符号都显现出法庭暴力性、强制性的一面。这些布置不仅对少年被告人具有震慑力更具有恐惧感，为平和审判，少年法庭在圆桌审判的同时，应根据情况相应取消使用戒具、法警的看押和值庭等举措，从而营造出缓和、谅解的氛围。第三，庭审现场亲情化。法定代理人参与庭审或其他合适成年人、社会帮教人士参与庭审，并与其并排而坐，为孤柱无力的少年被告人提供情感上的支持，帮助其与法庭沟通，疏导心理，既有利于审判的顺利进行，又起到了保护少年被告人的作用。更为重要的是，当其法定代理人或社会帮教人士出现在这个特殊的时刻，让少年认识到尽管他们有罪错，但并未被亲人和社会所抛弃。这对他们重新回到社会有着积极的作用。②

　　有学者认为，圆桌审判的价值主要体现在以下几个方面：第一，尊重和保障未成年人人权。首先，桌椅的摆放、法庭的布局等都是从保护未成年人的角度出发，拉近控、辩、审三方在空间上的距离，改变未成年被告人孤立

---

　　① 郭连申、裴维奇、郭炜：《圆桌审判——少年刑事审判方式改革的探索与思考》，载《人民司法》1998 年第 11 期。

　　② 胡昊昕：《少年刑事司法程序研究》，中国政法大学 2008 年博士学位论文。

无援的受审地位。其次，吸收合适成年人参加圆桌审判，有利于平复未成年被告人的紧张心理，使其充分表达自己的思想，从而有效保障未成年被告人的各种诉讼权利。最后，对未成年被告人进行全面调查，在综合考量的前提下做出最理性的判决，对其发展权、参与权、获得保护权等给予有效的保护。第二，实现控辩平等对抗。圆桌审判这一审判形式赋予未成年被告人更多的权利，加强了未成年被告人与公诉机关的抗衡能力。第三，彰显司法人文关怀。没有了高高在上的法台，取而代之的是椭圆形的会议桌，未成年被告人在父母等亲属的陪伴下参加诉讼，公诉机关与诉讼参与人近距离的接触等，无不彰显着司法人文关怀的一面。[1]

### （二）圆桌审判的利弊之争

有学者认为，圆桌审判的优越体现在以下两个方面：第一，有利于减轻未成年被告人的心理压力和恐惧心理，尽量减少诉讼过程可能对身心尚未发育成熟的少年造成诉讼伤害，促进庭审的顺利进行；第二，有利于发动诸多社会力量参与教育矫治，实现法庭审理与庭后帮教矫治的顺利衔接。[2]

另有学者指出，圆桌审判过分的平和宽松，会失去法律的威严，降低刑事司法警戒的功能和威慑作用，其不足之处体现在：第一，削弱了刑罚色彩；第二，漠视被害人的权利；第三，有违现行法律规定。[3] 也有少年法庭在总结多年实践经验的基础上指出，对圆桌的适应性淡化了"缓和"的气氛，庭审程序的成人化弱化了少年审判的"特殊性"。[4]

应当说，学术界和实务界对圆桌审判方式的适用仍然存在争议，持有不同观点的学者也针对各自的观点进行了相应的分析和阐释。事实上，圆桌审判方式的优势与不足是并存的，只是在不同的案件中其优劣体现可能存在差别。因此，是否适用圆桌审判方式应当根据案件的具体情况而定，不能一概而论。

---

[1] 王长水、郑红：《未成年人犯罪案件的圆桌审判探析》，载《公民与法》2012年第7期。

[2] 陈建明：《论圆桌审判在少年刑事审判中的运用》，载《青少年犯罪问题》2005年第8期。

[3] 祝国勤、姚宏科：《"圆桌审判"的另一面》，载《人民检察》2004年第12期。

[4] 陈建明：《论圆桌审判在少年刑事审判中的运用》，载《青少年犯罪问题》2005年第8期。

### （三）我国圆桌审判方式存在的问题

有学者认为，我国圆桌审判存在以下问题：第一，理论层面的准备不足。无论实务界还是理论界，对圆桌审判方式的理论研究都没有给予应有的关注，导致其在实践运作中的不稳定性。第二，立法层面的放任自流。《刑事诉讼法》在未成年人刑事案件诉讼程序专章中对圆桌审判只字未提，缺乏统一立法规范与指导导致实践中未成年人刑事案件圆桌审判方式的适用混乱。

也有学者从少年审判工作实践出发，指出当前我国圆桌审判存在如下问题：第一，案件适用范围混乱。无论是理论界还是实务界均对圆桌审判适用哪些未成年被告人有各自不同的见解，特别是基层法院，对什么类型的案件适用圆桌审判模式，多是根据自己的理解进行分类，造成一种实践状态下的无序和盲目。第二，法庭布局的无序。由于受场地、理念的制约，各地圆桌审判的形式在实践中呈现出多样化，模式并不统一。第三，诉讼参与人员范围的随意性。由于未成年人刑事案件圆桌审判具有开放性的特点，特别是出于法庭教育的要求，我国多数法院在审理此类案件时，适当增加了参与诉讼的人数，容易引起未成年被告人恐慌和羞愧的情绪，不利于其正确表达自己，也不利于维护其在庭审中的合法权益。第四，未成年刑事法官与圆桌审判的发展不相适应。在我国现阶段，尚有部分法院还没有设立单独建制的少年法庭，无法对涉少年刑事案件的审判人员的专业素养作出限制，并且在考核培训方面，并没有一套系统的涉及少年审判人员的培训大纲，各地法院对涉少年审判人员的安排也没有具体规定。[①]

此外，还有学者认为，我国圆桌审判形式上的改变未必能带来实质上的变革；一定程度上难以保证法院中立审判的地位；被害人的权益没有得到充分的维护。[②]

### （四）我国圆桌审判方式的完善

针对我国当前圆桌审判方式运行过程中存在的诸多问题，学者们分别从

---

① 范世静：《未成年人刑事案件圆桌审判机制研究》，山东大学 2015 年硕士学位论文。
② 王长水、郑红：《未成年人犯罪案件的圆桌审判探析》，载《公民与法》2012 年第 7 期。

圆桌法庭的设置、圆桌审判方式的启动主体、圆桌审判方式的适用范围、圆桌审判方式的庭审内容、圆桌审判方式的参与主体五个方面对我国圆桌审判方式的完善提出建议。[1]

在圆桌法庭的设置上，有学者认为，圆桌审判的法庭布置，应该从"百花齐放"的状态回归，统一布置、统一标准、统一形制、统一色彩，虽然可限于场地的大小做出调整，但在设计理念及主要布置上应趋于一致，这样既能突出少年司法"去刑事化"原则，又能彰显法律的严肃性。[2] 还有学者在比较实践中圆桌审判采取的椭圆形与U字形法庭设置方式的基础上，指出两种不同的法庭设置的重要区别在于被告人的位置。U字形的法庭设置要求被告人必须坐在审判人员的对面，控辩双方依次位于审判人员的两侧，仍然保留了成年人审判时控辩双方对抗的局面。而在椭圆形的法庭设置中，被告人的位置没有限制性的要求，控辩双方的对抗性也因为圆形的桌子而不具有明显的对抗性。从感官上，椭圆形的法庭设置要比U字形更柔和，也更轻松。似乎椭圆形更合适于犯罪情节轻微的案件，而U字形则应适用于犯罪情节较严重的案件。但是，在未成年人审判时，无须让控辩双方呈现强烈的对抗性，无论是椭圆形还是U字形的审判，都应当安排辩护人坐在被告人的身边，这更符合辩护人为被告人辩护的角色。[3] 此外，还有学者在上述法庭设置的基础上提出，进入法庭时未成年被告人可不着囚服、不着手铐，与审判人员相对就坐，法警不再值庭，但应当在法庭外进行密切监控，这样与整个较为轻松的法庭环境相对应、协调，从而减轻未成年被告人紧张、恐惧、抵触、自卑等心理，进一步缓解其心理压力和紧张情绪。[4]

关于圆桌审判方式的适用范围，有学者指出，目前实践中对圆桌审判的限制范围过广。如果系初犯，且犯罪后认罪态度好，即使实施了较严重罪行

---

[1] 范世静：《未成年人刑事案件圆桌审判机制研究》，山东大学2015年硕士学位论文；陈建明：《论圆桌审判在少年刑事审判中的运用》，载《青少年犯罪问题》2005年第8期；王长水、郑红：《未成年人犯罪案件的圆桌审判探析》，载《公民与法》2012年第7期。

[2] 范世静：《未成年人刑事案件圆桌审判机制研究》，山东大学2015年硕士学位论文。

[3] 徐美君：《未成年人刑事诉讼特别程序研究——基于实证和比较的分析》，法律出版社2007年版，第217页。

[4] 陈建明：《论圆桌审判在少年刑事审判中的运用》，载《青少年犯罪问题》2005年第8期。

的未成年人，也应当被适用圆桌审判。当然，对恶性程度特别严重，如果是成年人将被判处死刑或无期徒刑的案件，则应当限制适用圆桌审判。一方面是为了审判人员和其他庭审参与人员的人身安全，另一方面也能体现"轻轻、重重"的未成年人刑事司法政策。[①] 还有学者提出，对未成年人与成年人共同犯罪的案件，一般也不宜适用圆桌审判。成年人犯罪在主观恶性、社会危害性、再犯可能性上都与未成年人存在相当差异，实践中应以分案处理为宜。[②]

关于圆桌审判方式的参与主体，有学者指出，应当严格限定诉讼参与人的范围，在诉讼参与人的选定上应遵循以下原则：一是征得同意原则。学校的老师、班主任、校长以及社区矫正人员、社会调查员、合适成年人、心理咨询师、未成年人保护组织代表等诉讼参与人出庭前，均应征得未成年被告人的同意，否则不能出庭，以免造成未成年被告人的逆反心理，法庭教育适得其反。二是适格选定原则。诉讼参与人的选定应根据个案和每个未成年被告人的情况而定，不得任意选定，选定的诉讼参与人应与未成年被告人取得联系，使双方产生信任。三是提前介入原则。为取得法庭教育的最佳效果，法庭应允许选定的诉讼参与人提前介入案件审理，吃透案情，摸清未成年被告人的犯罪动机、犯罪原因、成长背景，有的放矢地做好法庭教育，在必要的情况下，要允许上述人员在庭前和未成年被告人做一对一的沟通交流，做好法庭教育的前期铺垫，使得开庭时能够迅速形成教育合力，达到最佳效果。四是有利教育原则。选定的诉讼参与人应能够承担起法庭教育的重任。五是慎重参与原则。应做出一些限制性规定，使特定人员、特定组织根据具体案件的具体情况慎重参与庭审。[③]

在上述完善建议之外，还有学者提出，在具体适用圆桌审判方式时应注意采取一些必要的辅助措施，以加强和完善该审判方式的效果。具体而言：一是做好庭前调查，全面了解第一手资料，对所审案件的基本情况有个整体的了解。二是注意巩固和完善庭审效果。庭审结束或当庭宣判后，争取组织

---

① 徐美君：《未成年人刑事诉讼特别程序研究——基于实证和比较的分析》，法律出版社 2007 年版，第 216 页。

② 陈建明：《论圆桌审判在少年刑事审判中的运用》，载《青少年犯罪问题》2005年第 8 期。

③ 范世静：《未成年人刑事案件圆桌审判机制研究》，山东大学 2015 年硕士学位论文。

诉讼参与人，重点是被告人及其家长、老师或领导召开座谈会，针对庭审和处刑情况进一步了解未成年被告人的思想状况，有针对性地进行认罪服法教育。三是加强对处刑后，特别是判处缓刑、管制、免刑未成年人的跟踪帮教。四是在适用法律程序上，应注意能够适用简易程序审理的，尽量适用简易程序审理，尽量做到当庭宣判，以掌握适当的审判时间。①

综上所述，学者们对圆桌审判的含义、特点、价值、适用等方面进行了较为全面的研究，特别是对圆桌审判实践中的具体问题进行系统梳理，并提供富有针对性的完善建议，有助于圆桌审判方式的规范化发展，进一步增强保护与教育未成年被告人的效果。

## 四、 法庭教育

### （一）法庭教育的内涵与外延

司法界对于法庭教育有广义和狭义两种理解，前者主张凡与正式开庭程序无关的司法帮教活动均属概念范畴，后者主张应将法庭教育限制在特定的程序环节，系集中、重点环节的教育活动。我国法庭教育具有依附但又不限于司法程序的特殊功能属性，与狭义法庭教育的概念更为接近。②

有学者认为，法庭教育是衔接公安、检察机关和刑罚执行机关教育、矫正环节的重要"桥梁"，不是孤立和"全能"的教育环节；法庭教育是贯穿审判全程的教育，不是庭审教育；法庭教育是突出被告人主体性的价值教育，不是以被告人为客体的说教和对被告人的外来压力；法庭教育是强制性和干预性的再社会化教育，是特殊的社会教育，不是可供自由选择和被单独定义的教育类型；法庭教育是与审前社会调查、心理辅导、亲情感化、合适成年人参与、营造适当教育情境等程序保护措施和审判方式相辅相成的司法活动，不是孤立运作的教育活动。③

① 郭连申、裴维奇、郭炜：《圆桌审判——少年刑事审判方式改革的探索与思考》，载《人民司法》1998 年第 11 期。

② 李新亮：《守望未来：未成年人法庭教育本土化之路——以实现能动司法的制度转型和价值续造为视角》，载《预防青少年犯罪研究》2013 年第 3 期。

③ 史华松、周宏：《未成年人刑事案件法庭教育之界定》，载《北京青年政治学院学报》2011 年第 2 期。

　　还有学者认为，法庭教育应当定位于如下三个方面：第一，法庭教育是未成年人刑事审判的首要价值。我国一贯强调的"教育、感化、挽救"方针和"教育为主，惩罚为辅"原则集中体现了未成年人刑事审判与成人审判的不同的价值导向——"少年宜教不宜罚"，在教育和惩罚这两大未成年人刑事审判的目的中，教育是其首要价值。第二，法庭教育是未成年人刑事审判的核心制度。由于未成年人处于生长发育期，生理、心理不成熟，生活阅历短浅，认知能力、辨别能力和自我控制能力不足，极易受外界不良因素的影响，但他们普遍受过一定的教育，能够接受法庭的法律释明等教育内容，较之成年人更易于教育矫正。助推被告人再社会化进程的法庭教育制度具备不可替代的重要价值和成为刑事审判核心机制的基础性要素。审判阶段是教育资源最集中、教育内容最丰富、教育时机最有利、教育特征最明显的寓教于审环节，是多层次全方位感化未成年被告人、抑制其反价值观念、激发其主体性的最佳节点，也最为集中和直接地贯彻和执行了上述方针、原则，法庭教育主导和决定着未成年人刑事审判教育功能的实现。第三，法庭教育是社会教育的组成部分。社会教育通常是指家庭与学校之外的社会机构、社会团体或社会组织对青少年实施的教育。从法庭教育的时空要素和运作机制来看，法庭教育不是被单独定义的教育形式和范畴，其应属区别于家庭教育和学校教育的社会教育范畴，法庭教育应当是社会教育在特定环境下的延伸行为。法庭教育作为社会教育的一个类型，具有如下特殊性：被告人以其普通社会成员的身份，享有正当程序保障的权利，而作为特殊的未成年个体，他们又享受国家和社会提供特殊保护和教育的优待，法庭教育正是这种基于未成年个体双重特征的特殊教育形式；与通常的社会教育一般是事前教育不同，法庭教育是对被告人的事后教育。[①]

　　还有学者认为，实践中为避免宣判前开展法庭教育有"有罪教育"之嫌，多将法庭教育局限于判后教育，亟待确立"全程法庭教育"的概念，将教育的价值目标贯穿和体现在刑事审判全过程。"全程法庭教育"是指人民法院立足于法庭教育强制、干预的社会教育的属性，注重与公安机关、检察机关及司法行政机关教育职能的有机衔接，依托庭前准备程序的铺垫，从未成年被告人的个体生理和心理特点及庭前、庭中、判后各阶段不同的教育侧

---

　　① 史华松：《论未成年人刑事案件法庭教育制度之完善》，载《西华大学学报》2013 年第 3 期。

重点出发，精心设计教育情境，合理安排教育内容，发挥所有参与诉讼人员的教育合力，激发被告人的主体性，在审判程序的"全过程"实现对被告人多层次、全方位的感化教育，从而重塑其内心意识结构及法律道德观念的审理方式。①

关于法庭教育的外延，有学者认为主要体现在以下三个方面：其一，法庭教育是法定程序之外的司法。刑事审判的程序功能在于强制性和规范性，传统庭审活动要求必须围绕案件的事实争议和法律适用这一中心展开，并严格遵循法定调查和辩论程序，不能随意简化或省略，否则就会以违反程序为由要求重新审理。法庭教育并非法定必经程序，对于查明事实真相、定罪量刑影响不大，法官对是否适用有自由权限。其二，法庭教育是成年人规则之外的司法。我国未成年人刑事司法制度尚无系统配套专门法规，很大程度上依附于"成年人的规则"。然而，未成年人犯罪和成年人犯罪在心理特征、犯罪成因和行为结构上存在较大差异，应对未成年人实行不同于成年人的独立的刑事政策，通过特殊司法活动对未成年人刑事诉讼权利等合法权益给予格外保障。如果把少年审判当作特殊诉讼程序，这个特殊诉讼程序的明显特征之一就是法庭教育。其三，法庭教育是法律手段之外的司法。法官综合运用心理学、社会学等知识抑制未成年人的错误意识，在心理科学与司法审判的深度融合中改造其主观世界，促使其犯罪心理良性转化，并调动公共资源帮助其获得更好的生存环境，努力使对涉罪未成年人的诉讼过程成为教育挽救的矫治过程。②

## （二）法庭教育的内容

有学者对法庭教育的内容进行了具体分析，指出法庭教育应包括以下内容：第一，人生观、价值观矫正。许多被告人对正确的人生观、价值观持表面认可的态度，他们之所以走上犯罪道路，是因为社会主流的价值观、人生观并非是他们自觉接受的，而是外在的，是在社会道德的压力下勉强甚至被迫接受的，并没有真正形成正确的观念。一旦受到外在因素的引诱，他们就

① 史华松、卢宁：《未成年人刑事审判法庭教育应然模式之构想与展开——以全程法庭教育模式为样本》，载《北京青年政治学院学报》2013 年第 3 期。

② 李新亮：《守望未来：未成年人法庭教育本土化之路——以实现能动司法的制度转型和价值续造为视角》，载《预防青少年犯罪研究》2013 年第 3 期。

会在扭曲的人生观、价值观引导下走上违法犯罪的道路。故法庭教育的首要内容之一就是人生观、价值观矫正，即在科学寻找被告人犯罪原因的基础上，就其人生观、价值观开展有针对性的教育引导。第二，危害行为认知教育。国内外的研究表明，严重的自我中心倾向是许多未成年罪犯的特征，这与他们道德发展的缺陷有关，个人的道德发展水平越低，就越倾向于以自我为中心，忽视他人的感受和利益。需要从"角色采择"（角色采择是道德发展的必要条件，即被告人采取他人的观点来理解他人的思想与情感的一种必需的认知机能，通过被告人换位思考，体验被害人的感受）入手，促使被告人对实施了危害他人的行为、违反了道德准则而产生良心上的反省和对行为负有责任的负性体验，建立道德行为所必需的道德性认知与观念，克服被告人的自我中心倾向，同时防止这样的错误再犯。由此，利用法庭教育的丰富资源，帮助被告人客观、理性地认识行为性质的"危害行为认知教育"是必要的，符合未成年人犯罪心理教育矫治的实际需要，是促进被告人心理、行为良性转变及人格成长的重要过程和环节。第三，法律释明。司法审判本身的专业性和未成年被告人法律认知水平不足之间是一对固有的矛盾（较之成年人，这一矛盾由于未成年人法律知识和理解能力欠缺而尤显突出），只有依赖法庭教育中法律释明的内容，方能最大限度地消除此种认知差距，使被告人充分理解被指控的罪行和相关法律条款、诉讼程序及有关的诉讼权利、义务、法律术语、裁量结果及刑罚执行的要求等，推进诉讼程序顺利展开，帮助其正确对待司法裁判。第四，心理矫正。法庭教育的目标是消除被告人的反社会性，建立守法心理结构。法庭教育就是立足于未成年人的可塑性，通过不同教育主体从不同角度对被告人开展因人施教，使其内心意识结构中新的要求和错误观念之间的矛盾不断得到解决，使抑制被告人错误思想意识的因素在矛盾斗争中居于主导地位，在客观上为促使被告人内心意识结构的良性转化创造有利条件，最终从整体上改变其反社会的属性和发展方向，建立守法心理结构。可见，法庭教育中应当包括心理矫正的内容，它是被告人犯罪心理过程性矫正治疗的一个必要环节，并为刑罚执行环节中的犯罪心理矫正工作奠定了基础。[①]

也有学者指出，法庭教育应当包括如下三个方面：第一，庭前准备程序

---

① 史华松：《论未成年人刑事案件法庭教育制度之完善》，载《西华大学学报》2013 年第 3 期。

中的启发导引教育。首先，少年法庭在庭前准备程序中与被告人建立起正常和经常性的沟通桥梁为庭审教育做好铺垫。其次，要更好地促进积极的教育导向的形成，就必须从细微之处把握未成年人对教育内容的心理体验，运用合理的心理疏导机制让未成年人提高自我的个体认知程度。第二，开庭审理前的抚慰调适教育。基于少年法官、参与心理辅导的"爱心妈妈"等已经与被告人开展过深入的交流，消除了与被告人之间的心理隔阂，"全程教育"在开庭审理前设置专门的教育阶段，由少年法官和"爱心妈妈"等通过温和的语言、亲和的动作，与被告人再次进行面对面的沟通，引导其熟悉法庭环境和氛围，彻底打消其思想顾虑，及时缓解其身心焦虑，克服消极心态、增强积极情绪，牢固建立起他们对审判活动的信心，从而将被告人的身心状态调适至最有利于推进庭审教育的状态。第三，庭审中的感化自省教育。庭审教育是教育时机最成熟、教育环境最合适、教育资源最集中的阶段，是多层次、多方位感化被告人，促其深刻反省，抑制其反价值观念，激发其主体性的最佳时机。"全程教育"的庭审感化教育从法庭调查开始，至案件宣判前结束，贯穿于庭审活动的全过程。①

### （三）法庭教育的意义

有学者指出，法庭教育的意义集中体现在以下四个方面。第一，法庭教育是寓教于审的重要环节。在法庭教育阶段，教育的主体最集中，有公诉人、辩护人、法定代理人，还有少年法庭的合议庭成员；教育的内容最丰富，各教育者从不同的角度对失足少年进行多层次、多方位的教育；教育的时间最合适，在法庭审理这样的特殊时间、特殊场合进行教育，易被失足少年所接受；教育的特征最明显，法庭教育时，审判长明确宣布进行法庭教育，各方人员以失足少年为对象进行教育，明显区别于一般场合下的教育。所以法庭教育是整个教育挽救过程中最重要的一环。第二，法庭教育是发挥合力教育的重要载体。我国的未成年人刑事审判工作搞得较好的省市，少年司法"一条龙"、社会"一条龙"的工作体系已日趋成熟。公诉机关、特邀陪审员、律师工作者对这项工作给予了很大支持，他们都在千方百计地教育挽救失足少年。这种共同的愿望、共同的目的在他们对失足少年进行教育时

---

① 史华松、卢宁：《未成年人刑事审判法庭教育应然模式之构想与展开——以全程法庭教育模式为样本》，载《北京青年政治学院学报》2013 年第 3 期。

得到了最充分的展现。而少年法庭运用法庭教育程序，把教育者想要说的话，集中在一个特定的时间段，让教育者的教育发言在特点的时间段里形成强烈的合力作用，继而对失足少年产生冲击和震动。多元化的教育主体、多方面的教育内容，在法庭教育阶段这个承载体的作用下得以完全展开。第三，法庭教育是未成年人刑事案件审判方式的重要标志。众所周知，针对未成年被告人的心理、生理特点进行审理是少年法庭重要的工作方法。十几年来，少年法庭在起诉书副本的送达方式、被告人诉权的保护、法定代理人的教育工作、法庭设施的设置、合议庭人员的组成、审判语言语气的运用、裁判文书的制作等方面都作了不懈的努力和探索，已成为普遍认可的工作方法和经验。但是当人们把视线移向案件审理的程序时，法庭教育阶段则鲜明地展露在人们的面前。如果我们把成年人刑事案件的审理当作是一般的诉讼程序，把未成年人刑事案件的审理当作是特殊诉讼程序的话，那么这个特殊诉讼程序的明显特征之一就是法庭教育。第四，法庭教育是中国特色的少年司法制度的重要体现。虽然我们的少年法庭工作起步较晚，在程序和实体法方面还需进一步完善，但我国少年法庭的法庭教育程序却无争地表明了我国在社会主义制度下，对失足少年贯彻教育、感化、挽救的方针，寓教于审、惩教结合的事实。青少年是国家的未来，在造就一大批为国家建设所用的人才时，对那些暂时"掉队"的失足少年，国家并未弃而置之，社会并未撒手不管，而是通过各种途径和方法，"像医生对待病人、像老师对待学生、像家长对待子女"一样对待失足少年，这正是我国少年司法制度的优越性所在。而法庭教育则集中地体现了我国少年司法制度的特色。①

　　也有学者认为，法庭教育的意义在于其具有"天时""地利""人和"的优势，主要表现在：第一，法庭教育具有"天时"的优势。法庭教育的时间最合适，在法庭审理、未成年被告人接受审判这样的特殊时间进行教育，易被未成年被告人所接受，法庭教育是整个教育挽救过程中的重要一环。第二，法庭教育具有"地利"的优势。在既严肃又不失温情的环境下，审判长明确宣告进行法庭教育阶段后，各方人员对未成年被告人进行教育，其效果明显区别于一般场合下的教育。第三，法庭教育具有"人和"的优势。在法庭教育阶段，教育的主体最集中，有公诉人、辩护人、法定代理人，还有少年法庭的合议庭成员，各教育者在一个集中的时间段，从不同的角度对失足

---

① 陈建明：《未成年人刑事审判中的法庭教育》，载《人民司法》2000年第7期。

少年进行多层次、多方位的教育，使未成年被告人思想受到冲击和震动，得到多方面的教益。①

### （四）法庭教育的阶段

关于法庭教育的时间或者阶段，有不同的尝试和观点。有学者认为，庭审阶段的主要任务是查明案件事实，为正确处理未成年人犯罪案件，恰当进行法庭教育提供坚实的事实基础，如果在这个阶段进行法庭教育，有可能存在一些问题。第一，庭审阶段的法庭教育可能冲击对案件事实的调查。庭审阶段的主要任务是查明案件事实，为此，要花费很多时间进行相关活动，包括调查、辩论、质证等。如果在这个阶段进行法庭教育，必然会影响查明案件事实活动的顺利进行，甚至会妨碍法庭完成其在此阶段的主要任务。第二，庭审阶段的法庭教育缺乏可靠的事实基础。对于未成年被告人的法庭教育，应当以已经查明的确凿案件事实为基础，在此基础上进行的法庭教育，能够使未成年被告人信服，从而产生预期的教育效果。但在庭审阶段进行法庭教育，可能是在案件事实尚未查证属实的情况下进行，如果这样，法庭教育就不会有积极的效果。如果是在查明案件事实之后再进行法庭教育，这样的庭审教育就会与宣判阶段的法庭教育相重复，其必要性不大，而且会造成资源浪费。第三，庭审阶段的法庭教育有可能混淆法官的角色。法官的基本角色是居中裁判，在审理任何案件中都应当如此。在审理未成年人犯罪案件过程中，虽然基于"教育为主、惩罚为辅"的原则，赋予包括法官在内的办案人员适时教育未成年被告人的权力，但是，这仍然不能改变法官居中裁判的基本角色。如果法官在尚未完全查明案件事实的情况下进行法庭教育，或者一边查证案件事实，一边进行法庭教育，就会混淆法官的角色，将居中裁判的法官变成了按照个人的见解对未成年被告人施加影响的教育者，这显然是不恰当的。第四，庭审阶段的法庭教育有可能引起被告方的反感。在庭审阶段进行的法庭教育，如果处理得不好，甚至有可能引起被告方的反感。因为庭审阶段主要应查明案件事实，即使通过激烈的辩论、质证等环节查明了案件事实，被告方也不一定立即能从内心承认所查明的事实；对于法庭查明的事实，他们还需要一个分析、确认的心理过程，然后才可能在心理上、感

---

① 田春晖：《试析未成年人刑事审判程序的教育属性》，载《辽宁行政学院学报》2006 年第 2 期。

情上承认、接受所查明的事实。在这个心理状态没有出现之前就进行教育活动，势必会引起他们内心的抵制，甚至会激起他们强烈的反感情绪，从而导致法庭教育的失败。第五，庭审阶段的法庭教育会削弱宣判阶段的教育效果。对于一起案件而言，法庭教育的内容都是围绕同样的案件事实等情况进行的，即使在不同的办案阶段进行法庭教育，其教育的内容也大体相似。很难设想，在庭审阶段进行法庭教育的内容与宣判阶段进行法庭教育的内容完全不同。如果教育活动的内容大体类似，多次进行这样的教育活动不仅浪费时间和精力，也会导致未成年被告人对宣判阶段教育活动的心理抵制，他们在宣判阶段听到相似的教育内容时，可能会产生"老一套内容又来了"的反应，自然而然地对法庭教育的内容产生抵触情绪，从而大大削弱宣判阶段的教育效果。由此可见，在审理普通的未成年人犯罪案件中，在宣判阶段进行法庭教育，特别是在宣读判决后进行法庭教育，是较为恰当的。当然，如果未成年人犯罪案件的案情简单，采用简易程序审理时，可以在查明案件事实、确定未成年被告人有罪后，在宣告判决之前，当庭进行法庭教育。[1]

还有学者认为，将法庭教育时间限定在宣判之后，从心理学方面考虑，犯罪人在宣判后丧失了对从轻量刑的期许，或因轻判而侥幸，或因重判而绝望。另外，对于定期宣判案件，宣判时可能因诉讼参与人不能全部到庭影响教育效果。因此，建议从法律的目的性出发，将法庭教育时间提前到庭审过程，从最后陈述中了解和证实未成年被告人的悔过态度和悔改意愿，为适用刑罚提供参考。[2]

还有学者指出，法庭教育的设置可作如下考虑：其一，设在法庭辩论结束、被告人最后陈述之前。这种设置适宜于定期宣判的案件。定期宣判的案件再次开庭时，主要任务是宣判，因而经常发生公诉人、辩护人没有到庭的现象，有些法定代理人也因返回原籍等多种原因而无法到庭，故参与法庭教育的教育主体不全。而被告人最后陈述之前的法庭教育则可避免这些不利因素。另外这种设置也适用于那些被告人在庭上悔恨不已，马上进行法庭教育则效果更好的案件。这样的设置可避免一些被告人在宣判后进行教育时心不

---

[1]　吴宗宪：《强化未成年人犯罪案件审判中法庭教育效果的若干探讨》，载《青少年犯罪问题》2014 年第 4 期。

[2]　李新亮：《守望未来：未成年人法庭教育本土化之路——以实现能动司法的制度转型和价值续造为视角》，载《预防青少年犯罪研究》2013 年第 3 期。

在焉的现象。当然此阶段的教育，合议庭可以介入，介入的形式是组织、指挥、引导教育者的教育发言，而不是对被告人是否犯罪过早地发表意见。其二，法庭教育设在宣判时。所谓宣判时，是指宣判程序的进行状态，而不是宣判程序的完成状态，具体是指在认定被告人构成犯罪后、宣布量刑结果前进行。合议庭在认定被告人有罪后，可组织公诉人、辩护人、法定代理人进行教育。合议庭也可对被告人进行教育，教育阶段结束后再进行量刑和宣判。此时的法庭教育不受"犯罪"两字的制约，教育的内容、话题较为宽泛。如果放在宣布量刑结果后再进行法庭教育，被告人、法定代理人甚至辩护人关心的是判决后的量刑结果，是被告人的量刑轻重问题，量刑结果直接影响着他们的情绪。此时再要求被告人集中注意力听取教育，要求法定代理人、辩护人对被告人进行教育，实乃勉为其难，效果不一定好。其三，被告人、法定代理人、辩护人作无罪辩护的，一般可不设法庭教育阶段。因为此时若进行法庭教育，是不会有作用的。但对那些起诉书指控的事实确实存在或法院作无罪判决是因为证据不足的，审判人员也可视情组织有关人员进行教育，教育的内容主要是针对被告人的违法行为。①

### （五）我国法庭教育制度存在的问题

有学者认为，我国法庭教育制度存在局限与不足，主要表现为：第一，法庭教育的功能定位缺乏科学的考量。有关部门并未对法庭教育功能的具体定位、分工与衔接机制等问题作出具体规定，对法庭教育的理论研究总体上忽视了未成年人心理发展的一般规律，割裂了相互联系和作为整体的教育环节，不能满足最大程度上促进未成年被告人再社会化的要求。实践中，在缺乏规范指引和理论指导的情况下，司法机关大多按照自身程序逻辑开展工作，未能以全面视角实现教育功能的衔接配合。第二，法庭教育的偏颇认识影响深刻。实践中，将法庭教育等同于庭审教育，将庭审教育局限于庭审中某个固定环节的认识根深蒂固，上述观念舍弃了庭审不同阶段具有的独特教育功能及各教育阶段之间的内在关联，混淆了合理的庭审教育内容分配及程序安排与"有罪教育"的边界，有过分夸大有罪宣告前的庭审教育与"有罪推定"关联性之嫌，使得原本应当科学贯穿于庭前准备程序、庭审各个环节并延伸至判后帮教全程的庭审教育碎片化，难以充分实现法庭教育的固有

---

① 陈建明：《未成年人刑事审判中的法庭教育》，载《人民司法》2000 年第 7 期。

功能。第三，法庭教育是价值教育的认识不充分。教育者和未成年被告人之间缺乏良性互动，庭审教育往往成为法官、法定代理人、老师、律师的表演场地，被告人经常被动地接受教育。教育的组织者习惯于在被告人面前简单铺陈、堆砌法律知识和社会规则，并未将帮助被告人学会正确思考和行动，克服自身的局限、狭小和偏颇作为工作的重心。第四，对法庭教育的性质认识不足。实践中，审判人员对于法庭教育的责任意识还不够强，尚未将法庭教育活动作为重要的法定职责、程序来看待；刑事审判中用于法庭教育的时间、精力还相对有限；少年法庭疏于引导未成年人体认法庭教育背后深厚的人文关怀要素等。第五，法庭教育配套支持尚未全面建立。法庭教育依赖于审前社会调查、圆桌审判、心理辅导、合适成年人参与、庭前亲情感化、适当教育情境营造等教育配套支持制度的建立和有效运行，目前这些制度尚未全面建立。[①]

也有学者分别从法庭教育的立法、法庭教育主体、法庭教育程序、法庭教育内容四个方面对我国法庭教育制度存在的问题进行了剖析。在法庭教育立法上，《刑事诉讼法》未成年人刑事诉讼程序专章并未涉及法庭教育的内容，最高人民法院《关于审理未成年人刑事案件的若干规定》第 33 条对参与法庭教育的主体及参与诉讼的各方教育重点和职责均未予以明确。在法庭教育主体上，虽然司法解释规定了法院组织控、辩、审及合适成年人参与法庭教育的制度，但由于对参与各方法庭教育同等主体地位和各自职能不够明确，似乎是法院依职权主动组织诉讼参与人进行教育，其他各方成了被动地参与，导致庭审中教育作用发挥不平衡。在法庭教育程序上，将法庭教育放在"有罪判决后"是最高人民法院司法解释的规定，但实践操作层面由于个案差异，这种硬性规定使法庭教育受到一定限制，影响教育效果。案件宣判有时是当庭宣判，有时是另行宣判，如果是当庭宣判，在宣判后诉讼参与人一般都能参与庭审教育；如果是另行宣判，公诉人、辩护人、法定代理人往往不能同时到庭，削弱了庭审教育力度。在法庭教育内容上，没有将前期社会调查、犯罪主观、客观原因等庭审调查内容与法庭教育相关联，教育内容

---

① 史华松、周宏：《当前未成年人刑事案件法庭教育制度之理性研判》，载《宁波广播电视大学学报》2012 年第 1 期。

不够系统全面，教育效果不免大打折扣。①

### （六）我国法庭教育制度的改革与完善

针对我国当前法庭教育制度中存在的诸多问题，有学者指出，首先是完善相关立法，修改司法解释，对法庭教育的目的、主体、程序、内容作进一步规范。其次是明确教育主体。建立法庭教育的"合适成年人"制度，将被告人其他成年亲属、所在学校、单位、居住地基层组织以及未成年人保护组织代表全部作为"合适成年人"，纳入法庭教育的主体中来，最大限度地发挥各个方面的法庭教育作用。再次是设置弹性程序。法庭教育放在审判哪一阶段进行，关键取决于能否达到最好的教育效果。在审理未成年人案件时，应该允许根据案件具体情况和实际效果，灵活适用相关程序规定。最后是细化教育内容。每一方的教育要基于各自的身份，在内容上应避免雷同而各有侧重。否则，极有可能出现重复说教的反效果。为了达到分工明确、互为补充、相得益彰的整体教育效果，在庭审前，法院一方可以组织法庭教育各方召开"预备会"，统一教育思路，明确教育分工，从而更好地彰显法庭教育的效果。②

也有学者认为，应考虑从以下七个方面强化法庭教育的效果：第一，继续增强判决书的说理性。第二，继续坚持法庭教育。首先，充分认识法庭教育的重要价值；其次，全面推行法庭教育活动；再次，重视恰当评价法庭教育；最后，明确法庭教育的环节。第三，法庭教育应具有鲜明的针对性。法庭教育的内容应当密切结合未成年被告人及其案件事实，要切实根据未成年被告人及其犯罪行为的特点和情节，开展有的放矢的教育活动。第四，法庭教育应增强互动性。进行教育活动的教育者（主要是办案人员）不仅应当针对被告人的案件事实和个人特点进行教育活动，还利用多种形式与被告人进行双向的交流活动。第五，法庭教育应注重建设性。在法庭教育中，不仅要指出未成年被告人犯罪行为的违法性、错误性和危害性，更要使他们学会建设性的思维和行动方式，避免在以后的生活中由于不恰当的思维和行动而再

---

① 王驹：《规范与深化：论法庭教育制度的拓展式建构——以少年刑事审判实践为视角》，载《法制与社会》2013 年第 32 期。

② 王驹：《规范与深化：论法庭教育制度的拓展式建构——以少年刑事审判实践为视角》，载《法制与社会》2013 年第 32 期。

次犯罪。第六，法庭教育的内容应当书面化。将法庭教育的内容落实到文字上，形成法庭教育文书，随判决书送达被告人，能够延伸法庭教育的内容，增强法庭教育的效果。第七，法庭教育应当适度延伸化。不仅在宣判时对未成年被告人进行法庭教育，还要让法庭教育的内容延伸影响到其他相关人员和其他相关机构。[①]

还有学者提出，确立法庭教育制度的基本框架，首先，应在思想层面牢固树立"儿童利益最大化"的司法理念；其次，在制度层面逐步完善未成年人法庭教育保障机制；再次，在实施层面不断总结未成年人法庭教育经验做法；最后，在衔接层面不断加强社会联动机制建设力度。[②]

总体而言，我国学者对未成年人法庭教育制度的研究相当具有针对性，从不同的角度对法庭教育面临的问题提出了中肯的意见。这些问题既与立法层面尚未明确法庭教育制度的地位有关，也源于司法实践中对教育与保护理念的重视程度不够。有效解决上述难题，特别是强化和保持法庭教育的效果，应当成为学术界和实务界进一步深入研究的课题。

## 五、 暂缓判决

### （一） 暂缓判决制度的概念与意义

有学者认为，暂缓判决是少年法庭在刑事诉讼活动中，对已确认构成犯罪并符合一定条件的未成年被告人，先暂不判处刑罚，而是由法院设置一定的考察期，让被告人回到社会上继续就业或就学，对其进行考察帮教，待考察期满后，再根据原犯罪事实和情节，结合被告人在考察期的表现予以判决的一种探索性的审判方法。[③] 也有学者认为，暂缓判决是人民法院经过开庭审理，对构成犯罪并符合一定条件的少年被告人先确定罪名，暂不判处刑罚，同时设置适当的考察期，让其在社会上继续学习和工作，以考察期内的

---

① 吴宗宪：《强化未成年人犯罪案件审判中法庭教育效果的若干探讨》，载《青少年犯罪问题》2014 年第 4 期。

② 李新亮：《守望未来：未成年人法庭教育本土化之路——以实现能动司法的制度转型和价值续造为视角》，载《预防青少年犯罪研究》2013 年第 3 期。

③ 陈建明：《对失足未成年人暂缓判决的实践与思考》，载《当代青年研究》2004 年第 6 期。

学习和生活表现为考察内容，以判决最终确定刑罚是否适用以及如何适用的一种制度。① 还有学者指出，暂缓判决是为了教育和挽救犯罪情节较轻的未成年人，在对其进行法庭审理的过程中先宣告其触犯的罪名，暂不确定和宣布对其判处的具体刑罚，并给予其一定期限的考验期，待考验期限届满再决定是否对其施加刑罚或者施加何种刑罚的制度。②

关于暂缓判决的意义，有学者认为主要包括以下几个方面：第一，尊重未成年人的特殊性；第二，满足刑罚个别化的需求；第三，体现慎用监禁刑的刑罚理念；第四，发挥程序法的独立价值；第五，有利于未成年犯罪人再社会化；第六，为法院作出准确的判决提供依据。③

### （二）暂缓判决制度的理论争议

关于暂缓判决制度，学术界对其合法性、合理性以及必要性问题仍然存在争议，总结起来，主要有以下几方面问题。

1. 暂缓判决制度的合法性问题

大部分学者均认为，在未成年人刑事案件中适用暂缓判决制度，明显违反了《立法法》《刑法》和《刑事诉讼法》的有关规定。④ 但也有学者表示，现行法律中存在暂缓判决的生存空间。⑤ 部分学者指出，该制度虽然违反了现行法律规定，但正因为如此，才应该建立健全相关的法律法规。⑥

关于刑罚，有学者认为，我国《刑法》所规定的缓刑制度中，只有判决宣告后暂缓执行刑罚的缓刑，而没有暂缓判决的缓刑，也没有任何其他法律

---

① 钟勇、高维俭主编：《少年司法制度新探》，中国人民公安大学出版社 2011 年版，第 354 页。

② 赵国玲主编：《未成年人司法制度改革研究》，北京大学出版社 2011 年版，第 262 页。

③ 管元梓：《未成年人刑事案件暂缓判决制度研究》，法律出版社 2015 年版，第 18 页。

④ 左坚卫：《暂缓判决决定的法律思考》，载《法制日报》2005 年 1 月 6 日；梅伯澄、夏宏强：《浅析"暂缓判决"的合法性和合理性》，载《中共四川省委党校学报》2007 年第 2 期；姜方：《司法"暂缓"之质疑》，载《检察实践》2003 年第 5 期。

⑤ 胡春莉：《论我国的未成年人暂缓判决制度》，载《湖北警官学院学报》2012 年第 1 期。

⑥ 赵国玲主编：《未成年人司法制度改革研究》，北京大学出版社 2011 年版，第 268 页；马婷婷：《浅论"暂缓判决"》，载《青少年犯罪研究》2006 年第 3 期。

规定法院可以对犯罪人暂缓判决。① 但也有学者对此持反对意见，认为如果反对一项新制度的依据仅仅是违反现行法律的规定，那么这一理由显得过于苍白。②

关于罪责刑相适应，有学者指出，暂缓判决将犯罪人在考验期的表现作为量刑的一个决定因素，显然与我国法律规定的犯罪人所犯之罪行与其应承担的刑事责任相适应原则相背离。判断犯罪人人身危险性大小的主要依据应当是其犯罪前以及犯罪后被发现前的一贯表现，而不是他被司法机关抓获后处理前一定时间内的表现。如果以后者作为量刑依据，无疑对绝大多数犯罪人都应当从轻处罚，而这样做显然不具有合理性和说服力。③ 但也有学者认为上述观点是对暂缓判决的一种误解。暂缓判决的适用对象本来就是罪行较轻的未成年人，这类犯罪人一般应被判处的刑罚在 3 年以下有期徒刑，以免刑或缓刑予以取代，越轨少年所接受的刑罚的变化空间不会太大，仍然是以越轨少年的犯罪行为作为基本考虑点。同时，将越轨少年在考察期的表现作为刑罚适用的参考依据，可以激励越轨少年积极地接受教育和矫治，促进越轨少年积极地进行再社会化。④

关于定罪量刑，有学者认为，暂缓判决对经过考察期而表现符合决定要求的未成年被告人进行缓刑、减刑、免刑的做法不符合《刑法》关于定罪量刑情节的规定，《刑法》中规定的量刑情节都是在人民法院对被告人宣告有罪之前适用于被告人的犯罪行为的，量刑情节的适用是有时间界限的，如果被告人一经人民法院宣判有罪之后，其宣判之后的表现不能再作为缓刑、减刑、免刑的量刑情节了。当然，这种表现也许对今后在监狱中获得减刑、假释有所作用，但其适用的程序和我们定罪量刑的审判程序是完全不同的。⑤ 也有学者表示，对于犯罪分子决定刑罚的时候，应当根据犯罪事实、犯罪的性质、情节和对于社会的危害程度，依照《刑法》的有关规定判处，行为人犯罪之后的表现自然也是重要的情节，是裁量刑罚的重要根据之一，因此，

① 左坚卫：《暂缓判决决定的法律思考》，载《法制日报》2005 年 1 月 6 日。

② 马婷婷：《浅论"暂缓判决"》，载《青少年犯罪研究》2006 年第 3 期。

③ 左坚卫：《暂缓判决决定的法律思考》，载《法制日报》2005 年 1 月 6 日。

④ 钟勇、高维俭主编：《少年司法制度新探》，中国人民公安大学出版社 2011 年版，第 355 页。

⑤ 梅伯澄、夏宏强：《浅析"暂缓判决"的合法性和合理性》，载《中共四川省委党校学报》2007 年第 2 期。

以暂缓判决之后的考察期内的表现作为对未成年人进行处理的根据是符合刑法规定的。①

关于无罪推定原则，有学者指出，根据我国法律规定，未经人民法院依法判决，对任何人都不得确定有罪，从这个意义上讲，暂缓判决其实还是"未经人民法院依法判决"，此时未成年刑事被告人还不是被"确定有罪"的罪犯，按照"无罪推定"的原则，应被视为无罪的人。而法院对"未确定有罪"的未成年刑事被告人进行"考察"，实际上就是把他们当作了罪犯对待，即对其进行了"有罪推定"。② 但也有部分学者认为，暂缓判决未违反无罪推定原则，适用暂缓判决只是对未成年被告人设置一个考验期，在这段期间内对其进行考察、帮教，这并不能称为一种刑罚，既然不是刑罚，也就不能说暂缓判决是有罪推定。③

关于审理期限，有学者认为，暂缓判决明显有违我国《刑事诉讼法》第208 条关于审理期限的规定。因为暂缓判决的考验期一般在三个月以上，审理案件的时间加上考察期往往超过了审理期限。但也有学者认为，暂缓判决并没有使案件久拖不决。暂缓判决的考察期是在作出暂缓判决决定之后，刑事诉讼法所规定的审理期限早已结束，考察期根本不包括在审理期限之中。④

2. 暂缓判决制度的合理性问题

有学者指出，暂缓判决制度的公正性和法益保护功能值得怀疑。因为刑法的公正性和法益保护功能不仅针对被告人，也是针对受害人的。一项刑罚制度的设置不能只考虑如何体现对被告人的人文关怀，还必须发挥对受害人的安抚功能和法益保护功能。适用暂缓判决不但不能及时形成生效判决，而且在没有法律依据的情况下大幅减轻被告人的刑罚甚至免除刑罚处罚，没有给予受害人起码的安抚，也没有体现出对受害人合法权益的应有尊重，明显有失公正，很容易对受害人造成新的伤害。⑤ 但也有学者认为，对于被害人权益的补偿，不能以牺牲未成年被告人的权益作为代价，一般刑事诉讼纯复

---

① 胡春莉：《论我国的未成年人暂缓判决制度》，载《湖北警官学院学报》2012 年第 1 期。

② 马婷婷：《浅论"暂缓判决"》，载《青少年犯罪研究》2006 年第 3 期。

③ 管元梓：《未成年人刑事案件暂缓判决制度研究》，法律出版社 2015 年版，第 75 页。

④ 马婷婷：《浅论"暂缓判决"》，载《青少年犯罪研究》2006 年第 3 期。

⑤ 左坚卫：《暂缓判决决定的法律思考》，载《法制日报》2005 年 1 月 6 日。

仇式的理念应该被抛弃。①

　　有学者认为，对被告人而言，适用暂缓判决会使他的身份长时间处于不确定的状态，其人身自由、财产等实体性权利也因此被置于待判定的状态之下，被告人的诉讼权利将受到限制或者侵害。② 也有学者对此进行了反驳，认为人民法院对未成年被告人适用暂缓判决，是给予其改过自新的机会，只要未成年被告人在考察期间不违反相关规定，最终都会获得从宽处理，而且实践中被暂缓判决的未成年被告人一般也都获得了从宽处理。因此，无论是从理论上看，还是从实际效果上看，暂缓判决制度最终都是保护了未成年被告人的权益。③

　　有学者认为，暂缓判决制度可能导致刑事司法资源的浪费。由于经过一段时间的考验期，法官对案件的事实和证据情况可能已经生疏，需要再次查阅卷宗、整理材料，甚至可能需要重新开庭才能对该案作出判决。此外，由于间隔时间较长，可能出现承办法官更换、原始证据灭失等困难情况。④ 但也有学者不同意上述观点，认为任何一项制度的确立都不会达到公正和效率完全"双赢"。人们总是在权衡得失的矛盾中痛苦地择其一而趋之。暂缓判决也许在某种情势下对司法资源造成了浪费，但这是制度确立所必须付出的成本。⑤

　　3. 暂缓判决制度的必要性问题

　　有学者认为，暂缓判决的制度设置完全没有必要性。因为暂缓判决的适用对象一般是初犯、偶犯，主观恶习浅、所犯罪行较轻、认罪态度好、有帮教条件的未成年被告人。对于这部分被告人，完全可以通过直接判处管制、缓刑、单处罚金等刑罚来实现非监禁刑的适用。⑥

　　但是，也有许多学者对暂缓判决制度的必要性持肯定态度。他们认为，这一制度在教育、感化和挽救少年犯罪人中是卓有成效的。⑦ 也有学者从刑

---

① 马婷婷：《浅论"暂缓判决"》，载《青少年犯罪研究》2006 年第 3 期。

② 王琳：《暂缓判决得不偿失的"关怀"》，载《西部时报》2004 年 12 月 29 日。

③ 胡春莉：《论我国的未成年人暂缓判决制度》，载《湖北警官学院学报》2012 年第 1 期。

④ 管元梓：《未成年人刑事案件暂缓判决制度研究》，法律出版社 2015 年版，第 77 页。

⑤ 马婷婷：《浅论"暂缓判决"》，载《青少年犯罪研究》2006 年第 3 期。

⑥ 管元梓：《未成年人刑事案件暂缓判决制度研究》，法律出版社 2015 年版，第 77 页。

⑦ 吴宗宪主编：《中国刑罚改革论》，北京师范大学出版社 2011 年版，第 783 页。

罚理念根据的角度指出，暂缓判决具有对传统的国家报应刑理论的不足进行反思和修正的作用；可以让未成年犯罪人避免传统刑罚处遇方式所带来的消极影响和不受到第二次伤害；暂缓判决体现着刑事法律谦抑主义的价值追求，是社会民主文明进步的一种体现，也是体现司法社会化重要原则的方法。①

应当说，我国学术界对暂缓判决制度的研究相对充分，对这一制度的概念、意义以及理论上面临的争议都进行了较为全面的探讨。各地在实践中已经对暂缓判决制度的适用进行了一定程度的探索，通过总结经验并进一步深化理论研究，我们可能将对暂缓判决制度产生新的认识。

---

① 赵国玲主编：《未成年人司法制度改革研究》，北京大学出版社 2011 年版，第 266 页。

# 第十章　未成年人刑事司法的社会支持体系

　　随着"非犯罪化""非监禁化""轻刑化"理念在未成年人刑事司法实践中日益深入人心，以及对未成年人特殊保护模式的深刻反思，我国的司法实践者们不断在未成年人刑事司法领域进行思考和探索，试图找出一种能适合中国国情的，并能整合各种社会力量对涉罪未成年人进行全方位有效保护的新模式。未成年人刑事司法社会化保护体系正是在此背景下应运而生的。未成年人刑事司法社会化保护体系源于检察机关调动社会力量共同建立观护（管护、关护）基地（工作站、中心），作为对涉罪流动人口的未成年人适用非羁押性措施的配套工作机制。其成立之初的主要功能是为涉罪非本地户籍的未成年人提供取保候审的条件，并作为加强监控的措施以防止脱保。未成年人社会化帮教体系的建立在司法实践中产生了重大影响，随着规模和范围的日益扩大，其适用范围和功能也逐渐完善，适用对象从非本地未成年人扩大到所有未成年人，功能也从保障取保候审的权利，扩展到侦查、起诉、审判、执行等刑事诉讼全过程加强对涉罪未成年人的特殊保护，并注重促进涉罪未成年人顺利回归社会。社会力量的多元性、未成年人需求的多样性和专业性、未成年人刑事司法程序的特殊性等多重因素决定了社会参与未成年人刑事司法是一个系统工程，需要整合多种资源以建立社会参与的支持体系。随着2012年修订后的《刑事诉讼法》新增的合适成年人在场、社会调查、附条件不起诉以及社区矫正制度实施需要大量的理论探索和支持，学术界的研究视角进入了微观领域，对未成年人刑事诉讼程序中某一项制度的社会支持的研究有所增多，未成年人刑事司法社会支持体系的研究进入了深化阶段。2010年11月26日至27日，"中国少年司法年度论坛——少年司法理论与实践研讨会"召开，与会者普遍认为，强大而成熟的社会支持体系是少年司法改革的关键所在，必须予以高度重视。① 总体来说，学术界对未成年人社会支持体系的必要性和理论基础，未成年人刑事司法社会支持体系主体、内容、结构及转介机制等问题进行了研究。

研究者在表述未成年人刑事司法社会支持体系时，受语境或者表达习惯的影响，分别或同时使用了"未成年人刑事司法"和"少年司法"两个词语。有研究者对少年司法进行了界定，认为是指专门少年司法机构或者其他司法机构（包括国家司法机关和非国家机关的司法组织），应用法律处理少年犯罪和不良行为案件，以达到保护和教育少年健康成长、防治少年犯罪和少年不良行为这两个目标的专门司法制度。它是这些专门司法机构或者其他司法机构的性质、任务、组织体系、活动规则和工作制度的总称。② 虽然从字面上比较，未成年人刑事司法具有更强的"刑事""刑罚"色彩，更贴近《刑事诉讼法》规定的未成年人犯罪案件诉讼程序，但是随着少年司法理念的变革，尤其是转处、非刑罚化、非监禁化等理念已成为共识，未成年人刑事司法的内涵已经脱离未成年人犯罪行为和刑事处罚的樊篱，其内涵与外延更加与少年司法接近。无论是理论界，还是司法实务界，通常认为这两个称谓可以通用。因此，本文所检索的文献涵盖了以"未成年人刑事司法"和"少年司法"为定语的与社会支持相关文献。

## ⚖ 一、 未成年人刑事司法社会支持体系的基本理论

### （一）社会支持体系的相关概念

在未成年人刑事司法社会支持体系的相关概念中，与社会支持体系密切关联的有三个语词，即社会资源、社会力量、社会支持。

1. 社会资源的概念

有研究从未成年人社会工作的角度对社会资源进行界定，认为社会资源是指个案工作人员在提供专业服务的过程中一切可以动员的力量，这些力量可以进一步协助个案工作人员完成助人的目标或任务。一般而言，社会资源

---

① 王新：《中国少年司法热点问题概览——少年司法理论与实践研讨会综述》，载《中国青年研究》2011 年第 5 期。

② 姚建龙：《长大成人：少年司法制度的建构》，中国人民公安大学出版社 2003 年版，第 22 页。

包括：一是有形的物质资源，即人力（专家、志愿者）、物力（土地、设备、器材）或财力等；二是无形的精神财富，即社会价值、意识形态、信念、社会关系或专业技术等。①

2. 社会力量的概念

我国法律法规虽然未对社会力量进行专门的定义，但是近年来政府部门发布的部分规章、文件采用列举的方式界定了社会力量的大致范围。未成年人刑事司法领域的社会力量，有研究者将其概括为广义和狭义两类。狭义的社会力量是指政府机构或部门之外的、没有官方背景的社会组织和个人，主要包括：在民间组织管理机构依法登记注册、在未成年人保护领域有一定经验的社会服务机构、公益慈善组织等社会组织；在未成年人保护领域具有丰富经验的法律服务机构、心理咨询机构；具有一定未成年人保护专门知识，热心未成年人保护事业的志愿者；有社会责任感，有爱心愿意为未成年人保护贡献力量的企事业单位。在此基础上，广义的社会力量还包括除公检法机关之外的政府部门、人民团体和事业单位，即民政局、教育局、团委、妇联、关工委等负有保护未成年人职责的组织。司法实践中，参与未成年人刑事司法的社会力量应是广义上的。② 也有人认为，社会力量是指国家财政供养的党群部门之外的所有社会资源，包括人力、资金、组织设施、技术等。应当利用一切可以利用的社会力量开展预防青少年犯罪行为的活动。③

3. 社会参与的概念

关于社会参与，有研究者认为，未成年人刑事诉讼中的社会参与一般意义上的社会参与有所区别。在一般意义上，社会参与是指由国家司法权以外的社会力量介入诉讼，使司法活动能够体现社会关于秩序、自由、公正等的价值标准，避免国家司法权专断。其实质是让人民参与司法，因为司法权属于人民。贯彻社会参与原则可以确保社会民众能够参与到司法活动中，使司法活动不只是司法机关及专门的法律职业者的行为，人民也是积极参与诉讼活动的主体，整个诉讼过程便成为一个在民众的参与下进行的民主的程序。而在未成年人刑事诉讼中，社会参与不仅包括一般意义上的人民参与司法，

---

① 侯东亮：《少年司法模式研究》，法律出版社 2014 年版，第 181 – 182 页。

② 宋志军：《论未成年人刑事司法的社会支持体系》，载《法律科学》2016 年第 5 期。

③ 吴宗宪：《论社会力量参与预防青少年犯罪的长效机制》，载《华东政法大学学报》2013 年第 5 期。

同时还强调普通民众和社会组织在刑事诉讼各环节对司法活动的辅助与支持，主要是协助未成年人行使诉讼权利和对未成年人进行教育帮助等。①

4. 社会支持、社会支持网络的概念

有人认为，社会支持是一个多维度的概念，包括环境中的客观支持因素、个体内在的认知因素和个体于社会环境中与他人的互动。从功能上讲，社会支持是个体所拥有的从社会关系中获得的精神上和物质上的支持；从操作上讲，社会支持是个体所拥有的社会关系的量化表征，包括家庭支持、学校支持、邻里支持、朋友支持等；从内容上讲，社会支持应该包括物质性支持、情绪性支持、尊重性支持、信息性支持和同伴性支持。②

有研究者从未成年人社区矫正社会支持的角度界定社会支持，认为社会支持网是意识到的或实际由社区、社会网络和亲密伙伴提供的工具性、表达性的能够帮助个人解决危机、促进个人发展，从而实现社会和谐的资源。社会支持网的核心在于各种社会资源的发掘和使用。这种资源的挖掘和使用主要应用到个人和社会两个层面，在个人层面上，将个体和建设性的资源联系起来以达到有效的个人适应。帮助人们解决日常生活中的问题和危机，维持日常生活的正常运行；在社会层面上，社会支持网作为社会保障体系的有益补充，用以减轻人们对社会的不满，缓冲个人与社会的冲突，以达到社会的稳定。③

有人认为，未成年人的社会支持网络主要由当社会成员面临困难或遇到问题时能够为其提供帮助和服务的社会群体、组织和个人组成。考察教育未成年人的社会支持网络主要由正式社会支持网络和非正式社会支持网络组成。其中，正式社会支持网络包括街道劳动职业介绍部门、再就业中心以及工会、共青团、妇联等半行政性群众组织；非正式社会支持网络包括考察教育未成年人的父母及其亲戚、同学、朋友等。④

---

① 宋英辉、何挺、王贞会等：《未成年人刑事司法改革研究》，北京大学出版社2013年版，第36页。

② 郭玲玲、刘俊世：《社会支持：青少年社区矫正的基石》，载《当代青年研究》2007年第2期。

③ 龚晓洁：《我国青少年社区矫正社会支持网模式研究》，载《山东省青年管理干部学院学报》2006年第4期。

④ 王鑫：《上海市考察教育未成年人社会支持系统研究》，载《上海青年管理干部学院学报》2011年第2期。

5. 社会支持体系的概念

关于社会支持体系的定义主要有以下四种观点。

第一种观点认为，未成年人社会支持体系是指在未成年人刑事案件中，除了公安机关、检察院、法院、司法行政机关等办案主体参与外，将有益于未成年人的社会机构及社会力量拉入参与未成年人犯罪的综合治理体系。明确提出将律师力量充实到未成年人社会化支持体系中，结合"捕、诉、监、防"一体化的未成年人刑事办案模式，用具体的未成年人刑事案件处理结果和效果来检验社会化支持体系的完善程度。通过构建社会化支持体系，运行综合治理模式，作为维持未成年人机制运行积极性和向心力的杠杆，逐步使现行机制"复活"，各行其道，符合少年司法的原则。构建律师参与未成年人社会支持体系的长效协作机制。在这个意义上，律师协会牵手检察机关自下而上地探索未成年人律师人才库，积极鼓励广大律师参与未成年人的法治宣传、社会教育预防、观护帮教、社区矫正、合适成年人、社会调查机制等。①

第二种观点认为，未成年人刑事司法社会支持体系是指对符合条件的涉罪未成年人采取非羁押措施，由政府机构、司法机关、社会力量等共同组成专门组织，并对涉罪未成年人开展教育、考察、监督、矫正、保护、管理工作而形成的专门工作体系。② 未成年人刑事司法社会支持体系由若干相互联系的制度、机制等有机构成的整体，能够为社会力量参与创造条件，并且为社会力量参与的有效性和可持续发展提供保障。③

第三种观点是从未成年人非羁押措施的角度对其社会支持体系进行界定。认为社会支持体系是一个由社会支持主体、社会支持客体和介体组成的多维系统。社会支持主体，即社会支持的提供者，可以是正式的社会网络，如官方机构、社会组织等，也可以是非正式主体，如民间志愿者、家庭、朋友等。社会支持客体作为社会支持的受者，通常是指社会中的弱势群体，本文中主要是指在刑事诉讼活动中依法被采取非羁押性强制措施的犯罪嫌疑

---

① 张建超、韩秋杰、张福坤：《程序失灵视域下律师参与未成年人刑事案件的路径反思与进阶选择》，载《预防青少年犯罪研究》2016 年第 6 期。

② 吴燕：《涉罪未成年人社会观护体系的构建与完善》，载《预防青少年犯罪研究》2015 年第 5 期。

③ 宋志军：《论未成年人刑事司法的社会支持体系》，载《法律科学》2016 年第 5 期。

人、被告人。社会支持的介体，即社会支持的内容与手段，内容以提供物质支持或情感支持为主，手段则主要表现为参与对犯罪嫌疑人、被告人的观护、帮扶。二者具有内在统一关系，内容决定着手段，手段服务于内容。[①]

第四种观点认为，少年司法的社会支持体系是指与少年司法体系相对应的，通过国家、群体和家庭对进入司法程序的罪错少年提供各项救助行为或服务的有序外部社会网络，包括社会福利与社会工作系统、家庭支持系统、学校教育系统、安置辅导及矫正系统等。[②]

### （二）未成年人刑事司法社会支持的理论基础

有研究者从少年司法本身的规律出发论证少年司法社会支持体系的理论基础。其观点认为，从少年司法的规律来看，少年司法需要社会支持体系。没有社会支持体系就不会有少年司法，因为少年司法关注的是行为人而不是行为，关注的是行为人的回归而不是对行为的惩罚，离开社会支持体系就不可能有少年司法。必须认识到，办理成年人案件的司法人员从某种意义上讲可以只审查证据、认定事实、适用法律，但办理未成年人案件的司法人员不能只审查证据、认定事实、适用法律。少年司法人员工作的目的，应当是怎样使涉罪未成年人回归社会，因此不能认为司法人员对未成年人进行帮教、监督、考察是不务正业。应当明确，帮教、监督、考察恰恰是少年司法工作中最重要的工作。从事少年司法职业，最重要的不是办案，而是做未成年人的工作。从这个意义来讲，少年司法与社会支持有着天然的联系。[③]

有研究者从社会福利的角度探讨少年司法社会支持的理论基础。该观点认为，宏观意义上的少年司法是"少年福利"概念，其又具有两层含义：一是附着于少年司法而进行的社会支持层面的操作；二是扩展到少年司法领域之外所形成的一整套制度体系，包括收养、寄养、教育、医疗卫生、困难扶助、未成年人家庭被害紧急救助等方面的内容。社会福利制度存在与否并不能够成为成年人刑事司法存在的前提，可是如果没有少年福利的话就不是少

---

[①] 张桂霞：《非羁押性强制措施中社会支持体系的构建》，载《山东警察学院学报》2016 年第 4 期。

[②] 牛凯：《构建少年司法的社会支持体系》，载《人民法院报》2018 年 4 月 25 日第 5 版。

[③] 宋英辉：《构建社会支持体系全方位保护未成年人：从六个方面着手推进》，载《检察日报》2015 年 6 月 29 日第 6 版。

年司法，此乃少年司法与成年人刑事司法的重要区别。反观我国，我们在进行少年司法机构改革的过程中，赋予法院、检察院太多本不应该由其承担的社会责任。[①]

有研究者从少年司法的社会属性出发探寻少年司法社会支持体系的理论基础。认为当前我国少年司法的最大困境来自社会支持体系的缺失。而在社会支持体系的搭建中，社会专业服务的跟进更是重中之重。这就需要建立具有专业知识背景和专业技能的人才队伍，而社会工作者的专业背景恰恰契合了少年司法的现实需求。因此，社会工作专业与少年司法的合作就成为历史发展的必然。少年的犯罪行为是其成长中的危险事件，需要成年人世界给予其关爱和有效的支持。社会工作者以助人为核心目标，并具备助人的专业知识和技能，他们走近犯罪的孩子能够帮助其顺利回归社会。因此，从涉罪少年的教育矫正出发，也需要建立起完善的司法社会工作服务体系。少年司法吸纳社会工作介入其中开展服务的前提是在少年司法体系中存在着社会工作介入的空间和动力。这些动力也可以称为吸引力，其一方面来自司法人员的责任感和人文情怀，另一方面则来自少年司法工作的现实需求。[②]

还有研究者从社会控制理论及"社会—司法一体化"的视角论证了少年司法与社会参与之间的密切联系，这种观点虽然不是直接论述未成年人刑事司法社会参与的理论基础，但是为我们研究该问题提供了参考依据。该观点认为，少年司法不仅是全部司法制度结构体系中的组成部分，同时也是社会结构体系中的组成部分，同时也是全部社会控制中的一个组成部分，应使社会相关机构和组织有可能进入这一领域里来，发挥各自的力量。在与社会组织结构的联系上，要比针对成年人的司法体系更为密切。少年法是最能体现法的社会性的一部法律。少年犯罪具有深刻的社会含义，而且也预示了对这类犯罪需要运用多种非刑事或非法律的社会性的方式来处置。概念的厘清，说明了少年犯罪的治理，首先被看作社会性参与干预的一种行为，是封闭和单一化的法律系统所不能单独面对的社会行为。如果孩子的犯罪与父母丧失监护职责相关，或者是与成年人的教唆相关，那么，排除社会干预，仅仅对

---

① 王新：《中国少年司法热点问题概览——少年司法理论与实践研讨会综述》，载《中国青年研究》2011 年第 5 期。

② 席小华：《从隔离到契合：社会工作在少年司法场域的嵌入性发展》，华东理工大学 2016 年博士学位论文。

犯罪少年进行司法制裁显然是不公正的。少年司法注重少年与社会的联系，这种联系决定了他们所选择的行为的性质。少年司法并不是一种将少年与他们正常社会化所必需的环境相隔离的制度。除非万不得已的情况之下，如具有严重人身危险性和主观恶性，少年司法不能过多采取"成人司法"中的剥夺自由、隔离等监禁方式，把犯罪少年同成长环境隔绝开来。从这个意义上讲，少年司法必然成为非封闭的、与外界社会实行信息和能量交换的开放系统。①

有研究者从少年司法工作的功能及目的的角度论证了社会参与的理论基础。社会资源介入或多机构协作的目的在于实现关爱和回归价值。我国正处在社会转型和体制改革的攻坚期，不同阶层利益调整处于较大波动、社会形势整体上不容乐观。青少年逃学、过早就业、青少年犯罪问题已经成为影响社会发展和民族素质提高的一大问题。正是基于对传统刑事司法的反思，关爱和回归价值成为构建未来少年司法制度的应有之义。社会需求需要少年司法工作作出调整，可资借鉴的途径就是社会资源对少年司法工作的介入。少年家庭问题、就业问题、身心发展问题等诸多问题不可能单纯依靠传统的刑事司法途径来解决，教育、医疗和社会福利等系统的参与、合作才有可能实现关爱和治疗价值。少年司法工作的功能在于发现少年非行的原因、矫治再犯率，这就必须需要专业的社会工作系统加以配合、分担责任，才能修复破坏的社会关系、挽救"迷途羔羊"、维护和谐的社会秩序。②

还有研究者从未成年人犯罪原因及其治理的系统性角度论证了未成年人刑事司法社会支持体系的理论基础。该观点认为，未成年人违法犯罪的原因是多方面、多层次的，治理未成年人违法犯罪是一项系统工程，需要社会力量的参与。未成年人社会化支持体系建立的初衷在于促进政府支持、社会协同、公众共同参与的综合治理模式，目的在于动员更多的社会力量参与到未成年人刑事案件中，引起更多的社会关注。"民众对权利和审判的漠不关心的态度对法律来说，是一个坏兆头"，社会力量对法治政府与司法机关工作自由关注、自由地批判，是法治不断进步的动力与源泉。未成年人社会化体系有利于构建公众共同监督未成年人案件的监督机制，以便形成常态化的长

---

① 皮艺军：《中国少年司法制度的一体化》，载《法学杂志》2005 年第 3 期。
② 侯东亮：《少年司法模式研究》，法律出版社 2014 年版，第 158－159 页。

效机制。①

有观点认为，国家监护理论是社会参与未成年人刑事司法的理论基础。涉罪未成年人社会观护体系是以国家为主导对涉罪未成年人予以观察、矫正和保护，其理论依据根植于国家监护理论。涉罪未成年人社会观护体系作为未成年人司法制度的一部分，正是建立在国家监护理论的基础上，在父母无法完全对未成年人进行有效监护和教导的情况下，国家以监护人的身份介入，派出其代表（少年保护官、社会观护员等）对涉罪未成年人进行引导、教育、保护和管理，使其重归社会。②

有研究者将国家亲权理念作为社会参与未成年人刑事司法的理论基础。根据国家亲权理论，未成年人的刑事责任理所当然地分为国家责任、社会责任和家庭责任，并且当未成年犯罪人的父母因其监管不力而失职或者失去父母时，国家天然地承担起对未成年人的监管和保护义务，但其职责不是报应和惩罚，而是诊断病因并对症下药。③ 亦有研究者认为，在我国少年司法重构过程中，对"国家亲权"法则的适时借鉴与引入有必要进行认真比较与全面分析。适用时应严格把握"国家亲权"法则于少年司法的本土化运作，一方面需要与"儿童最佳利益"原则合拍，为问题少年提供必要关爱；而另一方面，仍应通盘考虑被害人与社区利益、未成年人特殊利益间的冲突与协调。在此基础上，"国家亲权"法则还应与"亲权"法则相互映衬，促进未成年人父母或法定监护人切实肩负和履行相应法定义务。④

有研究者从社会学、刑罚学和管理学三个层面论述了社会参与未成年人刑事司法的理论基础。第一，从社会学的角度来看，未成年人的成长过程是未成年人逐渐接受社会化的过程。未成年人实施犯罪行为，意味着未成年人社会化的失败。因此，社会对未成年人走上犯罪道路有着不可推卸的责任，而社会更不能对未成年人罪犯一罚了之，应承担起对未成年人预防犯罪和矫

---

① 张建超、韩秋杰、张福坤：《程序失灵视域下律师参与未成年人刑事案件的路径反思与进阶选择》，载《预防青少年犯罪研究》2016 年第 6 期。

② 吴燕：《涉罪未成年人社会观护体系的构建与完善》，载《预防青少年犯罪研究》2015 年第 5 期。

③ 张贺：《从应然到实然的追求——少年司法视野下的社会调查制度》，载《法学评论》2014 年第 5 期。

④ 张鸿巍：《少年司法语境下的"国家亲权"法则浅析》，载《青少年犯罪问题》2014 年第 2 期。

正教育的职责，帮助其克服自己的不良品行和错误思想。第二，从刑罚学的角度来看，刑罚的目的经历了从报应刑论到预防刑论、教育刑论的争论过程。对未成年罪犯最具有矫正效果的莫过于社会参与，能适应预防刑论和教育刑论的要求，达到预防和教育未成年人罪犯的作用。第三，从管理学的角度来看，未成年人犯罪与其说是一个单纯的法律问题，不如说是一个复杂的社会管理问题。社会组织作为一种重要的社会力量，能够有效地推动社会管理的局面。因此，我们应当强调未成年人犯罪的社会参与，逐渐营造公正、安全的未成年人成长的社会环境，逐渐形成全面、有效管理未成年人问题的社会格局。①

有研究者认为，未成年人刑事司法的社会参与是社会参与原则的体现。社会力量参与刑事诉讼，既是人民行使国家主权的体现，也是民众监督国家司法权行使的手段之一，还是解决国家司法资源的有限性与犯罪的攀升之间矛盾的必然要求。同时从立法的角度，提出了社会力量在刑事诉讼中应该遵循一定的原则，既发挥社会力量的实质性作用，同时也不干扰司法活动的正常进行。② 有观点认为，没有成熟完善的社会支持体系未成年人刑事诉讼活动很难进行下去，因为未成年人司法关注的是行为人的回归而不是对行为的惩罚，未成年人刑事司法社会体系的介入是实现未成年人回归社会的重要保证。社会力量的多元性、未成年人需求的多样性和专业性、未成年人刑事司法程序的特殊性等多重因素决定了社会参与未成年人刑事司法是一个系统工程，需要整合多种资源以建立社会参与的支持体系。③

有研究者从少年司法的渊源、少年犯罪的成因、少年法庭的实践三个方面论证了少年司法领域社会化具有正当性。从少年司法的渊源来看，少年司法的社会化具有得天独厚的条件；从少年犯罪的成因来看，少年司法更需要推动司法的社会化；从少年法庭的实践来看，少年司法需要更多的社会力量

---

① 王永兴：《论未成年人犯罪案件诉讼程序中的社会参与》，载《预防青少年犯罪研究》2012 年第 2 期。

② 杨雄、李京生：《刑事诉讼中的社会参与机制研究》，载《法学杂志》2010 年第 10 期。

③ 宋志军：《未成年人刑事司法的社会参与问题研究》，载《北方法学》2016 年第 3 期。

共同参与。①

有研究者从司法一条龙和社会一条龙的角度探讨了社会支持的理论基础。少年司法的探索需要两条龙，一条龙是"政法一条龙"，另一条龙是"社会一条龙"。从分工上看，"政法一条龙"的任务是作出非羁押、非监禁的决定，并让未成年人有机会进入"社会一条龙"的工作视野；而"社会一条龙"的任务，则是让获得非羁押、非监禁的未成年人在主流文化的环境中认识到自己的问题，并改正问题行为。要实现这个目标，就必须有托底的社会服务。②

### （三）建立未成年人刑事司法社会支持体系的必要性

有研究者从司法实践的紧迫需求出发，论证少年司法的社会化。该观点认为，审视中国的少年司法制度，我们还能很明显地感觉到，参与少年司法探索的法官、检察官或者律师在现有职责范围外往前、往后作了很多延伸，包括审前社会调查、庭后帮教、参与社区矫治、为适用非羁押刑的未成年人联系学校等。对于这种延伸，社会上有很多指责，少年法庭的法官不务正业，或者做了很多影响法官权威的越位。这说明少年司法不是"迷你版"的刑事诉讼，而是福利型的少年司法，其程序中需要更多的参与者，其目标的实现需要一套专业的社会支持服务。到底中国的少年司法制度构建需要什么样的社会服务？谁来提供这些服务？哪些是我们已经有且可以直接用的，哪些是可以经过一定的培训和支持转为少年司法所用的，哪些是需要新培植的？这些服务与少年司法制度如何对接？需要什么样的政策和资源支持？等等。对这一系列问题的探讨和探索越少，它们被真正纳入决策者视野就越晚，少年司法所需要的配套社会服务产生的越晚，中国少年司法真正开始成熟探索的时间就越晚。③

有研究者认为，未成年人刑事司法不仅关注行为而且关注行为人，关注的不仅是对行为的惩治而且关注行为人的回归社会，未成年人刑事司法离不

---

① 朱妙、陈慧：《少年司法社会化的理论与实践》，载《青少年犯罪问题》2014 年第 4 期。

② 张文娟：《中美少年司法制度探索比较研究》，法律出版社 2010 年版，第 194 - 195 页。

③ 张文娟：《中美少年司法制度探索比较研究》，法律出版社 2010 年版，第 275 - 276 页。

开社会支持体系。未成年人刑事司法社会支持体系长期存在两个特别现象：一是传统的"单位制"社会支持方式正在逐步瓦解；二是随着经济快速发展，流动人口大量增加，来自同事、同学及家庭的个体社会支持明显缺乏。就当前司法改革的动向来看，我国对未成年人犯罪的基本法律原则是少捕、慎诉、少监禁，对涉罪未成年人的非监禁化处理，必然对社会支持系统提出更高的要求。在新的时代背景下，我国应在明确未成年人刑事司法社会支持体系内容的基础上，打造多元化的未成年人刑事司法社会支持平台，并着力建设以检察机关为中枢的未成年人刑事司法社会支持体系。①

有研究者从未成年人刑事司法的新常态角度研究社会支持体系建设的必要性。该观点认为，之所以在各地未成年人刑事司法运作中呈现出不同做法，大多或可归因于当地未成年人检察或审判基于相应职能外向延伸程度的不同。一些类似的案件，在捕、诉、判等具体程序和阶段，对未成年涉案人的司法处分有时会存在天壤之别。这种地方或地域差异性，在司法工作者专业水准不断提升的今天，往往会更多归结于与未成年人刑事司法配套社会支持机制的缺失，这在中西部地区未成年人刑事司法基层实践中尤其屡见不鲜。"社会支持体系建设"在很大程度上或可视为过去若干年基于检察及审判业务职能必要延伸的定格化。然而，回顾与展望少年司法特别是未成年人检察过去 30 年时，少年司法不单单需与传统司法左冲右突，更需与司法之外的社会支持体系建设中寻求破局，而后者更显得日渐急迫，其重要性与日俱增，成为与成人刑事司法最大差异性之外显所在。而这，或是少年司法发展的新常态。②

有研究者从完善未成年人刑事案件诉讼程序的角度论证社会支持体系的必要性。认为未成年人犯罪是一个社会问题，因此解决该社会问题必须考虑整个社会的参与和支持。未成年人刑事诉讼制度还需要考虑社会支持体系问题，离开社会组织、人员的帮助，很多诉讼制度将难以发挥作用。对于未成年人在刑事诉讼程序中的保护、教育，离不开社会各部门的支持与配合，需要更多的社会力量参与其中，形成社会支持体系。然而，目前我国还缺乏类

---

① 姜涛、盛艳：《打造未成年人刑事司法社会支持平台》，载《检察日报》2017 年 9 月 25 日第 3 版。

② 张鸿巍：《迎接未成年人刑事司法发展的新常态》，载《检察日报》2015 年 7 月 14 日第 3 版。

似的社会服务组织，其他政府部门、社会力量对未成年人权益的保护和教育很难形成有效的组织体系。对未成年人进行管教、矫治的社会支持体系还基本处于缺失状态，宽松的刑罚适用可能带来大量的后续问题。因此，要完善我国未成年人程序，必须建立规范、全面的社会支持体系，只有这样才能真正推进制度的健全和完善，达到教育、感化、挽救未成年人的最终目的。①

有研究者从少年司法的社会性、多元性及其对社会支持的依赖性角度展开论证。认为少年司法的社会性与功能的多元化决定了其与社会的互动更为开放积极，对社会的支持更为依赖。因此，少年司法与社会支持体系的衔接，既不是二者的不期而遇，也不是少数人的先知先觉，而是两者之间天然联系的必然要求。②

还有人认为，我国对未成年人犯罪强调"教育、感化、挽救"，惩罚仅仅是教育的手段，但是慎用刑罚之后，大量未成年犯罪人重新流入社会，这对社会支持系统提出了较高要求。如果缺乏有效的社会支持系统，缺乏在社会化的环境中防护未成年人再行危害社会以及有效矫治未成年人犯罪的机制，其后果既不利于保护社会，也不利于保护未成年人。③

有研究者从社会支持理论出发论证社会支持体系对于预防未成年人犯罪的必要性。对于未成年人犯罪危险评估的意义重点在于犯罪的预防、控制和矫正，这是一种积极、正面的预防策略，应该尽力提供各个层面的社会支持。国家层面要从各方面（如政策、福利等）对处于弱势的群体——未成年人提供充足的社会支持，个体层面、家庭、学校、邻里、社区、城市在对未成年人的社会支持方面都有自己不可推卸的责任，通过正式的和非正式的群体等多渠道加强未成年人的社会人际网络联系和社会支持，为未成年人构建多元化的社会支持系统。矫正领域的社会支持干预措施对于预防未成年人再犯更是具有不可小觑的作用，通过提供各种社会支持，让少年犯感受到关爱和温暖，而不是被遗弃，对前途充满希望，而不是灰暗渺茫，实实在在的技

---

① 陈瑞华、黄永、褚福民：《法律程序改革的突破与限度》，中国法制出版社 2012 年版，第 245 – 246 页。

② 牛凯：《构建少年司法的社会支持体系》，载《人民法院报》2018 年 4 月 25 日第 5 版。

③ 邬凡敏、王群：《宽罚严管的少年刑事司法政策》，载《河北法学》2010 年第 1 期。

艺学习也能够给其足够的信心和底气，帮助其顺利重返社会，远离再次犯罪。[①]

### （四）未成年人刑事司法社会支持的目标与价值

有观点认为，引入社会力量参与少年刑事司法制度，可以帮助解决我国未成年人犯罪处理问题。社会参与意味着鼓励家庭、学校及其他社会力量参与未成年人的犯罪处理，在刑事司法程序内外提供相应的社会支持，以保护未成年人权益和促进其复归社会。社会参与具有双重目标：一是维护刑事诉讼的正当程序，保护未成年人的合法权益。二是在刑事司法程序中和程序结束后，重建未成年人的社会纽带，实现对未成年人的矫治。前者旨在从刑事司法制度内部解决未成年人诉讼权益的保护问题，后者则将未成年人的矫治从刑事司法程序中延伸到刑事司法程序外，以帮助未成年人能够顺利复归社会。在肯定社会力量参与未成年人刑事司法现实意义的情况下，指出其存在的问题。我国在引入社会力量参与少年刑事司法时，更多地是着眼于落实未成年人在刑事司法程序中应享有的合法权益。这些制度的试点和探索的产生，无一不是与解决刑事司法中的正当程序问题相联系。尽管它们也可能对矫治未成年人、帮助其复归社会具有积极意义，但社会参与的矫治目标并未受到实务部门的重视，在实践中通常被视为一种附带效应。对社会参与目标的单向度认识，忽略了未成年人刑事司法区别于成年人刑事司法的根本特点。少年刑事司法制度固然要强调赋予未成年人正当程序的保障，但不能将对未成年人犯罪处理过程作为对抗意义的刑事诉讼程序来对待。[②]

还有研究者认为，建立和完善未成年人刑事司法社会支持机制，目的在于实现对未成年犯罪嫌疑人、被告人的司法保护、家庭保护、国家保护与社会保护的集约化、动态化和一体化，实现对未成年人的全方位保护，同时通过社会力量参与未成年人刑事司法，可以在一定程度上协助办案机关实施一些诉讼活动，还可以从外部监督办案机关规范行使权力，保证办案质量。[③]

---

① 崔海英：《社会支持理论蕴含的未成年人犯罪危险因素探讨》，载《净月学刊》2017 年第 1 期。

② 向燕：《少年刑事司法制度中的社会参与》，载《中国少年司法》2012 年第 3 辑。

③ 王贞会等：《未成年人刑事司法社会支持机制研究》，中国人民公安大学出版社2017 年版，第 1 页。

有研究者认为，基于未成年人刑事案件的特殊性，在未成年人刑事诉讼中强调社会民众的参与有三个积极意义。第一，有助于更好地维护未成年人诉讼权利及其他合法权益。吸收社会力量参与，为身处刑事诉讼中的未成年人提供一定的法律帮助、心理辅导和知识教育，有利于缓解他们的紧张、恐惧心理，可以更好地维护其合法权益。第二，有助于保护未成年人与社会外界的正常联系，减少刑事诉讼程序的封闭性对未成年人产生的消极影响，保证其顺利回归社会。第三，有助于未成年人顺利重新回归社会，防止其再次犯罪。通过发挥家庭、学校、社区、社工、社会团体、爱心企业等社会力量的积极作用，对未成年犯罪嫌疑人、被告人进行关爱、帮助、教育和监督，可以使未成年人仍然置身于开放性的社会环境中，有利于引导他们重新回归社会，预防未成年人再次犯罪。①

还有研究者从社会支持体系对于保障困境青少年合法权益及预防青少年犯罪的角度论证了社会支持体系的意义。该观点认为，只有各种社会支持主体从社会福利与社会保障的考量出发对青少年群体提供相应社会支持，如改变城乡二元结构、强化社区管理与服务功能、加强职业培训、实施有效财政转移等，才能使社会支持体系真正成为面向全体青少年的自我教育和自我防范系统，成为预防青少年犯罪的第一级基础系统。这种预防青少年犯罪的理念与方式将整个现代化过程中的青少年视为犯罪多发的脆弱人群，要求将整个青少年纳入犯罪基本预防的社会支持系统的公共政策范畴内，按照青少年政策由"教化控制发展"到"福利照顾"的趋势，在深化改革中推进相关社会问题解决的同时完善和发展青少年社会支持体系，在实现保障青少年的生存和发展权益的一级目标的前提下，实现预防青少年犯罪的二级目标。②

## 二、　未成年人刑事司法社会支持体系的主体范围

有研究者从社会支持体系内在结构的角度分析了未成年人刑事司法社会支持体系的主体。该观点将参与未成年人刑事司法的主体分为三个层次：

---

① 宋英辉、何挺、王贞会等：《未成年人刑事司法改革研究》，北京大学出版社2013年版，第36－37页。

② 杨奎臣、任颖柜：《预防青少年犯罪的社会支持系统：理念、主体与功能》，载《前沿》2010年第21期。

（1）在宏观上，政府支持子系统中的主体包括可为生活陷入困境的未成年人提供社会救助、社会福利及义务教育、职业技能培训的政府部门，例如民政局未成年人（留守儿童）保护部门和特困群体救助部门、教育部门、人力资源和社会保障部门。（2）在中观上，群体—社会组织支持子系统中的主体包括事业单位、人民团体，即团委、妇联、关工委等负有保护未成年人职责的群团组织。在当前的社会管理体制和行政体制下，仅仅依靠社会力量还难以有效实现保护未成年人的目标，需要政府职能部门和"具有官方背景"的社会团体、组织，例如团委、妇联、关工委的参与；在民间组织管理机构依法登记注册、在未成年人保护领域有一定经验的公益慈善组织、司法社工机构及法律服务机构、心理咨询机构等社会服务机构；有社会责任感、有爱心、愿意为未成年人提供观护、技能培训以及就业岗位的企业。（3）在微观上，个体支持子系统中的社会力量包括家庭成员、朋友、社区居民以及提供援助、捐赠的爱心人士、社会志愿者。这个层面的参与者可以为未成年人的健康成长提供更加持续的、细致的支持与服务，例如陪伴其成长、满足其青春期的心理和情感需求、改善亲子关系、家庭关系及朋辈关系等。[1]

有研究者认为，少年司法社会支持体系由两大主体组成：一是专业的社会组织，二是相关政府职能部门。志愿性社会力量也是社会支持体系的组成部分，但因其往往具有不专业、不稳定的特点，只能是辅助性力量。在我国少年司法发育的早期以及现阶段的很多地方，社会支持体系主要是志愿性力量。[2] 有研究者进一步指出，在未成年人司法中社会力量应该具有独立性和中立性，因此，社会组织会成为未成年人司法社会参与的主导者。[3] 还有研究者针对少数民族聚居区的特点，提出充分利用藏区宗教组织等社会组织的作用和力量，在藏区涉罪未成年人尤其是藏族未成年人的异地帮教和教育过程中发挥思想引领功能，促使他们尽快更新和完善自我意识和社会观念，从

---

[1] 宋志军：《论未成年人刑事司法的社会支持体系》，载《法律科学》2016年第5期。

[2] 姚建龙：《少年司法转介：一个初步的探讨》，载《未成年人检察》2016年第1辑，中国检察出版社2016年版，第19页。

[3] 林维、郭航、赵敖宇：《未成年人刑事司法与社会力量参与研讨会综述》，载《青少年犯罪问题》2010年第6期。

思想上进一步实现异地帮教的功能和效果。①

有观点认为，鼓励并指导民间力量组建专门的社会帮教团体，为司法机关办理未成年人案件提供社会调查、社会帮教等与涉诉相关的有偿服务。对于具备一定教育工作或社会工作能力，能适应帮教工作的连续性，具有一定时间保证，又热心公益事业、有良好道德修养和一定的文化素养和法律常识的人，可以组建志愿者队伍。对志愿者可以实行登记审查和培训制度。另外，可以聘请社会上的心理矫治专家、教育专家、犯罪学专家、社会学专家等作为成员，建立帮教专家库，通过专业力量更好地矫正社区服刑未成年人，共同做好对涉案未成年人的司法救助、心理疏导、技能培训、经济帮扶、社会观护等工作，强化对罪错未成年人的教育、挽救、感化，努力帮助涉罪未成年人恢复正常的生活和学习，不断推动社会化支持体系的完善。②

有研究者从青少年社工参与少年司法的角度进行研究，认为青少年社工服务是未成年人检察工作社会化的一个重要表现形式和趋势。由于我国当前青少年事务社工组织的规模有限，专职青少年事务社工的数量远远不能满足司法实践的需要，所以具有一定专业背景的志愿者就成为弥补专业社工数量不足的重要力量。青少年事务社工可以在专业性较强的服务项目上对志愿者进行培训、指导，对志愿者的服务计划、工作方法和服务行为进行督导，实现优势互补。③还有人认为，组建立体化司法社工队伍。应以现有社会志愿者资源为重点，向外延伸至专业的司法社工、教师、律师、心理师、社区矫正官、义工等各个行业的社会爱心力量，由面到点、深度挖掘，整合社会多方资源，培养专业化司法社工队伍，从事社会救助，为困境未成年人提供生活保障、心理疏导、代替性养护等具体服务；向重点青少年提供帮教等社工服务。通过以社区为平台的社会横向保护与各级政府相关部门的纵向保护相结合，构筑互为补充的立体化、综合化保护体系。④

---

①　杨继文、胡静、辛国升、冯薇：《藏区涉罪未成年人异地帮教制度研讨》，载《四川警察学院学报》2016 年第 3 期。

②　刘伟丽：《未成年人检察一体化背景下社会支持体系研究》，载《河南警察学院学报》2017 年第 3 期。

③　郑卫东：《政府购买公共服务与司法社工职业化》，载《招标与投标》2015 年第 6 期。

④　姜涛、盛艳：《打造未成年人刑事司法社会支持平台》，载《检察日报》2017 年 9 月 25 日第 3 版。

还有研究者特别推崇社会支持体系中律师的参与，认为检察机关是少年司法社会支持体系建设的推动力量，而律师则是少年司法社会支持体系参与力量中的中流砥柱，这也就意味着在社会支持体系中，律师群体的力量势必要强化，不能弱化。今后律师参与未成年人社会支持体系在很大程度上不妨可归结为机制重构，即合适成年人、观护帮教、社会调查报告和心理干预机制等实实在在的改良和重构。① 也有人认为，律师群体作为一股无法忽视的社会力量，在未成年人社会支持体系中对处于呼吁并综合治理未成年人案件具有举足轻重的作用，进一步重构未成年人社会支持中将律师群体作为中坚力量予以考虑极具现实意义。② 还有人从未成年人法律援助律师的角度论证了辩护中的链接社会资源的重要性。从社会化的视角来看，辩护律师是少年司法中链接社会资源的重要主体。与传统刑事司法不同，少年司法具有非刑罚化、社会化的特征。对于未成年人案件，轻缓化、恢复性的处置措施能有效贯彻少年司法的多元价值取向。具体到相应的未成年人辩护，有效辩护则要求其充分运用转处机制与社会资源。与传统辩护方式不同，未成年人辩护方式更为多元，其不仅要致力于推动转处机制，更要链接社会资源。从转处的角度来看，未成年人辩护在多种转处机制中均发挥着十分重要的作用。在任何条件允许的情况下，辩护律师都应当探索早期转处的可能性，并积极参与可能影响转处的任何前司法或非司法的阶段，推动转处机制的运作。不论是前期转处，还是后期处遇，律师都需要考虑相关的社会因素。在这个过程中，律师需要充分链接社会资源，调查未成年人的社会背景、进行社会评估、寻求社会支持等。未成年人要有效摆脱司法程序、回归社会，社会资源的支持必不可少。而若辩护律师未能充分考虑社会因素，则往往被视为违背未成年人之利益，辩护的有效性也会大打折扣。③

在未成年人刑事司法社会支持体系的主要推动者的问题上，学术界有不同观点。有研究者主张，在协调各方面力量问题上，应当充分发挥各地方政

---

① 张建超、韩秋杰、张福坤：《程序失灵视域下律师参与未成年人刑事案件的路径反思与进阶选择》，载《预防青少年犯罪研究》2016 年第 6 期。

② 张建超、韩秋杰、张福坤：《程序失灵视域下律师参与未成年人刑事案件的路径反思与进阶选择》，载《预防青少年犯罪研究》2016 年第 6 期。

③ 王瑞剑：《原理与路径：有效辩护视野下的未成年人辩护》，载《青少年学刊》2018 年第 2 期。

法委的作用，包括协调政府、检法机构、其他社会力量等方面。① 而有人则认为，检察机关在未成年人司法社会支持体系建设中具有中枢作用。从教育、感化、挽救的角度看，检察机关不仅可以全程介入诉讼活动，而且又是法律监督机关，这就决定了检察机关应当且能够在推动社会支持体系建设中发挥重要作用。检察机关在未成年人保护与犯罪预防方面承担着重要职责，具有自身的明显优势，主要包括以下三个方面：首先，检察机关社会支持的内容贯穿未成年人刑事司法活动的始终，并服务于未成年人犯罪案件的侦查、起诉、审判、社区矫正等各个环节。其次，检察机关社会支持的工作机制是通过专业的未成年人权益保护社会工作组织，积极与团委、公安、法院、民政、观护基地等部门联系，整合现有资源，配合政府部门、观护基地等开展转介服务，初步形成了司法程序内外的未成年人综合保护、转介服务工作机制，在积极推动政府主导、多部门合作、社会力量广泛参与的未成年人综合保护机制中充分发挥作用。再次，在我国没有设立专门儿童保护机构的情况下，未成年人保护与犯罪预防作为刑事司法的枢纽，检察机关应当勇担"儿童保护监察官"的角色，通过其特有的法律监督权能，为拓展未成年人保护与犯罪预防工作空间、争取各方面支持创造有利条件。②

## 三、　未成年人刑事司法社会支持的主要内容

2015 年 5 月 12 日最高人民检察院发布的《检察机关加强未成年人司法保护八项措施》第 8 项规定："推动建立未成年人司法借助社会专业力量的长效机制。大力支持青少年事务社会工作专业人才队伍建设工作，主动与青少年事务社会工作专业机构链接，以政府购买服务等方式，将社会调查、合适成年人参与未成年人刑事诉讼、心理疏导、观护帮教、附条件不起诉监督考察等工作，交由专业社会力量承担，提高未成年人权益保护和犯罪预防的专业水平，逐步建立司法借助社会专业力量的长效机制。"这是继 2012 年修订刑事诉讼法之后首次明确青少年事务社工参与未成年人刑事司法的内容，

---

① 王新：《中国少年司法热点问题概览——少年司法理论与实践研讨会综述》，载《中国青年研究》2011 年第 5 期。
② 姜涛、盛艳：《打造未成年人刑事司法社会支持平台》，载《检察日报》2017 年 9 月 25 日第 3 版。

为未成年人刑事司法寻求社会专业支持提供了法律依据。

有研究者从社会支持网络的作用出发提出了社会支持的内容，认为社会支持网络的每个资源应当侧重发挥其支持和矫正的优势功能，协同促进整体网络优势的发挥，具体包括：自我概念与自我管理、物质支持和情感支持、知识教化与人际支持、尊重支持与信任、信息支持与心理支持。①

有研究者认为，社会力量参与未成年人刑事司法的内容主要包括犯罪少年社会全面调查、合适成年人到场、社区矫正等方面，为了更好地维护犯罪少年权益，应当由专业社会工作者组成专职合适成年人队伍和社区矫正队伍。②

有研究者从未成年人非羁押措施适用的观护基地为样本对社会支持体系进行研究。通过构建以观护基地为基础的社会支持体系，扩大对涉罪未成年人适用非羁押措施，体现了对涉罪未成年人这一特殊群体的关注，符合儿童利益最大化原则和我国法律政策关于对未成年人严格限制适用逮捕措施的规定。在司法实践中，有的地区尝试建立以观护基地为基础的审前非羁押支持体系，为涉罪未成年人提供适用非羁押措施的保证条件，协助对其进行监管并提供一定社会服务，以减少对涉罪未成年人的审前羁押，促其顺利复归社会。观护基地在减少审前羁押、刑罚宽缓化、帮助复归社会等方面取得良好效果，并促成办案人员观念和认识上的改变。建立和完善以观护基地为基础的审前非羁押支持体系，应当从制度上进一步明确观护基地的职能定位，厘清观护基地与办案机关的关系，平衡观护基地的权利与义务，落实观护前的风险评估和观护期间对未成年人的有效监管，改革办案机关有关业务考评机制。③

有研究者从侦查、起诉、审判、执行以及执行后的诉讼阶段探讨未成年人犯罪案件诉讼程序中的社会参与的内容。第一，侦查阶段的社会参与。公安机关在对未成年人犯罪进行调查的过程中，要积极寻求居委会、村委会、未成年人工作委员会等社会力量的帮助，充分利用这些社会力量在基层工作

---

① 郭玲玲、刘俊世：《社会支持：青少年社区矫正的基石》，载《当代青年研究》2007 年第 2 期。

② 宋英辉、何挺、王贞会等：《未成年人刑事司法改革研究》，北京大学出版社2013 年版，第 19 页。

③ 宋英辉、上官春光、王贞会：《涉罪未成年人审前非羁押支持体系实证研究》，载《政法论坛》2014 年第 1 期。

中所获得的信息，做到对未成年人犯罪的前因后果有充分的了解。在羁押阶段要引入社会心理工作者对未成年人进行必要的心理辅导并帮助他们顺利渡过这个难关。同时要让未成年人的父母、亲属、同学、老师等社会力量参与进来，给予未成年人必要的鼓励，提供必要的学习环境，使其认识到自己并没有因为违法犯罪而被家庭、学校和社会所抛弃。第二，检察阶段的社会参与。在审查批捕阶段，除了明文规定的监护人外，未成年犯罪嫌疑人所在的学校、村委会、居委会等社会力量也可以参与管教和监督考察。此外，案件的被害人及其家属也可以参与到对附条件不起诉的未成年犯罪嫌疑人的监督考察中。第三，审判阶段的社会参与。在对未成年被告人进行人格调查报告的过程中，需要社会调查组织和人员对未成年被告人的个人情况和在社区中的有关情况进行详细了解，并且分析这些情况和犯罪的关系，同时作出对其定罪量刑的建议。第四，执行阶段的社会参与。在社区矫正的过程中，应增加村委会、居委会、未成年人辅导中心、未成年人工作委员会等社会力量作为对未成年罪犯进行监督的主体，对未成年罪犯的改造情况进行记录并随时与公安机关沟通。社会各方面应积极主动参与禁止令的执行，认真履行禁止令的监管职责，保持与公安机关的联系。对于那些罪行相对比较严重，不适合进行社区矫正的未成年罪犯，在对其进行监禁矫正的过程中，可以适当引进社会力量的参与，对未成年罪犯进行"开放式教育"。"开放式教育"通常被人们概括为"请进来，走出去"的形式。所谓"请进来"，就是在对未成年犯进行教育改造的过程中，吸收社会力量的参与。所谓"走出去"，是指在对未成年犯进行教育改造的过程中，为未成年犯走出监狱创造条件，鼓励未成年犯走出监狱、了解社会的变化、及时更新自己的知识系统，跟上社会的发展脚步，不至于在未成年犯出狱的时候与社会严重脱节。①

　　有研究者认为，社会力量参与少年司法的内容主要包括以下几方面：第一，社会调查制度。借助社会力量，充分了解和掌握涉罪未成年人的基本情况，使少年司法审判工作更加精细化，更具针对性。第二，强化法庭教育制度。充分调动社会参与的积极性，动员和支持未成年被告人所在学校和未成年人保护组织派代表参加庭审，充分发挥他们的职业特长，增强工作的灵活性、针对性，增强与未成年人的互动，努力打开未成年人的心扉，促其自

---

　　① 王永兴：《论未成年人犯罪案件诉讼程序中的社会参与》，载《预防青少年犯罪研究》2012 年第 2 期。

省，为教育、感化、挽救工作服务。第三，心理评估干预制度。通过聘请具有心理学资质的专业人员对涉罪未成年人进行心理测评，加强对未成年当事人的心理矫正和疏导，安抚未成年被告人的情绪，减少未成年被告人对庭审的抵触情绪和对抗心理，为法院裁判提供科学参考，也为判后有针对性的矫治提供客观依据。第四，构建人民陪审员与合适成年人出庭制度。通过案外人的积极参与，确保未成年人的合法权益不受损害。人民陪审员与合适成年人制度是人民法院构建"社会一条龙"工作机制的重要内容。通过人民陪审员深度参与庭审、合议、宣判等全部审判程序，使未成年人的诉讼权益保护更加到位，更加全面。第五，判后跟踪帮教制度。努力协调各方力量，推动未成年当事人的安置、帮教措施的落实。很多法院依托当地企业建立了爱心帮扶基地，为判处非监禁刑的未成年当事人提供就业机会。针对未成年受害人建立了刑事被害人救助制度，帮助解决他们的生活、学习困难，协调有关部门，争取对未成年被害人的及时救助、优先救助，促进未成年被害人尽快回归正常的生活和学习。①

有研究者从少年司法社工和志愿者职责的角度分析了社会参与的内容。具体而言，少年司法社工和志愿者应履行下列职责：（1）负责庭前的社会调查；（2）作为合适成年人在讯问违法犯罪青少年时到场，维护少年权益及提供其他支持；（3）对采取非羁押措施的违法犯罪少年进行考察帮教；（4）参与少年矫正机构内违法犯罪少年的教育矫正；（5）对回归社会的失足少年提供辅导与支持。②

有人认为，社会工作介入少年司法开展专业服务的基本内容包括以下三个方面：一是少年犯罪预防环节。司法社会工作的起点应在现有司法环节的状态下进行有效前延，而前延的群体应是少年犯罪高发群体，如服刑人员子女、失学、失业、失管的闲散青少年等违法犯罪的高危人群。社会工作者应及时评估这些青少年的问题与需求，为他们提供有针对性的引导和帮助，在帮助他们健康成长的同时预防社会犯罪的发生。二是少年犯罪司法侦查、检察和审判三个刑事司法环节。三是少年犯罪案件矫正及帮教安置环节。社会工作专业介入监禁矫正和社区矫正是西方发达国家的普遍做法。社会工作者

---

① 蒋明：《积极推动少年司法广泛的社会参与》，载《预防青少年犯罪研究》2014年第1期。

② 侯东亮：《少年司法模式研究》，法律出版社2014年版，第185页。

的职责区别于监狱及社区警察的执法管理职能，他们运用相关学科的专业知识准确评估少年犯罪人的需求，制定有效的介入计划，并利用个案、小组、社区等专业方法帮助、引导、教育少年犯罪人。社会工作者是少年犯罪人矫正和帮教环节不可忽视的社会力量。①

　　还有研究者认为，未成年人刑事司法社会支持体系建设的重点不仅仅在于有效实现对未成年人犯罪与偏差的防治，更在于通过社会化的层层衔接，推动未成年人切实认知并勇敢肩负起己身对所犯罪错的责任以及抓住由此而来的改过自新机会，实现顺利重返社会的终极目标。这种社会支持体系应当尽可能涵盖多元化的司法处分导向，不但要顾及对未成年犯罪人的及时矫正及除标签化，亦要将回归社会的终极目标纳入现实考虑。而后者的实现，实有赖于复合型社会支持体系对未成年人犯罪人格的矫正，正可谓层层相连、环环相扣。②

## ⚖ 四、 未成年人刑事司法的社会支持体系的结构

　　有观点认为，社会支持体系是一个复杂的多维体系，一般而言，主要包括社会支持的提供者、接受者、内容和运行机制等。具体如下：（1）社会支持的提供者。按照社会支持理论的表征，社会支持的提供者应当是由不同社会层次（如政府部门、群体或者个人）组成的正式或非正式的社会网络。社会支持的提供者除政府部门之外，还有共青团、工会、妇联等人民团体，学校、基层自治组织，以及社会组织和个人。（2）社会支持的接受者。刑事司法中，社会支持的接受者主要是指涉罪未成年人和重点青少年，特别是涉罪外来未成年人、未成年被害人。（3）社会支持的具体内容。社会支持的内容主要有物质性支持、精神性支持和工具性支持。（4）社会支持的运行机制。未成年人刑事司法社会支持要实现可持续发展，除了要发掘一切有益的社会资源介入未成年人刑事司法社会支持体系外，还需要政策、制度、人力、资金等方面的支持，以形成自主运行的系统。同时，司法机关要联合作为后援

---

① 席小华：《社会工作介入少年司法的基础与现状》，载《预防青少年犯罪研究》2013 年第 1 期。

② 张鸿巍：《迎接未成年人刑事司法发展的新常态》，载《检察日报》2015 年 7 月 14 日第 3 版。

保障的民政、慈善、民间组织等，确保志愿者资源、维权资源向未成年人倾斜，组建单位负责人参与协调议事机制，保证力量联动工作连抓、资金连调的后备支撑。①

有研究者对未成年人刑事司法社会支持体系的结构进行了较为深入的研究。认为未成年人刑事司法的社会支持体系的结构可以分为内在结构和外部结构。社会支持体系内在结构可分为三个层次，即宏观层面的政府支持、中观层面的群体—社会组织支持和微观层面的个体支持。在宏观层面上，政府支持子系统的主体是政府部门，包括社会保险、社会救助和社会福利系统。在中观层面上，群体—社会组织支持子系统是由初级群体支持和高级群体支持——社会组织所组成的结构系统，初级群体主要包括家庭、邻里和朋辈群体等；社会组织主要有学校、社区、社团、企业、咨询机构及社工组织等。在微观层面上，个体支持子系统是指初级社会关系，如有血缘关系的个体和地缘关系的个体，以人生价值取向为基础的个体如人道主义精神的援助、献爱心、捐赠等个体所组成的支持系统。这三层结构划分的依据是未成年人社会支持的需要，其同时为框定参与未成年人刑事司法的主体范围提供了依据。② 还有研究者从未成年人社区矫正社会支持的角度对社会支持网络的结构进行了分析。该观点认为，社会支持网由微观社会支持网、中观社会支持网和宏观社会支持网三个层面构成。第一，微观层面上的社会支持网络主要是指在一定的影响范围内能够给社区矫正对象提供支持与帮助的个体与群体，主要是家庭、邻里、朋友、社区矫正志愿者。第二，中观层面上的社会支持网络主要是指参与社区矫正工作并且在不同程度上给予矫正对象以支持和帮助的相关组织，主要包括参与社区矫正的相关职能单位支持网络、青少年矫正对象工作单位和学校的支持网络和第三部门的支持网络。第三，宏观层面上的社会支持网络包括政策支持网络、社会文化支持网络、经济支持网络和大众传媒支持网络。③

---

① 姜涛、盛艳：《打造未成年人刑事司法社会支持平台》，载《检察日报》2017 年 9 月 25 日第 3 版。

② 宋志军：《论未成年人刑事司法的社会支持体系》，载《法律科学》2016 年第 5 期。

③ 龚晓洁：《我国青少年社区矫正社会支持网模式研究》，载《山东省青年管理干部学院学报》2006 年第 4 期。

　　有研究者以未成年人帮教为例，对社会力量参与帮教进行了研究，主张构筑统筹管理的帮教工作体系。第一，纵向的管理结构。党委政府、相关职能部门和非政府组织分别处于整个帮教管理体系的上层、中层和下层，各自的职责要根据各自在帮教工作中的不同作用明确定位。首先要注重政府的主导作用。成立以政府主要领导为责任人的帮教领导小组，司法、民政、教育、劳动保障等相关部门及共青团、妇联等组织的主管领导为主要成员，从整体上把握轻罪未成年人帮教工作目标，统一工作理念，制定对辖区范围内的轻罪未成年人帮教工作计划，明确各部门的职责和任务，对具体帮教工作进行指导和监督。其次是合理设计纵向管理结构。市级政府下设的帮教领导小组制定本地区统一的帮教工作计划并组织实施，同时对下级政府的帮教工作进行指导和监督。县区级政府下设帮教办公室，负责落实领导小组的帮教计划，协调各部门在帮教过程中产生的问题，并对各部门的帮教工作进行宏观的评估把控，并及时将工作中的问题反映给领导小组，及时对不当的帮教措施进行调整。镇街建立基层帮教站，帮教机构和社工、志愿者依托基层帮教站开展具体的帮教工作。第二，横向公共部门的协作。政府成立帮教领导小组，司法、民政、教育、劳动保障等相关部门及共青团、妇联、关工委等组织的主要领导作为小组成员，轻罪未成年人的帮教工作纳入政府的中心工作，使部门间的无缝对接合作成为可能。①

　　在政府部门之间的协作机制层面，有研究者进行了梳理。有人认为，在少年刑事案件中，政法系统外的跨部门合作，在中国开始还是比较早的，只是形式性的合作多，对这类跨部门合作的价值认识和科学挖掘比较少、比较晚。很多时候，我们只是看到发布合作的文件，而且往往是非常形式性的合作，很难再有后续的总结、提升和深化。当然，这种跨部门合作容易形式化也不能完全归责于合作部门，问题也在于：一是政法部门不能充分认识到这种跨部门合作的价值以及可挖掘的资源；二是各方都缺乏设计有效跨部门合作机制的能力资源。②

　　有研究者从社会支持网络自身的逻辑结构出发分析预防未成年人犯罪的社会支持体系的结构。该观点认为，青少年是社会支持的接受者一方，相应

---

　　① 吴嘉欣：《非政府组织参与轻罪未成年人帮教问题研究》，载《预防青少年犯罪研究》2015 年第 6 期。

　　② 张文娟：《中美少年司法制度探索比较研究》，法律出版社 2010 年版，第165 页。

要求其处于一定的社会支持人际网络中，因此需要建构一定的社会设置作为社会支持的施动者。社会支持的施动主体网络应是一个由国家支持子系统、群体支持子系统和个体支持子系统组成的层次系统。国家支持子系统的主体是政府机构，主要有社会保险、社会救助和社会福利等形式。群体支持子系统是一个由初级群体支持和次级群体支持组成的结构系统。初级群体主要有家庭、邻里、游戏伙伴等；次级群体主要有学校、职业群体、社团等。个体支持子系统是以初级社会关系和人生价值取向为基础的个体。以初级社会关系为基础的个体如血缘关系的个体（父母、兄弟姐妹、亲戚等）、地缘关系的个体（伙伴、邻里、乡亲等）、业缘关系的个体（同事、同学、战友等），以及其他以人生价值取向为基础的个体如人道主义精神的援助、献爱心活动和捐赠等个体行为。社会支持的主体网络建设对青少年群体能够形成一种强有力的、多方力量支持的社会网络，以保证各种客观社会支持的供给。①

## 🔨 五、 未成年人刑事司法社会支持体系存在的问题

当前，我国未成年人刑事司法的社会参与度还不够高，社会支持体系也尚未建立。总结研究者们分析我国未成年人刑事司法社会支持体系所存在的问题的观点，主要包括未成年人刑事司法领域的社会参与及社会服务机构发展滞后、跨部门合作及衔接机制不健全、实践探索未成年人刑事司法社会支持的做法缺乏体系性、社会服务渠道不畅通以及司法转介机制缺位等四个方面的问题。

### （一） 未成年人刑事司法领域的社会参与及社会服务机构发展滞后

有研究者认为，当前我国的社会支持体系总体滞后，发展缓慢，在很大程度上制约了少年司法的发展。一方面，我国社会专业力量相对薄弱，远远无法满足现实司法需求。另一方面，政府采购服务的力度有限，欠缺制度化、常态化。在实践中，许多社会服务机构有介入少年司法提供服务的意愿，办案机关也有引入专业化帮教的想法，但是限于经费以及制度和机制缺

---

① 杨奎臣、任颖栀：《预防青少年犯罪的社会支持系统：理念、主体与功能》，载《前沿》2010 年第 21 期。

失，办案机关往往有心无力，在具体操作上不知所措。①

有研究者指出了志愿者参与未成年人刑事司法的不足：（1）非专业性。大多数志愿者都是未经过社会工作专业训练的人员，不具备矫治社会工作技能。（2）不稳定性。志愿者队伍大都松散且流动快，志愿服务的持续性往往无法得到保证。（3）分散性。即公检法机关往往分散组织其志愿者队伍，为本阶段少年司法提供支持，没有进行整合利用。基于此，该学者认为由志愿性的社会工作者充任少年司法的社会支持力量，对于尚处于建设初期阶段的中国少年司法制度的发展有着至关重要的作用。但是，今后也应当注重志愿者社会工作技能的培训与提升，注重志愿者队伍的稳定性与持续性建设，同时公检法司应当协同组建统一的志愿者队伍，避免少年司法的各个环节分散组织志愿者队伍的弊病。②

### （二）跨部门、多主体合作机制、衔接机制和配套措施不健全

有研究者认为，目前的未成年人特殊保护实践模式，对于如何有效整合社会资源、调动社会力量共同参与，还存在明显的不足，相关的政府职能部门、社会组织以及学校、企业等社会力量，还基本被排除在刑事司法特殊保护程序之外。切实维护未成年人的权益，有效预防和减少未成年人犯罪，为未成年人身心健康发展创造良好的条件和社会环境，是一项系统工程，必须由司法机关、政府部门、社会组织、企事业单位等形成统一协调的机制，相互衔接、相互配套，才能取得实际效果。目前司法实践中对未成年人特殊保护机制经常是各机关分别出台相关规定和机制，在本系统内实施，往往缺少相互之间的衔接与配套，导致实践中适用范围狭窄。相关部门对此问题引起了高度重视，中央综治委预防青少年违法犯罪工作领导小组会同最高人民法院、最高人民检察院、公安部、司法部、共青团中央于 2010 年出台《关于进一步建立和完善办理未成年人刑事案件配套工作体系的若干意见》，对建立和完善未成年人刑事司法特殊保护配套工作体系进行了明确规定。但该意见部分条款还是原则性规定，缺乏操作性，且过于强调司法机关及行政机关的地位和作用，忽视了整合其他社会力量作用的重要性，导致相关机制由于

---

① 宋英辉、苑宁宁：《完善未成年人保护和犯罪预防法律体系与司法体制的构想》，载《预防青少年犯罪研究》2016 年第 4 期。

② 侯东亮：《少年司法模式研究》，法律出版社 2014 年版，第 184 页。

缺乏社会、物质等外部条件而难以落实。①

### （三）实践探索未成年人刑事司法社会支持的做法缺乏体系性

有研究者指出了现行社会支持体系存在的弊端，未成年人社会化支持体系中协作形式在很大程度上表现为：一是社会力量参与有限、综合性表征不明显。考察目前的实践可以发现当下的形势，即未成年人社会化支持体系参与机构及力量固步自封，亟待形成综合性社会化体系。二是社会化内容空乏、协作形式守旧。未成年人社会化支持体系的内容除了吸收村社单位、共青团、妇联等机构成员以合适成年人的身份参与刑事诉讼程序、开展法制宣讲外，合作内容相对空乏、单一。② 还有人认为，在实践方面，少年司法与社会力量的对接面临合法性、资源性和专业性三重困境。不少地方还停留在让少年司法人员自行寻求社会力量支持的层面，社会服务转介机构基本空白，往往使少年司法对社会专业性支持的要求成为一种奢望。③

有研究者认为，少年司法社会工作服务的提供有赖于一体化的少年司法制度，而一体化中社会力量的参与，需要借助程序法构架中形成规范化的司法服务对接合作机制。但从实际情况来看，已有的少年司法相关文件对社会力量参与到少年司法体系中还未得到妥善的操作化、具体化，即规范性、长效性的司法服务对接合作机制还未建立。同时，社会工作组织对少年司法服务的具体承接、运作、评估体系仅参考政府购买服务的一般规定，忽略了对少年司法服务的特殊性考量，在一定程度上阻碍了我国少年司法社会工作服务一体化与制度化目标的实现。④

### （四）社会服务渠道不畅通以及司法转介机制缺位

有研究者认为，目前我国参与犯罪少年福利保障的社会服务机构欠缺，

---

① 李乐平、吴小强、施飞：《未成年人刑事案件特别程序与社会化保护》，中国政法大学出版社 2013 年版，第 53 – 56 页。

② 张建超、韩秋杰、张福坤：《程序失灵视域下律师参与未成年人刑事案件的路径反思与进阶选择》，载《预防青少年犯罪研究》2016 年第 6 期。

③ 牛凯：《构建少年司法的社会支持体系》，载《人民法院报》2018 年 4 月 25 日第 5 版。

④ 张晓灿：《体系化服务：少年司法社会工作的实践与反思》，载《开封教育学院学报》2016 年第 8 期。

且参与犯罪少年服务的渠道不畅通。在我国犯罪少年福利立法不完善、福利政策相对欠缺的背景下，一些非政府的社会机构很难进入司法体系，为犯罪少年提供专业服务。即使司法机关能够接纳包括社工机构在内的非政府组织为犯罪少年提供专业服务，但也因难以找到稳定的经费支持资源而难以为继。同时，目前在我国的一些大中城市，虽然专业社工机构的数量在不断增加，但专门从事犯罪少年社会服务的社工机构少之又少，其服务的经验、服务的项目设计水平都亟待提高。从总体上来看，我国针对犯罪少年开展的社会服务项目单一，仅仅是围绕刑事诉讼法的要求开展基础性的社会服务，难以满足犯罪少年的多元化服务需求。其实，犯罪少年从认知水平的提升，到行为习惯的改善，从社会支持网络的搭建，到回归社会的安置等，需要设计大量的项目来满足其各种需要，这些都是社会组织参与犯罪少年服务需要深入探索的空间。[①]

## 六、 未成年人刑事司法社会支持体系的完善

为了完善未成年人刑事司法的社会支持体系，研究者们从各个角度提出了建议，主要包括建立跨部门的合作机制、推进少年司法社会服务队伍的专业化建设、建构完善的涉罪未成年人观护体系和构建未成年人刑事司法社会支持体系的转介机制等方面。

### （一）建立跨部门的合作机制

有人认为，未成年人的特殊保护是整个社会管理大系统的重要内容。对未成年人有效保护，必须把司法制度内部的各个机制进行协调整合，同时与外部社会管理创新机制进行配套与衔接，才能切实体现少年司法社会化。[②]

有研究者指出了跨部门协作机制建设中存在的问题。跨部门合作机制的设计还依赖于少年司法措施探索的成熟程度，因为公安机关和检察机关尚没有在全国实现机构专门化，探索的措施也非常有限，这就使跨部门合作机制

---

① 席小华：《从隔离到契合：社会工作在少年司法场域的嵌入性发展》，华东理工大学 2016 年博士学位论文。

② 李乐平、吴小强、施飞：《未成年人刑事案件特别程序与社会化保护》，中国政法大学出版社 2014 年版，第 95－96 页。

所依附的载体，也即少年司法制度的探索措施不能被确认，从而使机制不敢实设。在政法一条龙的探索中，公安机关是非常核心的组成，但是其本身却并不积极。在跨部门合作中，如果公安机关不积极，那么不论是合作机制的设计还是日常工作的开展都会遇到阻力。在政法一条龙的探索中，检察院在其中发挥的作用是非常核心的，这或者取决于检察院在中国刑事司法程序中的特殊地位，或者试点地区的检察院领导恰好是很重视少年司法工作的强势领导。该研究者认为，总体看来，在少年司法探索中，目前跨部门的机制尚未有效建立，很多合作都是形式化、短期化的。原因在于：一方面，很多探索者功利化、短期化，对长效机制的建立不重视；另一方面，很多少年司法探索者对于如何建立跨部门合作机制缺乏经验。①

### （二）推进少年司法社会服务队伍的专业化建设

有研究者对少年司法社会工作进行了界定，认为少年司法社会工作，是拥有法律和社会工作双重知识背景的社会工作者，以少年权益保护和犯罪预防为服务目标，与刑事司法机关合作而开展的社会调查、教育矫正、合适成年人、被害人救助等各项服务的统称。②

有研究者从少年司法与社会工作整合的视角对青少年司法社工专业化建设进行了研究。该学者认为，少年司法与社会工作的整合主要可以从三个角度展开：一是社会工作理念的引入；二是社会工作方法的引入；三是社会工作者（主要是指专业性社会工作者）的引入。由志愿性社会工作者充任少年司法的社会支持力量，对于尚处于建设初期阶段的中国少年司法制度的发展仍有着至关重要的作用。但是，今后也应当注重志愿者社会工作技能的培训与提升，注重志愿者队伍的稳定性与持续性建设，同时公检法司机关应当协同组建统一的志愿者队伍，避免少年司法的各个环节分散组织志愿者队伍的弊病。随着中国经济、社会的发展，公民社会也已经得到了一定程度的发育，培育专业性的少年司法社会工作者队伍也逐步有了一定的条件，而在一些经济发达城市则已经成熟。培育少年司法社工队伍和完善少年司法志愿者

---

① 张文娟：《中美少年司法制度探索比较研究》，法律出版社 2010 年版，第 271 - 272 页、第 281 页。

② 席小华：《从隔离到契合：社会工作在少年司法场域的嵌入性发展》，华东理工大学 2016 年博士学位论文。

队伍的发展方向，应是逐步推动少年司法制度运作所必不可少的少年观护体系的建立。①

有研究者认为，社会工作进入少年司法领域开展服务的基础是随着少年司法理念从"报应刑"向"教育刑"的转变，少年法庭法官的审判工作中出现了很多"非审判性"工作，而这些非审判性工作的开展则需要积极引入社会工作。具体而言，包括社会工作理念的引入、社会工作方法技巧的引入和社会工作者的引入。专业司法社工队伍和社工组织的培育是未成年人刑事司法社会支持机制建设的重要的人力资源保障。② 该观点代表了来自法律界的学者对社会工作专业的肯定和接纳，为社会工作专业介入少年司法领域开展服务提供了理论上的支持。

有研究者从我国青少年司法制度改革角度出发，认为在国家监护、教育刑、"少年宜教不宜罚""恤幼"等少年司法理念的指引下，在国内外少年立法要求少年司法应以非监禁、教育等处遇为主的规范和要求下，中国少年司法制度的构建就必然产生对社会工作等专业力量介入的需求。③ 在此基础上，从历史逻辑和现实逻辑两个层面对社工组织介入少年司法进行了论证。首先，理念嵌入、服务嵌入和制度性建构是社会工作介入少年司法场域的基本行动逻辑。理念嵌入、服务嵌入、制度建构虽然具有事物发展的阶段性特征，但这三个方面相互渗透、紧密联结，存在相互支撑的内在逻辑关系。其次，从社会工作视角看，其与少年司法场域互动经历的是"嵌入性发展"的过程。无论是服务的嵌入，还是制度建构，都是少年司法在接纳和承认了社会工作的专业优势后，吸纳、承认社会工作，并进而与其形成互构的局面。最后，契合是社会工作在少年司法场域的嵌入结果。契合的基础是"教育刑"理念与社会工作基本理念的契合，契合的实现途径是社会工作的嵌入性行动以及少年司法场域功能的让渡和拓展，契合的目标是关注犯罪未成年人的服务需求，并促进其顺利回归社会。"少年司法社会工作"的形成也是二者契合的重要成果。④

---

① 姚建龙：《少年司法与社会工作的整合》，载《法学杂志》2007 年第 6 期。
② 姚建龙：《少年司法与社会工作的整合》，载《法学杂志》2007 年第 6 期。
③ 席小华：《社会工作介入少年司法制度之探究》，载《少年司法》2009 年第4 期。
④ 席小华：《社会工作在少年司法场的嵌入性发展》，载《青年研究》2017 年第6 期。

关于青少年司法社工参与未成年人刑事司法的保障措施，有研究者认为，应建立起以一线社会工作者和专业人员为主的理论研究队伍，不断对社会工作介入少年司法转介的具体工作进行改进、完善和创新，在有条件的情况下，要对负责协调工作的检察官、法官、民警、社区工作者、心理咨询师、老干部等人员进行转介知识和理论的培训，让更多的工作人员接受社会工作的理论和专业方法，让社会工作参与少年司法转介的流程更加科学化和规范化。[1]

### （三）建构完善的涉罪未成年人的观护体系

有研究者从未成年人观护体系完善的角度，主张建立有效机制，保障观护体系的运行。第一，建立专门机构。借鉴西方国家的成熟经验，建立专门的"观护工作委员会"作为执行机构，负责管理和指导观护工作开展，并培训观护人员。第二，建立鼓励支持机制。地方政府和司法机关给予承担额外的社会责任的爱心企业政策倾斜，如给予税收优惠等。第三，建立配合协调机制。司法机关要加强与社会组织的协调和配合，各司其职，发挥各自不同的专业作用。第四，建立监督评价机制。通过运用定期检查、不定期抽查等方式，对观护组织开展监督，审查观护方案及具体措施的合法性及合理性，确保观护体系良性发展。第五，建立健全配套衔接机制。尤其应注重完善社会调查、心理测评、隐私保护机制等，探索建立合适保证人制度、国家监护机制等。[2]

为了避免分散的、非专业化的社会力量介入少年司法所带来的弊端，有人主张建立司法社工参与未成年人刑事司法的长效机制。主要包括：第一，建立有效的司法社工权利保障机制及配套工作机制。建议通过立法、部门规章、规定等形式，明确社会工作者的权利和保障，不仅可以保护社会工作者的合法权益，而且还能维护职业形象，提高其职业认同感。第二，建立包括专业教育、社工入职教育、继续教育各阶段衔接的教育培训体系。尤其是在社工入职教育中，将法学专业知识作为参与未成年人刑事司法工作社工的重

---

① 范立文：《少年司法转介中社会工作介入空间研究》，西北大学 2017 年硕士学位论文。

② 吴燕：《涉罪未成年人社会观护体系的构建与完善》，载《预防青少年犯罪研究》2015 年第 5 期。

要培训内容。同时，应当为社工建立专项保障基金，用以社工受到职业伤害时进行赔付。第三，充分调动多方资源力量，构建包含司法社会工作的救助少年社会网络。①

有研究者从四个方面提出了提高社会力量参与观护帮教的建议。第一，组建专门的社会观护机构。当前，社会支持中参与部门和机构众多，在实际工作中可能由于工作的模糊性导致部门职能交叉以及工作缺乏明确的领导和分工。未来应当建立在司法行政机关领导下的专门社会观护机构，科学利用其部门。第二，设置社会支持力量的准入门槛，建立专业化的社会工作者队伍。亟待明确社会支持力量的准入条件，提升社会参与人员的个人能力和业务素质。专业的社会工作者队伍（社工）作为帮教矫正工作的主力军，社工队伍的专业化、规范化直接影响到帮教矫正工作的开展成效。第三，全面厘清社会支持力量在非羁押性强制措施中的职责权限。第四，保证社会支持主体的参与效能。司法机关对社会支持力量的积极响应和回馈，既是提高其参与效能的重要保证，又有利于确保社会支持力量参与的有序与规范。②

有研究者针对边疆少数民族地区涉罪未成年人社会化帮教机制的完善提出了建议。主张借助对口援藏工作，深化和落实异地帮教。对口援藏是国家对西藏和其他地方藏区实施的特殊发展援助政策，由内地相对发展省市和中央企业对西藏实施对口援助。检察机关在开展对口援藏工作时，要将本辖区的涉罪未成年人帮教工作纳入本年度对口援藏工作计划中。藏区受援院若不具备对对涉罪未成年人的帮教条件，可主动将涉罪未成年人的帮教工作需求向内地对口援助的县级以上检察院提出，对口援助院结合本地实际，把协助藏区受援院做好涉罪未成年人的帮教工作纳入年初的工作方案中，将藏区需要帮教而该地区无帮教条件的涉罪未成年人，通过脱离原有生活环境、脱离原接触人群的方式，送入援助院的观护帮教基地学习，接受技能培训，从而教育、感化、帮教藏区的涉罪未成年人。③

---

① 王振峰、席小华主编：《4＋1＋N：社会管理创新语境下的少年检察工作》，中国检察出版社 2011 年版，第 263－264 页。
② 张桂霞：《非羁押性强制措施中社会支持体系的构建》，载《山东警察学院学报》2016 年第 4 期。
③ 杨继文、胡静、辛国升、冯薇：《藏区涉罪未成年人异地帮教制度研讨》，载《四川警察学院学报》2016 年第 3 期。

### （四）构建未成年人刑事司法社会支持体系的转介机制

1. 少年司法转介的概念

国内关于未成年人刑事司法社会支持体系中的转介的研究刚刚起步。现有研究文献关于未成年人刑事司法体系中的转介概念有三种观点。第一种观点认为，基于儿童最大利益原则的要求，将已经进入少年司法体系中的未成年人的需求，转给非司法机构服务与满足的过程。① 第二种观点认为，转介是"通过建立第三方的专业机构，将司法机关难以依靠自身力量实现的未成年人司法保护需求，转送到其他具有保护能力和资源的组织或者部门，由其向涉案的未成年人提供专业化的服务和保护的一种工作机制"。② 上述两种观点在转介的内容上基本相同，区别在于转介的主体和转介过程上。前者是"二元单向转介"，即司法机关和非司法机构所构成的二元主体，由司法机关向非司法机关的单向转介。后者是"三元二次转介"，"三元"是司法机关、专业机构、其他有服务能力和资源的组织或者部门，由专业的机构通过转介将司法机关和服务组织或部门链接起来。"二次"是指转介过程，即先从司法机关转到专业机构，再由专业机构将未成年人司法保护需求转送到其他组织或者部门，更加突出了转介机构的专业性、转介主体和转介过程的复合性。第三种观点认为，司法转介是社会工作的转介方法与未成年人司法保护和社会保护的有机结合。司法转介是刑事司法过程中对未成年人进行综合保护的一种工作方法，因为它是个案社会工作方法在少年司法社会工作中的运用；少年司法转介本身又是一种对涉罪未成年人提供社会服务的手段。同时，在异地转送的转介中，转介主体在为服务对象链接异地资源和服务提供者的活动，实际上就是社会工作方法中的资源链接服务。少年司法转介具有动态性、过程性和程序性，因此它还是一套规范的服务程序。③

还有人认为，少年司法转介是指将犯罪少年转移至其他部门或机构进行更加专业的帮教活动，让更多的社会力量参与到犯罪少年的矫正教育工作当

---

① 姚建龙：《少年司法转介：一个初步的探讨》，载《未成年人检察》2016 年第 1 辑，中国检察出版社 2016 年版，第 11 页。

② 吴燕：《刑事诉讼程序中未成年人司法保护转介机制的构建》，载《青少年犯罪问题》2016 年第 3 期。

③ 宋志军：《附条件不起诉社会支持的深化》，载《国家检察官学院学报》2017 年第 3 期。

中来，这不仅会优化少年刑事审判流程，减轻司法部门的工作压力；而且会推动少年司法改革的进程，达到"教育为主、惩罚为辅"的目的。少年司法转介可以分为两种情况：一种是狭义的转介，一种是广义的转介。狭义的转介是基于少年犯罪情节轻微，遵循"教育为主、惩罚为辅"的原则，把监狱刑罚转化为家庭教育或相关社工机构进行专业辅导；广义的转介，除了上述狭义的转介外，还包括法律教育、道德约束、社区矫正，以及转介过程中所需的社会调查、合适成年人到场、法律援助等工作。[①]

2. 少年司法转介的主体

少年司法转介机制中的主体有两方，其一是少年司法转介的"转介方"，即司法机关，包括公安机关、人民检察院和人民法院；其二是少年司法的"承接方"，即社会支持体系。转介方与承接方的衔接有两种模式：一种是点对点模式，它由各个相关政府职能部门和社会组织一起派代表共同组成小组来与司法机关对接。另一种是点对面模式，也就是司法机关和不同的社会组织、政府职能部门分别对接。在我国少年司法发展的早期阶段，点对面的模式应受到鼓励，但是从未来发展趋势来看，应当逐步走向点对点模式。在某种程度上说，点对点模式的建立也是少年司法转介机制完善的标志。[②]

3. 少年司法转介的内容

有研究者将少年司法转介的内容界定为六个方面：一是未成年人刑事诉讼需求，即完成未成年人刑事诉讼活动所必需的非司法机关力量的介入，主要包括社会调查、心理测试、合适成年人参与、人民陪审员参审等。二是未成年人的考察帮教需求，主要包括采取非羁押措施期间的考察帮教、附条件不起诉期间的考察帮教、社区矫正期间的考察帮教等。三是未成年人的身心康复需求，主要包括心理辅导需求和医疗需求。四是未成年人的就学需求，即为未成年人提供教育支持。五是未成年人的就业需求，即为未成年人提供就业服务。六是未成年人的生活需求，即为未成年人提供衣食住行的支持。[③]

有研究者从转介主体的角度对转介的内容进行了分类研究，认为少年司

① 范立文：《少年司法转介中社会工作介入空间研究》，西北大学 2017 年硕士学位论文。

② 姚建龙：《少年司法转介：一个初步的探讨》，载《未成年人检察》2016 年第 1 辑，中国检察出版社 2016 年版。

③ 姚建龙：《少年司法转介：一个初步的探讨》，载《未成年人检察》2016 年第 1 辑，中国检察出版社 2016 年版。

法的转介，从主体上来说，既包括司法机关向非司法机关（政府部门或社会组织）转介，也包括政府部门之间、政府部门与社会组织之间、社会组织之间的相互转介；从转介对象来说，既包括司法程序内的服务，例如合适成年人参与刑事诉讼、社会调查、帮教等，又包括司法程序外的陪伴服务、心理疏导、社会适应能力提升服务等内容；从转介的方法来说，既有多部门协作机制下的"职能式"的转介，又包括司法机关和相关政府部门通过个案委托、项目合作或购买服务等方式向社会组织进行的"契约式"转介，还包括社会组织之间进行的"互助式"转介。①

4. 少年司法转介机制的运行

未成年人司法保护转介机制的工作方式主要包括个案委托与项目合作两种方式。首先是个案委托。各级检察机关未检部门对办案过程中发现的涉罪未成年人、未成年被害人及民事行政案件中的未成年当事人的司法服务需求，通过工作联系函的形式向各区县阳光中心工作站或其他社工组织提出委托，社工组织指派专业社工根据检察机关的委托内容开展工作。其次是项目合作。根据未成年人犯罪预防、权益保护等工作需要，各级检察机关针对来沪未成年人、失学失管未成年人、未成年被害人等重点人群和引发未成年人犯罪的源头性、普遍性问题，联合相关组织开展项目化合作。如浦东区院未检部门与上海彩虹青少年发展中心合作，开展以附条件不起诉监督考察期未成年人和社区高危未成年人为工作对象的"社区青少年正面成长计划"。黄浦区院未检部门联合区妇联，通过政府购买服务的形式设立"向阳花被害儿童救助项目"，对未成年被害人开展身体康复、心理疏导等保护救助工作。②

5. 少年司法转介与社会支持体系之间的关系

有研究者认为，社会支持体系的建立与完善程度，决定了司法转介机制建立的必要性与可能性。建立少年司法转介机制的必要性和可行性以少年司法社会支持体系的完善为前提。如果社会支持体系不健全，司法转介也就缺乏了衔接机制，所谓转介只能是一句空话，少年司法也只能走向"全能司法"或者与刑事司法无异。少年司法转介的承接方是社会支持体系。司法转

---

① 宋志军：《少年司法转介机制之初步构建》，载《未成年人检察》2016 年第 2 辑，中国检察出版社 2016 年版。

② 吴燕：《刑事诉讼程序中未成年人司法保护转介机制的构建》，载《青少年犯罪问题》2016 年第 3 期。

介绝非仅仅转给社会组织，而应高度重视政府职能部门在社会支持体系中的作用，应当让这些负有未成年人保护职能的部门切实履行相应职责。[①]

### 七、　未成年人刑事司法社会支持体系的实践探索

司法实践中，我国许多地方积极探索合适成年人参与、社工参与社会调查、观护帮教基地、社会帮教与衔接体系等社会力量参与未成年人刑事司法的做法，有的地区还逐渐出现了专业的司法社工，对未成年人刑事司法参与的程度更深更有针对性、也更为专业，取得了良好的法律效果和社会效果。理论界和司法实务界对社会力量参与未成年人刑事司法的探索进行了归纳和总结，找出其中存在的问题并提出解决方案，为进一步建立健全体系化的未成年人刑事司法社会支持机制提供重要的理论和实践支撑。

#### （一）社会力量参与涉罪未成年人观护帮教的实践探索

1. "社工机构帮教" 模式

上海市长宁区是中国少年司法制度的起源地。1994 年在长宁区福利院成立了 "未成年人帮教考察基地"，主要落实对沪籍闲散涉罪未成年人的社会化观护；2009 年又推出了 "就地观护、跨区协作、异地委托" 三层立体观护模式，主要落实对原籍有观护条件的流动涉罪未成年人的社会观护；2012 年在华阳社区成立未成年人阳光观护基地，有效解决对 "三无" 流浪（即在沪无监护人、无固定住所、无经济来源，原籍也没有观护条件的）涉罪未成年人的社会观护问题。在 20 年的实践探索中长宁区逐步形成了党委政府高度重视、公检法司有序衔接、社会组织积极参与、帮教考察合理规范、有利于罪错未成年人深刻悔罪并回归社会的社会观护模式。[②]

2004 年，上海市闵行区检察院依托青少年事务社工组织在本区设立社工站和在街镇设立社工点，建立起覆盖全区的涉罪未成年人社会观护体系，为检察机关作出不捕、不诉决定的涉罪未成年人提供专业化的社会帮教支持。

---

① 姚建龙：《少年司法转介：一个初步的探讨》，载《未成年人检察》2016 年第 1 辑，中国检察出版社 2016 年版。

② 叶国平、陆海萍、尤丽娜、徐爱梅：《涉罪未成年人社会观护体系的实践研究》，载《青少年犯罪问题》2014 年第 2 期。

2010 年初，上海检察机关在总结"闵行经验"的基础上，建成覆盖全市所有区县和街镇的涉罪未成年人社会观护体系。其中，每个区县的观护总站负责管理和指导各街镇观护点的工作，社工以观护点为依托，开展法制教育、心理辅导等日常帮教活动，并借助各种社会资源开展社会公益劳动、文化知识学习和劳动技能培训等观护活动。就上海的实践探索情况来看，观护体系的建设卓有成效。[①]

2. "观护办公室 + 基地"模式

西安市未央区检察院自 2011 年开始探索吸纳社会力量参加未成年人检察工作。2011 年 5 月，该院与陕西伊势威置业有限责任公司合作建立"未成年人帮教基地"。帮教基地的主要任务是为涉罪未成年人提供固定的生活和学习技能的场所，从而为未成年人非羁押措施的适用创造条件；参与对关爱教育对象的跟踪帮教工作，落实各项管理措施。[②] 同年 7 月，该院又在辖区内张家堡街道办事处联合社区建立了第二家帮教基地，由张家堡街道关工委发动在联合社区居住的街道"五老人员"参与帮教。2013 年 9 月，该院与未央区关工委以及辖区四家公安分局共同会签了《完善未成年人关护工作机制实施办法》，成立未央区青少年关护工作办公室，办公室常设机构设在区关工委，由区关工委负责关护办公室的日常工作，区政府每年专门拨付 10 万元经费，作为关工委开展涉罪未成年人关护工作的办公经费、社会志愿者的补助等费用。[③]

3. "帮教中心 + 帮教基地"模式

"2015 年 5 月，平顶山市湛河区人民检察院在前期涉案未成年人帮扶教育工作基础上，建立了平顶山市首个"1 + 5"立体式未成年人帮教体系。该体系采取"中心 + 基地"的工作模式，即在该院设立的"未成年人立体式帮教中心"引导下，通过与该区海平电器有限公司、河南质量工程职业学院、平顶山市高级技工学校、平顶山市湛河区司法局、平顶山市民政局爱心超市 5 个共建单位成立"观察保护、心理疏导、技能培训、社区教育、爱心

① 吴燕：《涉罪未成年人社会观护体系的构建与完善》，载《预防青少年犯罪研究》2015 年第 5 期。

② 陈新：《我市首个未成年人帮教基地落户未央》，载《西安日报》2011 年 5 月 31 日第 4 版。

③ 宋志军等编：《未成年人检察制度的改革探索》，陕西人民出版社 2017 年版，第 210 - 213页。

公益" 5 个功能不同、定位明确的帮教基地，实现社会资源整合，逐步形成了独具特色的涉案未成年人帮扶教育模式。[①]

## （二）社会力量担任合适保证人的上海模式

为了给进一步扩大适用非羁押措施创造条件，上海市检察机关自 2015 年开始探索合适保证人制度。所谓合适保证人是指保证涉罪未成年人的合法行为的监护人以外的人。合适保证人能够监督未成年人矫正及行为，保证其遵纪守法、认真接受教育、矫正，并根据未成年人的问题所在及时与矫正机构沟通配合，以便促进涉罪未成年人善行的回归。涉罪未成年人的合适保证人除了要符合《刑事诉讼法》规定的保证人条件（与本案无牵连、有能力履行保证义务、享有政治权利、人身自由未受到限制、有固定的住处和收入）以外，还要具有一些特殊条件，如有爱心、懂法律，最好是从事过青少年教育。案件仅适用于犯罪情节较轻、无羁押必要、犯罪嫌疑人认罪悔罪、无法交付保证金的情形。合适保证人的适用要依托区级、市级观护基地进行。确定合适保证人必须通过社会调查、严格羁押必要性审查，并通过青少年社工等社会力量及时跟进帮教，最后进行考核评定。[②]

## （三）社会力量参与合适成年人到场的探索

合适成年人到场参与讯问（询问）和审判活动，是社会参与未成年人刑事司法的一种重要形式。为了切实保障未成年人的诉讼权利及其合法权益，实现儿童利益最大化，我国部分地区积极探索合适成年人到场的社会支持机制，取得了良好效果。参与合适成年人到场制度的社会力量的范围很广泛，主要有专业社工、律师、学校老师、共青团、妇联、关工委人员以及退休老干部等其他热心于未成年人保护工作的志愿者。在具体运行过程中，合适成年人的确定主要有以下几种模式：

1. 合适成年人名册模式

例如上海市合适成年人制度中要求，合适成年人资格由其所属机关或团

---

① 何思远：《"1＋5"立体式未成年人帮教体系效果明显》，载《平顶山日报》2015 年 11 月 19 日第 2 版。

② 吴燕、钟芬：《未成年人检察制度改革与发展研讨会综述》，载《青少年犯罪问题》2016 年第 1 期。

体报请所在区（县）的人民检察院并商请本区（县）公安机关、人民法院和司法局申报并审查，并上报市级检察院审核后，由市级公检法司机关共同批准后，制定合适成年人名册，下发至各级公检法相关办案部门，供办案机关在需要时从名册中选择合适成年人。天津市和平区则是在已聘任的 8 名社区教师中选择具体案件的合适成年人。

2. 办案机关内设社工站模式

北京市海淀区检察院设立了司法社工工作站，作为司法社工的工作场所。该工作站由 6 名司法社工以及数名实习生组成，在案件需要合适成年人时，检察官直接通知司法社工一同随行到看守所对未成年人进行讯问。上海市一些区县的检察机关内部也设置了社工站。

3. 合适成年人工作区域特定化模式

在昆明市盘龙区，每个合适成年人负责 1—2 个派出所的案件，2—3 个合适成年人组成一个互助工作小组，在负责该派出所的合适成年人无法到场时，派出所会联系小组中的其他合适成年人。①

### （四）社工组织参与未成年人刑事司法的实践探索

1. 青少年社工组织参与模式

上海是全国最早开展青少年司法社工参与未成年人刑事司法探索的地区。上海市在 2004 年即建立起较为完备的青少年司法社工组织参与未成年人观护帮教、社会调查的工作机制。该机制依托成立于 2004 年 2 月、拥有 500 名青少年社工队伍的上海市阳光社区青少年事务中心。2013 年，上海市人民检察院与上海市社区青少年事务办公室联合制定了《涉罪未成年人帮教与维权工作合作备忘录》，对社会调查、合适成年人到场、观护帮教、附条件不起诉监督考察等相关工作机制进行整合，构建了检察阶段以专业社工组织为依托的全市性未成年人司法保护转介机制。同时部分基层院未检部门与民间社工组织建立了多种形式的协作机制，对来沪未成年人开展司法保护工作，形成了多元化的保护转介工作模式。②

---

① 王贞会等：《未成年人刑事司法社会支持机制研究》，中国人民公安大学出版社 2017 年版，第 170 - 171 页。

② 周建军：《运用社会工作方法开展预防青少年犯罪工作的探索与思考》，载《预防青少年犯罪研究》2013 年第 1 期。

　　无锡市也是较早引入青少年司法社工的地区。2009 年 3 月，无锡市北塘区检察院引入专职青少年社工参与未成年人检察工作，并特聘 4 名青少年社工为"检察观护员"。4 名"检察观护员"分别对应参与该区 4 个街道的未成年人"观护"工作。同时，北塘区检察院与团区委共同出台"未成年人犯罪检察工作青少年社工观护制度"，从 8 个方面进行详细规定，如在对未成年人犯罪案件作出批捕、起诉处理决定之前，向青少年社工介绍案情，青少年社工应当从社会工作者的角度提出分析意见，并给出是否批捕等意见；在未成年人犯罪案件开庭宣判后，由公诉人和青少年社工共同完成庭后教育工作等。①

　　在西部地区，成都市检察机关与社工组织的合作也富有特色。2015 年 4 月，成都市锦江区检察院与本地公益社会团体"云公益"合作，联合制定了《关于引入社会力量参与未成年人帮教和救助的暂行办法》，引入社会公益力量参与涉罪未成年人帮教和未成年被害人救助，并明确了其帮教对象、范围和方式，建立了社会力量参与未成年人刑事司法的工作机制。② 该机制的特色有二：其一，检察机关以政府购买服务的形式使得该机制具有可持续性和资金保证。其二，帮教内容和方式上，增加了心理疏导、场所支持、医疗救助、职业技能训练、家庭关系协调、教育环境改善和行为矫正等。

　　2. 高校教师成立司法社工组织参与模式

　　2009 年 6 月，北京市海淀区检察院与首都师范大学政法学院社会学与社会工作系开展"社会工作专业介入未成年人检察工作综合研究"项目合作，由专业社工参与合适成年到场、社会调查和观护帮教活动。2010 年 7 月，首都师范大学少年司法社会工作研究与服务中心成立，进一步深化了社工参与未成年人检察工作，也是北京市海淀区人民检察院"4 + 1 + N"模式的重要内容。③ 由首都师范大学的席小华教授发起，于 2012 年 11 月在民政部门注册成立北京超越青少年社工事务所，专注于青少年社会工作，尤其是进入司法程序中的青少年的社会工作的研究与服务。事务所具体服务内容包括：司

---

　　① 卢志坚：《江苏无锡北塘：未成年人帮教引入青少年社工》，载《检察日报》2009 年 8 月 25 日第 2 版。

　　② 王一多：《锦江区检察院创新未成年人帮教救助机制》，载《四川法制报》2015 年 5 月 26 日第 3 版。

　　③ 王振峰、席小华主编：《4 + 1 + N：社会管理创新语境下的少年检察工作》，中国检察出版社 2011 年版，第 247 - 248 页。

法社会调查服务、合适成年人服务、涉嫌犯罪青少年及犯罪少年帮教服务、刑事和解服务、犯罪被害人救助服务、司法社工督导及培训服务等。通过与公检法机关合作，为公检法机关办理未成年人犯罪案件提供专业的社会工作服务，帮助处于少年司法过程中的少年及其家庭，改善其认知状况和社会支持系统。北京超越青少年社工事务所已经成为未成年人刑事司法社会支持体系的重要组成部分。

继北京超越司法社会工作服务中心建立之后，西北政法大学的几位法学专业的青年教师发起成立了专门从事未成年人司法保护的社工组织——陕西指南针司法社工服务中心。该中心成立于 2014 年 12 月，主要业务是合适成年人参与诉讼、社会调查、观护帮教及社区矫正等涉罪未成年人的社会服务项目，已经形成以专职社工为核心，法学专业大学生、研究生志愿者为主要力量的特色工作团队。该中心已经与西安市新城区、临潼区等六个区公检法机关签订了政府购买社会组织服务协议，服务领域主要包括合适成年人在场、社会调查和观护帮教等。同时，与近 10 家企业、社会机构建立了联合帮教关系，开展转介服务、技能培训、心理辅导和培训等协作。通过陕西指南针司法社工服务中心社工服务，在一定程度上提升了区域内少年司法的社会化水平。①

### （五）跨地区、跨部门协作机制的实践探索

2016 年 11 月 4 日，四川省检察院与上海市检察院签订《关于建立川沪检察机关未成年人刑事检察工作异地协作机制的协议》。该《协议》旨在落实最高人民检察院《关于进一步加强未成年人刑事检察工作的通知》的相关要求，带动四川省检察机关与上海市检察机关在未检工作中的协作，加强四川省检察机关与上海市检察机关在未检工作中的联系，拓展该省检察机关未成年人犯罪预防和保护的范围，切实落实双向保护原则。根据《协议》规定，四川省检察院与上海市检察院将从未检改革的相关理论和实务研究进行探讨，强化未检工作的理论指导；定期和不定期召开未检相关会议促进未检工作交流，共享工作信息，共商未检工作重大问题；提供培训机会，促进全省未检队伍的专业化和未检工作的规范化；相互协助开展社会调查、异地观

---

① 宋志军等编：《未成年人检察制度的改革探索》，陕西人民出版社 2017 年版，第 160 – 163 页、第 188 页、第 227 页。

护帮教，进行社区矫正监督，提升未成年人犯罪预防和保护水平。①

最高人民检察院与共青团中央于2018年2月27日会签《关于构建未成年人检察工作社会支持体系合作框架协议》。该《协议》旨在深入推进全国检察机关和共青团组织进一步深化合作，加强未成年人司法保护工作，构建未检工作社会支持体系。该《协议》确立的合作重点是完善未成年人司法保护、加强青少年法制宣传和犯罪预防、强化未成年人权益保护、推动完善相关法律和政策。第一，各级共青团培育扶持青少年司法类社会工作服务机构，建设专业社工队伍，协助开展附条件不起诉考察帮教、社会调查、合适成年人到场等工作。第二，要借助社会力量，解决涉罪未成年人、有严重不良行为未成年人、未成年被害人及民行案件未成年当事人帮教维权方面实际困难。第三，建立检察机关、共青团组织保护未成年人联动机制，健全未成年人行政保护与司法保护衔接机制等。②

---

① 赵文：《相互协助，异地观护帮教未成年人》，载《四川法制报》2016年11月4日第2版。

② 郑赫南：《最高检团中央会签构建未检社会支持体系合作协议》，载《检察日报》2018年2月28日第1版。